KB241847

How to
실전 **TEPS**
700

청해편

How to TEPS 실전 700 청해편

지은이 강소영 · 넥서스 TEPS연구소
펴낸이 임상진
펴낸곳 (주)넥서스

출판신고 1992년 4월 3일 제311-2002-2호 ⑱
10880 경기도 파주시 지목로 5
Tel (02)330-5500 Fax (02)330-5555

ISBN 978-89-5797-471-1 18740
      978-89-5797-470-4 (세트)

저자와 출판사의 허락 없이 내용의 일부를
인용하거나 발췌하는 것을 금합니다.

가격은 뒤표지에 있습니다.
잘못 만들어진 책은 구입처에서 바꾸어 드립니다.

www.nexusEDU.kr
NEXUS Edu는 (주)넥서스의 초·중·고 학습물 전문 브랜드입니다.

가장 쉽고 빠르게 점수를 올려 주는

How to TEPS

하우투 텝스

실전 700

강소영
넥서스 TEPS연구소
지음

청해편

NEXUS Edu

Preface

◀ TEPS 청해 고득점으로 가는 새로운 전략을 제시한다!

텝스는 요령이 통하지 않는 시험이라고들 합니다만 원래 영어를 잘하는 사람이 무조건 시험을 잘 보는 것도 아닙니다. 얄팍한 요령이 통하지 않는 것이 확실하지만 그렇다고 무조건 많이만 듣고 받아쓰기만 열심히 한다고 성적이 바로 오르지도 않는 것이 TEPS 청해입니다. 다년간의 학생들의 텝스 성적을 올려주는 전문 강사로, 또한 매번 시험을 치르는 수험자로서 터득한 고득점 비법을 파트별로 자세히 제시했습니다. 또 혼자서 자습하는 수험자를 위해서 옆에서 직접 가르쳐 준다는 마음으로 최대한 자세히 설명했습니다. 무작정하는 공부만큼 무모한 것은 없습니다.

◀ 단계별 학습으로 진정한 청해 능력을 키워준다!

본 교재는 유형별, 내용별로 실제 시험에 등장했던 어휘부터 차근차근 정리했습니다. 전략과 어휘를 익히고 Dictation Checkup에서 문장을 듣는 연습을 하며, 기출과 가장 유사한 문제를 미니 테스트를 통해 맛본 후 Actual Test 5회분을 풀면서 실전 감각을 익힐 수 있습니다. 점수 상승뿐 아니라 진정한 듣기 능력 향상을 위해 이 교재를 준비했습니다.

◀ 시험에 나왔던 것과 앞으로 시험에 나올 것만을 넣었다!

매달 TEPS 시험을 보면서 분석한 자료를 토대로 만들었습니다. 최신 기출과 유사한 문제는 말할 것도 없고 어휘, 예문들까지도 TEPS 시험에 나왔고, 나올 수 있는 내용으로만 넣었습니다. 최신 경향을 반영하기 위해 집필하는 과정에서도 새롭게 시험에 등장하는 어휘를 추가했습니다. 시험도 계속 진화하고 있으니, 교재도 계속 새롭게 진화되어야 한다고 봅니다. 이 교재를 통해서 TEPS 1급 이상의 점수와 진정한 청해 실력 향상을 이루시길 바랍니다.

◀ 끝으로

좋은 교재를 출간하기 위해 애쓰신 넥서스 편집부, 늘 곁에서 도움을 주는 사랑하는 가족들, 물심양면으로 도와주신 박상우 님에게 감사를 드립니다.

강소영

Contents

II. Actual Test

III. Dictation

IV. 정답 및 해설 (별책부록)

Structure 1

각 파트별 고득점 획득을 위한 실전 풀이 Know-How를
일목요연하게 정리했다.

Structure 2

시험에 출제되었고, 앞으로 출제 예상되는 주요 표현을
체계적으로 익힐 수 있도록 했다.

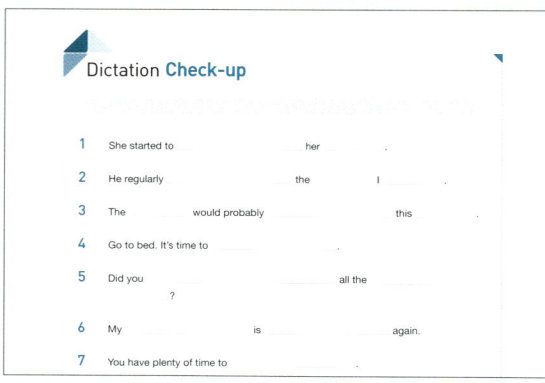

Dictation Check-up

최신 기출 문장과 유사한 문장을 가벼운 마음으로 받아 쓸
수 있게 했다.

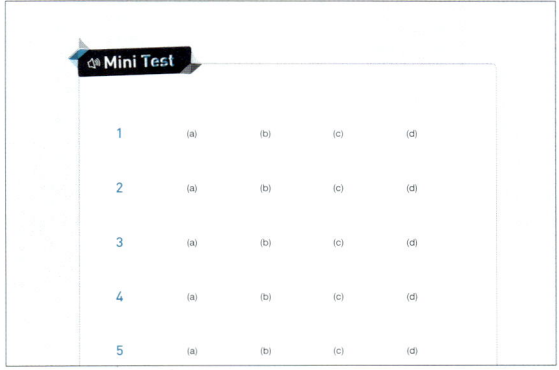

Mini Test

본격적인 Actual Test에 들어가기 앞서
짧은 시간 동안 실전 감각을 익힐 수 있도록 했다.

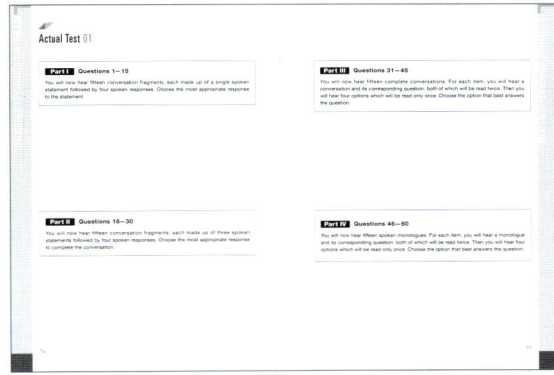

Actual Test

최신 기출 경향과 가장 유사한 문제를 풀면서 실제 TEPS
시험을 보는 것 같은 연습이 가능하다.

Q & A

1 / TEPS란?

TEPS는 Test of English Proficiency developed by Seoul National University의 약자이며, 서울대학교 언어교육원에서 개발하고 TEPS관리위원회에서 주관, 시행하는 국가공인 영어시험입니다. 본 시험은 수험생들의 영어 실력을 Reading, Listening, Grammar, Vocabulary 총 4개의 영역으로 나누어 평가하는 시험이며, 총 200문항, 990점 만점의 시험입니다. 이 중 Listening Part는 4개의 Part로 구성되어 있으며, Part1~3까지는 일상생활에서 이루어질 수 있는 대화(dialogue)들로 구성되어 있으며 이에 대한 이해도 및 대답능력을 묻는 문제이며, Part4는 일상생활 중에서 다양하게 접할 수 있는 광고, 안내방송, 신문매체, 뉴스, 강의, 연설, 인터뷰 등의 담화문(monologue)로 구성되어 있으며, 주제는 역사, 의학, 환경, 사회, 경제, 문화, 건강, 경영, 예술, 교육, 심리 등 전 분야에서 골고루 출제되며 이에 대한 이해도를 측정하는 문제입니다. 시험은 지역에 따라 다소 다르나 매달 한 번씩 토요일 혹은 일요일에 있으며, 접수는 인터넷 접수 (www.teps.or.kr) 또는 방문 접수가 가능합니다. 성적 확인은 시험 후 2주 이내에 가능합니다.

2 / TEPS 시험 구성

영역	Part별 내용	문항수	시간/배점
청해 Listening Comprehension	Part I: 문장 하나를 듣고 이어질 대화 고르기 Part II: 3문장의 대화를 듣고 이어질 대화 고르기 Part III: 6~8 문장의 대화를 듣고 질문에 해당하는 답 고르기 Part IV: 담화문의 내용을 듣고 질문에 해당하는 답 고르기	15 15 15 15	55분 400점
문법 Grammar	Part I: 대화문의 빈칸에 적절한 표현 고르기 Part II: 문장의 빈칸에 적절한 표현 고르기 Part III: 대화에서 어법상 틀리거나 어색한 부분 고르기 Part IV: 단문에서 문법상 틀리거나 어색한 부분 고르기	20 20 5 5	25분 100점
어휘 Vocabulary	Part I: 대화문의 빈칸에 적절한 단어 고르기 Part II: 단문의 빈칸에 적절한 단어 고르기	25 25	15분 100점
독해 Reading Comprehension	Part I: 지문을 읽고 빈칸에 들어갈 내용 고르기 Part II: 지문을 읽고 질문에 가장 적절한 내용 고르기 Part III: 지문을 읽고 문맥상 어색한 내용 고르기	16 21 3	45분 400점
총계	13개 Parts	200	140분 990점

☆ **IRT** (Item Response Theory)에 의하여 최고점이 990점, 최저점이 10점으로 조정됨

Listening Comprehension 60문항

● Part I

Choose the most appropriate response to the statement. (15문항)

문제유형 질의 응답 문제를 다루며 한 번만 들려주고, 내용은 일상의 구어체 표현으로 구성되어 있다.

> W   I wish my French were as good as yours.
> M   _____

(a) Yes, I'm going to visit France.   ✔ (b) Thanks, but I still have a lot to learn.
(c) I hope it works out that way.   (d) You can say that again.

번역   W 당신처럼 프랑스어를 잘하면 좋을 텐데요.
          M _____

(a) 네, 프랑스를 방문할 예정이에요.   (b) 고마워요. 하지만 아직도 배울 게 많아요.
(c) 그렇게 잘되기를 바라요.   (d) 당신 말이 맞아요.

● Part II

Choose the most appropriate response to complete the conversation. (15문항)

문제유형 두 사람이 A–B–A–B 순으로 대화하는 형식이며, 한 번만 들려준다.

> W   I wish I earned more money.
> M   You could change jobs.
> W   But I love the field I work in.
> M   _____

(a) I think it would be better.   ✔ (b) Ask for a raise then.
(c) You should have a choice in it.   (d) I'm not that interested in money.

번역   W 돈을 더 많이 벌면 좋을 텐데요.
          M 직장을 바꾸지 그래요?
          W 하지만 난 지금 일하고 있는 분야가 좋아요.
          M _____

(a) 더 좋아질 거라고 생각해요.   (b) 그러면 급여를 올려 달라고 말해요.
(c) 그 안에서 선택권이 있어야 해요.   (d) 돈에 그렇게 관심이 있지는 않아요.

Part III

Choose the option that best answers the question. (15문항)

문제유형 비교적 긴 대화문. 대화문과 질문은 두 번, 선택지는 한 번 들려준다.

> M   Hello. You're new here, aren't you?
>
> W   Yes, it's my second week. I'm Karen.
>
> M   What department are you in?
>
> W   Customer service, on the first floor.
>
> M   I see. I'm in sales.
>
> W   So, you'll be working on commission, then.
>
> M   Yes. I like that, but it's very stressful sometimes.

Q: Which is correct according to the conversation?

(a) The man and woman work in the same department.

✔ (b) The woman works in the customer service department.

(c) The man thinks the woman's job is stressful.

(d) The woman likes working for commissions.

번역 M 안녕하세요. 새로 오신 분이시죠?

W 예. 여기 온 지 2주째예요. 전 캐런이에요.

M 어느 부서에서 근무하시나요?

W 1층 고객 지원부에서 일해요.

M 그렇군요. 전 영업부에서 일해요.

W 그러면 커미션제로 일하시는군요.

M 네. 좋기는 하지만 가끔은 스트레스를 많이 받아요.

Q: 대화에 따르면 옳은 것은?

(a) 남자와 여자는 같은 부서에서 일한다.

(b) 여자는 고객 지원부에서 일한다.

(c) 남자는 여자의 일이 스트레스가 많다고 생각한다.

(d) 여자는 커미션제로 일하는 것을 좋아한다.

● Part IV

Choose the option that best answers the question. (15문항)

문제유형   담화문의 주제, 세부 사항, 사실 여부 및 이를 근거로 한 추론 등을 다룬다.

> Confucian tradition placed an emphasis on the values of the group over the individual. It also taught that workers should not question authority. This helped industrialization by creating a pliant populace willing to accept long hours and low wages and not question government policies. The lack of dissent helped to produce stable government and this was crucial for investment and industrialization in East Asian countries.

Q: What can be inferred from the lecture?
(a) Confucianism promoted higher education in East Asia.
(b) East Asian people accept poverty as a Confucian virtue.
✔ (c) Confucianism fostered industrialization in East Asia.
(d) East Asian countries are used to authoritarian rule.

번역   유교 전통은 개인보다 조직의 가치를 강조했습니다. 또한 노동자들에게 권위에 대해 의문을 제기하지 말라고 가르쳤습니다. 이것은 장시간 노동과 저임금을 기꺼이 감수하고 정부의 정책에 의문을 제기하지 않는 고분고분한 민중을 만들어 냄으로써 산업화에 도움이 되었습니다. 반대의 부재는 안정적인 정부를 만드는 데 도움이 되었고, 이는 동아시아 국가들에서 투자와 산업화에 결정적이었습니다.

Q: 강의로부터 유추할 수 있는 것은?
(a) 유교는 동아시아에서 고등교육을 장려했다.
(b) 동아시아 사람들은 유교의 미덕으로 가난을 받아들인다.
(c) 유교는 동아시아에서 산업화를 촉진했다.
(d) 동아시아 국가들은 독재주의 법칙에 익숙하다.

Grammar 50문항

● Part I
Choose the best answer for the blank. (20문항)

문제유형 A, B 두 사람의 짧은 대화 중에 빈칸이 있다. 동사의 시제 및 수 일치, 문장의 어순 등이 주로 출제되며, 구어체 문법의 독특한 표현들을 숙지하고 있어야 한다.

> A   Should I just keep waiting _____ me back?
>
> B   Well, just waiting doesn't get anything done, does it?

(a) for the editor write
✔ (b) until the editor writes
(c) till the editor writing
(d) that the editor writes

번역   A 편집자가 나한테 답장을 쓸 때까지 기다리고만 있어야 합니까?

B 글쎄요, 단지 기다리고 있다고 해서 무슨 일이 이루어지는 건 아니겠죠?

● Part II
Choose the best answer for the blank. (20문항)

문제유형 문어체 문장을 읽고 어법상 빈칸에 적절한 표현을 고르는 유형으로 세부적인 문법 자체에 대한 이해는 물론 구문에 대한 이해력도 테스트한다.

> All passengers should remain seated at _____ times.

(a) any
(b) some
✔ (c) all
(d) each

번역   모든 승객들은 항상 앉아 있어야 합니다.

● Part III

Identify the option that contains an awkward expression or an error in grammar. (5문항)

문제유형   대화문에서 어법상 틀리거나 어색한 부분이 있는 문장을 고르는 문제로 구성되어 있다.

> (a)   A Where did you go on your honeymoon?
> (b)   B We flew to Bali, Indonesia.
> ✔ (c)   A Did you have good time?
> (d)   B Sure. It was a lot of fun.

번역   (a)   A 신혼여행은 어디로 가셨나요?
(b)   B 인도네시아 발리로 갔어요.
(c)   A 좋은 시간 보내셨어요?
(d)   B 물론이죠. 정말 재미있었어요.

● Part IV

Identify the option that contains an awkward expression or an error in grammar. (5문항)

문제유형   한 문단 속에 문법적으로 틀리거나 어색한 문장을 고르는 유형이다.

> (a) Morality is not the only reason for putting human rights on the West's foreign policy agenda. (b) Self-interest also plays a part in the process. (c) Political freedom tends to go hand in hand with economic freedom, which in turn tends to bring international trade and prosperity. (d) A world in which more countries respect basic human rights would be more peaceful place.

번역   (a) 서양의 외교정책 의제에 인권을 상정하는 유일한 이유가 도덕성은 아니다. (b) 자국의 이익 또한 그 과정에 일정 부분 관여한다. (c) 정치적 자유는 경제적 자유와 나란히 나아가는 경향이 있는데, 경제적 자유는 국제 무역과 번영을 가져오는 경향이 있다. (d) 더 많은 국가들이 기본적인 인권을 존중하는 세상은 더 평화로운 곳이 될 것이다.

Vocabulary 50문항

● Part I
Choose the best answer for the blank. (25문항)

문제유형 A, B 대화 빈칸에 가장 적절한 단어를 넣는 유형이다. 단어의 단편적인 의미보다는 문맥에서 어떻게 쓰였는지 아는 것이 중요하다.

> A   Let's take a coffee break.
> B   I wish I could, but I'm _____ in work.

✔ (a) up to my eyeballs   (b) green around the gills
(c) against the grain   (d) keeping my chin up

번역 A 잠깐 휴식 시간을 가집시다.
B 그러면 좋겠는데 일 때문에 꼼짝도 할 수가 없네요.

(a) ~에 몰두하여   (b) 안색이 나빠 보이는
(c) 뜻이 맞지 않는   (d) 기운 내는

● Part II
Choose the best answer for the blank. (25문항)

문제유형 문어체 문장의 빈칸에 가장 적절한 단어를 고르는 유형이다. 고난도 어휘의 독특한 용례를 따로 학습해 두어야 고득점이 가능하다.

> It takes a year for the earth to make one _____ around the sun.

(a) conversion   (b) circulation
(c) restoration   ✔ (d) revolution

번역 지구가 태양 주위를 한 번 공전하는 데 일 년이 걸린다.
(a) 전환   (b) 순환
(c) 복구   (d) 공전

Reading Comprehension 40문항

● Part I

Choose the option that best completes the passage. (16문항)

문제유형 지문의 논리적인 흐름을 파악하여 문맥상 빈칸에 가장 적절한 선택지를 고르는 문제이다.

> This product is a VCR-sized box that sits on or near a television and automatically records and stores television shows, sporting events and other TV programs, making them available for viewing later. This product lets users watch their favorite program _____ . It's TV-on-demand that actually works, and no monthly fees.

✔ (a) whenever they want to
(b) wherever they watch TV
(c) whenever they are on TV
(d) when the TV set is out of order

번역 이 제품은 텔레비전 옆에 놓인 VCR 크기의 상자로 TV 공연, 스포츠 이벤트 및 다른 TV 프로그램을 자동으로 녹화 저장하여 나중에 볼 수 있게 해준다. 이 제품은 사용자 자신이 가장 좋아하는 프로그램을 원하는 시간 언제나 볼 수 있게 해준다. 이것은 실제로 작동하는 주문형 TV로 매달 내는 시청료도 없다.

(a) 원하는 시간 언제나
(b) TV를 보는 곳 어디든지
(c) TV에 나오는 언제나
(d) TV가 작동되지 않을 때

● Part II

Choose the option that best answers the question. (21문항)

문제유형 지문에 대한 이해를 측정하는 유형으로 주제 파악, 세부 내용 파악, 논리적 추론을 묻는 문제로 구성되어 있다.

> Thepace of bank mergers is likely to accelerate. Recently Westbank has gained far more profit than it has lost through mergers, earning a record of $2.11 billion in 2003. Its shareholders have enjoyed an average gain of 28% a year over the past decade, beating the 18% annual return for the benchmark S & P stock index. However, when big banks get bigger, they have little interest in competing for those basic services many households prize. Consumers have to pay an average of 15% more a year, or $27.95, to maintain a regular checking account at a large bank instead of a smaller one.

Q: What is the main topic of the passage?
(a) Reasons for bank mergers
✔ (b) Effects of bank mergers
(c) The merits of big banks
(d) Increased profits of merged banks

번역 은행 합병 속도가 가속화될 전망이다. 최근 웨스트 뱅크가 2003년 21억 1천만 달러의 수익을 기록함으로써 합병으로 잃은 것보다 훨씬 더 많은 수익을 얻었다. 웨스트 뱅크 주주들은 지난 10년간 S & P 지수의 연간 수익률 18%를 웃도는 연평균 수익률 28%를 누려 왔다. 하지만 규모가 더욱 커진 대형 은행들은 많은 가구가 중요하게 생각하는 기본 서비스에 대한 경쟁에는 별 관심을 두고 있지 않다. 소비자들은 작은 은행 대신 대형 은행의 보통 당좌예금 계정을 유지하기 위해 연평균 15% 이상, 즉 27달러 95센트를 지불해야 한다.

Q: 지문의 소재는?
(a) 은행 합병의 이유
(b) 은행 합병의 영향
(c) 대형 은행의 장점
(d) 합병된 은행들의 수익 증가

● Part III

Identify the option that does NOT belong. (3문항)

문제유형 한 문단에서 전체의 흐름상 어색한 내용을 고르는 유형이다.

> Communication with language is carried out through two basic human activities: speaking and listening. (a) These are of particular importance to psychologists, for they are mental activities that hold clues to the very nature of the human mind. (b) In speaking, people put ideas into words, talking about perceptions, feelings, and intentions they want other people to grasp. (c) In listening, people decode the sounds of words they hear to gain the intended meaning. (d) Language has stood at the center of human affairs throughout human history.

번역 언어로 이루어지는 의사소통은 두 가지 기본적인 인간 활동인 말하기와 듣기에 의해 수행된다. (a) 이 두 가지는 심리학자들에게 각별한 중요성을 지니는데, 이는 두 가지가 인간의 심성 본질 자체에 대한 단서를 쥐고 있는 정신적 활동이기 때문이다. (b) 말할 때 사람들은 다른 사람들이 이해하기를 원하는 지각과 감정, 의도 등을 말하면서 아이디어들을 단어로 표현한다. (c) 들을 때 사람들은 의도된 뜻을 간파하기 위해 들리는 단어의 소리를 해독한다. (d) 언어는 인류의 역사를 통틀어 인간 활동의 중심에 있어 왔다.

등급표

등급	점수	영역	능력검정기준(Description)
1+급 Level 1+	901-990	전반	외국인으로서 최상급 수준의 의사소통 능력 : 교양 있는 원어민에 버금가는 정도로 의사소통이 가능하고 전문분야 업무에 대처할 수 있음. **(Native Level of Communicative Competence)**
1급 Level 1	801-900	전반	외국인으로서 거의 최상급 수준의 의사소통 능력 : 단기간 집중 교육을 받으면 대부분의 의사소통이 가능하고 전문분야 업무에 별 무리 없이 대처할 수 있음. **(Near-Native Level of Communicative Competence)**
2+급 Level 2+	701-800	전반	외국인으로서 상급 수준의 의사소통 능력 : 단기간 집중 교육을 받으면 일반분야 업무를 큰 어려움 없이 수행할 수 있음. **(Advanced Level of Communicative Competence)**
2급 Level 2	601-700	전반	외국인으로서 중상급 수준의 의사소통 능력 : 중장기간 집중 교육을 받으면 일반분야 업무를 큰 어려움 없이 수행할 수 있음. **(High Intermediate Level of Communicative Competence)**
3+급 Level 3+	501-600	전반	외국인으로서 중급 수준의 의사소통 능력 : 중장기간 집중 교육을 받으면 한정된 분야의 업무를 큰 어려움 없이 수행할 수 있음. **(Mid Intermediate Level of Communicative Competence)**
3급 Level 3	401-500	전반	외국인으로서 중하급 수준의 의사소통 능력 : 중장기간 집중 교육을 받으면 한정된 분야의 업무를 다소 미흡하지만 큰 지장은 없이 수행할 수 있음. **(Low Intermediate Level of Communicative Competence)**
4급 Level 4	201-400	전반	외국인으로서 하급수준의 의사소통 능력 : 장기간의 집중 교육을 받으면 한정된 분야의 업무를 대체로 어렵게 수행할 수 있음. **(Novice Level of Communicative Competence)**
5급 Level 5	101-200	전반	외국인으로서 최하급 수준의 의사소통 능력 : 단편적인 지식만을 갖추고 있어 의사소통이 거의 불가능함. **(Near-Zero Level of Communicative Competence)**

성적표

TEPS
Test of English Proficiency
developed by
Seoul National University

SCORE REPORT

NAME	HONG GIL DONG	**REGISTRATION NO.**	0123456
DATE OF BIRTH	JAN. 01. 1980	**TEST DATE**	MAR. 02. 2008
GENDER	MALE	**VALID UNTIL**	MAR. 01. 2010

NO : RAAAA0000BBBB

TOTAL SCORE AND LEVEL

SCORE	LEVEL
768	**2+**

SECTION	SCORE	LEVEL	%	0% ---- 100%
Listening	307	2+	77 / 59	
Grammar	76	2+	76 / 52	
Vocabulary	65	2	65 / 56	
Reading	320	2+	80 / 61	

■ your percentage ■ average

OVERALL COMMUNICATIVE COMPETENCE

768

89.89%

A score at this level typically indicates an advanced level of communicative competence for a non-native speaker. A test taker at this level is able to execute general tasks after a short-term training.

SECTION			PERFORMANCE EVALUATION
Listening	PART I PART II PART III PART IV	86% 66% 86% 66%	A score at this level typically indicates that the test taker has a good grasp of the given situation and its context and can make relevant responses. Can understand main ideas in conversations and lectures when they are explicitly stated, understand a good deal of specific information and make inferences given explicit information.
Grammar	PART I PART II PART III PART IV	84% 75% 99% 21%	A score at this level typically indicates that the test taker has a fair understanding of the rules of grammar and syntax and has internalized them to a degree enabling them to carry out meaningful communication.
Vocabulary	PART I PART II	72% 56%	A score at this level typically indicates that the test taker has a good command of vocabulary for use in everyday speech. Able to understand vocabulary used in written contexts of a more formal nature, yet may have difficulty using it appropriately.
Reading	PART I PART II PART III	68% 90% 66%	A score at this level typically indicates that the test taker is at an advanced level of understanding written texts. Can abstract main ideas from a text, understand a good deal of specific information and draw basic inferences when given texts with clear structure and explicit information.

THE TEPS COUNCIL

How to
TEPs

I 청해 고득점 전략

01 Part1/2 제대로 알기!

1-15번까지의 Part1과 16-30번까지의 Part2는 다양한 내용의 대화가 나오는 것 같으나 실제로는 매우 정형화되어 있는 편이다. 주로 인사/ 감사/ 칭찬/ 사과/ 위로/ 약속/ 예약/ 제안/ 초대/ 부탁/ 허락/ 여행/ 공항/ 길 묻기/ 식당/ 학교생활 등의 내용이다. 더구나 Part1, 2와 Part3는 내용상 상당히 비슷한데 Part1, 2에서 길이가 길어진 것이 Part3이므로 Part1, 2를 잘하는 사람은 Part3도 쉽게 느껴진다.

1 유형

Part1 첫 화자의 질문과 Part2 마지막 화자의 질문의 종류는 다음과 같다.

1) 의문사로 시작하는 의문문 ⇨ 약 8문항: 27% 차지

when/ where/ who/ what/ how/ why/ which 등으로 시작하는 질문이어서 의문사를 놓치면 정답 찾기가 어려우니 질문의 앞쪽을 집중해서 듣도록 한다.

2) be동사나 조동사 의문문 ⇨ 약 12문항: 40% 차지

be동사나 조동사 (will, shall, can, may, would, should, could, might)로 시작하는 의문문은 be 동사나 조동사 자체에는 큰 의미가 없고 뒤에 나오는 동사, 형용사, 명사 등을 집중해서 들어야 한다.

3) 평서문 ⇨ 약 10문항: 33% 차지

Part1 첫 화자의 말과 Part2 마지막 화자의 질문이 평서문이라면 화자가 특별히 원하는 정보가 없기 때문에 화자의 의도를 잘 파악해야 하고, 나올 수 있는 응답도 다양하기 때문에 4개의 보기를 다 듣고 신중히 선택하도록 한다.

4) 두 문장으로 이루어진 질문

특히 Part1에서는 두 문장으로 이루어진 질문이 나오는 경우가 있는데 두 문장으로 이루어진 질문이라면 앞 질문보다는 뒤의 질문에 더 집중해서 풀어야 한다.

2 완전 정복 전략

1) 문장의 앞부분을 집중 공략한다.

의문사 의문문이든 동사 의문문이든 중요한 정보는 문장의 앞쪽에 위치한다. 의문사 의문문이라면 의문사를 반드시 들어야 하며 동사 의문문이라면 바로 뒤를 들어야 한다. 문장의 뒤쪽으로 갈수록 질문의 핵심에서 멀어지는 경향이 있으니 주의하자.

2) 받아쓰기 연습으로 정확도를 높인다.

Part1, 2는 매우 짧은 문장으로 구성되어 있기 때문에 순간적인 판단력으로 정답을 골라야 하고 조금만 집중하지 않으면 그만큼 오답을 고를 확률도 커진다. 평소에 Part1, 2는 빠른 받아쓰기로 정확도를 높이는 연습을 하자. 내용이 짧기 때문에 받아쓰기 자체가 부담스럽지 않다.

3) 많은 문제를 풀어서 순발력을 높이자.

Part1, 2는 워낙 빠르게 진행되다 보니 정답에 대한 빠른 판단이 관건이다. 아무리 준비를 잘하고 가더라도 매번 시험장에서는 새로운 문제를 만나므로 낯선 문제에도 당황하지 않기 위해서는 많은 문제를 풀어서 순발력을 키워야 한다.

4) Part2에서는 특히 마지막 화자의 말에 집중한다.

Part2는 A-B-A식의 대화 구조를 띠는데 마지막 A의 말이 가장 중요하다. 대화의 흐름도 중요하지만 마지막 A의 말에 가장 중점을 두어야 한다.

02 의문사를 잡아라!

의문사 의문문은 의문사만 들어도 정답을 고를 수 있는 문제들이 많다. 이런 종류의 의문문에 대한 응답은 우회적이거나 제3의 답변이 되는 고난이도 문제들도 있지만 대체로 그 의문사에 충실한 경우가 많다.

1 How 의문문

가장 빈출하는 의문문이 How 의문문이다. 매달 약 3-4문제 정도 출제된다. How가 단독으로 나오는 경우도 많지만, How 뒤에 형용사나 부사가 붙어서 형용사나 부사까지 함께 들어야 하는 경우도 있다.

1) 교통수단과 방법을 묻는 How

How 뒤에 나오는 동사를 꼭 듣자!
길 찾기, 교통수단, 방법 등을 묻는 질문에 우회적인 응답도 등장할 수 있으니 동사를 신경 써서 들어야 한다.

ex1 **How** could James **afford** the tuition this semester?
제임스가 이번 학기에 어떻게 등록금을 감당할 수 있지?

직접 응답 I guess his parents will help with it. 부모님이 도와주실 것 같아요.
우회 응답 Does he have a financial problem? 그가 재정적인 문제가 있어요?

ex2 **How** do I **get to** the department store?
백화점에 어떻게 가나요?

직접 응답 Turn left at the corner. 코너에서 왼쪽으로 도세요.
우회 응답 Sorry, I am not from here. 죄송합니다. 전 여기 잘 몰라요.

2) 상태나 의견을 묻는 How

① 뒤에 나오는 명사를 꼭 들어라!
② 의견을 묻는 의문문에 대한 정답은 형용사가 포함된다.

ex1 **How**'s your new **job** going?
새로운 직장은 어떤가요?

직접 응답 Pretty well, thanks for asking. 좋아요, 물어봐 줘서 고마워요.
우회 응답 You don't want to know it. 알고 싶지 않을 거예요. (안 좋다는 의미)

ex2 **How** did you like your **trip** to New Zealand?

뉴질랜드 여행은 어땠어요?

직접 응답 It was fabulous. 좋았어요.

우회 응답 I went to Australia not New Zealand. 뉴질랜드가 아니라 호주로 갔어요.

ex3 **How** do you like our **new computer**?

우리 새 컴퓨터가 어떤 것 같아요?

직접 응답 It is far better than the old one. 예전 것보다 훨씬 좋죠.

우회 응답 Is our computer finally replaced? I didn't know that.

드디어 우리 컴퓨터를 교체했어요? 몰랐네요.

3) 이유를 묻는 How

How come 뒤의 동사를 놓치지 않아야 한다.

이때 뒤에는 의문문의 어순이 아닌 '주어+동사' 평서문의 어순이라는 점을 명심하자.

ex **How come** you **didn't show up** for the meeting?

회의에 왜 안 왔어요?

직접 응답 I'm sorry, I was confused about the date. 죄송해요. 날짜를 혼동했어요.

우회 응답 I was not supposed to attend. 저는 참석하기로 되어 있지 않았어요.

4) How+ 형용사/ 부사

How 뒤의 형용사나 부사가 정답을 찾는 결정적인 역할을 한다.

의문사 바로 뒤의 형용사나 부사가 따라와서 빈도, 정도, 길이 등을 물을 수 있다. 이 경우 뒤의 형용사/ 부사를 놓치지 않아야 한다.

ex **How long** will it **take** to get to your hospital?

당신의 병원까지 가는 데 얼마나 걸리나요?

직접 응답 It might take about 30 minutes. 아마 30분 정도요.

우회 응답 I am not sure. You should ask John. 잘 모르겠어요. 존에게 물어 보세요.

2 Why 의문문

Why로 시작하는 의문문은 비교적 출제 빈도가 낮은 편인데 크게 이유를 묻는 것과 Why don't you...?와 같이 제안하는 두 가지로 나눌 수 있다.

1) 이유의 Why

사실 순수하게 이유를 묻는 것보단 상대방을 질책하거나 비난할 때 많이 사용되며 기출문제를 보면 변명의 응답이 많다.

ex Why are you still in the bed?
왜 아직 침대에 있어요?

직접 응답 I am very tired. 너무 피곤해서요.
우회 응답 Stop nagging me. 잔소리 좀 그만해요.

2) 제안의 Why

Why don't you…? 혹은 Why don't we…? 는 상대방에게 무엇을 제안하는 상황으로 이에 어울리는 응답을 찾아야 한다.

ex **Why don't we go** to the beach this Saturday?
이번 토요일에 해변에 가는 게 어때요?

직접 응답 That's a great idea. 좋은 생각이에요.
우회 응답 Didn't you say you will go to the gym this Saturday?
이번 토요일에 헬스클럽에 간다고 하지 않았어요?

3 Where 의문문

① 의문사와 더불어 뒤의 명사를 들어라!
② 전형적인 정답에는 전치사를 사용한 위치 혹은 장소가 등장한다.

ex1 **Where**'s **Patrick**?
패트릭 어디 있어요?

직접 응답 I think he is in **the meeting room**. 회의실에 있는 것 같아요.
우회 응답 Why are you looking for Patrick? 패트릭을 왜 찾으시나요?

ex2 Excuse me, **where** is the nearest **subway station**?
죄송합니다. 가장 가까운 전철역이 어디인가요?

직접 응답 There is one **on the corner**. 모퉁이에 하나 있습니다.
우회 응답 Sorry, I have no idea. 죄송하지만 모르겠어요.

4 Which 의문문

Which가 단독으로 나오는 경우가 있고, 'Which+명사'의 형태로 명사가 바로 이어서 나오는 경우도 있다. 주로 상대방에게 선호도를 묻는 문제가 흔히 출제되며 빈출하는 정답은 둘 중 하나를 택하는 경우도 많다. 간접적인 답변으로 아무거나 괜찮다거나 혹은 전혀 언급하지 않은 제3의 선택을 말할 수도 있으니 주의하자.

1) Which가 단독으로 나오는 경우

ex **Which** do you **prefer**, red or blue one?
빨간색, 파란색 중 어느 게 좋으세요?

직접 응답 I will go with the red one. 빨강색이요.
우회 응답 Whichever is cheaper. 더 저렴한 거요.

2) Which + 명사 의문문

ex **Which desk** should I **buy**?
어떤 책상을 사야 하나요?

직접 응답 I recommend the one made from walnut. 호두나무로 만든 것을 추천합니다.
우회 응답 If I were you, I would stop by another store. 내가 당신이라면 다른 가게에 가 보겠어요.

☞ **자주 등장하는 제3의 답변!**
Either is fine with me. 어떤 것이든 괜찮습니다.
Either way would be fine. 어떤 방법이든 괜찮습니다.

5 Who 의문문

묻는 대상이 분명해서 비교적 쉬울 거라 예상하지만 의외로 다양한 응답이 가능해서 무조건 사람 이름
이 나오는 답만을 고르면 안 된다. 이름 대신 직책, 부서명 등이 나올 수 있으며 아예 모른다는 응답도
가능하다.

① 의문사 Who 자체를 놓치지 말 것!
② Who 뒤의 명사를 반드시 들을 것!
③ 사람 이름 외에 직책명, 회사명, 부서명 등이 정답이 될 수 있다.

ex1 **Who** will **pick up** Jenny?
제니를 누가 데리러 갈 거죠?

직접 응답 I will do it. 제가요.
우회 응답 Didn't you say she will not come? 그녀가 오지 않을 거라고 하지 않았어요?

ex2 **Who** will **take charge of** this project?
이 프로젝트에 누가 책임을 질 건가요?

직접 응답 The marketing director. 마케팅 이사입니다.
우회 응답 I haven't been informed. 아직 전해 듣지 못했어요.

ex3 **Who** is the **author** of this book?
이 책의 저자는 누구죠?

직접 응답 A famous writer, Jennifer Dickson. 유명한 작가인 제니퍼 딕슨입니다.
우회 응답 I am not the right person to ask. 전 제대로 대답 못할 것 같은데요.

6 When 의문문

비교적 출제 빈도가 낮은 유형이다. 돌발적인 의외의 답변이 많이 등장하지 않으므로 어렵지 않게 풀수 있는 유형이며 정답은 구체적인 시간을 언급하기도 하고 간접적으로 돌려서 시점을 언급하기도 한다.

> **ex** **When** is **the best time** to visit Alaska?
> 알래스카를 방문하기엔 언제가 가장 좋은가요?
>
> 직접 응답 Probably warm seasons like spring. 봄처럼 따뜻한 계절이겠죠.
> 간접 응답 How about searching some information on the website? 웹사이트에서 정보를 찾는 게 어때요?

7 What 의문문

Part1, 2를 합하여 4-5 문제가 출제될 정도로 빈출 유형이다. 대체로 What만 들어서는 의미 파악이 불충분하므로 뒤의 동사나 명사까지 반드시 함께 들어야 한다.

1) What 단독으로 나오는 경우

> ① What + 조동사 + 주어 + 동사 ~? : What과 동사를 함께 들어라!
> ② What + be동사 + 명사 ~? : What 뒤에 등장하는 명사를 꼭 들어라!

> **ex** **What** did you **order** for dinner tonight?
> 오늘 밤 저녁으로 뭘 주문하셨나요?
>
> 직접 응답 I will have steak and salad. 스테이크와 샐러드를 먹을 거예요.
> 우회 응답 I didn't order yet. 아직 주문하지 않았어요.

2) What + 명사 나오는 경우

> **ex1** **What kind of movie** do you like?
> 어떤 종류의 영화를 좋아하시나요?
>
> 직접 응답 I like horror movies. 공포 영화를 좋아해요.
> 우회 응답 Actually, I rarely see movies. 실은 영화를 거의 보지 않아요.

> **ex2** **What contract** was you awarded?
> 어떤 계약을 성사시켰어요?
>
> 직접 응답 The one with BGH Industries. BGH 사와의 계약이요.
> 우회 응답 I almost won it, but I wasn't. 거의 계약을 땄지만, 성사시키지 못했어요.

3) 상대방의 의견을 묻는 What 의문문

의견을 묻는 What 의문문에는 다음과 같은 것이 있다.

What do you think of 명사? ~가 어때요?

What do you say to 명사? ~가 어때요?

What would you like to 동사원형? ~가 어때요?

What … like? ~는 어떤 사람이에요?

ex1 **What do you think of** his **plan** to study abroad?
외국에 나가서 공부한다는 그의 계획에 대해서 어떻게 생각하세요?

직접 응답 I think he can learn more overseas. 그가 외국에서 더 많이 배울 수 있다고 생각해요.
우회 응답 It depends on what he does there. 거기서 그가 뭘 하느냐에 달려 있죠.

ex2 **What would you like to order**, Miss?
뭘 주문하시겠어요?

직접 응답 Can I have spaghetti and one coke? 스파게티와 콜라 주시겠어요?
우회 응답 I didn't decide yet what to have. 아직 뭘 먹을지 정하지 못했어요.

4) What 의문문이지만 How much의 의미인 경우

ex **What** is the **estimate** for this project?
이 프로젝트의 견적은 얼마입니까?

직접 응답 I guess it is approximately $20,000. 대략 2만 달러인 것 같네요.
우회 응답 We should discuss it more. 그것에 대해 더 논의해야 해요.

5) What 의문문이지만 Why의 의미인 경우

What makes 주어 동사~? : What makes 뒤의 동사 혹은 형용사를 들어라!

ex **What makes you** so **certain** that you will win the game?
왜 이 게임에서 이길 것이라고 확신합니까?

직접 응답 Because I practiced a lot. 연습을 많이 했거든요.
우회 응답 No reasons. It's just a hunch. 이유는 없어요. 그냥 느낌이죠.

Dictation Check-up

1 _____ _____ will you _____ this weekend?

2 _____ having a coffee _____?

3 _____ _____ some of that red _____?

4 _____ is Ms. Park _____ to the office?

5 _____ _____ _____ a _____ before starting a meeting?

6 _____ can I _____ the _____?

7 _____ the _____ for my annual sales report?

8 _____ can I _____ stress?

9 _____ about the _____ Sarah submitted?

10 _____ _____ this _____ in front of the porch?

Answers

1 What movie will you see this weekend? 이번 주말에 어떤 영화 볼 거예요?   **2** How about having a coffee break? 잠깐 커피 마실까요?   **3** Why not try some of that red wine? 레드 와인 마셔 보지 않을래요?   **4** What time is Ms. Park expected back to the office? 박 씨가 언제 사무실로 돌아올 예정이죠?   **5** Why don't we grab a bite before starting a meeting? 회의 시작하기 전에 간식 먹는 게 어때세요?   **6** Where can I change the subways? 어디에서 전철을 갈아타야 하나요?   **7** What's the deadline for my annual sales report? 연례 판매 보고서 마감 기한이 언제인가요?   **8** How can I relieve my work-related stress? 직장에서 받는 스트레스를 어떻게 풀 수 있을까요?   **9** What do you think about the proposal Sarah submitted? 세라가 제출한 제안서에 대해서 어떻게 생각하세요?   **10** Who dropped off this parcel in front of the porch? 현관 앞에 누가 이 소포를 갖다 놓았나요?

1   (a)   (b)   (c)   (d)

2   (a)   (b)   (c)   (d)

3   (a)   (b)   (c)   (d)

4   (a)   (b)   (c)   (d)

5   (a)   (b)   (c)   (d)

6   (a)   (b)   (c)   (d)

7   (a)   (b)   (c)   (d)

8   (a)   (b)   (c)   (d)

9   (a)   (b)   (c)   (d)

10   (a)   (b)   (c)   (d)

03 동사 의문문 뒤를 놓치지 마라!

Part1, 2를 합해서 be동사 의문문은 약 2-4문제, 조동사를 포함한 의문문은 약 10-13문제가 출제된다. 이때 문장 맨 앞에 나오는 be동사나 조동사보다는 뒤에 따라 나오는 본동사가 핵심이다.

1 be동사 의문문

be동사 자체로는 별다른 의미가 없다. 정답으로 이어지는 핵심 내용은 be동사 뒤의 형용사, 과거분사, 현재분사에 있다. 그러므로 형용사, 과거분사, 현재분사를 중심으로 의미를 파악하면 정답에 쉽게 접근할 수 있다.

ex1 She is complaining about the cold food.
그녀는 차가운 음식에 대해 불평하고 있다.

해설   이 문장의 핵심은 is가 아니라 'complaining'이다. 다음 예문을 보자.

ex2 M Is Martha late again this morning?
W _____

(a) We should start a little bit earlier.
(b) Let's take a subway rather than driving.
(c) Sorry, I didn't know that clearly.
(d) We should give her a penalty.

해석   M 마사가 아침에 또 늦었어요?
W _____.

(a) 우리는 조금 더 일찍 시작해야 해요.
(b) 운전하지 말고 전철을 타죠.
(c) 죄송해요, 확실히 잘 몰랐어요.
(d) 그녀에게 벌을 주어야겠네요.

해설   핵심은 is 뒤의 late이다. 다른 것을 듣지 못해도 late를 들었으면 정답 (d)를 고를 수 있다.

2 조동사 의문문

조동사는 be동사와 달리 그 자체로도 각 조동사의 의미가 다르지만 핵심은 여전히 뒤에 나오는 본동사에 있다. 그러므로 조동사가 나왔다면 바로 뒤에 나올 동사원형을 집중해서 듣도록 하자.

ex　M　You'd better pack your backpack now.
　　　　W　_____.

(a) Don't worry, I will do it.
(b) You don't need to go now.
(c) I am planning a trip to Mexico.
(d) I will help you pack your things.

해석　M　지금 가방을 싸는 게 좋겠어요.
　　　　W　_____.

(a) 걱정하지 마세요, 할 거예요.
(b) 당신은 지금 가실 필요 없어요.
(c) 멕시코 여행을 계획하고 있어요.
(d) 제가 당신 짐 싸는 것을 도울게요.

해설　You'd better 뒤의 pack을 듣는 것이 중요하다. 남자는 여자에게 가방을 싸라고 제안하고 있으므로 수락하는 내용이 정답이 된다.

Dictation Check-up

1 Could you _____ me to the _____ _____ ?

2 Can I _____ a _____ at your _____ ?

3 Could I _____ your _____ _____ ?

4 Would you mind _____ this _____ ?

5 Do you mind if I _____ it _____ ?

6 Would you care to _____ us for _____ ?

7 How about _____ a _____ outside?

8 You'd better be _____ _____ for your _____ .

9 Do you want me to _____ those _____ ?

10 You might want to _____ _____ your _____ .

Answers

1 Could you connect me to the marketing department? 마케팅부로 연결해주실 수 있으세요? **2** Can I take a look at your luggage? 당신의 짐을 좀 봐도 될까요? **3** Could I borrow your cell phone? 휴대 전화를 빌려도 될까요? **4** Would you mind filling out this questionnaire? 이 설문지 작성해 주실 수 있나요? **5** Do you mind if I try it on? 좀 입어 봐도 될까요? **6** Would you care to join us for dinner? 우리랑 함께 저녁 드시겠어요? **7** How about taking a walk outside? 바깥에 산책을 가는 게 어때요? **8** You'd better be on time for your class. 수업에 제시간에 가는 게 좋을 거예요. **9** Do you want me to move those boxes? 저 상자를 옮겨 드릴까요? **10** You might want to narrow down your topic. 주제를 좁히길 원하실 것 같은데요.

1   (a)   (b)   (c)   (d)

2   (a)   (b)   (c)   (d)

3   (a)   (b)   (c)   (d)

4   (a)   (b)   (c)   (d)

5   (a)   (b)   (c)   (d)

6   (a)   (b)   (c)   (d)

7   (a)   (b)   (c)   (d)

8   (a)   (b)   (c)   (d)

9   (a)   (b)   (c)   (d)

10   (a)   (b)   (c)   (d)

04 고난도 평서문의 의도를 파악하라!

Part1에서 첫 화자의 말이 평서문이거나 혹은 Part2에서 마지막 화자의 말이 평서문일 경우, 의문에 비해 보다 다양한 응답이 예상된다. 그래서 마지막 말이 평서문일 경우 예측하기가 어렵고 섣불리 상상을 하다간 오답으로 이어지기 쉽다. 직접 묻는 의문사가 없으므로 어렵게 느끼는 유형이다.

1 숨겨진 진짜 의도를 찾아라!

마지막 말이 평서문인 경우 정해진 틀이 없고 빠른 판단력과 다양한 응답에 대한 이해력이 필요하다. 따라서 정확한 정답을 고르기 위해서는 말의 의도를 정확하게 파악하는 게 중요하다.

평서문의 숨겨진 의도	정답 패턴
① 칭찬	고마움 표시
② 의견 제시	동의나 반대 의견 제시
③ 문제의 발생	해결책 제시/ 도움의 제안/ 문제의 원인 제시/ 감정적인 위로
④ 불만 토로	사과/ 변명/ 짜증/ 감정적인 위로
⑤ 요청/ 제안	수락/ 거절

2 문제 전략

1) 보기를 모두 듣고 소거법을 이용해라!

평서문은 다양한 응답이 이어질 수 있기 때문에 섣불리 정답을 예측하면 오답으로 이어지기 쉽다. 선택지를 반드시 다 듣고 나서 판단해야 하며 보기를 들으면서 정답일 것 같은 것은 문제지에 O를 표시하고 정답의 가능성이 보이는 것은 △, 아예 오답인 것은 X로 표시하면서 소거법을 이용해야 실수 없이 문제를 풀 수 있다.

2) 과도한 상상은 오답으로 이어지는 지름길이다!

이것저것 생각이 많아 이야기를 스스로 지어내어 답으로 끼워 맞추다 보면 모든 선택지가 헷갈린다. 가장 논리적으로 적합하면서 의도에 맞는 것을 고르려고 노력해야 한다. 추론과 상상은 엄연히 다른 것이다. 화자가 하지도 않은 말을 본인의 머릿속에서 상상하면 오답도 정답이 된다. 가령 누가 이렇게 칭찬을 했다고 하자. I like your hair cut. 이 칭찬에 대한 빈출 응답은 Thank you, how sweet of you.이다. 어색한 응답으로는 My hair dresser is very skilled.란 말을 할 수 있다.

매우 연관성이 떨어지는 응답이지만 이야기를 상상하여 '당신의 머리도 예쁜데, 제 미용사도 매우 기술이 좋아요'로 가면 왠지 말이 되는 것 같은 착각에 빠질 수도 있다. 지나친 상상을 하면 오답으로 가는 지름길이니 논리적인 정답을 골라야 한다.

Dictation **Check-up**

1 Last night's ＿＿＿＿＿ ＿＿＿＿＿ my car in ＿＿＿＿＿.

2 Jenny, this is the ＿＿＿＿＿ ＿＿＿＿＿ you've ＿＿＿＿＿ our ＿＿＿＿＿.

3 I ＿＿＿＿＿ ＿＿＿＿＿ you had the ＿＿＿＿＿ of my ＿＿＿＿＿.

4 I am not ＿＿＿＿＿ ＿＿＿＿＿ to ＿＿＿＿＿.

5 Your ＿＿＿＿＿ ＿＿＿＿＿ ＿＿＿＿＿ on Tsunamis was ＿＿＿＿＿.

6 I really ＿＿＿＿＿ it when people ＿＿＿＿＿ ＿＿＿＿＿ my ＿＿＿＿＿.

7 I heard that George was in a ＿＿＿＿＿ ＿＿＿＿＿ ＿＿＿＿＿.

8 My ＿＿＿＿＿ was ＿＿＿＿＿ again tonight.

9 We just got an ＿＿＿＿＿ ＿＿＿＿＿ on our house.

10 I'm planning ＿＿＿＿＿ ＿＿＿＿＿ ＿＿＿＿＿ in Bali next week.

Answers

1 Last night's snowstorm buried my car in snow. 어젯밤 눈 때문에 제 차가 눈 속에 파묻혔어요. **2** Jenny, this is the fourth time you've cancelled our trip. 제니, 네가 우리 여행을 취소한 것이 이번이 4번째야. **3** I can't believe you had the last of my cookies. 네가 내 마지막 쿠키를 먹었다니 믿을 수가 없어. **4** I am not sure which dessert to order. 어떤 디저트를 주문해야 할지 모르겠어요. **5** Your son's research project on Tsunamis was outstanding. 쓰나미에 관한 아드님의 연구 프로젝트는 굉장했어요. **6** I really hate it when people talk behind my back. 사람들이 뒤에서 험담하면 정말 싫어요. **7** I heard that George was in a bad car accident. 조지가 끔찍한 교통사고를 당했다고 들었어요. **8** My grandfather was hospitalized again tonight. 할아버지가 오늘 밤에 다시 병원에 입원하셨어요. **9** We just got an awesome offer on our house. 우리는 우리 집에 대해 멋진 제안을 막 받았어요. **10** I'm planning a last-minute getaway in Bali next week. 다음 주에 발리로 갑작스럽게 여행을 계획하고 있어요.

1 (a) (b) (c) (d)

2 (a) (b) (c) (d)

3 (a) (b) (c) (d)

4 (a) (b) (c) (d)

5 (a) (b) (c) (d)

6 (a) (b) (c) (d)

7 (a) (b) (c) (d)

8 (a) (b) (c) (d)

9 (a) (b) (c) (d)

10 (a) (b) (c) (d)

05 구동사(Phrasal verbs)에 강해져라!

구동사란 동사에 전치사나 부사가 결합해 두 단어 이상으로 이루어진 동사구를 말한다. 동사 뒤의 전치사나 부사에 의해서 의미가 더 뚜렷해지거나 아예 새로운 의미를 형성하기도 한다. 사실 많은 학습자들은 구동사보다는 오히려 한 단어로 된 어려운 동사가 익숙하다. 예를 들어 '취소하다'란 의미로 구동사인 back out보다는 cancel이 더 친숙하다. 반드시 구동사를 확실히 익혀 두어야 Part1, 2에서 고득점을 할 수 있으므로 아래 정리된 빈출 구동사를 암기하자.

act up (증세 등이 다시) 재발하다	**confide in** 비밀 등을 털어놓다
ask 사람 out 데이트 신청하다	**count on** 의존하다, 믿다 (= rely on = depend on)
back out 취소하다	**cut back** 줄이다 (= cut down on)
back up ① 지지하다/ 편들어주다 ② (교통 · 주문 등이) 밀리다	**cut in** 끼어들다, 방해하다
black out 정신을 잃다/ 정전되다	**cut off** 잘라내다, 제거하다
boss around (이래라저래라) 명령하다	**be cut out for** ~에 적합하다
break down 고장 나다	**deal with** (문제 등을) 다루다
buckle up 안전벨트 등을 매다	**dispose of** 버리다, 제거하다
bundle up ~을 다발 짓다, 묶다	**doze off** 졸다
burn out 다 타버리다	**dress up** 옷을 차려 입다
button up ~을 단추로 꽉 잠그다	**drop off** (사람 등을) 내려 주다
call in 불러들이다	**drop out** 낙오하다, 중퇴하다
call off 취소하다	**eat out** 외식하다
calm down 진정하다	**eat up** 남기지 않고 다 먹다
care for 돌보다	**fall apart** 산산조각 나다, 부서지다
carry out 수행하다	**fall behind** 진도가 뒤떨어지다, (경쟁 따위에서) ~에게 뒤지다
catch up with 따라잡다	**feel for** ~에게 동정심을 느끼다
check in 숙박 수속을 하다, 체크인하다	**figure out** 이해하다, 파악하다
check out ① (맡긴 물건을) 되찾다 ② (호텔 등에서) 체크 아웃하다 ③ 보다, 확인하다	**fill in** (양식서 등을) 작성하다, 빈틈을 메우다
	fill in for 일을 대신해 주다
cheer up 기운이 나다	**fill out** (양식서 등을) 작성하다
clean up 청소하다	**fit it** (시간을) 내다, (좁은 공간에) 끼워 넣다
clear up 날씨 등이 개다	**get along with** 사이좋게 지내다
clog up 막히다	**get away** 떠나다
come across ~와 마주치다; 우연히 발견하다	**get in** (집 · 차 등의 장소에) 들어가다
come along 따라가다	**get off** (버스 · 기차 등에서) 내리다, (장소를) 떠나다
come by 들르다 (= stop by = drop by)	**get over** (병 · 어려움을) 극복하다, 이기다
come down with 병에 걸리다	**get together** 모이다
come over 오다	**get through** (일을) 끝내다
come up with 의견을 내다	**give away** (돈을 받지 않고) 주다

give up 포기하다		**rip off** 바가지 씌우다	

give up 포기하다

go against (의견, 규칙 등에) 반대하다

go ahead ① 해라! ② (재촉하여) 자 어서

go through (좋지 않은 것을) 경험하다

go with 잘 어울리다

hand in 제출하다

hand out 나누어 주다, 분배하다

hang out 어울려 놀다

head for 향하다

hit off 사이좋게 지내다, 뜻이 맞다

hook up (기계 등을 서로) 연결시키다

iron out 문제를 해결하다

jot down 적다 (= write down)

keep up 계속하다, 유지하다

kick off ① 〈축구〉 처음 차다 ② 떠나다, 출발하다

lay off 임시 해고하다

laugh at 비웃다

let down 실망시키다; 배반하다

let up (비·눈 따위가) 약해지다, 멎다

look after 돌봐주다

look around ① 둘러보다; 찾아 돌아다니다

look into 주의 깊게 살피다; 조사[연구]하다

look over 검토하다 (= review)

make up for 보상하다, 벌충하다

mark down ① 적어 두다 ② 값을 내리다

move in 이사 들어오다

move out 이사 나가다

narrow down 좁히다

name after ~의 이름을 따서 이름을 짓다

pass away 죽다

pay off ① (빚 따위를) 전액 갚다, 청산[완불]하다
② 소기의 성과가 나다, 잘 되어가다

pick out 선택하다

pick up ① 줍다, 집어 올리다 ② (배·차 등이) 도중에서 태우다;
(차로 사람을) 마중 나가다 ③ 증가하다

polish up 숙달시키다

pop up 갑자기 나타나다

pour out 쏟아져 나오다

pull over (차를) 길가에 붙이다

put off 연기하다

put up with 참다

rip off 바가지 씌우다

roll up (종이 등을) 둘둘 말다

rule out 제외시키다, 배제하다

run in 우연히 만나다
(= bump into = run across = come across)

see off 배웅하다

be sold out 매진되다

set up 설치하다

settle down 정착하다

settle in 안정되다, (새 집·직장 등에 자리를 잡고) 적응하다

shake off (병·악습 따위를) 고치다, 버리다.

show off 자랑하다

sort out ① 선별하다
② 해결하다

speak out 거리낌없이 이야기하다

squeeze in ~을 위한 짬을 내다

stick with ~에서 떨어지지 않다

stop by 들르다

straighten out 문제를 해결하다

tag along 따라가다

take over 인수하다

throw away 던지다, 버리다

tidy up 청소하다, 정돈하다

track down 추적하다

turn down ① (오디오·TV 등의) 볼륨을 낮추다 ② 거절하다

turn in 자러 들어가다

turn off (기계 등을) 끄다

turn on (기계 등을) 켜다

turn out 〈결과〉 ~이 되다

turn up ① (오디오·TV등의) 볼륨을 높이다 ② 나타나다, 도착하다

use up 다 사용하다

wake up 잠에서 깨다

walk away 떠나다

wear out ① 닳다 ② 피곤하다

wipe out ① 닦아내다 ② 파괴하다

work out ① (계획 따위가) 효력을 내다 ② 운동하다

wrap up ① (계약을) 매듭짓다 ② (기사 등을) 요약하다

write down 적다

Dictation Check-up

1   She started to _____ her _____.

2   He regularly _____ the _____ I _____.

3   The _____ would probably _____ this _____.

4   Go to bed. It's time to _____.

5   Did you _____ all the _____
      _____?

6   My _____ is _____ again.

7   You have plenty of time to _____.

8   I think I _____ a _____.

9   I _____ an _____ in my _____.

10   I can't seem to _____ this _____.

Answers

1 She started to tidy up her rooms. 그녀는 자신의 방을 청소하기 시작했다.   **2** He regularly looks over the article I write. 그는 정기적으로 내가 쓴 기사를 검토한다.   **3** The rain would probably let up this weekend. 비는 아마도 이번 주말에 그칠 것 같다.   **4** Go to bed. It's time to turn in. 자러 가. 이제 잠잘 시간이야.   **5** Did you sign up for all the mandatory courses? 모든 필수 과목을 수강 신청했나요? **6** My washing machine is acting up again. 세탁기가 또 말썽이야.   **7** You have plenty of time to settle in. 적응할 시간이 충분해요. **8** I think I came down with a cold. 감기에 걸린 것 같아.   **9** I came across an old diary in my drawer. 서랍에서 예전 일기장을 발견했어. **10** I can't seem to shake off this allergy. 알레르기가 가실 것 같지 않아요.

1 (a) (b) (c) (d)

2 (a) (b) (c) (d)

3 (a) (b) (c) (d)

4 (a) (b) (c) (d)

5 (a) (b) (c) (d)

6 (a) (b) (c) (d)

7 (a) (b) (c) (d)

8 (a) (b) (c) (d)

9 (a) (b) (c) (d)

10 (a) (b) (c) (d)

06 Part3 제대로 알기!

31–45번까지의 Part3은 Part1,2의 연장선상에 있는 긴 대화문이다. 대화를 듣고 여러 종류의 구체적인 질문에 답해야 하므로 대화 내용에 대한 정확한 이해가 관건이다. 단, 대화를 2번 들려주고 질문 내용을 미리 알 수 있다는 점 때문에 이를 잘 활용한다면 Part1,2보다 더 쉽게 풀 수 있다.

1 Part3 기본 정보

- 문항 수: 31번–45번 15문항
- 한 지문 당 길이: 남녀가 3~4번 정도 말을 주고 받으며 주로 6-7문장, 15초에서 25초 정도의 길이
- 읽어 주는 횟수: 대화는 총 2번 읽어 주며, 보기는 1번만 읽어 준다.
- 읽어 주는 방법: 대화 ⇨ 문제 ⇨ 대화 ⇨ 문제 ⇨ 보기

2 Part3 문제 유형

1) 주제나 목적 묻기: 31번-37번(7문제) ⇨ 47%

What is the woman mainly doing in the conversation?
대화에서 여자는 주로 무엇을 하고 있는가?
What is the conversation mainly about? 대화는 무엇에 관한 것인가?
What is the main topic of the conversation? 대화의 요지는 무엇인가?
What are the man and woman mainly doing in the conversation?
대화에서 남자와 여자는 주로 무엇을 하고 있는가?

2) 세부 사항 묻기: 38번-42번(5문제) ⇨ 33%

Which is correct according to the conversation? 대화에 따르면 옳은 것은?
Which is correct about the man according to the conversation?
대화에 따르면 남자에 대해서 옳은 것은?

3) 유추하기: 43번-45번(3문제) ⇨ 20%

What can be inferred from the conversation? 대화에서 추론할 수 있는 것은?

3 Part3 완전 정복 전략

1) 전체를 간결하게 포괄하는 주제를 찾자!

Part3에서 대의 파악을 하는 문제가 7문제로 47%를 차지한다. 크게 나눈 세 유형 중 가장 높은 비중을 차지하고 있으므로 매우 집중적으로 공부해야 하는 유형이다. 주제나 목적을 묻는 대의 파악 문제의 정답은 대화 전체를 너무 넓게 포괄해서도 안 되고 일부만을 포함하는 내용이 되어서도 안 된다. 대의 파악은 대화가 다 들렸다 하더라도 어떠한 보기가 전체를 간결하게 포괄하는지 헷갈리는 경우가 많으므로 주의하도록 한다.

2) 처음 두 문장을 잘 듣자!

대의 파악을 하는 데 있어서 첫 두 문장만큼 중요한 문장은 없다. 대화의 주제는 첫 두 문장에서 결정되는 경우가 많은데 대화가 진행되면서 주제를 잊어버리게 되므로, 반드시 첫 두 문장은 잘 기억하도록 하자.

3) 남자와 여자의 정보를 구분해서 기억해 두자!

세부 사항을 묻는 문제에서는 대화 전체 내용에 대해 옳은 내용을 묻기도 하지만 여자나 남자만을 골라서 묻기도 한다. 남자와 여자에 대한 정보의 구별이 확실하지 않다면 오답으로 이어지기 쉽다. 두 사람의 정보를 확실히 듣고 구별해 두어야 한다.

4) 말 바꾸기 표현(paraphrasing)에 강해지자!

대화문에서 나왔던 표현이 그대로 다시 선택지에 나와서 정답이 되는 경우는 거의 없다. 반드시 말 바꾸기를 하게 마련이다. 예를 들어 대화에서 My computer broke down.이라고 한다면 보기에는 The man's computer is out of order. 이런 식으로 말 바꾸기를 할 것이다.

5) 상황별로 구어체 표현을 많이 알아 두자!

Part3의 대화는 전문적인 내용보다는 일상에서 이루어지는 가벼운 대화가 중심이다. 텝스에 출제되는 상황이 거의 정형화되어 있으므로 반복되는 구어체 표현을 많이 알아두면 도움이 된다.

07 상황별 Part3 공략

Part3에서는 Part1,2에 비해서 대화가 긴 만큼 다양한 대화의 상황이 등장한다. 상황별로 제시된 전략과 필수 표현을 잘 익혀두면 도움이 된다.

1 인사/ 전화/ 예약/ 건강

– 전화 대화는 반드시 전화 건 목적을 대화 초반에서 파악하자.
– 예약은 한 번에 이루어지지 않는다. 마지막 예약 날짜를 기억하자.
– 건강에 대한 어휘는 다소 전문적일 수 있으므로 관련 어휘를 꼭 암기하자.
– 건강 문제가 나오면 해결책을 반드시 듣는다.

1) 인사

How's life treating you? 잘 지내니?

What have you been up to lately? 요즘 어떻게 지내세요?

What brought you here? 무슨 일로 여기에 오셨나요?

I can't quite place you. 당신이 누구신지 잘 생각이 나지 않네요.

I haven't see you for ages. 오랫동안 못 봤네요.

It's been a while. 오랜만이네요.

I didn't expect to see you here. 당신을 여기서 만날 줄은 몰랐네요.

Fancy meeting you here! 당신을 이런 곳에서 만나다니 반가워요.

Not much. 별일 없어요.

Same as usual. 항상 똑같죠.

2) 전화

Can you connect me Mr. Cook? 쿡 씨 좀 연결해주실래요?

Who's on the phone now? 전화하시는 분이 누구시죠?

Can you hold on for seconds? 잠깐 기다려 주실 수 있어요?

She's just stepped out. 그녀는 방금 나갔습니다.

He's got for the day. = He left for the day. 그는 퇴근했습니다.

I'll transfer you. Please don't hang up. 전화를 돌려 드릴게요. 끊지 마세요.

3) 약속과 예약

Can I make an appointment with Dr. Brenton for today?
브렌튼 박사와 오늘 약속을 잡을 수 있을까요?

I'm calling to confirm my appointment with Dr. Hampton.
햄튼 박사와의 약속을 확인하려고 전화했습니다.

I made a reservation under the name of Janice Smith.
제니스 스미스라는 이름으로 예약했습니다.

4) 건강

anorexia 거식증	indigestion 소화 불량
diabetes 당뇨	diarrhea 설사
high blood pressure 고혈압	constipation 변비
low blood pressure 저혈압	nauseous 구역질 나는
amnesia 기억 상실증	dizzy 어지러운
asthma 천식	migraine 편두통
arthritis 관절염	a splitting headache 머리가 깨질 듯한 두통
food poisoning 식중독	act up 병이 나타나다
heart attack 심장 마비, 심근 경색	get worse 병이 악화되다
head cold 코감기	feel better 병이 호전되다 (= improve)
depression 우울증	relieve 고통이 덜어지다 (=soothe)
… is killing me. ~가 너무 아파요.	infection 감염
vomit 구토 (= throw up, puke)	acupuncture 침술
insomnia 불면증	plastic surgery 성형 수술 (= cosmetic surgery)
puffy 부은	ointment 연고
swell (up) 붓다	pain killer 진통제
bruise 멍	cavity 충치
sprain 삐다 (=twist)	checkup 검진
cut 상처 나다	prescription drug 처방전이 필요한 약
fever 열	over-the-counter drug 처방전 없이 살 수 있는 약
have a runny nose 콧물이 나다	family history 가족력
itching 간지러움	be diagnosed with 진단 받다
allergy 알레르기	ICU (Intensive Care Unit) 중환자실
be allergic to ~에 알레르기가 있다	
itchy 간지러운	
cramp 쥐나다	

You look in shape. 건강해 보입니다. ↔ You look out of shape. 건강하지 않아 보입니다.

You should go on a diet. 체중을 줄여야 합니다. = You should lose your weight. 체중을 줄이셔야 합니다.

You should watch your weight. 체중에 신경을 쓰셔야 합니다.

You gain a weight. 살이 찌셨네요.
= You put on weight.

You should see a doctor. 병원에 가셔야겠네요.

Have a regular checkup every year is advisable. 매년 정기 검진을 받는 것은 권할 만합니다.

You should get a thorough medical checkup. 당신은 정밀 검진을 받아야 합니다.

What brings you here? 어디가 아파서 오셨나요?

What seems to be the problem today? 오늘 어디가 아픈가요?

Is there a history of lung cancer in your family? 가족 중 폐암에 걸린 사람이 있나요?

You're running a temperature. 당신은 열이 있는 것 같습니다.

You have to take[run] a few tests. 몇 가지 검사를 받으셔야겠습니다.

Take this to the pharmacy and have it filled. 처방전을 약국으로 가져가서 조제 받으세요.

How often should I take this medicine? 얼마나 자주 이 약을 복용해야 하나요?

I have[catch] a cold. 감기에 걸렸어요.
= I'm coming down with a cold.

I have a runny nose. 콧물이 흘러요. = My nose is running.

I have a stuffy nose./ My nose is stuffed up. 코가 막혔어요.

I have a sore throat. 목이 따가워요.

I have a cramp in my stomach. 위경련이 일어났어요.

My leg is asleep. 다리에 쥐가 났어요.

I'm going to be sick. 토할 거 같아요.
= I'm going to throw up.
= I feel like vomiting.

I'm allergic to pork. 돼지고기 알레르기가 있어요.

He's diagnosed with diabetes. 당뇨라고 진단 받았습니다.

1   (a)   (b)   (c)   (d)

2   (a)   (b)   (c)   (d)

3   (a)   (b)   (c)   (d)

4   (a)   (b)   (c)   (d)

5   (a)   (b)   (c)   (d)

6   (a)   (b)   (c)   (d)

7   (a)   (b)   (c)   (d)

2 식당/ 쇼핑

– 쇼핑, 레스토랑 관련 표현을 확실히 익혀둔다.
– 점원이 물건을 골라 주는 상황에선 결국 손님이 어떤 제품을 선택하는지 집중한다.
– 환불/ 교환/ 반품의 상황에선 사유를 반드시 듣고 기억한다.

1) 식당 관련 표현

For here or to go? 여기서 드실 거예요, 가져가실 거예요?

Let's grab a bite. 간단히 뭘 먹자.

How many do you have in your party? 일행이 몇 명이십니까?

I had reserved a table for two under the name of Martha Hudson.
마사 허드슨 이름으로 2명 자리를 예약했습니다.

Are you being helped? 서빙을 받고 계십니까? (= 주문하셨나요?)
= Are you being served? = Are you being waited on?

What is your special of the day? 오늘의 스페셜은 뭐죠?
= Do you have any recommendations? 뭘 추천하시겠어요?
= What do you specialize in? = What is your specialty? 이 레스토랑은 뭘 잘하죠?

Can you wrap this up for me? = Doggy bag, please! 남은 음식 좀 포장해 주세요.

I'm buying this time. 오늘은 제가 살게요.
= I'll treat you tonight. / Dinner is on me.
= I'll pick up the tab
= Let me pick up the tab.

Let's go Dutch. = Let's split the bill. 각자 먹은 것을 부담하죠.

Do you accept[take] credit card? 카드 받으시나요?

Cash or charge? 현금인가요, 아님 카드로 결제하실 건가요?

2) 쇼핑 관련 표현

What price range do you have in mind? 가격대를 어떻게 잡고 계신가요?

Do you carry…? ~ 물건 있나요[팔고 있나요]?

I'm just browsing. 그냥 구경하는 거예요.

What are your (business) hours? 영업시간이 언제죠?

Winter coats have been marked down. 겨울옷 가격이 내렸습니다.

How much do I owe you?/ How much all together? 얼마예요?

Can you come down a little? 할인해주실 수 있나요?

It's steep. = I got ripped off. = It's out of my price range. 너무 비싸요.

It's a good deal. = It's a good buy.= It's a real bargain. = It's a steal. 정말 싸네요.

1   (a)   (b)   (c)   (d)

2   (a)   (b)   (c)   (d)

3   (a)   (b)   (c)   (d)

4   (a)   (b)   (c)   (d)

5   (a)   (b)   (c)   (d)

6   (a)   (b)   (c)   (d)

7   (a)   (b)   (c)   (d)

3 교통/ 길 묻기/ 공항

- 교통과 관련한 문제점이 나오면 해결책을 잘 들어야 한다.
- 길 묻기 대화에서는 목적지로 가는 지시 사항을 기억해야 한다.
- 입국 심사대에서의 대화에서는 방문 목적, 체류 기간, 체류 장소를 묻는 정해진 틀을 익혀둔다.

1) 교통

I can't get my car started. 시동이 걸리지 않아요.
= My car won't start.

Step on gas./ Pick up the speed. 속도를 내 주세요.

The truck ran into the car. 트럭이 승용차를 박았다.

I am getting off at the next stop. 다음 정거장에서 내려요.

The traffic is backed up. 교통이 막힙니다.
= The traffic is bumper-to-bumper.

I'm caught[stuck] in traffic. 교통 체증에 걸렸어요.

I got held up traffic on the way to the appointment. 약속 장소로 가는 길에 차가 막혔어요.

Thomson gave me a ride/ lift home. 톰슨이 저를 집에 태워다 주었어요.

Buckle up./ Fasten your seat belt. 안전벨트를 매세요.

Would you like to share a ride? = Would you like to ride with me? 차를 함께 타시겠어요?

Where shall I drop you off? = Where can I take you? 어디서 내려 드릴까요?

I got into a car accident. = I got involved in a car accident. 차 사고 났어.

My car has a flat tire. 타이어에 펑크 났어.

My car was dented./ There's a dent in my car. 내 차가 움푹 패였어요.

My car is totaled. 내 차가 완전히 망가졌어.

The car is towed away. 차가 견인되다.

2) 길 안내

I think we are headed in the wrong direction. 우리 잘못된 방향으로 가는 것 같아요.

This is a dead end. 막다른 길이네요.

I don't live around. 이곳에 살지 않아요.
=I'm not local. 이 지역 사람이 아닙니다.

I am not familiar with this area. 이 지역에 익숙지 않습니다.

It's just a stone's throw from here. 아주 가까워요.
= It's just around the corner. 모퉁이만 돌면 있어요.

You've gone too far. = You already passed it. 지나쳐 오셨어요.

3) 공항

I'd like a one-way[single]/ round-trip[return] ticket. 편도/ 왕복 티켓을 원합니다.

Is there a layover? 경유하나요?

How much carry-on luggage is permitted? 기내에 가지고 가는 가방은 얼마나 허용되나요?

I'm sorry, that flight is fully booked. 죄송합니다만, 예약이 다 찼습니다.

Can you put me on the waiting list? 대기자 명단에 올려 주실래요?

Are you in our frequent flyer program? 마일리지를 가지고 계신 고객인가요?

I missed my connection. = I missed the connecting flight. 연결 항공편을 놓쳤습니다.

May I see your boarding pass? 탑승권을 보여 주시겠어요?

baggage claim area 화물 찾는 곳

Do you mind if I lean back? 의자 좀 젖혀도 될까요?
=Do you mind if I put my seat back?

Could you pull the shade down? 차양 좀 내려 주실래요?

Please fill out this customs declaration. 이 세관 신고서를 작성하세요.

Where do I go through customs inspection? 세관 검사는 어디서 하죠?

If you have more than 10,000 dollars, you should declare it.
만 달러 이상을 소지하시면 신고하셔야 합니다.

I've lost my customs declaration form. 세관 신고서를 잃어버렸습니다.

What's the purpose of your visit? 입국의 목적이 뭡니까?

Do you have anything to declare? 신고할 물건이 있으신가요?
→ Nothing to declare. 없습니다.
→ I have just 2 cartons of cigarettes. 담배 두 갑뿐입니다.

Check-in counter/ Ticket counter 탑승 수속대

Do you have any baggage to check (in)? 부치실 짐이 있나요?
→ No, I'll carry this on board. 아니요, 이 짐은 비행기에 가지고 갈 것입니다.

Do you have any seating preference? 앉고 싶은 자리가 있으신가요?

Would you prefer an aisle or a window seat? 통로 쪽 자리를 원하십니까, 창가 쪽 자리를 원하십니까?

1   (a)   (b)   (c)   (d)

2   (a)   (b)   (c)   (d)

3   (a)   (b)   (c)   (d)

4   (a)   (b)   (c)   (d)

5   (a)   (b)   (c)   (d)

6   (a)   (b)   (c)   (d)

7   (a)   (b)   (c)   (d)

4 학교생활

- 시험에 대한 걱정이나 문제점이 나오면 해결책이나 위로를 반드시 듣는다.
- 수업 과정이나 교수님에 대한 평가는 좋은지 나쁜지 파악한다.
- 학교를 지원하는 상황에서는 결국 어떤 학교를 선정하는지 기억한다.

alumni (pl.) 동창들	**letter of recommendation (reference)** 추천서
on-campus 학교의	**double-major in** 복수 전공하다
bulletin board 게시판	**transcript** 성적 증명서
student union 학생회관	**report card** 성적표
summer job 여름 방학 중 아르바이트	**thesis** 논문
volunteer work 자원봉사	**certificate** 증명서, 졸업 증명서
work-study 근로 장학 제도	**diploma** 졸업장
pop quiz 불시에 보는 쪽지 시험	**syllabus** 강의 계획안
acceptance letter 합격 통지서	**dean's list** 장학생 명단 (= honor roll)
admissions board 이사회	**GPA(Grade Point Average)** 평점
take[sign up for/ register for/ enroll in] 과목: 수강 신청하다	**department office** 과 사무실
drop the course 수강 철회하다	**transfer** 편입하다
required course 필수 과목	**audit the class** 청강하다
elective course 선택 과목	**cram** 벼락치기하다
prerequisite 선수 과목	**call number** 도서 정리 번호
academic advisor 지도 교수	**article** 논문
associate professor 부교수	**bibliography** 도서 목록, 참고 문헌
cheating 부정 행위	**return** 책을 반납하다
credit 학점 이수 단위	**check out** 책을 대출하다
dean 학장	**circulation desk** 대출 창구
dropout 중퇴, 중도 탈락	**current periodicals** 최신 정기 간행물
financial assistance 학비 보조	**reference materials** 참고 도서
ace the test 시험을 잘 치다	**due date** 도서 반납 일자
flunk (시험 등에) 실패하다 (= get an F)	**the bachelor's degree** 학사학위
graduate student 대학원생	**the master's degree** 석사학위
undergraduate 학부생	**the doctor's degree** 박사학위

Have you turn in your term paper? 기말 보고서를 제출했습니까?

Can I start in the fall semester? 가을 학기에 시작할 수 있나요?

What are the requirements for admission? 입학 요건에 어떤 것들이 있나요?

I can't follow this class. 이 수업이 너무 어려워요.

You can't check out periodicals. 정기 간행물은 대출이 안 됩니다.

I cram for the exam. 난 벼락치기로 시험을 봐요.

I bombed the test. (=mess up/ screw up) 시험을 망쳤어요.

I flunked biology. 나는 생물 (시험)을 망쳤어요.

1   (a)   (b)   (c)   (d)

2   (a)   (b)   (c)   (d)

3   (a)   (b)   (c)   (d)

4   (a)   (b)   (c)   (d)

5   (a)   (b)   (c)   (d)

6   (a)   (b)   (c)   (d)

7   (a)   (b)   (c)   (d)

Part4는 한 사람이 하나의 주제에 대해서 이야기를 전개해 나가는 담화문으로 수험생들이 가장 어려워하는 청해 파트이다. 문제 유형에 대한 이해뿐 아니라 어휘력 및 종합적인 청해력이 필요하다.

1 Part4 기본 정보

– **문항 수:** 46번–60번 15문항
– **한 지문당 길이:** 5-8문장 정도, 22초에서 28초 정도의 길이
– **읽어 주는 횟수:** 지문은 총 2번 읽어 주며, 보기는 1번만 읽어 준다.
– **읽어 주는 방법:** 지문은 남자가 한 번, 여자가 한 번 읽어 준다.

2 Part4 담화문의 종류

1) **강의/ 강연 (lecture/ speech)**
2) **교통방송/ 일기 예보/ 뉴스 (traffic report/ weather forecast/ news report)**
3) **공지 (announcement)**
4) **녹음 메시지 (recorded message)**
5) **광고 (advertisement)**

3 Part4 문제 유형

1) **주제나 목적 묻기: 주로 46번–52번 7문제로 구성 ⇨ 47%**

What is the main purpose of the advertisement? 광고의 주요 목적은 무엇인가?
What is the speaker's main point? 화자의 요점은 무엇인가?
What is mainly being advertised? 무엇이 광고되고 있는가?
What is the main idea of the talk? 담화문의 주제는 무엇인가?
What is the main topic of the lecture? 강연의 주제는 무엇인가?

2) 세부 사항 묻기: 주로 53번-58번 6문제로 구성 ⇨ 40%

Which is correct according to the announcement? 공지에 따르면 옳은 것은?

What is the speaker most likely to discuss next? 화자는 다음에 무엇을 토론하겠는가?

3) 추론하기: 주로 59번-60번 2문제로 구성 ⇨ 13%

What can be inferred from the talk? 담화문에서 추론할 수 있는 것은?

Which statement will the speaker most likely agree with?
어떤 설명에 화자가 가장 동의할 만한가?

4 Part4 완전 정복 전략

1) 첫 두 문장은 무조건 들어라!

담화문에 두괄식 지문이 많으므로 첫 두 문장에 주제가 나오는 경우가 많다. 그러므로 첫 두 문장을 놓치지 않으려고 최대한 집중해야 한다.

2) 두 번 들려주는 점을 최대한 이용하라!

Part4에서 지문을 두 번 들려주는 것을 최대한 활용해야 한다. 주제를 묻는 경우에는 앞 두 문장을 더 집중해서 들어보고, 53번 이후 세부 사항 문제에서는 어떤 내용을 묻는지 파악한 후 지문을 들을 수 있게 된다.

3) 독해 능력을 키운다.

Part4는 짧은 시간에 정복하기가 가장 어려운 파트이다. 사실 Part4의 성적이 오르지 않는 것이 청해 능력의 부족이라고 생각하는 학생들도 많겠지만, 비단 청해 능력의 부족뿐만 아니라 독해 능력이 부족해서 Part4의 성적이 오르지 않는 경우도 많다. 청해 스크립트를 성우가 읽어주는 속도로 눈으로 따라 읽었을 때 의미가 파악되지 않는다면 그것을 듣고 이해한다는 것은 쉽지 않다.

4) 보기까지 반드시 받아쓰기한다.

지문을 100% 이해했다 하더라도 보기를 이해 못한다면 절대로 정답을 맞힐 수 없다. 보기는 단문으로 빠르게 한 번만 읽어주므로 정확하게 듣는 것이 관건이다.

5) 구체적인 정보는 간단히 메모하자.

Part4에서는 구체적인 정보를 묻는 질문이 나온다. 특정 날짜, 요일, 시간, 금액 등 특별히 집중해서 듣지 않으면 한국말로 들어도 흘려버릴 수 있는 정보들이다. 그러므로 간단히 자신만 알아볼 수 있을 정도로 필기한다. 자세히 쓰려고 하면 뒤 문장을 놓칠 수 있기 때문이다.

Part4에서는 Part3보다 지문의 상황이나 유형에 대한 철저한 파악이 필요하다. 거의 독해 수준의 지문을 들으며 내용에 대한 이해조차 쉽지 않은 상황에서 여전히 정답에 대한 빠른 판단이 요구되므로 미리 특정 종류의 지문에 등장하는 주요 표현을 익히는 것이 좋다.

1 일기 예보

– 일기 예보에 자주 쓰이는 어휘를 확실히 알아두자.
– 갑자기 변한 날씨의 상태와 시점을 기억한다.
– 일기 예보에 따른 조언을 잘 듣는다.

weather report 일기 예보 (= weather forecast)	**hail** 우박
degree (각도 · 온도계 따위의) 도	**thunder** 천둥
chilly 서늘한	**lightning** 번개
wet 습기가 많은	**slush** 녹기 시작한 눈
freezing 어는 듯한	**front** 기상 전선
icy 얼음이 언	**high pressure system** 고기압
humid 습기 찬	**low pressure system** 저기압
humidity 습도	**sultry** 무더운, 찌는 듯이 더운
misty 안개 낀	**sunny** 따뜻한
foggy 안개 낀	**muggy** 후덥지근한
hazy 흐릿한	**scorcher** 매우 더운 날
windy 바람이 부는	**clear** 맑게 갠
breeze 미풍	**clear up** 맑게 개다
blast 강풍	**last** 지속되다
storm 폭풍우	**unseasonable** 계절에 맞지 않은
gust 질풍	**dramatically** 극적으로
dew 이슬	**possibility** 가능성
frost 서리	**reach** 〜에 이르다
rainy 비가 오는	**move in** 이동해 들어오다
(rain) shower 소나기	**swoop** 급습하다
scattered shower 산발적인 소나기	**stay tuned** 채널을 고정하다
downpour 폭우	**tune in** 채널을 맞추다, 라디오 주파수를 맞추다
drizzle 이슬비	**partly** 부분적으로
sprinkling 흩뿌리듯 오는 비, 가랑비	**eastward** 동쪽으로
flurry (질풍을 동반한) 소나기, 눈보라	**westward** 서쪽으로
blizzard 눈보라	**southward** 남쪽으로
sleet 진눈깨비	**northward** 북쪽으로

1　　(a)　　　(b)　　　(c)　　　(d)

2　　(a)　　　(b)　　　(c)　　　(d)

3　　(a)　　　(b)　　　(c)　　　(d)

4　　(a)　　　(b)　　　(c)　　　(d)

5　　(a)　　　(b)　　　(c)　　　(d)

6　　(a)　　　(b)　　　(c)　　　(d)

7　　(a)　　　(b)　　　(c)　　　(d)

2 방송/ 공지

– 방송/ 공지의 목적을 반드시 듣는다.
– 마지막 부분의 요청 사항을 듣는다.
– 기내 방송이나 공항 안내 방송이라면 결항이나 연착의 이유를 듣는다.

review 평론 비평	**be titled** ~가 제목인
host (TV · 라디오의) 호스트, 사회자	**be advised that** ~를 알아두세요
guest 손님	**make a speech** 연설하다
stay tuned 주파수 고정해 주세요.	**founder** 설립자
financial investment 금융 투자	**recipient** 수상자
critic 비평가	**keynote speaker** 기조연설자
journalist 기자, 언론인	**guest speaker** 초청 연사
reporter 기자	**step down** (관직에서) 물러나다
business executive 기업체 임원	**dedicated** 헌신적인
researcher 연구원	**low visibility** 낮은 가시도
entrepreneur 사업가	**connecting flight** 연결 항공편
financial expert 금융 전문가	**airway** 항로
faculty 교직원	**inclement weather** 악천후
renowned 저명한 (= well-known)	**technical problem** 기술적인 문제
celebrated 유명한, 저명한	**land** 착륙하다
deliver a lecture 강의를 하다	**take off** 이륙하다
feature 특징을 이루다	**be delayed** 연착되다
in detail 자세하게	**be cancelled** 취소되다
tune in 주파수를 맞추다	**maintenance work** 유지 보수 업무
commercial 광고	**inconvenience** 불편함
break 휴식	**due to** ~때문에
sponsor (라디오 · TV 프로그램 제공자, 광고주	**branch** 지점
get together 모이다	**on behalf of** ~을 대신하여
attention 주목하세요	**reception area** 접수처

1   (a)   (b)   (c)   (d)

2   (a)   (b)   (c)   (d)

3   (a)   (b)   (c)   (d)

4   (a)   (b)   (c)   (d)

5   (a)   (b)   (c)   (d)

6   (a)   (b)   (c)   (d)

7   (a)   (b)   (c)   (d)

3 강의

강의는 Part4의 유형 중 가장 어려운 유형이라고 볼 수 있다. 다소 생소한 주제들을 다루는 경우가 많아서 상대적으로 어렵게 느껴질 수 있다.

- ### 전문 용어들을 꼼꼼히 익혀 두자.
  다방면에 걸친 전문적인 주제로 강의를 하므로 어휘력이 중요한 지문 유형이다.

- ### 독해 실력을 향상시키자.
  막연히 듣기를 못해서 강의 형태의 지문을 이해하지 못한다고 생각하기 쉬우나 사실 독해가 약해서 강의를 이해하지 못하는 경우가 훨씬 많다. 청해 공부의 마지막에는 스크립트를 꼼꼼하게 분석한 후, 성우가 읽는 속도와 똑같은 속도로 매우 빠르게 훑어 읽기를 3번 하자. 놀라울 정도로 독해력과 청해력이 향상된다.

- ### 강의 앞부분의 주제를 반드시 파악하자.

역사	**influential** 영향을 미치는; 유력한
	legendary 전설(상)의; 전설적인, 유명한
	legend 전설적인 인물; 전설
	innovative 혁신적인
	decade 10년
	dictator 독재자
	tyranny 전제 정치; 폭정, 학정
	imperialism 제국주의
	colonization 식민지화
	annals 연대기, 연사(年史)
	historian 역사가, 사학자
	chronicle 연대기
생물	**hypothesis** 가설, 가정
	species 〈생물〉 (분류상의) 종
	endangered 위험[위기]에 처한, (동식물이) 멸종될 위기에 이른
	extinct (생명 · 생물이) 멸종된, 절멸한
	photosynthesis 광합성
	poisonous 유독한, 유해한
	vegetation 〈집합적〉 초목, 한 지방 식물
	organism 유기물, 생물, 인간, 생체
	classify 분류하다
	mammal 포유류
	amphibia 양서류
	reptile 파충류

	rodent 설치류
	warm-blooded (동물이) 온혈(溫血)의
	invertebrate 〈동물〉 척추가 없는
	vertebrate 척추가 있는, 척추동물
	mutation 돌연변이
	breed (동식물의) 품종, 종속, 새끼를 낳다
	prey (잡아먹는) 먹이
	predator 포식자
	carnivore 육식 동물
	herbivore 초식 동물
	creature 창조물, 생물
	host 숙주
	parasite 기생충, 기생균
	organic 유기체[물]의, 생물의
사회	**protest** 항의하다, 이의를 제기하다
	anarchy 무정부 상태
	domestic violence 가정 폭력
	upper class 상류층
	lower class 하류층
	middle class 중산층
	nobility 귀족 계급
	divorce rate 이혼율
	ethnic 민족[인종]의, 민족 특유의
	civil rights 공민권, 민권
	demographic 인구 통계학의
	demography 인구 통계학
	inhumane 잔인한, 비인도적인
	racial 인종의, 종족의
	prejudice 편견 (= bias); 선입관
정치	**sovereign** 주권자, 독립국
	domestic 국내의
	democratic 민주주의의
	republican 공화국의
	independent 독립한, 자치적인
	political party 정당
	debate 논쟁하다, 논쟁
	Congress 의회
	the ruling party 여당 ↔ the opposition party 야당
	legislation 법률; 입법
	impeachment 탄핵, 고발
	breach (법률, 약속 등의) 위반, 불이행 (= violation)

경제	
	deficit 적자, 부족액
	trade deficit 무역 적자
	cf.) **in the red** 적자의 (↔ in the black 흑자의)
	surplus (필요 양보다 많은) 잉여; (쓰고 남은) 나머지
	donate (자선 단체 등에) 기증하다, 기부하다
	restoration 회복, 복구
	deplete 고갈시키다, 써버리다
	current 현재의; (화폐가) 유통되고 있는
	foreign currency 외화
	recession 경기 후퇴, 침체
	cf.) **depression** 불경기, 불황
	exchange rate 환율
	fluctuate (물가 등이) 오르내리다, 변동하다
	fiscal 재정의, 회계의
환경	
	global warming 지구 온난화
	rain forest 다우림
	habitat (동물의) 서식지, (식물의) 자생지
	destruction 파괴; 파멸, 멸망
	agriculture 농업
	endangered species 멸종 위기의 생물
	evolution 진화
	marine 해양의
	sustain (생명을) 유지하다
	deforestation 삼림 벌채, 산림 개간
	ecology 생태계
	erode (바닷물 · 바람 등이) 침식하다
	acid rain 산성비
	adapt 적응시키다
	earth friendly 환경 친화적인 (=eco-friendly)

1   (a)   (b)   (c)   (d)

2   (a)   (b)   (c)   (d)

3   (a)   (b)   (c)   (d)

4   (a)   (b)   (c)   (d)

5   (a)   (b)   (c)   (d)

6   (a)   (b)   (c)   (d)

7   (a)   (b)   (c)   (d)

4 광고/ 녹음 메시지

광고는 정해진 유형이 있고 내용이 전문적이지 않아서 Part4에서 가장 쉽게 정복할 수 있는 지문 유형이다.

[1] 광고

– 무엇을 광고하는지 정확하게 파악한다.
– 광고하는 제품의 장점, 특징 등을 기억한다.

cost effective 비용 절감적인	**high-quality** 품질이 좋은
reduce 줄이다 (= cut back)	**fabulous** 엄청난
slash (가격 등을) 확 낮추다	**customer service** 고객 서비스
mark down 가격 등이 내려가다	**bargain** 싸게 산 물건
be tired of 싫증이 나다 (= be fed up with)	**regular price** 정가
be known for ~로 유명하다	**on sale** 세일 중인
unique 독특한, 비길 데 없는	**durability** 내구성
distinctive 독특한, 특유한	**merchandise** 제품
appliance 가전제품	**take advantage of** 이용하다
sporting goods 스포츠 용품	**anniversary** 기념
office supply 사무용품	**money back guarantee** 환불 보장
back to school season 개학하는 시기	**consistent** 변함 없는
clearance sale 재고 정리 세일	**finance** 돈을 대주다
going out of business sale 폐점 세일	**non-refundable deposit** 환불되지 않는 보증금
20% off the retail price 소매 가격에서 20% 할인해서	**authentic** 진짜의, 진품의
shipping 배송	**genuine** 진짜의, 모조품이 아닌
more than 이상	**customize** 주문에 따라 만들다
up to ~까지	**a range of** 다양한
free shipping 무료 배송	**a series of** 수차례의
brand new 최신의	**refreshment** (가벼운) 음식물, 다과
cutting-edge 최신식의	**feature** 제품 사양
innovative 혁신적인	**excessive** 과도한
state of the art 최신의	**be synonymous with** ~와 동의어인
	amenity 오락 시설

1   (a)   (b)   (c)   (d)

2   (a)   (b)   (c)   (d)

3   (a)   (b)   (c)   (d)

4   (a)   (b)   (c)   (d)

5   (a)   (b)   (c)   (d)

6   (a)   (b)   (c)   (d)

7   (a)   (b)   (c)   (d)

〔2〕 녹음 메시지

개인이 부재중에 본인의 번호로 전화를 거는 사람들에게 알리는 메시지, 업체나 회사에서 고객에게 변동 사항이나 문제점을 알리는 메시지, 공공기관이나 회사 사무실에 근무 시간 외 시간에 전화를 걸었을 때 듣게 되는 메시지 등 크게 세 가지 유형이 있다.

– 어떤 상황인지 파악한다.
– 녹음 메시지에서 나오는 구체적인 정보를 잘 듣는다.

emergency 응급 상황	**after the tone** 삐 소리가 난 후
urgent 급한	**component** 부품
extension number 내선번호	**national holiday** 국경일
voice mail 음성 메시지	**official holiday** 공휴일
customer service representative 고객 상담원	**business hours** 영업시간 (= operating hours)
busy 통화 중	**inevitable** 불가피한
regarding ~에 대한	**make it** 참석하다
confirm 확인하다	**be aware that …** 알아두세요
response 응답	**be advised that …** 권고됩니다
arrange 약속을 잡다	**incoming call** 걸려 오는 전화
scheduling conflict 스케줄의 겹침	**resume** 다시 시작하다
procrastinate 연기하다	**renovation** 수리, 리모델링
call off 취소하다	**inquiries** 질문
place an order 주문하다	**charity** 자선
social security number 사회 보장 번호	**operator** 교환원
identification 신분증	**maintenance work** 보수 작업
call back 다시 전화하다	**facility** 시설
inform A of B A에게 B를 알리다	**admission** 입장료
stay on the line 끊지 않고 기다리다	**attraction** 관광명소
return a call 회신해 주다	**overseas branch** 해외 지점
out of town 부재중 (= away)	**working day** 영업일 (= business day)
reimbursement 변제, 상환	**service personnel** 서비스 직원
out of stock 재고가 없는	**around the clock** 24시간
decline 거절하다	**in the event of** ~할 경우에

1   (a)   (b)   (c)   (d)

2   (a)   (b)   (c)   (d)

3   (a)   (b)   (c)   (d)

4   (a)   (b)   (c)   (d)

5   (a)   (b)   (c)   (d)

6   (a)   (b)   (c)   (d)

7   (a)   (b)   (c)   (d)

How to
TEPs

II Actual Test

Actual Test 01

LISTENING COMPREHENSION

Part I **Questions 1—15**

You will now hear fifteen conversation fragments, each made up of a single spoken statement followed by four spoken responses. Choose the most appropriate response to the statement.

Part II **Questions 16—30**

You will now hear fifteen conversation fragments, each made up of three spoken statements followed by four spoken responses. Choose the most appropriate response to complete the conversation.

Part III **Questions 31—45**

You will now hear fifteen complete conversations. For each item, you will hear a conversation and its corresponding question, both of which will be read twice. Then you will hear four options which will be read only once. Choose the option that best answers the question.

Part IV **Questions 46—60**

You will now hear fifteen spoken monologues. For each item, you will hear a monologue and its corresponding question, both of which will be read twice. Then you will hear four options which will be read only once. Choose the option that best answers the question.

Actual Test 02

Part I **Questions 1—15**

You will now hear fifteen conversation fragments, each made up of a single spoken statement followed by four spoken responses. Choose the most appropriate response to the statement.

Part II **Questions 16—30**

You will now hear fifteen conversation fragments, each made up of three spoken statements followed by four spoken responses. Choose the most appropriate response to complete the conversation.

Part III **Questions 31—45**

You will now hear fifteen complete conversations. For each item, you will hear a conversation and its corresponding question, both of which will be read twice. Then you will hear four options which will be read only once. Choose the option that best answers the question.

Part IV **Questions 46—60**

You will now hear fifteen spoken monologues. For each item, you will hear a monologue and its corresponding question, both of which will be read twice. Then you will hear four options which will be read only once. Choose the option that best answers the question.

Actual Test 03

Part I **Questions 1—15**

You will now hear fifteen conversation fragments, each made up of a single spoken statement followed by four spoken responses. Choose the most appropriate response to the statement.

Part II **Questions 16—30**

You will now hear fifteen conversation fragments, each made up of three spoken statements followed by four spoken responses. Choose the most appropriate response to complete the conversation.

Part III   Questions 31—45

You will now hear fifteen complete conversations. For each item, you will hear a conversation and its corresponding question, both of which will be read twice. Then you will hear four options which will be read only once. Choose the option that best answers the question.

Part IV   Questions 46—60

You will now hear fifteen spoken monologues. For each item, you will hear a monologue and its corresponding question, both of which will be read twice. Then you will hear four options which will be read only once. Choose the option that best answers the question.

Actual Test 04

Part I **Questions 1—15**

You will now hear fifteen conversation fragments, each made up of a single spoken statement followed by four spoken responses. Choose the most appropriate response to the statement.

Part II **Questions 16—30**

You will now hear fifteen conversation fragments, each made up of three spoken statements followed by four spoken responses. Choose the most appropriate response to complete the conversation.

Part III **Questions 31—45**

You will now hear fifteen complete conversations. For each item, you will hear a conversation and its corresponding question, both of which will be read twice. Then you will hear four options which will be read only once. Choose the option that best answers the question.

Part IV **Questions 46—60**

You will now hear fifteen spoken monologues. For each item, you will hear a monologue and its corresponding question, both of which will be read twice. Then you will hear four options which will be read only once. Choose the option that best answers the question.

Actual Test 05

Part I **Questions 1—15**

You will now hear fifteen conversation fragments, each made up of a single spoken statement followed by four spoken responses. Choose the most appropriate response to the statement.

Part II **Questions 16—30**

You will now hear fifteen conversation fragments, each made up of three spoken statements followed by four spoken responses. Choose the most appropriate response to complete the conversation.

<table>
<tr><td>**Part III**</td><td>**Questions 31—45**</td></tr>
</table>

You will now hear fifteen complete conversations. For each item, you will hear a conversation and its corresponding question, both of which will be read twice. Then you will hear four options which will be read only once. Choose the option that best answers the question.

<table>
<tr><td>**Part IV**</td><td>**Questions 46—60**</td></tr>
</table>

You will now hear fifteen spoken monologues. For each item, you will hear a monologue and its corresponding question, both of which will be read twice. Then you will hear four options which will be read only once. Choose the option that best answers the question.

[TEPS] Test of English Proficiency developed by Seoul National University

청해 Listening Comprehension

Actual Test 1

#	a	b	c	d	#	a	b	c	d	#	a	b	c	d
1	ⓐ	ⓑ	ⓒ	ⓓ	21	ⓐ	ⓑ	ⓒ	ⓓ	41	ⓐ	ⓑ	ⓒ	ⓓ
2	ⓐ	ⓑ	ⓒ	ⓓ	22	ⓐ	ⓑ	ⓒ	ⓓ	42	ⓐ	ⓑ	ⓒ	ⓓ
3	ⓐ	ⓑ	ⓒ	ⓓ	23	ⓐ	ⓑ	ⓒ	ⓓ	43	ⓐ	ⓑ	ⓒ	ⓓ
4	ⓐ	ⓑ	ⓒ	ⓓ	24	ⓐ	ⓑ	ⓒ	ⓓ	44	ⓐ	ⓑ	ⓒ	ⓓ
5	ⓐ	ⓑ	ⓒ	ⓓ	25	ⓐ	ⓑ	ⓒ	ⓓ	45	ⓐ	ⓑ	ⓒ	ⓓ
6	ⓐ	ⓑ	ⓒ	ⓓ	26	ⓐ	ⓑ	ⓒ	ⓓ	46	ⓐ	ⓑ	ⓒ	ⓓ
7	ⓐ	ⓑ	ⓒ	ⓓ	27	ⓐ	ⓑ	ⓒ	ⓓ	47	ⓐ	ⓑ	ⓒ	ⓓ
8	ⓐ	ⓑ	ⓒ	ⓓ	28	ⓐ	ⓑ	ⓒ	ⓓ	48	ⓐ	ⓑ	ⓒ	ⓓ
9	ⓐ	ⓑ	ⓒ	ⓓ	29	ⓐ	ⓑ	ⓒ	ⓓ	49	ⓐ	ⓑ	ⓒ	ⓓ
10	ⓐ	ⓑ	ⓒ	ⓓ	30	ⓐ	ⓑ	ⓒ	ⓓ	50	ⓐ	ⓑ	ⓒ	ⓓ
11	ⓐ	ⓑ	ⓒ	ⓓ	31	ⓐ	ⓑ	ⓒ	ⓓ	51	ⓐ	ⓑ	ⓒ	ⓓ
12	ⓐ	ⓑ	ⓒ	ⓓ	32	ⓐ	ⓑ	ⓒ	ⓓ	52	ⓐ	ⓑ	ⓒ	ⓓ
13	ⓐ	ⓑ	ⓒ	ⓓ	33	ⓐ	ⓑ	ⓒ	ⓓ	53	ⓐ	ⓑ	ⓒ	ⓓ
14	ⓐ	ⓑ	ⓒ	ⓓ	34	ⓐ	ⓑ	ⓒ	ⓓ	54	ⓐ	ⓑ	ⓒ	ⓓ
15	ⓐ	ⓑ	ⓒ	ⓓ	35	ⓐ	ⓑ	ⓒ	ⓓ	55	ⓐ	ⓑ	ⓒ	ⓓ
16	ⓐ	ⓑ	ⓒ	ⓓ	36	ⓐ	ⓑ	ⓒ	ⓓ	56	ⓐ	ⓑ	ⓒ	ⓓ
17	ⓐ	ⓑ	ⓒ	ⓓ	37	ⓐ	ⓑ	ⓒ	ⓓ	57	ⓐ	ⓑ	ⓒ	ⓓ
18	ⓐ	ⓑ	ⓒ	ⓓ	38	ⓐ	ⓑ	ⓒ	ⓓ	58	ⓐ	ⓑ	ⓒ	ⓓ
19	ⓐ	ⓑ	ⓒ	ⓓ	39	ⓐ	ⓑ	ⓒ	ⓓ	59	ⓐ	ⓑ	ⓒ	ⓓ
20	ⓐ	ⓑ	ⓒ	ⓓ	40	ⓐ	ⓑ	ⓒ	ⓓ	60	ⓐ	ⓑ	ⓒ	ⓓ

Actual Test 2

#	a	b	c	d	#	a	b	c	d	#	a	b	c	d
1	ⓐ	ⓑ	ⓒ	ⓓ	21	ⓐ	ⓑ	ⓒ	ⓓ	41	ⓐ	ⓑ	ⓒ	ⓓ
2	ⓐ	ⓑ	ⓒ	ⓓ	22	ⓐ	ⓑ	ⓒ	ⓓ	42	ⓐ	ⓑ	ⓒ	ⓓ
3	ⓐ	ⓑ	ⓒ	ⓓ	23	ⓐ	ⓑ	ⓒ	ⓓ	43	ⓐ	ⓑ	ⓒ	ⓓ
4	ⓐ	ⓑ	ⓒ	ⓓ	24	ⓐ	ⓑ	ⓒ	ⓓ	44	ⓐ	ⓑ	ⓒ	ⓓ
5	ⓐ	ⓑ	ⓒ	ⓓ	25	ⓐ	ⓑ	ⓒ	ⓓ	45	ⓐ	ⓑ	ⓒ	ⓓ
6	ⓐ	ⓑ	ⓒ	ⓓ	26	ⓐ	ⓑ	ⓒ	ⓓ	46	ⓐ	ⓑ	ⓒ	ⓓ
7	ⓐ	ⓑ	ⓒ	ⓓ	27	ⓐ	ⓑ	ⓒ	ⓓ	47	ⓐ	ⓑ	ⓒ	ⓓ
8	ⓐ	ⓑ	ⓒ	ⓓ	28	ⓐ	ⓑ	ⓒ	ⓓ	48	ⓐ	ⓑ	ⓒ	ⓓ
9	ⓐ	ⓑ	ⓒ	ⓓ	29	ⓐ	ⓑ	ⓒ	ⓓ	49	ⓐ	ⓑ	ⓒ	ⓓ
10	ⓐ	ⓑ	ⓒ	ⓓ	30	ⓐ	ⓑ	ⓒ	ⓓ	50	ⓐ	ⓑ	ⓒ	ⓓ
11	ⓐ	ⓑ	ⓒ	ⓓ	31	ⓐ	ⓑ	ⓒ	ⓓ	51	ⓐ	ⓑ	ⓒ	ⓓ
12	ⓐ	ⓑ	ⓒ	ⓓ	32	ⓐ	ⓑ	ⓒ	ⓓ	52	ⓐ	ⓑ	ⓒ	ⓓ
13	ⓐ	ⓑ	ⓒ	ⓓ	33	ⓐ	ⓑ	ⓒ	ⓓ	53	ⓐ	ⓑ	ⓒ	ⓓ
14	ⓐ	ⓑ	ⓒ	ⓓ	34	ⓐ	ⓑ	ⓒ	ⓓ	54	ⓐ	ⓑ	ⓒ	ⓓ
15	ⓐ	ⓑ	ⓒ	ⓓ	35	ⓐ	ⓑ	ⓒ	ⓓ	55	ⓐ	ⓑ	ⓒ	ⓓ
16	ⓐ	ⓑ	ⓒ	ⓓ	36	ⓐ	ⓑ	ⓒ	ⓓ	56	ⓐ	ⓑ	ⓒ	ⓓ
17	ⓐ	ⓑ	ⓒ	ⓓ	37	ⓐ	ⓑ	ⓒ	ⓓ	57	ⓐ	ⓑ	ⓒ	ⓓ
18	ⓐ	ⓑ	ⓒ	ⓓ	38	ⓐ	ⓑ	ⓒ	ⓓ	58	ⓐ	ⓑ	ⓒ	ⓓ
19	ⓐ	ⓑ	ⓒ	ⓓ	39	ⓐ	ⓑ	ⓒ	ⓓ	59	ⓐ	ⓑ	ⓒ	ⓓ
20	ⓐ	ⓑ	ⓒ	ⓓ	40	ⓐ	ⓑ	ⓒ	ⓓ	60	ⓐ	ⓑ	ⓒ	ⓓ

Actual Test 3

#	a	b	c	d	#	a	b	c	d	#	a	b	c	d
1	ⓐ	ⓑ	ⓒ	ⓓ	21	ⓐ	ⓑ	ⓒ	ⓓ	41	ⓐ	ⓑ	ⓒ	ⓓ
2	ⓐ	ⓑ	ⓒ	ⓓ	22	ⓐ	ⓑ	ⓒ	ⓓ	42	ⓐ	ⓑ	ⓒ	ⓓ
3	ⓐ	ⓑ	ⓒ	ⓓ	23	ⓐ	ⓑ	ⓒ	ⓓ	43	ⓐ	ⓑ	ⓒ	ⓓ
4	ⓐ	ⓑ	ⓒ	ⓓ	24	ⓐ	ⓑ	ⓒ	ⓓ	44	ⓐ	ⓑ	ⓒ	ⓓ
5	ⓐ	ⓑ	ⓒ	ⓓ	25	ⓐ	ⓑ	ⓒ	ⓓ	45	ⓐ	ⓑ	ⓒ	ⓓ
6	ⓐ	ⓑ	ⓒ	ⓓ	26	ⓐ	ⓑ	ⓒ	ⓓ	46	ⓐ	ⓑ	ⓒ	ⓓ
7	ⓐ	ⓑ	ⓒ	ⓓ	27	ⓐ	ⓑ	ⓒ	ⓓ	47	ⓐ	ⓑ	ⓒ	ⓓ
8	ⓐ	ⓑ	ⓒ	ⓓ	28	ⓐ	ⓑ	ⓒ	ⓓ	48	ⓐ	ⓑ	ⓒ	ⓓ
9	ⓐ	ⓑ	ⓒ	ⓓ	29	ⓐ	ⓑ	ⓒ	ⓓ	49	ⓐ	ⓑ	ⓒ	ⓓ
10	ⓐ	ⓑ	ⓒ	ⓓ	30	ⓐ	ⓑ	ⓒ	ⓓ	50	ⓐ	ⓑ	ⓒ	ⓓ
11	ⓐ	ⓑ	ⓒ	ⓓ	31	ⓐ	ⓑ	ⓒ	ⓓ	51	ⓐ	ⓑ	ⓒ	ⓓ
12	ⓐ	ⓑ	ⓒ	ⓓ	32	ⓐ	ⓑ	ⓒ	ⓓ	52	ⓐ	ⓑ	ⓒ	ⓓ
13	ⓐ	ⓑ	ⓒ	ⓓ	33	ⓐ	ⓑ	ⓒ	ⓓ	53	ⓐ	ⓑ	ⓒ	ⓓ
14	ⓐ	ⓑ	ⓒ	ⓓ	34	ⓐ	ⓑ	ⓒ	ⓓ	54	ⓐ	ⓑ	ⓒ	ⓓ
15	ⓐ	ⓑ	ⓒ	ⓓ	35	ⓐ	ⓑ	ⓒ	ⓓ	55	ⓐ	ⓑ	ⓒ	ⓓ
16	ⓐ	ⓑ	ⓒ	ⓓ	36	ⓐ	ⓑ	ⓒ	ⓓ	56	ⓐ	ⓑ	ⓒ	ⓓ
17	ⓐ	ⓑ	ⓒ	ⓓ	37	ⓐ	ⓑ	ⓒ	ⓓ	57	ⓐ	ⓑ	ⓒ	ⓓ
18	ⓐ	ⓑ	ⓒ	ⓓ	38	ⓐ	ⓑ	ⓒ	ⓓ	58	ⓐ	ⓑ	ⓒ	ⓓ
19	ⓐ	ⓑ	ⓒ	ⓓ	39	ⓐ	ⓑ	ⓒ	ⓓ	59	ⓐ	ⓑ	ⓒ	ⓓ
20	ⓐ	ⓑ	ⓒ	ⓓ	40	ⓐ	ⓑ	ⓒ	ⓓ	60	ⓐ	ⓑ	ⓒ	ⓓ

Actual Test 4

1	a b c d	21	a b c d	41	a b c d
2	a b c d	22	a b c d	42	a b c d
3	a b c d	23	a b c d	43	a b c d
4	a b c d	24	a b c d	44	a b c d
5	a b c d	25	a b c d	45	a b c d
6	a b c d	26	a b c d	46	a b c d
7	a b c d	27	a b c d	47	a b c d
8	a b c d	28	a b c d	48	a b c d
9	a b c d	29	a b c d	49	a b c d
10	a b c d	30	a b c d	50	a b c d
11	a b c d	31	a b c d	51	a b c d
12	a b c d	32	a b c d	52	a b c d
13	a b c d	33	a b c d	53	a b c d
14	a b c d	34	a b c d	54	a b c d
15	a b c d	35	a b c d	55	a b c d
16	a b c d	36	a b c d	56	a b c d
17	a b c d	37	a b c d	57	a b c d
18	a b c d	38	a b c d	58	a b c d
19	a b c d	39	a b c d	59	a b c d
20	a b c d	40	a b c d	60	a b c d

Actual Test 5

1	a b c d	21	a b c d	41	a b c d
2	a b c d	22	a b c d	42	a b c d
3	a b c d	23	a b c d	43	a b c d
4	a b c d	24	a b c d	44	a b c d
5	a b c d	25	a b c d	45	a b c d
6	a b c d	26	a b c d	46	a b c d
7	a b c d	27	a b c d	47	a b c d
8	a b c d	28	a b c d	48	a b c d
9	a b c d	29	a b c d	49	a b c d
10	a b c d	30	a b c d	50	a b c d
11	a b c d	31	a b c d	51	a b c d
12	a b c d	32	a b c d	52	a b c d
13	a b c d	33	a b c d	53	a b c d
14	a b c d	34	a b c d	54	a b c d
15	a b c d	35	a b c d	55	a b c d
16	a b c d	36	a b c d	56	a b c d
17	a b c d	37	a b c d	57	a b c d
18	a b c d	38	a b c d	58	a b c d
19	a b c d	39	a b c d	59	a b c d
20	a b c d	40	a b c d	60	a b c d

How to **TEPs**

III **Dictation**

Dictation

•Answers • P132

5

M The CEO is really _____ .

W _____

(a) Tell him to _____ .

(b) I hate it when the CEO breathes.

(c) He just wants you to meet the deadline.

(d) You're not _____ do the work.

11

M I'm so exhausted I could _____ .

W _____

(a) Maybe you should _____ .

(b) Those pants are too small for you.

(c) We should be home _____ .

(d) You look refreshed from the meal.

12

W My daughter _____ her acceptance letter to college.

M _____

(a) You must have _____ .

(b) She's probably a very ticklish person.

(c) I can see that made you very _____ .

(d) College was a special time for me.

14

W Forgetting our anniversary was _____ .

M _____

(a) I'm appreciative of what you have done.

(b) Making it up to you is _____ .

(c) You know that I'm _____ forget things.

(d) Slapping someone is not good manners.

22

W Sam is doing wonderful work _____ .

M If he keeps this up, the firm might offer him a partnership.

W I don't know about that. I'm the next _____ .

M _____

(a) Running a business is a dream of his.

(b) There's going to be a _____ .

(c) He's an expert with working with partners.

(d) They look at him more favorably than you.

25

M Do not be late to Mrs. Jones class.

W Why? She seems really pleasant to me.

M Oh no, she will _____ people who are late.

W _____

(a) We should give her _____ .

(b) Sorry, but I'm not a cannibal at all.

(c) I've never despised someone so much.

(d) She's been _____ to me.

26

W You look horrible this morning.

M I was _____ last night.

W Don't stress out. You're the most brilliant student in class.

M _____

(a) Cheating on tests is a wrong thing to do.

(b) I don't have time for _____ .

(c) The lecture yesterday was really confusing.

(d) Thanks, but I really want a good _____ .

29

M Ma'am, I'm going to have to _____ .

W But the movie was only one day late.

M Yes, but we attempted to _____ yesterday.

W _____

(a) I just spent a lot of money on this.

(b) There was no message on my machine.

(c) Well, apparently I received your call.

(d) You haven't _____ .

31

M This freeway has a lot of heavy traffic today.

W Well, we can blame the rock concert for that.

M Then let's _____ at the next exit.

W Too many people get speeding tickets that way.

M I hope you have better suggestions then. I'm out of ideas.

W There must be some way out of this.

Q **What is the man mainly doing in the conversation?**

(a) Driving into an impassable route

(b) _____ on the problem

(c) Trying to give _____

(d) Being a backseat driver

32

W Wow! That game was awesome!!

M Yeah, I know. Fulham was not even _____ Arsenal today.

W That's true. However, Fulham is an up and coming team. They will become better.

M I'm not so sure. I don't think they are _____ .

W How can you say that? Their forwards played a masterful game today.

M That might be true, but only the future will tell.

Q What is mainly being discussed in the conversation?

(a) What will happen later in time

(b) How well the forwards did today

(c) Arsenal not being _____

(d) If Fulham will become a stronger team

33

M There must be a way to resolve the problem.

W Don't you think the rules are a little too rigid?

M Profanity shouldn't be allowed in schools.

W I have no problem with it.

M There has to be a way to _____ .

W That's right, but not _____ taking the fun out of school.

Q What is the man mainly doing in the conversation?

(a) Teaching a class on good behavior

(b) Trying to put an end to the situation

(c) Arguing _____

(d) Instilling a belief in students

34

W The mayor says he's trying to create more jobs.

M That's a great idea. I really need to find a new job.

W Well, there is a demand for computer programmers.

M If I can get this, then we can finally _____ .

W That's right. We've _____ for so long now.

M Ok. I'll get my resumé and papers all in order.

Q What are the man and woman mainly discussing?

(a) A possible employment opportunity

(b) The man's demand for programmers

(c) Dealing with _____

(d) Opposing the mayor's plans to create new jobs

38

W In hindsight, I should have _____ .

M You can still _____ .

W Really? What do I have to do?

M Just have a faculty member sign the permission slip.

W All right. I'll try to get approval today.

M _____ by 4PM or they won't let you in.

Q Which is correct about the woman according to the conversation?

(a) The woman flunked sociology class.

(b) Approval wasn't given to her.

(c) She wants to register for a class.

(d) The school made her part of the staff.

42

W That was bad news with the stock market today.

M I know. I was _____ get all my money out in time.

W Unfortunately for me, I wasn't so lucky with that.

M Don't worry. The market will bounce back and you'll _____ .

W I hope so. I can't afford to lose my house.

M Just remember what they say - buy low and sell high.

Q What is correct about the man according to the conversation?

(a) The man was a pretty lucky guy.

(b) The market had some stock he wanted.

(c) Because of the situation, he lost the house.

(d) He was able to _____ .

44

W I heard the police _____ .

M That's a relief. He evaded them for a long time.

W Do you think he _____ to help him?

M It would have been too difficult to do it on his own.

W Let's just hope the facts will come out.

M Our police department can _____ .

Q What can be inferred from the conversation?

(a) Law enforcement officials are still looking.

(b) The police had an easy time catching the thief.

(c) The thief most likely had a collaborator.

(d) Everyone knows the whole story already.

46

Today and today only, you, the residents of Central City are being given a onetime deal. For the next 40 minutes, Atlantis Cruise lines are giving away an _____ 7 day 6 night cruise to the Bahamas! That's right! All you have to do is _____ the new Nisa credit card and you'll _____ for this wonderful vacation package. So, just run on down to your local Loger's Department Store and sign up for the Nisa Card _____ and you could go on the cruise of your dreams!

47

It's not so very widely known to the world but *the Guinness Book of World Records* has _____ for highest IQ ever. Kim Ung-yong is set down as having the highest recorded intelligence quotient at 210. This child wonder was cited as being able to speak at just 4 months old and to speak fluently by 6 months old. He _____ to read Korean, English, Japanese, and German, all by the age of two. A PhD was awarded to this _____ at the tender age of 12. He's been a guest lecturer at universities and researched for NASA. As an adult, he's _____ from physics to civil engineering.

48

Today down at the Stewart Universal University student union, there will be a _____. Representatives from companies such as LoTech Industries, TG Electronics, Oriental Empress Cruiselines and our very own Houston Comets will be there to _____ and _____ about their companies. The job fair starts at 10 this morning and ends tonight at 5. So, _____ and get some information on some great companies.

49

This is _____ of Victorian Village Apartments informing that construction on the new parking lot will begin this coming Monday morning. The construction will last for the next month so _____ have been arranged for the residents here. Two blocks east of the main building, the empty field used for gatherings will be _____. We apologize for this _____, but this is the only space available.

50 In San Francisco, the mayor has _____ that would ban the selling of children's meals in fast food restaurants. The bill was aimed at fast food restaurants using toys to _____ children's meals even though the meals are for the most part very unhealthy. The mayor went on to say that it _____ the politicians to decide what children should eat, but their parents. _____ were surprised by the mayor's actions especially since he supports healthy living and eating.

51 Have you ever wondered how scientists _____ of a tornado? Well, scientists use the Enhanced Fujita Scale. The scales are graded from an EF1 to an EF5 with an EF1 being the weakest and an EF5 being the strongest. It is based on the damage a tornado _____ vegetation and manmade structures. Other factors _____ of a tornado are eyewitness reports, _____ and an aerial view of the demaged area.

52 Health Secretary Harry Chow announced on Thursday that late last night, a 65-year-old woman had _____ the H5N1 bird flu. The woman recently came back home from Hong Kong after visiting family on the Chinese mainland. With this case, the government decided to _____ to serious. This means that there is _____ the disease. So, remember to _____ when stepping outside and to clean and cook all foods properly.

53 Rebel Trader, the novelty and costume shop, has sold its last Halloween costume. A message on the store's website said that it was _____ and the store did not answer repeated phone calls. Rebel Trader was a Northpoint City institution for the past 35 years selling _____, costumes, tickets, and other _____. The building that housed the store will be _____ and a new hotel will be built in its place.

54   Did you know that one of our most popular drinks, coffee, was _____ ?
The myth goes that an Ethiopian _____ named Kaldi around
the 9th century noticed that when his goats ate some red berries from a particular
bush, they started to _____ . Excited, Kaldi took these berries
to the monastery but the holy man did not want them and threw them into the fire.
_____ erupted and they gathered the roasted beans, ground them
up, put them in water and created the first cup of coffee.

55   As a member of the Board of Directors, I am informing you shareholders that
_____ , we plan to _____ by 25%. We are
taking this preemptive measure in order to make the merger between World Airlines and
Jet Red run as smooth as possible. No doubt this decision will _____
from the press and the laid off workers, but be assured that this was done in the interest
of what's best for the company and that alone. I hope that you are able to understand this
decision and will _____ in the continuing future as part of the World
Jet Airline family.

56   Pale Male is a male red-tail hawk who has _____ in New
York City since the early 1990s. When Pale Male arrived in Central Park, he tried
to make a nest in many trees but _____ by crows. So in an
_____ to this tale, he made some nests on buildings rather than
the traditional tree branches. The bird is also famous for starting a family dynasty of
_____ . He is known to have fathered at least 26 chicks, with many
of those chicks having offspring of their own.

57   The Knights Templar, founded around 1129 AD, were the most _____
in the Crusades. Their mission was to protect the Christian pilgrims during this time. Over
the years, they became too wealthy and powerful. Afraid of what could happen to him,
King Philip secretly _____ of all the knights living in France. The
knights were then tortured and killed for _____ . This happened on
Friday, October 13, 1307. This _____ of Friday the 13th as a bad or
unlucky day.

58   Today in local news, residents in the Lewiston area are planning to protest the city
council's decision to tear down Garfield Park in order to build a new shopping mall.
Locals say the park is a _____ for families to meet, relax and
_____ together. The city council _____ to
add businesses in order to add more jobs, visitors and population to the community.
The protest set for this weekend _____ attract more than 5,000
supporters.

59   Today in world news, archaeologists in Tribecastan have _____ what
could be the fossil of a new dinosaur. The fossils _____ seemed to
be what you would call a mega meat eater. Similar in structure to a Tyrannosaurus Rex,
this new discovery is _____ to a full grown T-Rex. This would make
the new find the biggest meat eater during the _____ . Tribecastan
government officials have called this one of the most important discoveries in its country's
history.

60   Unfortunately or not, the days of using a dark room to _____
is dying out. _____ in the technology of digital cameras and
computers, you are able to take pictures and instantly see how the pictures have turned
out and decide to either keep or delete them. Also, with online photo albums, the need
to _____ of a photography is eliminated. Lastly, with photo editing
software, a person can _____ that was never actually taken.

Dictation

• Answers • P133

7   M I would like to _____ to buy a car.

    W _____

    (a) Sure. You have _____ .

    (b) Do you have some identification with you?

    (c) That _____ will require a manager's approval.

    (d) Ok. What kind of account would you like to open?

12   W _____ is not to wake babies when they are sleeping.

    M _____

    (a) When I wake up, I'm always _____ .

    (b) I'll try to keep that in mind next time.

    (c) We could let them _____ then.

    (d) No, my thumb is OK. I just cut it on a piece of paper.

13   M We really need _____ to give us some guidance.

    W _____

    (a) We'll look for _____ ASAP.

    (b) Why don't you put some box thinkers on the job then?

    (c) You need _____ at the moment.

    (d) Let's review about what kind of thinkers you need.

14   W This morning, Shawn _____ a car accident coming to work.

    M _____

    (a) There are too many cars _____ the streets.

    (b) He saw that accident on the way this morning.

    (c) I wonder if he is _____ .

    (d) The Narrows are a very tricky section of road.

15   M We've been _____ to design the new monument.

    W _____

    (a) Placing the light is _____ to do.

    (b) Let's make sure it's _____ .

    (c) Designing something new is nothing new to me.

    (d) We should've put it up on the roof instead.

22

M　I need to _____ tomorrow.

W　That won't be possible. I'll be _____.

M　I'll work some extra hours today to make up for it.

W　_____

(a) We should have called a meeting to discuss this.

(b) Then you can _____ to make up for it.

(c) There won't be any office hours the next day.

(d) You could just call off tomorrow instead.

24

M　He needs to _____ to his fiancée.

W　Well, making fun of her new haircut wasn't nice.

M　If he's not careful, she _____ with him.

W　_____

(a) She might really _____.

(b) I missed my hair appointment today.

(c) This was a good incident for them both.

(d) Unfortunately, I think you are right.

28

W　I hope the police can _____ in our neighborhood.

M　Well, Congress just _____ to punish criminals with harsher consequences.

W　Then hopefully they will think twice before breaking the law.

M　_____

(a) I shouldn't make up stories like that.

(b) _____ made them free.

(c) The allegations against them were unfounded.

(d) And things such as assault will decrease.

29

M　Jane, remember to _____ my mother.

W　I try every time, but I think she hates me.

M　No, she doesn't. Why would you think that?

W　_____

(a) She's probably still _____.

(b) I'm _____ her _____.

(c) Next time we'll just go for it all.

(d) You stood me up last time we met.

32

W Have you heard of the latest Tom Cruise movie?

M Yes, I have. I've _____ since I saw the trailer last month.

W They say his character is a professional matchmaker but is unlucky in love in his own life.

M In the newspaper, it said the movie theater will _____ for the first 200 people to come tonight.

W I don't have plans tonight, so I say we should go.

M OK. I just hope they _____. I just love him.

Q What is the conversation mainly about?

(a) A person who makes matches for people

(b) How a person unfortunately died last month

(c) An upcoming movie of the man's favorite actor

(d) The screening event happening later today

34

W I can't believe your brother _____!

M He's really sorry. He didn't know it's supposed to be a surprise party.

W You weren't supposed to have a clue about this.

M I know, but accidents sometimes happen.

W When your mother finds out, she is going to _____.

M Oh no! Really? Well then, I better be surprised for my party then.

Q What are the two speakers mainly discussing?

(a) The man's surprise party _____

(b) An incident that happened at the party

(c) The man's mom getting into a fight

(d) No clue about how a cat escaped

35

M Heather? I just _____ cracking the code!

W That's great. How do you do it?

M It's a pretty complicated process.

W I'm fairly sure that I can follow along.

M OK. Come on over and _____.

W Complicated! You know that I'm smarter than you, don't you?

Q What is the conversation mainly about?

(a) Figuring out who will be in charge

(b) Learning how to _____

(c) Having a chauvinistic idea against women

(d) Judging the intelligence of the woman

40

W Have you been able to _____ around the area?

M I investigated the space around the tree earlier.

W And did you find anything?

M Yeah. The tree itself is _____ .

W Ok. Let's corner off this area then.

M The other shrubbery in the area has been already checked as well.

Q Which is correct according to the conversation?

(a) The hazards are not dangerous right now.

(b) Groundwater is providing nutrients.

(c) Plants _____ are at risk.

(d) Abandoning the trees is an option.

41

M Jessica? You didn't finish the report due today.

W I'm sorry. It must have _____ .

M You really have to _____ at work.

W Could you just give me an extension until tomorrow?

M I guess so. Just be grateful I'm in a good mood.

W Trust me, I am. I won't let you down.

Q Which is correct about Jessica according to the conversation?

(a) There's no time to finish the report.

(b) Her memory is impeccable.

(c) She _____ at her job.

(d) Any remorse in her is gone.

44

W Our children's test scores are _____ the national average.

M If it doesn't improve, we'll lose the grant money.

W I'm not sure if there's anything that can be done.

M We could _____ after school.

W That just might be what we need.

M Let's put this plan to the school board for approval.

Q What can be inferred from the conversation?

(a) The grant money can be replaced.

(b) The students are skirting success.

(c) They will _____ to raise grades.

(d) Extra study sessions will be held before school.

46 Ruth Wakefield was an owner of a very popular home cooking restaurant in 1930. Once when she was _____ for her cookies, some chocolate on the shelf above _____ the dough. Convinced that the batch was a total loss, she was about to throw it away when one of her employees convinced her to _____. When she did, she created the very first chocolate chip cookie. Just think, a little serendipity gave the world such a delicious treat.

47 Climbing Mount Everest is one of the most dangerous adventures a human being can undertake. At 8,840 meters high, it is the tallest mountain in the world. Some reasons why it is so dangerous are because of weather, wind and _____. Everest as of 2009 has taken 216 lives. It is so difficult in _____ the "death zone" that _____ are left where they have fallen. Sometimes the frozen bodies can be seen on the way up and on the way down the deadly mountain.

48 How would you like to remember everything? Would it be a _____? If you have the medical condition called hyperthymesia, you could just find out. People with this condition are able to remember everything they have experienced personally. They can also tell you what important news events happened that day, what happened to them personally, _____, and _____. In the world, only four people _____ this condition.

49 Food photography is an important part in presenting food to _____. How this is achieved is by using food stylists. The job of the food stylist is to make the food look as attractive as possible in photographs. Many stylists are _____ themselves, so they know how the final photograph should look. Some techniques include using white glue _____ and using heavy cream instead of milk in bowls of cereal to keep the cereal from _____.

50   Hey! Not enough players for a full game of soccer? Why not try the similar sport Futsal? Futsal, which is Portuguese for indoor football, is _____ soccer but is played indoors and has only 5 players to each side including the goalie. Some other differences are that the ball is smaller than a _____ and the playing field is _____. The last big difference is that the field is a hard surface as opposed to the grass or _____.

51   A white dwarf is a star _____ mostly electron-degenerate matter. It is one of the _____ in the universe. As a comparison, if you take a 1 inch cube of matter from a white dwarf and drop it on the ground, it will _____ the Earth! The inside of a white dwarf is made of very hot fused carbon. If you know anything about chemistry, you would know that fused carbon is what a diamond is. So, _____, white dwarfs are very, very large diamonds!

52   J. K. Rowling has gone _____ in a span of just over 10 years. When Rowling was writing the first *Harry Potter* book, she was _____ and writing in a café to lull her young daughter to sleep faster. Ten years later, her seven _____ *Harry Potter* books have made her one of the richest women in the world, let alone one of the richest authors around. However, don't think having a lot of money is going to slow her down. She's back writing in cafés again working on a new project. The world can only wait to see what her _____ may be.

53   Have you heard of the game called, "Chess on Ice?" Yes, that's right. It's a sport called Curling. A popular sport in Europe and Canada, the objective is to slide _____ towards a target. There is a _____ between curling and Scotland. Many people believe this sport was created in Scotland in the 16th century. Also, there is evidence that it did exist there at the time because of two paintings _____ by Pieter Bruegel the Elder _____ February 1541. It has become popular enough that it is also a Winter Olympic sport.

54　If you ever drive through the town of Coober Pedy, Australia, you might not see any people _____. The reason for that is because many of the people in Coober Pedy live underground! The average temperature is between 30-32 _____. Because it is a mining town, the residents there realized that the mines itself were actually cooler than above ground. So, most residents there _____ and turned them into homes. They can even _____ and other comforts of surface living.

55　Here's an interesting note about the Caribbean Reef Squid: they eat 30-60% of their body weight daily. However, the most _____ to the squid is that they can communicate with each other by changing the color of their skin. Through _____ of chromatophores, they are able to quickly change their skin _____. This is useful in many ways. For example, they can use this ability for _____. Second, they can signal danger. They can even send one message on their right side and one on their left at the same time!

56　The _____ known as Burning Man is held in Black Rock Desert, Nevada in the United States. It starts on the Monday before and ends on the day of Labor Day in America. The name _____ of burning a very large _____ of a man on Saturday night. A large focus on the festival is community, artwork, _____, decommodification, and revelry. Traditionally, it is a place where one can show their art to thousands of people and meet new people.

57　The Aurora Borealis or Northern Lights are natural light displays seen at night usually around the _____. Photons released into the Earth's atmosphere are the _____. Photons can come from _____ gaining an electron or losing them and returning to a ground state. The atoms are energized from solar winds from the sun coming into the Earth's _____. The lights usually come in three colors: green, red, blue and sometimes a mixture of colors.

58   In this part of my lecture, I'm going to talk about an emergency bag for your car. The reason for an emergency bag is just in case you might _____ or unable to get to a safe place while in your car. Inside your bag, you should have a change of clothes, blanket, flashlight, cash, _____, dried foods and spare cell phone battery. Having these items in your bag can ensure that you are able to _____ in these situations.

59   Light bulbs are one of the most important inventions in history, but I bet you would have never known about the following. The Livermore firehouse in Livermore, California, houses _____ light bulb in the world. This particular light bulb, known as the Centennial Light, _____ at least 109 years, only being turned off a handful of times. Due to the _____ of this fact, it has been listed in *the Guinness Book of World Records* as the most _____ in the world.

60   *The Blindside: Evolution of a Game*, written by Michael Lewis, is about how the NFL offense has changed over the past 40 years due to _____ such as Lawrence Taylor, who increased the importance of the position of left tackle. The second story involves a professional athlete named Michael Oher and his _____ from homeless youth to professional left tackle playing in the National Football League. This book has recently been turned into a movie _____ Sandra Bullock.

Dictation

• Answers • P134

Actual Test 3

11   **M**   Right now I'm living on a _____.

       W   _____

       (a) Maybe it's time to buy new shoes.

       (b) Everybody knows that money doesn't _____.

       (c) You could _____ only wearing sandals.

       (d) I think you need to get a full-time job.

12   **W**   The chemical plant explosion has _____.

       M   _____

       (a) There's no need for chemicals in plants.

       (b) No one here likes surprises like that.

       (c) It could be a blessing _____.

       (d) This is a _____ for the community.

13   **M**   Integrated Phone Inc. has _____ in the cell phone market.

       W   _____

       (a) Purchasing a new phone can be very expensive.

       (b) The _____ should be to get there as soon as possible.

       (c) All they have to do is repair it and it'll be fine.

       (d) Their phones are supposed to be very _____.

21   **W**   Is this Mr. Blevin's office?

       M   Yes. How may I assist you today?

       W   He was supposed to _____ but didn't.

       M   _____

       (a) I'm busy at the moment.

       (b) OK, I'll _____.

       (c) You need to answer the phone.

       (d) We should _____ to him.

23   **M**   The new fitness center down the street is open 24 hours a day.

       W   Let's go down there and _____.

       M   _____. I'm eager to get a work out in.

       W   _____

       (a) Being at the gym all night long won't work out.

       (b) _____ always makes me feel good.

       (c) Maybe it will have a fitness facility after all.

       (d) I was just stretching a few minutes ago.

27

M Ma'am, could I see your driver's license, please?

W Is there something wrong, officer?

M Yes, you were driving well _____ .

W _____

(a) If I had made the right decision instead, I wouldn't have.

(b) My foot had a cramp, so I couldn't stop screaming.

(c) _____ is something I shouldn't do.

(d) I'm sure that I'll have to _____ .

30

M Susan, I appreciate you finding a way to _____ in our city.

W It was all about finding an _____ .

M I had no idea you could use cooking oil as fuel for cars.

W _____

(a) A good note is that everything is disposable.

(b) There is a distinctive odor to the air now.

(c) The consequences of this could be _____ .

(d) Emissions for this will increase however.

33

M I don't see anything significant about the ruling today.

W What!? The ruling undermines what our forefathers fought for.

M Yeah, but this is a modern society and we need modern laws.

W If we don't fight this, our whole society will _____ the Stone Age.

M I think you're blowing this way _____ .

W You'll see that I'm right about this.

Q What is the woman mainly doing in the conversation?

(a) Finding _____

(b) Looking for people before her

(c) Voting to keep her rights

(d) Arguing against the verdict

34

W That bed and breakfast was charming, wouldn't you say?

M Actually, I didn't find it to be anything special.

W You didn't find it to be _____ ?

M I don't know. I just can't express what it is.

W Was it the accommodations? Was it the food?

M I can't _____ but it just left me flat.

Q What is the man mainly doing in the conversation?

(a) Showing his appreciation for the invite

(b) Giving _____ of his opinion.

(c) Expressing indifference about a place.

(d) Showing his admiration to the woman

35

M Do you mind if we _____ for lunch today?

W Sure, no problem. Low on cash this week?

M No, I'm starting to _____ .

W I was thinking about doing that myself soon.

M It really helped me to become more responsible.

W You might need to teach me how to set up a budget.

Q What is the conversation mainly about?

(a) Dividing the portions of the meal

(b) A way to becoming more _____

(c) The joys of doing a project together finally

(d) Setting out to copy each other in everything

36

W My opponent has decided to run as an independent in the election.

M I sense _____ in his decision.

W He probably thinks he'll get more moderate voters.

M I'm in agreement. What should we do?

W Let's take a poll on the public opinion.

M That's a good idea. Set it up as quickly as you can.

Q What is mainly happening in the conversation?

(a) _____ by doing what they want.

(b) _____ by the opponent.

(c) Discussing a counter strategy for an election.

(d) Engaging in a heated political debate.

37

M Did you see the Presidential Address last night?

W Yeah. I see the government wants to _____ this year.

M They acknowledge openly that we need to reduce spending.

W Also, they said they want to _____ low income families.

M Hopefully, they will also _____ to go to England this year as well.

W Maybe all of this will make it better for us in the future.

Q What is the conversation mainly about?

(a) Where the president lives

(b) The new policy plans for the year

(c) Spending less in government programs

(d) Reducing the number of low-income families

39

M In ten years, I'll be able to _____.

W Doctor, what if the cancer cells adapt to your cure?

M I'll _____ those new strains.

W Don't you think your being just a little overconfident?

M Not at all. This is something I'm _____.

W Okay. I just hope you're right.

Q Which is correct about the doctor according to the conversation?

(a) Modesty is a prominent characteristic.

(b) The cure eliminates only some cancers.

(c) He is being a little brash.

(d) The doctor will find the cure soon.

41

M We weren't able to _____ into its basic components.

W That might set us back a few months.

M Believe me. We're working on it day and night.

W If you fail, we'll lose our funding.

M Relax. I'll push everyone as hard as I can.

W You better or it'll be your head as well as mine.

Q Which is correct according to the conversation?

(a) The formula is very _____.

(b) Reaction has been positive.

(c) Diffusing the situation is impossible.

(d) The man won't _____.

44

W Mr. Jones? I'm just calling to inform you I caught your son stealing.

M Really? Are you sure it was him?

W Yes, sir. I _____.

M I'll come down as quick as I can.

W All right. We'll _____ until you show up.

M Let him know that he is in very big trouble.

Q What can be inferred from the conversation?

(a) Shoplifting is a normal part of business.

(b) Mrs. Jones' son has _____ .

(c) Red-handed can be something to strive for.

(d) Being kept in custody is not a good thing.

46 From late June to early July in Florence, Italy, the people there hold what is called the Calico Storico. It could best be described as a mix of football, rugby and boxing. Played since around the 1500's, the Calico Storico only has four teams which represent the four districts of Florence. Each team has 27 players wearing _____ and they play for 50 minutes. The winner is the team that _____ . And what do you think the prize is? You probably won't get it. The team that wins gets a pile of steaks _____ as a white calf.

47 I would like to inform you, our customers, of the improvements we have recently made to our schools because of the _____ we received. With the recent advances in technology, we have _____ in all of our classrooms as well as new lighting elements that mimic natural light to keep students from falling asleep in class. Also, this grant has _____ to upgrade the school cafeteria menus to more healthy ones. We hope this will make our school better _____ .

48 Have you ever wondered how that wonderful bowl of corn flakes came to be? Well, in 1894, Dr. John Harvey Kellogg accidentally left some cooked wheat to sit while _____ . When he came back, he found it _____ . Not wanting anything to go to waste, he _____ in hopes of making dough. Lucky for him, he found they made flakes instead. He decided to toast them and serve them to his patients at his sanatorium. They were a _____ !

49   Because of its mild _____, many early peoples believed that
chocolate was good for your health. In early Aztec culture, chocolate was given to soldiers
because it was believed that when they ate chocolate, it _____.
In Europe during the 16th to 20th centuries, chocolate was used for stomachaches,
_____, and digestive problems. It was also given to
_____ because doctors believed it was good for them.

50   The Quebec Winter Carnival is a wonderful place for the family to go.
The _____ is an ice palace that is built for Bonhomme, the
Carnival's guest of honor. The palace even has an ice dungeon for those who don't
_____ Bonhomme. It's obviously a joke dungeon though. Other
events at the carnival include a public auction to _____ for the
carnival, skiing, snow rafting and _____. So bring the family to the
festival for some winter fun!

51   People say that no two snowflakes ever look alike. Do you have any idea why? The reason
is because there are so many _____ in a snowflake that when it
freezes, it ends up growing or expanding in different rates and patterns. The different
_____ and temperature changes within the atmosphere while the
growing snowflake is falling are also _____ to the different look
as well. If there was a _____ for two flakes, however, it could be
possible for two snowflakes to look alike.

52   The Biathlon is a word used to describe a game that involves two different sports. Usually,
this involves cross-country skiing and rifle shooting. This sport _____
with Norwegian soldiers who used this as an _____ to train.
Competitors must ski on a cross-country course of 20 km which is broken up with two or
four shooting rounds. In the shooting rounds, competitors must shoot and hit five targets.
Each missed target _____ such as added time.

53 Communicating can be a tricky thing, especially for bees. However, they communicate _____ in a way that humans like to spend a lot of time doing, dancing. The bees have 4 primary dances: Grooming, Tremble, Waggle and Circle dance. They each have different functions. The grooming signals everyone to groom each other, _____ more receiver bees, and the waggle and circle dance tell the _____, but for different distances. Maybe _____, it could actually mean I love you.

54 Within the next ten to twenty years, you might see farmscrapers in the city skyline. This is also known as _____. By using advanced greenhouse technology as well as hydroponics, these buildings would be able to produce fruits and vegetables _____. Some advantages to this idea are that you could grow food all year round. Extreme weather such as _____ couldn't affect the crops. Last, the controlled environment would do away with _____.

55 The hijab refers to both the head covering and modest dress in general _____ Muslim women. Some people within the Muslim community believe that a woman should not wear clothing that is _____ so as not to attract attention from someone of the opposite sex. The clothing itself can be long shirts and skirts or the jilbab, which is a high-necked robe that covers the body. However, _____ for men has not been the _____ at all.

56 Lacrosse is the name given by Native Americans to the sport they created, some say, as early as the 12th century AD. The game is played with a rubber ball and _____ with a small mesh net on the end. In many of the Native American tribes, lacrosse was played to _____ between tribes, _____, to prepare strong, _____, to prepare for war, and also was just part of a night of partying. These games were also long as well, starting from sunrise to sunset and lasting for two or three days straight.

57   Billions of children around the world have at one time or another eaten a popsicle or two. But do you know the history of the famous ice pop? Well, it all started in San Francisco in 1905 with an 11-year-old boy named Frank Epperson. One night, Frank left his _____ out in the cold night with a _____ still in it. The next morning he found the frozen drink _____ the stick and it gave him an idea. Eighteen years later, the Episcle was born and he started selling them to people. He later changed the name to popsicle because his children _____ him to.

58   *Boating Life Magazine*? Hello, this is Stuart Styles. I'm calling _____ the phone interview that we were scheduled for tomorrow morning. I need to inform you that I will have to _____ because of family issues that have just _____. If we can reschedule the interview for another time in the future, that would work for me. If you have a rescheduled time that would be _____, please call my home phone or cell phone.

59   Today in local news, the Cougarton school district has moved to shut down _____ for their high school _____ as the deciding factor in this unfortunate turn of events. A spokesperson for the school district said that it doesn't _____ of these student activities coming back anytime soon. _____ will affect the families in this school jurisdiction as the Cougarton sports teams are known to be one of the best in this state and in the nation.

60   A popular ingredient used in cooking is gelatin. It can be used in _____ such as aspic, or sweetened to be used as a dessert. But did you know how gelatin is made? Gelatin is made by _____, skin and hides of cows and pigs. What this does is release the _____ collagen from animal tissue. It is boiled many times, strained, dried and then ground into a powder. Because gelatin _____ on its way to the final product, it is neither considered a meat nor an animal product.

Dictation

• Answers • P135

5   M How crowded was the subway this afternoon?

W _____

(a) We were standing _____ .

(b) I _____ the station.

(c) There's no traffic today.

(d) I forgot to _____ .

8   W There's nothing I hate worse than being _____ .

M _____

(a) Commuting with friends is a good way to bond.

(b) We should just try jaywalking instead of this.

(c) If we _____ , we will be free of this.

(d) _____ at this point sounds like a good idea.

12   W Discussing eating meat or not is like _____ .

M _____

(a) Hurting animals is a very cruel thing to do.

(b) We need to _____ of pigs we eat.

(c) I don't want to talk about it at all with you.

(d) Well, I'm _____ a vegetarian.

14   W Tell me your _____ of the house fire.

M _____

(a) It's a pity what happened to that place.

(b) I would like to _____ first.

(c) _____ would be best.

(d) It started near the kitchen and spread fast.

17   W I need to recharge my batteries.

M Why? Have you had a _____ ?

W My boss had me working on an urgent project all week.

M _____

(a) Your schedule sounded _____ .

(b) You need an outlet to recharge your batteries.

(c) The boss is quite _____ .

(d) If you have plenty of time to finish it.

18

M My house is _____ !

W Have you tried to _____ ?

M Yes, but nothing seems to work.

W _____

(a) It's because they don't like to breed.

(b) You should probably call an exterminator.

(c) Being a predatory animal is why.

(d) They're _____ infest houses such as yours.

23

M It looks like storm clouds are _____ .

W Well, in case it rains, remember to bring an umbrella.

M It might not help with all the _____ .

W _____

(a) Make sure you bundle up anyways.

(b) If not, you will definitely get soaked.

(c) All the weather here is making me shiver.

(d) A _____ is nothing to sneer at.

27

M Don't be scared when you're _____ .

W Thanks, but you know I'm prone to getting into accidents.

M Would you prefer that I drive there instead?

W _____

(a) I don't want to _____ .

(b) If you fasten your seat belt, you wouldn't get hurt.

(c) It's OK. It's only a short distance to go.

(d) No, I want to _____ if possible.

29

M People have _____ with that new TV show.

W It's because they let viewers _____ .

M What do you think would happen if they didn't?

W _____

(a) Viewership would drop dramatically.

(b) I try to vote as much as I can.

(c) _____ won't help matters.

(d) It's because people watching it really need help.

32

W Kendra has gotten such bad press lately.

M Well, she did do something inappropriate out in public.

W They don't need to criticize her so _____.

M Would you rather they _____ instead?

W Absolutely! This must be unbearable for her.

M Being a celebrity doesn't _____.

Q What are the speakers mainly discussing in the conversation?

(a) Journalists' treatment of someone

(b) Massage techniques of the media

(c) Appropriate behavior when outside

(d) The pressures of being a celebrity

38

W Doctor. Is there anything you can do to _____?

M I can try. Are you currently taking any medication?

W No. I normally don't take any drugs.

M I see. Well, I can inject you with some antibiotics.

W Oh, no. I am afraid of needles.

M Do you have any problems with taking pills then?

Q What is correct according to the conversation?

(a) Drugs are the only way to help.

(b) The pain in the man's back is _____.

(c) An anesthetic will _____.

(d) The patient desires _____.

41

M It's good to see you again, Ms. McLasky. How may I help you today?

W Yes, I would like to _____ for the upcoming year.

M OK. I do need to let you know that our rent prices for apartments have increased.

W It means I have to _____ for my place, doesn't it?

M Unfortunately, yes. I apologize for this inconvenience.

W I understand. I'm not sure if I'll be able to stay then.

Q What is correct about the woman according to the conversation?

(a) The current apartment makes her stressed out.

(b) Her new place dwarfs her old place in size.

(c) She might not have enough money for the rise.

(d) Ms. McLasky _____ in this situation.

42

W I've just realized that Jenny is a very talented artist.

M We have raised a good child.

W There are so many people here at her exhibition.

M The curator said that many people here want to buy her work.

W This is _____ the little girl drawing with crayons a long time ago.

M Let's just enjoy this night with her.

Q Which is correct about the man and the woman according to the conversation?

(a) They taught Jenny how to sculpt at an early age.

(b) Both of them are _____ .

(c) The man and the woman are Jenny's guardians.

(d) They see _____ at the exhibit.

43

M Mom, I tried my best, but I'm just too clumsy.

W John, listen. You just have to challenge yourself.

M It's too physical of a sport and I just _____ .

W You'll have to _____ . You'll be OK.

M What if it all _____ ?

W If you played your best, that's all that matters.

Q What can be inferred from the conversation?

(a) He is just not physically skilled at all.

(b) Competing makes John nauseous.

(c) Just participating is all the mom wants.

(d) The woman has no confidence in her son.

45

M We have to _____ about the pollution in the world.

W I was thinking that we could create a website to address it.

M That's a great idea. Let's brainstorm possible pollution concerns.

W Noise pollution is a big concern in areas of high populations.

M I don't know. To me, _____ seems _____ .

W Are you kidding me? We need to concentrate on problems in the cities.

Q What can be inferred from the conversation?

(a) No one seems to want to be the leader.

(b) There is a lot of indecision between them.

(c) _____ is a possible type they could use.

(d) Many forms of pollution can't be addressed.

46 In the town of Buñol, Spain, on the last Wednesday in August, is a unique festival. It's called La Tomatina. The people throw tomatoes at each other! The event begins at 10 in the morning _____ the "greasy pole." It is a greased pole with a ham on top of it. Once someone climbs the pole and _____, a sound is heard and the tomato fight begins. After an hour, another _____ and the fight ends. With everything covered in tomato juice, _____ to clean the streets.

47 When you think about ink, naturally you think about a writing pen. However, ink can be used as a form of protection. Cephalopod ink is used by squids as a _____. It can be used in two different ways. First, it can be used as a dark, _____ to obscure a predator's view. The second use is to make a pseudomorph which is ink with more mucus which allows it to _____. Predators mistake it for the creature and attack it, letting the squid escape.

48 Joanne? Hi, this is Shawn. I just wanted to call and let you know that there has been a change in plans for our date tonight. The movie we were going to see tonight is _____, so I was thinking that we could do something else instead. I want to make it a surprise because I know you have been wanted to do this for a while now and a little surprise _____ helps _____ and exciting. The only thing I need for you to do is to bring your passport. See you soon!

49 The Scottish have many traditional sports not played a lot outside of Scotland. One of them is caber toss. The caber toss is normally played at the Scottish Highland Games. It involves _____ called a caber not as far as you can but have it land directly away from you. That means you want the _____ of the caber to point exactly away from you. Think of it like a clock. The _____ would look like 12 o' clock.

50   Police pepper sprayed student demonstrators on the campus of Northern University today. The students were protesting _____ by a record 15% yesterday. 20 people, 10 of them students, were arrested for their part in today's activities. The police said it was _____ being aggressive. Only one of the policemen was injured when he was hit by _____ him. He was treated for his injuries at the hospital and then released.

51   The Paris Syndrome is a transient _____ that could happen when visiting Paris. The Japanese are particularly _____ with about 20 Japanese being affected every year. _____ dizziness, hallucinations and anxiety. Some of the catalysts that start this disorder are the language barrier, cultural difference, idealized image of Paris (in the Japanese popular imagination) and _____ from travel.

52   If you are going to London, England, do not forget to see Shakespeare's Globe. A _____ of the original Globe Theatre during the years of Shakespeare life, it is a _____ to see a performance. The building itself is a wooden O and there is no roof, so the performances are outdoors. There are benches for _____ who wish to sit, but the best fun is to be part of the "groundlings." They stand in front of the stage and are given to _____ .

53   In 2003, Aron Ralston was hiking in Blue John Canyon in Utah of the United States when a _____ and crushed his forearm, pinning it against a canyon wall. For five days he was trapped and could only drink sips of water to _____ . After the five days, he forcibly broke his ulna and radius and _____ just under the elbow. He then had to rappel down a 65 foot sheer wall. Eventually a family found him and _____ . He says his story is not how he lost his hand, but how he got his life back.

54   Storm chasing can be one of the most exciting professions as well as one of the most dangerous. _____ their jobs at a safe level, _____ is needed. One of the most basic items any storm chaser needs is an NOAA weather radio. Using this radio will give users current sky conditions, dew conditions, temperature, wind speed and direction. Also, if there is a possibility for _____ within the next seven days, users will also _____ .

55   What does every poker player dream of? A perfect poker face. Unfortunately for some, they actually have it. Moebius Syndrome is a _____ that results in facial paralysis and being unable to move one's eyes _____ from side to side. Most people with this syndrome _____ but people without this syndrome might think them emotionless incorrectly because of _____ the lack of facial movement. There is no cure for Moebius, but physical and speech therapy can help them lead a more normal life.

56   In Indian society, arranged marriages still _____ of the marriages in the country. The process _____ that an individual is the right age or just ready to get married. Once the person has an interest, a matchmaker tries to make it happen. _____ for a good match can include values, age, diet, education, financial status, astrological sign and family status. Next, the person looks at photos of _____ . If one is agreeable, they can then meet. If the couple wants to take it further, they will then get engaged and finally married.

57   I would like to speak to your article last week about our poor school systems here. _____ the teachers here, you seem to _____ the progress we have made as a school. Our students' national test scores have steadily risen over the past 5 years and our "No Student Left Behind" _____ has kept our worst students from dropping out of school. So in the future, if you are to write commentary again about us, please _____ .

58   When deciding on buying an MP3 player for yourself, some _____

are necessary to do. First, you need to determine what features you need in that product.

Next, you need to go online and do some _____ to see which

products are out there and what features they _____. After finishing

the research, you can then _____ on which product is the best for

you. So, who wants to go out and buy a new MP3 player?

59   In 1997, Larry Walters did something very unusual and crazy. Walters filled 45

weather balloons with helium and attached them to an ordinary lawn chair. He then

_____ with a bottle of cola, milk jugs full of water for ballast, CB

radio, pellet gun and camera. He then _____ and eventually went as

high as 16,000 feet in the air. After three hours, he shot the balloons to bring him back to

the ground. It was _____ that he didn't die.

60   Being a hockey defenseman requires special skating skills that hockey forwards don't

need to _____. That is to be able to skate backwards and to be able

to _____ as well. The reason for this ability is that as a defenseman,

you need to keep the _____ in front of you so you can properly help

the goalie stop the attack. In order to do this, you need to skate backwards and laterally to

be able to see the attackers and move from the left to right quickly.

Dictation

7   M _____ came when she forgot our anniversary.

W _____

(a) She should have went out and bought some more.

(b) If I were you, I would remember the anniversary.

(c) _____ that she drinks with a straw.

(d) Just _____ and you'll be OK.

13   M That new restaurant's popularity has _____.

W _____

(a) They are misinformed on the location of the restaurant.

(b) I _____ every time someone tells me that.

(c) Pretty soon, it will _____.

(d) If you do that, you could become popular, too.

15   M _____, we have enough money saved for a company party.

W _____

(a) Maybe we should _____ in the future.

(b) Hopefully this year the boss will allow us to have one.

(c) We could have spent more money on the party.

(d) Make sure that we _____ for the money we saved.

17   M May I help you?

W Yes, I would like to _____ to Seoul.

M OK. Will you have any _____?

W _____

(a) As long as I don't miss my flight.

(b) Just a small laptop case.

(c) It's in the baggage claim area.

(d) I found it in the _____.

19

W I just noticed that the sink has _____ .

M Really? That is so inconvenient right now.

W I know. What should we do?

M _____

(a) He _____ somewhere.

(b) We'll have to renovate it.

(c) Just have to _____ .

(d) Let's just assemble it again.

20

W Sweetheart, you forgot to _____ .

M Sorry, I was tidying up downstairs.

W Well, make sure to turn off the oven as well.

M _____

(a) Let me _____ first.

(b) The roast was _____ .

(c) As soon as the clothes are dried I will.

(d) It's too late to cook anything.

24

W I have to go out and start _____ .

M An easy way is to find _____ .

W That's not something I would like.

M _____

(a) It's a good way to _____ .

(b) Just don't settle for anything.

(c) The department store has all the equipment.

(d) The temp agency is looking for people.

27

M Hey, I've just _____ on my computer.

W Copy the file and _____ .

M What are you going to do with it?

W _____

(a) Concentrate on finding a way to stop it.

(b) _____ on your computer.

(c) Probably find some medication to help.

(d) Attach it to someone else as an experiment.

28

W There's a _____ going around all the schools in the area.

M I heard. I decided to pull my kids out of school until it goes away.

W Did the school take any steps against this epidemic?

M _____

(a) They will when they hear about any flu epidemic.

(b) _____ the students would be good.

(c) They still haven't set any official policy on it.

(d) I will _____ tomorrow.

29

W I can't believe Seth _____ during the lecture!

M Relax. I thought it was a good way to _____.

W Well, not with the seriousness of the topic.

M _____

(a) You were just taken by surprise, that's all.

(b) He was being very _____.

(c) It's a good way to make people serious.

(d) In my opinion, it was really hilarious.

32

W Hi, how may I help you today?

M Yes, I would like to _____ out of my account.

W How much would you like to take out?

M One hundred dollars sounds good.

W OK, then. You'll see this transaction on your next month's statement.

M I appreciate your helpful service.

Q What are the man and woman mainly discussing?

(a) Pulling out some cash from his balance

(b) Discussing the statement he will receive soon

(c) _____ all of his accounts

(d) Figuring out _____

33

M Johnson _____ when he saw the news today.

W I know. He blew up at me earlier this morning.

M Everyone in the office has _____.

W Any luck calming him down?

M No. We're just trying to stay out of his way.

W Look out! He's coming this way!

Q What is the main topic of the conversation?

(a) The aloofness of Johnson this morning

(b) An _____ on the news

(c) How office employees cope with stress

(d) A temperamental person at work

40

W I'm having a hard time _____ my mother's passing.

M You just lost somebody important to you. It's a _____ thing.

W What do you recommend I should do?

M You should talk to a professional about this.

W John, thanks for the advice.

M Of course. I'll give you my therapist's number.

Q What does the woman ask about?

(a) _____ by a loved one

(b) Advice on how to get by

(c) The life of her mother

(d) Investigating the meaning of life

42

W I plan on _____ next year.

M Do you have any potential buyers for the line?

W Yeah, I talked with some the other week but I don't know.

M I'll help you since I have some experience in the trade.

W Oh great! I was meaning to place an ad for an experienced assistant.

M I could help you with your work and also continue to _____ in the field.

Q Which is correct about the woman according to the conversation?

(a) The woman is _____ .

(b) The new line will be successful.

(c) People bought her clothes last week.

(d) She will accept his offer of aid.

44

W Jane has been _____ lately.

M Oh, really? She hasn't treated me any differently.

W I think something might have gone on at home.

M Her parents have recently separated.

W Stuff like that just usually doesn't happen in _____ .

M Sure. They want to avoid scandal and there's a lot of money _____ .

Q What can be inferred about Jane from the conversation?

(a) The scandal will shake up the entire community.

(b) She is well received in this town.

(c) There is some chemistry between her and the man.

(d) Her family is _____.

46 Next time you're in France, don't forget to stop in Paris to visit the Louvre Museum.
One of the world's largest and most visited museums in the world, the Louvre holds
nearly 35,000 objects for the public to see, including the famous Mona Lisa which is
_____. Although the Louvre has always been a favorite among
the _____, it has _____ in fame. With the
popularity of the book The Da Vinci Code, an increase of visitors have flocked to the
Louvre to get a real life look at the _____ that figure so prominently
in the book.

47 Hello, this is Andrea Smart from HiTech Industries. I'm calling to remind you of your
interview tomorrow morning at 8AM. Please remember to be on time for this interview.
Also, _____ because if you don't dress professionally, you won't
be taken seriously. We only accept _____ at our company,
so show us why we should select you to be a part of the HiTech team. We are
_____ you tomorrow.

48 In August 1853 at a restaurant in Saratoga Springs, New York, there was a customer
complaining that his fried potatoes that he ordered were too _____.
The chef, George Crum, was _____ that he decided
to slice potatoes as thin as he could. He then fried them up in oil and added
_____ to the potatoes. When the customer tried the new potatoes,
the customer _____ them a success. They soon became a regular
item on the menu known as "Saratoga Chips." We know them as potato chips.

49   For all you history buffs, don't forget to stop in Normandy, France to see the Normandy American Cemetery and Memorial. This place honors American soldiers that died in Europe in World War II. The cemetery itself _____ of 9,387 American military dead. Another feature to this place is the time capsule _____ a pink granite slab. The time capsule contains sealed news reports of the June 6, 1944 Normandy landings. Although _____ open the capsule at the moment, it is _____ to us all of the historic importance of this particular place and time.

50   What if every letter and number you saw had a color _____? Well, if you have the condition called synesthesia, that's what life would be like. Two percent of the world's population can see colors in numbers and letters. Others can taste numbers and letters. Neuroscientists believe this is because those people have extra wiring between the senses which usually goes away after about 4 months after birth. But in these people, they _____. It's as if they still carry with them into adulthood a little part of that _____.

51   For tonight's lecture, I want to talk about the importance of wearing your seat belt every time you step into a car. A car safety belt, _____, reduces the chance of injury by helping to limit the movement of your body when _____. Fifty-five percent of all car _____ affect drivers who do not wear belts. Also remember, they do save about 11,000 lives each year. So _____. It may one day save your life as well as the ones you love.

52   A poetry slam is a form of competition in which poets read original works to an audience who then in turn judge them on _____ . This type of competition has _____ in poetry by teenagers because it gives them a form of self-expression. However, not all poets are fond of this type of poetry event. Famous _____ Harold Bloom called it the death of art. Also, a group of people have created the Anti-slam wherein whoever performs will be given a perfect score.

53   Dia de los Muertos or the Day of the Dead is _____ Mexico on November 4. During this day, families gather and pray for and to remember friends and family who have died. Families build _____ using sugar skulls and marigolds, which are called the flower of the dead. They also place the favorite food and drink of _____ in honor of them as well. Many believe that Halloween is thought to be similar, but the two holidays are celebrated very differently.

54   We are addressing all of you today in protest to the Prime Minister not _____ yesterday. The corruption that had _____ has caused tensions not only within our own country but has spread to other countries as well. The prime minister seeks to gain absolute power over the government to try to control the people of this great nation. I, along with my other group members, will rally at every political gathering until he does step down. If he does not, our country will _____ .

55   If you were able to go to old Giants Stadium in New Jersey, you then probably heard of the _____ of Jimmy Hoffa. He was an American labor union leader for many years. In July of 1975, he was to meet two men for a meeting and _____ . Legend has it that when the stadium was being built, _____ put Hoffa's dead body in the concrete mix and was then built on top of by the stadium. Unfortunately, we'll never know the truth because after 34 years, Giants Stadium was _____ .

56 Halley's Comet is _____ of the short-period comets. Halley's Comet becomes visible to the Earth every 75 or 76 years. Composed of water, carbon dioxide, ammonia and dust, it was first _____ in 240 BC. Other comets are more visible but usually appear every thousand years or so. The last time the comet came to the Earth was in 1986, so _____ around the year 2061. Maybe we'll be able to get some more information on this wonderful object the next time it comes.

57 As a policeman, one faces the possibility of injury or death on a daily basis. So, in order to _____ , policemen use equipment such as bullet resistant vests to help protect themselves. Bullet resistant vests are made from many layers of laminated or _____ to help stop small-caliber handguns, shotguns, or even shrapnel _____ . If the vest is hit, the fibers actually catch the bullet and spread the power or force of it over a wide area, lessening the damage _____ .

58 Mr. Adams? Hello, this is Bryan from Video Land. I just wanted to inform you that your copy of Rain From Heaven is currently _____ . We have made repeated efforts to get in touch with you _____ . If you are not able to return the movie that you rented from us by midnight tonight, we will be forced to charge you the _____ of the movie. So, we urge you to bring back the copy of the movie to _____ . Thank you and have a good day.

59 In 1946, Percy Spencer was working on a magnetron. It's a device that _____ . Afterwards, he noticed that the candy bar in his pocket melted. Spencer _____ the radiation from the magnetron was responsible. He then took an egg near the machine and the egg exploded. From this, Spencer and some colleagues worked together to create a device to _____ . A year later, the first microwave oven was born.

60   The most important thing to help a race car driver win is not just the car, but the pit crew team that works with the driver. The pit crew and crew chief are responsible for the _____ and performance of the race car. Some duties of the crew are to change the tires, clean the windshield, fill the car with gas and make any other _____ needed. The crew chief _____ the pit crew to make sure they work together as a team.

MEMO

Answers

5   breathing down my neck/ step away from you/ qualified to

11   collapse right here/ rest less/ in roughly ten minutes

12   was tickled pink with/ been overjoyed with the news/ indifferent

14   a slap in the face/ the first priority/ prone to

22   in every respect/ in line for that/ corporate takeover

25   make mincemeat of/ the cold shoulder/ nothing but gracious

26   burning the midnight oil/ extracurricular activities/ midterm score

29   charge you a late fee/ get ahold of you/ made a valid point

31   take the shortcut/ Jumping the gun/ an alternate solution

32   in the same league with/ worth their salt/ as good as people think

33   instill good manners/ at the expense of/ in favor of foul language

34   get out of debt/ been under that cloud/ the stigma of owing money

38   joined the sociology class/ enroll for the class/ Have it filled out

42   barely able to/ recoup your losses/ secure his funds

44   apprehended the thief/ had an accomplice/ deal with intricate cases

46   all expenses paid/ sign up for/ be entered in a drawing/ at a low 12 percent interest

47   a definite candidate/ was credited with the ability/ amazing prodigy/ crossed over disciplines

48   job fair for graduating seniors/ conduct mini-interviews/ give out information/ come on down

49   a notice to all tenants/ alternate parking arrangements/ temporarily used/ hassle

50   vetoed a bill/ lure children to wanting/ was not up to/ Proponents of the bill

51   measure the strength/ inflicts on/ determining the grade/ ground-swirl patterns

52   tested positive for/ upgrade the bird flu alert/ a risk of catching/ take precautions

53   out of business/ novelty items/ knickknacks to the community/ torn down shortly

54   discovered by accident/ goat herder/ get energized/ An enchanting smell

55   as of tomorrow/ downsize our workforce/ be met with hostility/ stick with us

56   made its home/ was driven off/ an interesting twist/ urban-dwelling hawks

57   skillful fighters/ ordered the mass arrest/ numerous offenses/ led to the superstition

58   gathering place/ spend quality time/ cites a need/ is potentially going to

59   unearthed/ at initial glance/ double in size/ reign of the dinosaurs

60   develop photos/ With the advancements/ have a physical copy/ virtually produce a photo

7	take out a loan/ run up a lot of debt/ kind of withdrawal
12	A good rule of thumb/ cranky/ stay up all night
13	an out of the box thinker/ prospective candidates/ no such guidance
14	narrowly avoided/ clogging up/ shaken up from the incident
15	given the green light/ the trickiest thing/ feasible within our budget
22	take a day off/ shorthanded/ take John's night shift
24	make an apology/ might just break up/ yell at him
28	put an end to all the crime/ passed a bill/ Mitigating circumstances
29	be courteous to/ holding a grudge/just grateful for/ hospitality
32	been dying to see it/ do a screening/ make a sequel to this movie
34	let the cat out of the bag/ hit the ceiling/ being leaked out
35	had a breakthrough on/ give me some assistance/ break the cipher
40	identify any lethal hazards/ taking in contaminated groundwater/ in the vicinity
41	slipped my mind/ stop procrastinating/ drags her feet
44	lagging behind/ hold study tables every night/ adopt a new strategy
46	kneading dough/ spilled into/ give the accidental mixture a chance
47	altitude sickness/ what is known as/ most of the deceased
48	gift or curse/ what the weather was like/ even what day it was/ have been diagnosed with
49	possible customers/ professional chefs/ in lieu of milk/ getting soggy
50	similar to/ traditional soccer ball/ about half the size/ artificial outdoor surface
51	composed of/ densest objects/ fall through/ in essence
52	from rags to riches/ on state funded welfare/ sensationally selling/ next creative inspiration
53	stones across a sheet of ice/ strong association/ depicting curling/ dated to
54	out and about/ degrees centigrade/ refurbished the old mines/ be outfitted with electricity
55	fascinating aspect/ nervous control/ color and patterns/ attracting mates
56	annual event/ comes from the ritual/ wooden effigy/ absurdity
57	polar region/ primary source/ atmospheric atoms/ magnetic lines
58	get stranded/ medical supply kit/ stay reasonably comfortable
59	the longest lasting/ has been running for/ extraordinary nature/ durable light bulb
60	dominant defensive players/ humble beginnings/ with the same title starring

Answers

11	shoestring budget/ grow on trees/ get by with
12	come as no surprise/ in disguise/ catastrophe
13	broken new ground/ priority/ durable
21	respond to my earlier call/ put you through/ break the news
23	check out the facility/ Count me in/ Strenuous exercise
27	beyond the speed limit/ Driving under the influence/ pay an expensive fine
30	cut pollution/ alternate source for fuel/ far-reaching
33	revert back to/ out of proportion/ a way to cool off
34	quaint and comfy/ put my finger on it/ explicit details
35	split the bill/ put myself on a budget/ fiscally accountable
36	an ulterior motive/ Defying critics/ Evading a run-in
37	implement new policies/ make allowances for/ appoint an ambassador
39	eradicate cancer/ confront and annihilate/ meant to do
41	break the formula down/ volatile/ concede to failure
44	caught him red-handed/ keep him detained/ filed a complaint
46	period costumes/ scores the most points/ weighing the same
47	federal grant/ installed smart boards/ afforded us the ability/ in the long run
48	attending to other business/ stale/ put it through rollers/ smashing success
49	stimulant factor/ gave them strength/ anemia/ pregnant women
50	biggest attraction/ pay homage to/ raise funds/ sledding on hills
51	water molecules/ humidity/ big contributors/ similar environment
52	has its roots/ alternate way/ incurs a penalty
53	in a way that humans like to/ the tremble calls for/ locations of pollen/ if we do the foxtrot
54	vertical farming/ in the middle of the city/ drought and flooding/ pesticides and herbicides
55	donned by/ form fitting/ modest dress/ subject of much attention
56	long-handled stick/ settle disputes/ to heal the sick/ virile men
57	orange flavored soda/ stirring stick/ stuck to/ begged
58	in regards to/ postpone the interview/ come up/ convenient for you
59	all extracurricular activities/ citing the economical downturn/ foresee a return/ No doubt this decision
60	savory dishes/ boiling the bones/ protein-rich/ gets through many processes

5	shoulder to shoulder/ muddled through/ charge my subway card
8	stuck in traffic/ take the next detour/ Hailing a taxi
12	beating a dead horse/ cut back on the amount/ committed to staying
14	eyewitness account/ be granted amnesty/ Retracting my account
17	hectic week/ pretty tied up/ a project to deal with
18	infested with rats/ lure them out/ predisposed to
23	rolling in/ projected heavy rainfall/ drizzle of rain
27	behind the wheel/ hold up traffic/ avoid any accidents
29	been obsessed/ participate in the voting/ Refusing to join in
32	harshly though/ pat her on the back/ entitle you to behave badly
38	alleviate this back pain/ chronic/ calm the doctor's nerves/ an alternative to shots
41	renew my lease/ make a bigger deposit/ felt no difficulty
42	a far cry from/ evasive about the work/ a scattering of people
43	sprained my ankle/ tough it out/ goes to naught
45	bring awareness/ groundwater contamination/ more prevalent/ Acid rain
46	with an event called/ knocks over the ham/ sound is rung/ fire trucks are needed
47	defense mechanism/ diffusive cloud/ hold its shape
48	sold out/ every now and again/ keep relationships fresh
49	tossing a large wooden pole/ top and bottom end/ perfect throw
50	an increase of tuition/ unruly crowd intent on/ a glass bottle thrown at
51	psychological disorder/ susceptible/ It is characterized by/ sheer exhaustion
52	near perfect replica/ marvelous place/ patrons/ shout and heckle
53	boulder came loose/ keep hydrated/ severed the arm/ alerted authorities
54	In order to perform/ special equipment/ hazardous weather/ be notified
55	rare neurological disorder/ from side to side/ lead normal lives/ the lack of facial movement
56	account for a majority/ starts out with recognizing/ Criteria/ prospective spouses
57	On behalf of/ be misinformed of/ initiative/ get your facts straight
58	essential steps/ comparative research/ come with/ make an informed decision
59	strapped himself in/ proceeded to take off/ sheer dumb luck
60	pay as much importance to/ move laterally/ opposing players

Answers

7	The last straw/ I never noticed/ let off a little steam
13	spread by word of mouth/ crack up/ attract critical acclaim
15	As a matter of fact/ cut down on spending/ get reimbursed
17	book a flight/ carry-on luggage/ lost and found office
19	sprung a leak/ misplaced my tools/ call the plumber
20	make the bed/ dwell on the matter/ burnt to a crisp
24	making a living/ temporary work/ adjust to working
27	come across a virus/ send me an attachment/ Generate another virus
28	flu epidemic/ Vaccines to immunize/ diagnose the school situation
29	cracked a joke/ lighten the mood/ malicious with his intent
32	withdraw some funds/ Consolidating/ the tally of this transaction
33	hit the roof/ tried to assuage him/ exuberant report
40	coping with/ devastating/ Overcoming neglect
42	launching a new clothing line/ establish myself/ well renowned in fashion
44	real snobbish/ prominent families/ at stake/ considered privileged
46	encased in glass/ museum-going crowd/ enjoyed a recent boost/ hallowed galleries
47	dress appropriately/ the best and brightest/ looking forward to meeting
48	soggy and thick/ so fed up/ a fair amount of salt/ proclaimed
49	holds the remains/ buried under/ one cannot literally/ a sober reminder
50	attached to it/ stay connected/ miraculous world of infants
51	when worn/ there is a collision/ car fatalities/ buckle up
52	a numerical scale/ spurred an interest/ literary critic
53	a holiday celebrated in/ altars honoring the dead/ the deceased
54	resigning his office/ permeated throughout his cabinet/ spiral into further turmoil
55	urban legend/ subsequently disappeared/ mafia henchmen/ demolished
56	the most recognized/ observed by astronomers/ expect a return engagement
57	lessen those odds/ woven fibers meshed together/ from grenades/ potential to the wearer
58	three weeks overdue/ with no success/ full price/ avoid that situation
59	releases microwave radiation/ theorized that/ trap these waves for home use
60	maintenance/ minor structural changes/ coordinates and trains

How to
TEPS

IV 정답 및 해설

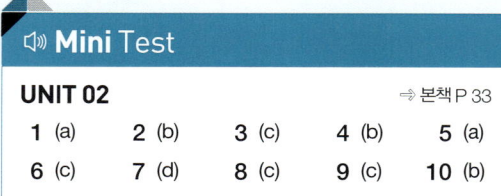

Mini Test

UNIT 02
본책 P 33

1 (a)	2 (b)	3 (c)	4 (b)	5 (a)
6 (c)	7 (d)	8 (c)	9 (c)	10 (b)

Part I

1

M How was your presentation yesterday?
W _____

(a) It was better than expected.
(b) I am glad you did it well.
(c) Sorry, I forgot your presentation.
(d) You will do fine next time.

번역
M 어제 당신의 프레젠테이션 어땠어요?
W _____

(a) 예상보다는 좋았어요.
(b) 잘하셨다니 다행이네요.
(c) 죄송해요, 당신의 프레젠테이션을 잊어버렸어요.
(d) 다음에는 잘하실 거예요.

해설
how와 명사 presentation을 꼭 들어야 한다. how로 의견을 물었으므로 형용사 better로 답한 (a)가 가장 적절하다.

2

W How did you like your vacation to the Philippines?
M _____

(a) You will have the opportunity.
(b) I was dying to come back home.
(c) Didn't you say you like it?
(d) It's the second time to visit there.

번역
W 필리핀으로 간 휴가는 어땠어?
M _____

(a) 네게 기회가 있을 거야.
(b) 집으로 너무 돌아오고 싶었어.
(c) 그게 좋다고 하지 않았어?
(d) 거기 가본 것이 두 번째야.

해설
여자가 휴가가 어땠냐고 묻고 있으므로 이에 대한 의견이 나와야 하는데 집으로 너무 돌아오고 싶었다는 (b)는 결국 휴가가 별로였다는 뜻이므로 가장 자연스러운 응답이 된다.

opportunity 기회 **be dying to** ~하고 싶다

3

M What price range do you have in mind?
W _____

(a) I will buy at least five.
(b) How much are you willing to pay?
(c) Between $50 and $70.
(d) I'll keep that in mind.

번역
M 가격대는 어느 정도 생각하시나요?
W _____

(a) 적어도 다섯 개는 살 겁니다.
(b) 당신은 얼마를 내실 생각이 있는데요?
(c) 50달러에서 70달러 사이요.
(d) 명심할게요.

해설
what과 명사가 함께 나올 때에는 what만 들어서는 정답을 고를 수가 없다. 이 문제에서는 what price range까지 들으면 (c)를 금방 정답으로 고를 수 있다.

price range 가격대 **at least** 적어도 **be willing to** ~할 용의가 있다 **keep that in mind** 명심하다

4

W Jake, why did you miss a seminar?
M _____

(a) It took about 3 hours.
(b) Sorry, it slipped my mind.
(c) Right. It was informative.
(d) OK. I can see you there.

번역
W 제이크, 왜 세미나에 참석하지 않았어요?
M _____

(a) 3시간 정도 걸렸어요.
(b) 죄송해요, 잊어버렸어요.
(c) 맞아요, 그것은 유용했어요.
(d) 그래요, 거기에서 봐요.

해설
핵심은 의문사 why와 동사 miss이다. 세미나에 결석한 이유를 물어보고 있으므로 잊어 버렸다고 대답한 (b)가 가장 적절하고 (a)와 (c)는 불참 이유가 되지 않으므로 어색한 응답이다.

slip one's mind 잊어버리다 **informative** 정보를 주는, 유익한

5

M Excuse me, where can I find the shampoo?
W _____

(a) You should try aisle five.
(b) Thank you for asking.
(c) Do you want a cleanser, too?
(d) Yeah. I will take a shower.

번역
M 실례지만, 샴푸 어디 있나요?
W _____

(a) 5번 통로를 찾아보세요.
(b) 물어봐서 고마워요.
(c) 세안제도 찾으시나요?

(d) 네. 샤워를 할 거예요.

해설

샴푸의 위치를 묻고 있으므로 위치를 말해주는 (a)가 가장 자연스럽다.

aisle (상점·창고 따위의) 통로   **cleanser** (비누·소다 등의) 세척제, 세제

 Part II

6

W Hi, what can I do for you?
M I'd like to take out one coffee.
W Which kind of coffee would you like?
M _____

(a) With cream and sugar, please.
(b) I want a dozen donuts, please.
(c) **Cappuccino without cinnamon.**
(d) It tastes really good.

번역

W 안녕하세요. 무엇을 도와 드릴까요?
M 커피 한 잔 포장해 주세요.
W 어떤 종류의 커피를 원하시죠?
M _____

(a) 크림과 설탕 넣어 주세요.
(b) 도넛 12개 주세요.
(c) **시나몬 뺀 카푸치노요.**
(d) 정말 맛있네요.

해설

원하는 커피를 묻고 있으므로 커피의 종류를 직접 말한 (c)가 가장 자연스럽다. (a)는 How do you like your coffee?라고 하면서 커피를 어떻게 타는지를 물었을 때 할 수 있는 응답이다.

take out (음식 등을) 포장해 가다   **dozen** 12(개)의

7

M Would you mind lending me your novels?
W Not at all. You can browse them over there.
M How many books can I borrow?
W _____

(a) You should purchase at least 20.
(b) I don't need them any more. Take them.
(c) You can get it back to me next month.
(d) **You can take as many as you need.**

번역

M 당신 소설 빌려 주실 수 있나요?
W 물론이죠. 저쪽에서 둘러보세요.
M 몇 권 빌릴 수 있을까요?
W _____

(a) 적어도 20개를 사셔야 합니다.
(b) 그건 더 이상 필요 없어요. 가지세요.
(c) 다음 달에 돌려주세요.
(d) **필요한 만큼 가져가세요.**

해설

빌릴 수 있는 책의 수량을 물었는데 직접적으로 수량을 말할 수도 있지만, 숫자를 언급하지 않아도 얼마든지 다양한 대답이 나올 수 있으므로 (d)가 가장 자연스러운 응답이다.

browse 둘러보다   **purchase** 구매하다

8

W Excuse me, how can I get to IIC convention center?
M You can take a shuttle bus.
W Thanks, where is the nearest stop?
M _____

(a) Right. There's one around here.
(b) It runs every 20 minutes.
(c) **You should ask a receptionist.**
(d) I don't think you can walk there.

번역

W 저기요. IIC 컨벤션 센터에 어떻게 가나요?
M 셔틀 버스를 타세요.
W 감사합니다. 가장 가까운 정류장이 어디죠?
M _____

(a) 맞아요. 근처에 하나 있어요.
(b) 20분마다 옵니다.
(c) **접수원에게 물어보셔야 합니다.**
(d) 당신이 거기까지 걸어갈 수 있을 것 같지 않네요.

해설

정류장의 위치나 정류장으로 가는 길에 대해 직접적으로 안내해줄 수도 있지만 제3자에게 물어보라는 (c)가 자연스러운 응답이 된다. (a)는 정류장이 근처에 있다고만 말했으므로 어색하다.

convention (대규모) 회의   **get to** 도착하다   **receptionist** 접수원

9

M Have you met the new boss?
W Yes, in the morning.
M What is he like?
W _____

(a) He took up his new position.
(b) I heard he likes golf and tennis.
(c) **He looks nice and easygoing.**
(d) You can meet him on the 2nd floor.

번역

M 새 상사 만나 봤어요?
W 네, 아침에요.
M 어떤 분인가요?
W _____

(a) 그는 새로운 직책을 맡았어요.
(b) 골프와 테니스를 좋아한다고 들었어요.
(c) **성격 좋고 느긋한 사람 같아요.**
(d) 2층에서 그분을 만날 수 있어요.

해설

What is he like?는 '그 사람 어때?'라는 의미로 성격을 묻는 것

이므로 (c)가 적절한 응답이다. 취향을 묻는 것이 아니므로 (b)는
어색한 응답이다.

position 직책 **take up** (직책을) 맡다 **easygoing** 태평한, 마음 편한

10

W This is S&M Books.
M Do you carry Jason Hatcher's new release?
W What's the title of the book?
M _____

(a) It's better to buy it online.
(b) Actually, it is on the tip of my tongue.
(c) I said the author's name is Jason Hatcher.
(d) I am not sure you have it.

번역
W S&M 서점입니다.
M 제이슨 해처의 신작 있나요?
W 책 제목이 뭐죠?
M _____

(a) 온라인으로 사는 것이 낫겠네요.
(b) 실은 생각이 날듯 말듯 합니다.
(c) 작가의 이름이 제이슨 해처라고 했습니다.
(d) 당신이 그걸 가지고 있는지 잘 모르겠어요.

해설
손님인 남자가 서점 점원인 여자에게 특정 작가의 책을 물어보고 있다.
여자가 구체적인 책의 제목을 다시 묻고 있는데 이에 대한 응답으로
책 제목이나 잘 모르겠다는 내용이 나올 수 있으므로 (b)가 가장 자연
스럽다. (d)는 일단 책 제목을 말한 후에 할 수 있는 응답이다.

carry 소지하다 **release** 발간, 출시 **on the tip of one's tongue**
(말이 입에서 맴돌 뿐) 생각이 안 나는

◁)) **Mini** Test

UNIT 03 ⇨ 본책 P 37

| **1** (a) | **2** (a) | **3** (a) | **4** (c) | **5** (b) |
| **6** (d) | **7** (a) | **8** (d) | **9** (a) | **10** (a) |

◤ Part I

1

M We'd better wrap this book as a gift.
W _____

(a) That sounds like a good idea.
(b) I already got a birthday present.
(c) I recently haven't read much.
(d) Is this the one you want?

번역
M 이 책을 선물용으로 포장하는 게 좋겠어.
W _____

(a) 좋은 생각인 것 같네.
(b) 이미 생일 선물을 받았어.
(c) 최근에 책을 많이 읽지 않았어.
(d) 이것이 네가 원하는 거야?

해설
남자는 여자에게 책을 선물용으로 포장하자고 제안하고 있으므로 상
대방의 제안에 수락을 하는 전형적인 표현인 (a)가 적절한 응답이다.

wrap 포장하다 **present** 선물

2

W Can you teach me how to attach a document?
M _____

(a) With pleasure. I'll demonstrate it to you.
(b) First you should submit a document.
(c) I don't have time for the seminar.
(d) You need to sign each paper.

번역
W 문서 첨부하는 방법 좀 알려 줄 수 있어요?
M _____

(a) 그럼요. 어떻게 하는지 보여 드릴게요.
(b) 일단 서류를 제출해야 합니다.
(c) 세미나에 갈 시간이 없어요.
(d) 각 서류에 서명하셔야 합니다.

해설
여자는 남자에게 문서 첨부 방법을 가르쳐 달라고 부탁하고 있으므로
기꺼이 부탁을 들어 주겠다는 (a)가 가장 자연스러운 응답이다.

attach 첨부하다 **document** 서류, 문서 **demonstrate** 시연하다,
보여주다 **submit** 제출하다

3

M Could you pick up Robbie at preschool tonight?
W _____

(a) Sorry, I don't think I can make it.
(b) Enjoy your vacation in Europe.
(c) Good, I'll drive you to the school.
(d) I'll see you at home later.

번역
M 오늘 밤 로비를 유치원에서 데리고 올 수 있어요?
W _____

(a) 미안해요, 못 갈 것 같아요.
(b) 유럽에서 휴가를 즐겁게 보내세요.
(c) 좋아요. 학교에 태워다 줄게요.
(d) 이따가 집에서 봐요.

해설
남자는 여자에게 아이를 데리고 오라고 부탁을 하고 있는데 여자는 수락하거나 이를 거절할 수 있으므로 거절을 하는 (a)가 가장 자연스러운 응답이다.
pick up ~을 데리고 오다, (차로 사람을) 마중 나가다   **preschool** 보육원, 유치원   **make it** 제 시간에 어떤 장소에 가다

4

W Can I give you a lift home?
M _____

(a) I usually take a bus home.
(b) How do you get home?
(c) Thanks, but no thanks.
(d) It is already 11 o'clock.

번역
W 집에 데려다 줄까요?
M _____

(a) 주로 버스 타고 집에 갑니다.
(b) 집에 어떻게 가십니까?
(c) 고맙지만 사양하겠어요.
(d) 벌써 11시네요.

해설
여자는 남자에게 집까지 태워 주겠다고 제안했고, 제안을 받아들이지 않고 거절하는 (c)가 정답이 된다. Can I 뒤의 give you a lift를 놓치지 말아야 한다.
give a lift 차를 태워주다   **get home** 집에 가다

5

M Would you like me to come along to the parking lot?
W _____

(a) But I am not invited.
(b) Thanks. That's very kind of you.
(c) Sorry, I am busy now.
(d) I'll meet you in the lobby.

번역
M 주차장까지 함께 가 드릴까요?
W _____

(a) 그렇지만 전 초대받지 않았어요.
(b) 고마워요. 정말 친절하시네요.
(c) 죄송해요. 지금 바빠요.
(d) 로비에서 만나요.

해설
남자가 여자에게 주차장까지 같이 가주겠다고 제안하고 있으므로 고마움을 표시하며 수락하는 (b)가 가장 적절한 응답이다.
come along 함께 가다   **parking lot** 주차장

◢ Part II

6

W Hey, Alex. Do you have any plans this Saturday?
M Yeah. I am going to throw a party. Will you come?
W Why not? Do you want me to bring anything?
M _____

(a) You should definitely come to my party.
(b) Can I bring my friend?
(c) It's 7 o'clock this coming Saturday.
(d) Just pick up a bottle of wine.

번역
W 안녕, 알렉스. 이번 토요일에 무슨 계획 있어?
M 응. 파티를 열려고. 너도 올래?
W 당연하지. 뭐 좀 가지고 갈까?
M _____

(a) 꼭 내 파티에 와야 해.
(b) 친구 데리고 가도 되니?
(c) 이번 토요일 7시야.
(d) 와인 한 병만 사 가지고 와.

해설
맨 마지막 남자의 말이 가장 중요하며, 남자는 여자에게 파티에 준비할 것이 있으면 가지고 가겠다고 제안하고 있다. 남자의 제안에 와인을 한 병 사 달라고 부탁하는 (d)가 적절하다.
throw a party 파티를 열다   **definitely** 분명히, 확실히

7

M Didn't you go grab some coffee?
W I did, but I don't have enough cash.
M Why don't you take out some money from the ATM?
W _____

(a) I misplaced my debit card.
(b) Either way is fine with me.
(c) I've been short of cash.
(d) Let's go to the coffee shop.

번역
M 커피 마시러 간다고 하지 않았어?
W 그랬는데 현금이 별로 없어.

M 현금 인출기에서 돈을 좀 찾지 그래?
W _____

(a) 체크 카드를 잃어 버렸어.
(b) 어느 쪽이든 괜찮아.
(c) 현금이 계속 부족해.
(d) 커피숍에 가자.

해설
남자는 여자에게 현금 인출기에서 돈을 뽑으라고 제안하고 있다. Why don't you 뒤의 take out를 반드시 들어야 정답을 고를 수 있다. 여자는 남자의 의견을 받아들일 수 없는 이유를 설명하고 있으므로 정답은 (a)가 된다.

grab 먹다　**take out** 인출하다　**misplace** 잘못 두다; 둔 곳을 잊다　**debit card** 체크 카드 (check card)　**Either way is fine with me** 어느 쪽이든 괜찮아

8

W There is a new release at the theater downtown.
M I already bought the ticket for that. I'm going this Saturday.
W Really? Would you mind if I join you?
M _____

(a) I'm sorry but I am very busy now.
(b) Sure, we can go to the picnic instead.
(c) Seeing a movie is my favorite thing to do.
(d) Of course not. You can book it online.

번역
W 시내 극장에 새로운 영화가 개봉했어요.
M 이미 표를 샀어요. 이번 토요일에 가려고요.
W 정말요? 같이 가도 돼요?
M _____

(a) 미안하지만 지금 바빠요.
(b) 당연하죠. 우리는 대신 피크닉을 갈 수 있어요.
(c) 영화 관람을 제일 좋아해요.
(d) 그럼요, 온라인으로 예매할 수 있어요.

해설
여자는 남자에게 영화 보러 함께 가도 되냐고 묻고 있다. 이에 흔쾌히 승낙하는 (d)가 정답이 된다. Would you mind로 물었을 경우 mind의 의미 때문에 답변은 헷갈리기 쉬우므로 유의해야 한다.

release (새로운 영화·음반·도서 등의) 개봉, 발매　**downtown** 시내에

9

M Are you watching TV or not?
W Oh, I fell asleep in the middle of the movie.
M Do you mind if I turn off the TV?
W _____

(a) Certainly not. Go ahead.
(b) Can you change the channel?
(c) It is the most popular show.
(d) Do you go to bed now?

번역
M 지금 TV를 보고 있는 거야, 아니야?

W 아, 영화 보다가 잠들었어.
M TV 꺼도 괜찮아?
W _____

(a) 응. 그렇게 해.
(b) 채널을 돌려 줄래?
(c) 가장 인기있는 프로그램이야.
(d) 지금 자러 가?

해설
마지막 남자의 말이 가장 중요하다. 남자는 TV를 꺼도 되냐고 여자에게 허락을 구하고 있다. 이에 허락을 하는 전형적인 응답인 (a)가 정답이 된다.

fell asleep 잠이 들다　**turn off** (전자 기기 등을) 끄다

10

W Hello, I am calling to ask about employment openings.
M OK. What would you like to know?
W Can I apply for more than one position?
M _____

(a) Sorry, but it's impossible.
(b) You should fill out the form.
(c) First come, first served.
(d) Can I have your name?

번역
W 여보세요, 공석에 대해서 여쭤 보려고 전화를 드렸습니다.
M 네, 무엇을 알고 싶으시죠?
W 한 직책 이상 지원할 수 있나요?
M _____

(a) 죄송합니다만, 불가능합니다.
(b) 이 양식을 작성하세요.
(c) 선착순입니다.
(d) 성함이 어떻게 되시죠?

해설
여자는 남자에게 한 직책 이상에 지원하는 것이 가능한지 묻고 있으므로 가능하지 않다는 (a)가 적절하다. 직장에 지원을 하려면 양식서를 작성해야 하지만, (b)로 응답을 하면 한 직책 이상에 지원이 가능한지 아닌지 알 수가 없으므로 어색하다.

employment opening (직장의) 공석　**apply for** 지원하다　**fill out** (양식서 등을) 작성하다　**First come, first served** 선착순

UNIT 04 → 본책 P 41

1 (c)	**2** (c)	**3** (a)	**4** (b)	**5** (a)
6 (c)	**7** (b)	**8** (c)	**9** (b)	**10** (c)

◢ Part I

1

M You took great pictures in India.
W _____

(a) I will buy a new camera online.
(b) Unfortunately, my camera broke down.
(c) Thank you. I majored in photography.
(d) Do you want to join the picture club?

번역

M 인도에서 멋진 사진을 찍으셨네요.
W _____

(a) 온라인에서 새 카메라를 구입할 거예요.
(b) 안타깝게도 제 카메라는 고장 났어요.
(c) 감사합니다. 사진을 전공했어요.
(d) 사진 클럽에 가입하고 싶으세요?

해설

사진을 잘 찍었다고 칭찬을 하고 있다. 칭찬에 대한 응답으로 고마움을 표시하며, 자신이 사진을 잘 찍는 이유가 사진학을 전공해서라는 (c)가 가장 자연스럽다. (a), (b), (d)는 모두 사진과 관련된 응답이기는 하지만 남자의 말과 관련성이 떨어진다.

break down 고장 나다 **major in** 전공하다 **photography** 사진학

2

W Honey, you are having too much fatty food.
M _____

(a) What kind of food do you like?
(b) You are having fast food now.
(c) I know, but I'll try to reduce it.
(d) You need to go on a diet.

번역

W 여보, 당신은 기름진 음식을 너무 많이 먹어.
M _____

(a) 어떤 종류의 음식을 좋아해?
(b) 지금 패스트푸드를 먹고 있네.
(c) 알아. 줄이려고 노력할 거야.
(d) 당신은 다이어트를 해야 해.

해설

여자의 말에는 기름진 음식을 너무 많이 먹지 말라는 충고의 뜻이 들어 있다. 그것에 대해 남자는 충고를 받아들일 수도 있고 거절할 수도 있고, 변명을 할 수도 있으므로 (c)가 가장 적절하다. (d)는 여자가 할 말이다.

fatty 기름진 **reduce** 줄이다 **go on a diet** 다이어트를 하다

3

M I am wondering if the Jason Hahn movie is worth seeing.
W _____

(a) I heard that it got great reviews.
(b) Do you like thriller movies?
(c) It is the newest release.
(d) Let's meet at the theater.

번역

M 제이슨 한의 영화가 볼 만한지 궁금하네요.
W _____

(a) 아주 좋은 평을 받았대요.
(b) 스릴러 영화를 좋아하나요?
(c) 가장 최근 개봉작이에요.
(d) 극장에서 만나요.

해설

남자는 제이슨 한의 영화가 볼 만한지 아닌지 궁금하다고 했다. 그렇다면 남자가 여자에게 원하는 정보는 여자의 의견이므로 후기가 좋으니 간접적으로 볼 만한 가치가 있다고 암시한 (a)가 가장 적절하다.

worth -ing ~할 가치가 있는 **review** 평, 후기

4

W I need a hand moving this chair.
M _____

(a) How about asking for some help?
(b) Can you give me 10 minutes?
(c) We should call a moving company.
(d) You should deal with it right away.

번역

W 이 의자를 옮기는 데 도움이 필요해.
M _____

(a) 도움을 청해 보는 게 어때?
(b) 10분만 줄 수 있어?
(c) 우리는 이사짐 센터를 불러야 해.
(d) 너는 당장 그것을 해결해야 해.

해설

여자가 도움이 필요하다고 말하는 것은 간접적으로 남자에게 도움을 요청하고 있는 것이다. 남자는 여자의 요청에 수락을 하든지 거절을 할 수 있으므로 (b)가 적절하다. 10분을 더 줄 수 있냐는 말은 10분 있다가 도움을 줄 수 있다는 의미가 된다.

hand 도움 **ask for** 요청하다 **deal with** 다루다

5

M The leaves of my orchids turned brown.
W _____

(a) You might water them too much.
(b) I bought the orchid last month.
(c) I bought some flowers for you.
(d) My plants don't look healthy.

번역

M 난의 잎이 갈색으로 변했어요.

W ______________________

(a) **물을 너무 많이 준 것 같아요.**
(b) 지난달에 난을 구입했어요.
(c) 당신에게 드릴 꽃을 좀 샀어요.
(d) 제 화초가 싱싱해 보이지 않아요.

해설

남자의 화초가 갈색으로 변했다는 것은 문제의 발생이므로 여자는 해결책을 제시하거나 문제의 원인 등을 제시할 수 있다. 이 문제에서는 문제의 원인을 제시한 (a)가 가장 자연스럽다.

orchid 난 **water** 물을 주다

Part II

6

M I'm concerned about meeting the new boss.
W You don't need to. He will like you.
M But it's difficult for me to get along with new people.
W ______________________

(a) Don't meet people you don't like.
(b) You don't need to be there.
(c) Everything will go fine. Just relax.
(d) Let's have some time together.

번역

M 새로운 상사를 만나는 게 걱정되요.
W 그럴 필요 없어요. 당신을 좋아할 거예요.
M 하지만 새로운 사람들과 어울리는 일은 힘들어요.
W ______________________

(a) 당신이 좋아하지 않는 사람들과 만나지 마세요.
(b) 거기에 있을 필요 없어요.
(c) **모든 것이 잘 될 거예요. 그냥 마음을 편히 가져요.**
(d) 언제 함께 만나요.

해설

남자는 새로운 사람들을 만나는 일에 어려움이 있다고 본인의 문제를 얘기했다. 여자는 이에 대해 해결책을 제시할 수도 있고 위로를 해줄 수도 있으므로 위로를 해주는 (c)가 정답이다.

be concerned about ~을 걱정하다 **get along with** 어울리다

7

M Do you happen to see the sewing kit?
W In the second drawer. Why do you need it?
M My coat button came off.
W ______________________

(a) But I don't have time.
(b) Let me fix it for you.
(c) It's your favorite coat.
(d) You'll find it for me.

번역

M 혹시 반짇고리 봤어?
W 두 번째 서랍에 있어. 그게 왜 필요한데?
M 코트 단추가 떨어졌어.
W ______________________

(a) 그렇지만 시간이 없어.
(b) **내가 고쳐 줄게.**
(c) 자기가 제일 좋아하는 코트잖아.
(d) 찾아서 날 줘야 해.

해설

남자가 바느질 도구를 찾으며 코트 단추가 떨어졌다고 한다. 직접적으로 여자에게 단추를 달아 달라고 부탁한 것은 아니지만 눈치 빠르게 단추를 달아 주겠다고 하는 (b)가 가장 적절하다. 남자가 직접적으로 단추를 달아달라고 요청하지는 않았으므로 시간이 없다는 (a)는 정답이 될 수 없다.

happen 우연히 ~하다 **sewing kit** 반짇고리 **come off** 떨어지다

8

W I'm so impressed with your piano performance.
M I'm flattered. I started to learn piano a few years ago.
W You're very gifted.
M ______________________

(a) No way, I was just a little kid.
(b) Do you want to go to the concert?
(c) Thanks. I just kept practicing.
(d) Can you recognize the difference?

번역

W 당신의 피아노 연주에 정말 감동을 받았어요.
M 과찬이세요. 몇 년 전부터 피아노를 배우기 시작한 걸요.
W 재능이 있으시군요.
M ______________________

(a) 절대 아니에요. 어린 아이였을 뿐이에요.
(b) 콘서트에 가고 싶으세요?
(c) **고마워요. 계속 연습했어요.**
(d) 차이점을 알아보시겠어요?

해설

여자는 남자의 피아노 공연에 감동을 받았고 그가 재능이 있다며 칭찬하고 있으므로 이에 대해 고마움을 표현한 (c)가 정답이 된다.

be impressed with ~에 감명을 받다 **I'm flattered** 과찬이세요
gifted 재능 있는 **keep -ing** 계속 ~하다 **recognize** 알아보다

9

M My wedding anniversary is coming soon.
W You must have a great plan, right?
M Actually, I think you can give me a gift idea.
W ______________________

(a) Don't you think it is out of your budget?
(b) You might get her a nice necklace.
(c) Let's have steak in the fancy restaurant.
(d) I'll go shopping at the mall next weekend.

번역

M 제 결혼기념일이 곧 다가오고 있어요.

W 분명 좋은 계획이 있죠, 그렇죠?

M 사실, 당신이 선물에 대한 아이디어를 줬으면 해요.

W _____

(a) 그것이 당신 예산에서 벗어난다고 생각하지 않으세요?

(b) 그녀에게 멋진 목걸이를 사주셔도 되고요.

(c) 우리 근사한 레스토랑에서 스테이크 먹어요.

(d) 다음 주말에 쇼핑몰에 쇼핑 갈 거예요.

해설

남자는 여자에게 결혼기념일 선물에 대한 아이디어를 달라고 요청하고 있으므로 목걸이를 사라고 제안한 (b)가 적절하다. 남자가 구입할 선물에 대한 언급을 전혀 하지 않았으므로 (a)는 정답이 될 수 없고, 남자가 선물에 대한 아이디어를 달라고 했으므로 (c), (d)는 어색한 응답이다.

wedding anniversary 결혼기념일 **out of budget** 예산에서 벗어난 **fancy** 근사한, 화려한

10

W I'm sorry, but could I bother you for some change?

M I would be my pleasure. What do you need?

W Oh, I just need some change for the parking meter.

M _____

(a) I'm sorry, I only have some coins.

(b) I could write you a check.

(c) All I seem to have are dollar bills.

(d) Here, will a ten-dollar bill do?

번역

W 미안한데 잔돈 문제로 폐를 끼쳐도 될까요?

M 그럼요, 뭐가 필요한가요?

W 주차 미터기 때문에 잔돈이 좀 필요해서요.

M _____

(a) 죄송한데 동전 몇 개밖에 없어요.

(b) 수표를 써 드릴 수 있어요.

(c) 지폐밖에 없는 것 같아요.

(d) 여기요, 10달러짜리면 충분한가요?

해설

여자가 주차 미터기에 사용할 잔돈이 있냐고 남자에게 묻고 있으므로 잔돈을 여자에게 주거나 잔돈이 없다는 답변이 오는 게 자연스럽다. 따라서 남자의 응답으로 지폐밖에 없다는 (c)가 가장 적절하다.

change 잔돈 **check** 수표 **do** 충분하다

⊲》 **Mini** Test

UNIT 05   → 본책 P 45

1 (b)	2 (a)	3 (b)	4 (c)	5 (b)
6 (a)	7 (a)	8 (d)	9 (b)	10 (c)

◢ Part I

1

M Did you have a chance to look over my proposal?

W _____

(a) I look forward to it.

(b) Sorry, I didn't have time.

(c) I can't stop by now.

(d) Sure, you reviewed it.

번역

M 제 제안서를 검토해보셨나요?

W _____

(a) 기대하고 있어요.

(b) 죄송해요, 시간이 없었어요.

(c) 지금은 들를 수가 없어요.

(d) 당연하죠, 당신이 검토했어요.

해설

남자가 여자에게 제안서를 검토해봤냐고 물었고 그것에 대한 직접적인 대답으로 '시간이 없었다' 즉, 검토하지 못했다는 (b)가 가장 자연스럽다. (d)는 주어가 '나'라면 검토를 해 봤다는 것으로 정답이 될 수 있다.

have a chance to ~할 기회가 있다 **proposal** 제안서 **look over** 검토하다

2

W Why doesn't the cell phone turn on?

M _____

(a) You should change the batteries.

(b) I can turn it off now.

(c) I like the brand new one.

(d) Turn up the volume.

번역

W 왜 휴대 전화가 켜지지 않죠?

M _____

(a) 배터리를 바꾸세요.

(b) 제가 지금 전원을 끌 수 있어요.

(c) 저는 새것이 좋아요.

(d) 음량을 키우세요.

해설

휴대 전화가 켜지지 않는 이유를 묻고 있으므로 해결책을 제시하는 응답을 기대할 수 있다. 따라서 배터리가 방전되었을 수 있으니 배터리를 바꾸어 보라는 해결책을 제시한 (a)가 가장 적절하다.

brand new 완전 새 것인 **turn up** (오디오·TV 등의) 음량을 키우다

3

M The snowstorm finally let up today.
W _____

(a) You'd better stay at home.
(b) It really cleared up.
(c) Nope, it is warm and sunny.
(d) How's the weather there?

번역
M 오늘 드디어 눈이 그쳤네.
W _____

(a) 너는 집에 있는 게 낫겠어.
(b) 날씨가 정말 개었네.
(c) 아니, 따뜻하고 화창해.
(d) 거기 날씨가 어때?

해설
let up은 눈이나 비 등이 약해지고 그쳤다는 의미로, 남자의 말에서
let up 구동사를 이해하지 못하고 snowstorm만 들었다면 오답을
선택할 확률이 높다. 눈이 그쳤다고 했으므로 그것에 대한 응답은 날씨
가 개었다는 (b)가 정답이 된다. (c)는 날씨가 좋다는 의미가 되지만 맨
처음에 nope라고 부정을 했기 때문에 적절하지 않다.

let up (비·눈 따위가) 약해지다, 멎다   **clear up** 날씨가 개다

4

W Hey, Darren, do you work out regularly?
M _____

(a) Regular exercise is good for you.
(b) I'm extremely busy right now.
(c) Sure, I go to the gym every day.
(d) Do you want to go out with me?

번역
W 있잖아, 대런. 규칙적으로 운동하니?
M _____

(a) 규칙적인 운동은 네게 좋아.
(b) 지금 너무 바빠.
(c) 당연하지, 매일 헬스클럽에 가.
(d) 나랑 데이트하고 싶어?

해설
운동을 규칙적으로 하냐는 질문에 매일 운동을 한다는 (c)가 가장 적절
한 응답이다. (b)는 I've been busy recently라고 대답했다면 '요즘
에 바쁘다. 그래서 운동을 못 한다'라는 간접 응답이 되겠지만, '지금 바
쁘다'는 (b)의 응답은 초대나 제안을 거절할 때 쓰일 수 있다.

work out 운동하다   **extremely** 매우, 심하게   **go out** 데이트하다

5

M I decided to sign up for a psychology class.
W _____

(a) I'll let you know this afternoon.
(b) I recommend Dr. Steven's class.
(c) Sorry, but it's already been occupied.
(d) I registered for the conference.

번역
M 심리학 수업을 듣기로 했어.
W _____

(a) 오늘 오후에 알려 줄게.
(b) 스티븐 박사님의 수업을 추천해.
(c) 미안하지만 이미 사용되고 있어.
(d) 저는 회의에 등록했어요.

해설
남자가 심리학 수업을 수강 신청을 하기로 했다고 말했으므로 여자가
심리학 수업 중 스티븐 박사님의 수업을 추천한 (b)가 가장 자연스럽다.
여러 개의 심리학 수업 중 특정 수업을 추천한 것이다. (d)는 남자의 말
에 sign up for의 동의어인 register for를 이용해 오답을 유도한 것이
다.

sign up for 등록하다 (=register for/ enroll in)   **occupy** 차지하다,
사용하다

◼ Part II

6

W I guess my laptop broke down.
M But you just got it fixed.
W I know, but it's acting up again.
M _____

(a) You really need a brand new one.
(b) Then let's meet at the store.
(c) Yes, that's a great idea.
(d) There aren't many models to choose.

번역
W 노트북이 망가진 것 같아.
M 하지만 이제 막 고쳤잖아.
W 그러게. 그런데 또 말썽이네.
M _____

(a) 정말 새 노트북이 필요하겠다.
(b) 그럼 가게에서 만나.
(c) 응, 좋은 생각이야.
(d) 선택할 만한 모델이 많지는 않아.

해설
'병이나 문제 등이 재발했다'라는 뜻의 act up 구동사를 알고 있었다
면 더 쉽게 정답에 접근할 수 있고, 몰랐다면 여자의 첫 말 중 broke
down에서 act up의 의미를 유추할 수 있다. 노트북 컴퓨터를 수리
했는데 또 망가졌다는 여자의 말에 대한 응답으로 (a)가 자연스럽다.

laptop 노트북 컴퓨터   **break down** (기계 등이) 고장 나다   **act up**
(병·문제 등이) 다시 악화되다, 재발하다

7

M Did you check out the new office furniture?
W Yes, I really want to find out who picked that out.
M What's wrong? Don't you care for it?
W _____

(a) It doesn't go with our place.
(b) You should be responsible for it.
(c) It was delivered in the morning.
(d) I should have canceled the order.

번역

M 새로운 사무실 가구 봤어요?

W 네, 누가 골랐는지 정말 알아야겠어요.

M 왜요? 마음에 안 들어요?

W _____

(a) 우리 사무실하고 잘 어울리지 않아요.

(b) 책임을 지셔야 합니다.

(c) 오늘 아침에 배달됐어요.

(d) 주문을 취소했어야 했어요.

해설

마지막 남자의 질문이 정답을 고르는 관건인데 남자가 여자에게 가구가 마음에 들지 않냐고 물었으므로 가구가 사무실과 어울리지 않는다고 대답하는 (a)가 가장 자연스럽다.

pick out 고르다 **care for** 좋아하다 **go with** 어울리다
responsible for ~에 책임이 있는

8

W Could you pick up some milk on your way home?

M Honey, I'm totally worn out tonight. You really need it now?

W I used it up while making cakes for a dinner party.

M _____

(a) I am not sure I really need it.

(b) I know you really like cooking.

(c) What kind of cake are you making?

(d) OK. I'll drop by the store on the way.

번역

W 집에 오는 길에 우유 좀 사다 줄 수 있어?

M 여보, 오늘 밤은 정말 피곤해. 지금 꼭 필요한 거야?

W 디너파티를 위한 케이크를 만들면서 다 써 버렸어.

M _____

(a) 정말 그것이 필요한지 모르겠네.

(b) 당신은 정말 요리하는 걸 좋아하네.

(c) 어떤 종류의 케이크를 만들고 있어?

(d) 알았어. 오는 길에 가게에 들를게.

해설

부탁을 하면 결국 부탁을 들어주거나 들어주지 않는 쪽으로 흐름이 잡힌다. 여자가 남자에게 우유를 사다 달라고 부탁하면서 꼭 필요하다고 했으므로 남자가 부탁을 들어주고 있는 (d)가 가장 자연스럽다.

wear out 피곤하다 **use up** 다 사용하다

9

M Hello, I am George Hampton from marketing.

W Hi, I'm Izabel. I'm new here.

M Nice to meet you. Are you settling in?

W _____

(a) Of course, you are helping me a lot.

(b) Yeah, I'm getting used to every new thing.

(c) I think this neighborhood is clean and quiet.

(d) I just started my job two months ago.

번역

M 안녕하세요. 마케팅 부서의 조지 햄튼입니다.

W 안녕하세요. 이자벨이에요. 신입입니다.

M 만나서 반가워요. 적응은 되어가나요?

W _____

(a) 당연하죠. 저를 많이 도와주고 계시잖아요.

(b) 네, 새로운 모든 것에 적응 중이에요.

(c) 이 동네는 깨끗하고 조용한 것 같아요.

(d) 저는 2개월 전에 직장을 다니기 시작했어요.

해설

남자와 여자는 처음 만난 사이이다. 회사에 새로 들어온 여자에게 잘 적응하고 있냐고 묻고 있으므로 적응을 잘하고 있다는 (b)가 가장 자연스럽다.

settle in (새로운 것에) 적응하다 **get used to** ~에 익숙해지다
neighborhood 동네

10

W You look awful today.

M Yes, I have a headache and runny nose.

W You might be coming down with the flu.

M _____

(a) You should take some rest.

(b) Yes, it is hard to recognize.

(c) Do you know a good doctor?

(d) Can you come over tonight?

번역

W 오늘 안 좋아 보여.

M 응, 머리가 아프고 콧물도 나.

W 감기 걸린 것 같은데.

M _____

(a) 너 좀 쉬어야 해.

(b) 응, 그것은 알아보기 어렵지.

(c) 좋은 의사 선생님 알아?

(d) 오늘 밤 와줄 수 있어?

해설

남자가 감기 증상을 보이고 있으므로 좋은 의사를 추천해 달라는 (c)가 적절하다. (a)는 남자가 할 말이 아니라 여자가 할 말이다.

runny nose 콧물이 흐르는 코 **come down with** 병에 걸리다
recognize 알아보다 **come over** (말하는 사람 쪽으로) 오다

■ **Part III**

1

M Good morning. Do you have an appointment?

W Yes, with Dr. Morrissey. My name is Linda Schiller.

M What seems to be the problem today, Ms. Schiller?

W I've had a sore throat since last Friday.

M Okay, have a seat and the doctor will be with you shortly.

W Thank you.

Q. What is the main topic of the conversation?

(a) The woman's problem with the doctor

(b) The woman's appointment to see a doctor

(c) **The woman's checking in to see the doctor**

(d) How the woman has been feeling since last Friday

번역

M 안녕하세요. 예약하셨나요?

W 네, 모리세이 박사님께요. 제 이름은 린다 쉴러예요.

M 쉴러 씨, 오늘은 어디가 불편하신가요?

W 지난 금요일부터 목이 아파요.

M 네, 여기 앉아 계시면 선생님이 금방 오실 겁니다.

W 감사합니다.

Q. 대화의 주제는?

(a) 여자의 의사와의 문제

(b) 여자의 병원 예약

(c) **여자가 진찰을 받기 위한 절차**

(d) 지난 금요일 이후의 여자의 몸 상태

해설

전체적인 주제를 (d)로 혼동할 수 있지만 병원 접수원과 환자와의 대화이기 때문에 진료 받기 전 진료를 위한 예비 절차라고 볼 수 있으므로 정답은 (c)가 된다. 금요일 이후로 여자의 몸 상태에 대한 이야기가 언급되긴 했지만 전체적인 주제라고 볼 수는 없으므로 (d)는 정답이 될 수 없다.

have an appointment 예약이 있다 **sore throat** 인후염 **have a seat** 자리에 앉다 **see a doctor** 진찰을 받다

2

W This is some party, isn't it?

M It sure is. You're Sally, right?

W That's right. What's your name?

M I'm Peter. I work on the second floor.

W Oh yeah. That's where I've seen you before.

M I just transferred to the department last month.

Q. Which is correct according to the conversation?

(a) The man and woman work on the same floor.

(b) The woman changed her department last month.

(c) The man and woman have known each other for a long time.

(d) **The man and woman recognize each other from a party.**

번역

W 대단한 파티네요. 그렇죠?

M 정말 그러네요. 샐리 맞죠?

W 네, 성함이 어떻게 되시죠?

M 피터예요. 2층에서 일합니다.

W 맞아요. 전에 거기서 당신을 본 적 있어요.

M 네, 지난달에 그 부서로 옮겼어요.

Q. 다음 중 일치하는 것은?

(a) 남자와 여자는 같은 층에서 일한다.

(b) 여자는 지난달에 부서를 바꿨다.

(c) 남자와 여자는 서로 오랫동안 알고 있다.

(d) **남자와 여자는 파티에서 서로 알아봤다.**

해설

서로 이름을 확인하는 것을 보아 구면이긴 하지만 친한 사이는 아닌 사람들의 대화이므로 정답은 (d)이다.

department 부(서) **transfer** 전근[전학]하다

3

M Whoa, Gina. You don't look so good.

W I feel terrible. My sister had the flu last week and I think I caught it .

M Do you have a fever?

W I don't know. Maybe I should go to the doctor.

M Well, you certainly shouldn't be at work.

W You're right. I'll go talk to the boss about leaving early.

Q. Which is correct about the woman according to the conversation?

(a) She has a fever.

(b) She is currently at the doctor's office.

(c) **Her sister was recently ill.**

(d) She has to be at work early.

번역

M 지나야. 안색이 안 좋아 보여.

W 몸이 좋지 않아. 여동생이 지난주에 독감에 걸렸는데 나도 걸린 것 같아.

M 열이 나?

W 모르겠어. 병원에 가봐야지.

M 음, 절대 출근하면 안돼.

W 맞아. 오늘 조퇴한다고 상사에게 말해야겠어.

Q. 여자에 대해서 일치하는 것은?

(a) 열이 있다.

(b) 지금 병원에 있다.

(c) **동생이 최근 아팠다.**

(d) 오늘 일찍 출근해야 한다.

대화의 주제는 여자의 몸 상태이다. 여자는 동생에게 독감이 옮아서 아픈 것 같다고 했으므로 정답은 (c)가 된다.

doctor's office 병원 **go to the doctor** 병원에 가다

4

W Thank you for calling O'Brien's. How may I help you?
M Hi, I'd like to order delivery, please.
W I'm sorry, our delivery man is out sick. Today we can only do take-out.
M Hmm, that's all right. I'd like two cheese pizzas, please.
W No problem. They should be ready in twenty minutes for pick-up.
M Okay, thanks. I'll be right down.
Q. Which is correct according to the conversation?
(a) The woman wants to eat at the restaurant.
(b) The woman will only have her pizzas delivered to her house.
(c) O'Brian's delivery man lost his job.
(d) The woman suggests ordering the pizzas to go.

번역
W 오브라이언에 전화 주셔서 감사합니다. 어떻게 도와 드릴까요?
M 안녕하세요? 주문 배달하려고요.
W 죄송하지만 배달원이 아파서 출근을 못 했습니다. 오늘은 포장만 가능해요.
M 괜찮아요. 치즈 피자 두 판 주문할게요.
W 알겠습니다. 포장은 20분 후에 준비됩니다.
M 네, 감사합니다. 바로 갈게요.
Q. 다음 중 일치하는 것은?
(a) 여자는 레스토랑에서 음식을 먹고 싶다.
(b) 여자는 피자를 집으로 배달시킬 것이다.
(c) 오브라이언의 배달원은 직장을 잃었다.
(d) 여자는 피자를 포장해 가기를 제안하고 있다.

해설
전화 대화는 반드시 초반에 전화를 건 목적을 파악해야 하는데 남자는 배달 주문을 하고 싶다고 목적을 밝히고 있다. 그런데 피자 가게에 배달원이 출근 못 한 문제가 생겼고, 이에 대한 해결책을 찾아야 하는데 여자는 주문 포장을 하라고 해결책을 제시하고 있으므로 정답은 (d)가 된다.

order 주문하다 **take-out** 주문 포장

5

M Sorry, have we met before?
W You do look familiar. Do you work in the Smith Building?
M Yes, for the law group on the third floor.
W I think I've seen you in the café. I work on the fifth floor.
M Oh yeah! For Braun Marketing, right?
W That's the one. My name is Laura. What's yours?

Q. Which is correct according to the conversation?
(a) The woman and man work together.
(b) The man recalls the woman's employer.
(c) The woman always eats on the third floor.
(d) The man works in a different building.

번역
M 실례합니다만, 전에 만난 적 있나요?
W 낯이 익네요. 스미스 빌딩에서 일하시나요?
M 네, 3층 법률 회사에서 일합니다.
W 카페에서 당신을 본 것 같네요. 저는 5층에서 일해요.
M 맞아요! 브라운 마케팅에서 일하시죠, 그렇죠?
W 그렇답니다. 저는 로라예요. 이름이 어떻게 되세요?
Q. 다음 중 일치하는 것은?
(a) 남자와 여자는 함께 일한다.
(b) 남자는 여자의 고용주를 기억해 냈다.
(c) 여자는 항상 3층에서 식사를 한다.
(d) 남자는 다른 빌딩에서 일한다.

해설
남자와 여자는 같은 건물에서 일하는 것이지 같은 회사에서 일하는 것이 아니므로 (a)와 (d)는 정답이 될 수 없다. (b)를 정답으로 고르기가 쉽지 않은데, 정답의 근거는 남자의 For Braun Marketing에서 알 수 있다. 남자가 여자의 회사 이름을 기억해 낸 것은 여자의 회사, 즉 고용주를 기억해 낸 것이므로 정답은 (b)이다.

recall 기억해 내다, 회상하다

6

W I've had the worst headache these past few days.
M Have you been taking anything for it?
W No, I try to stay away from pain killers.
M That's silly, they'd make you feel much better.
W I know, but they're also not very good for your body.
M It could just be stress. Maybe you should take a personal day.

Q. What is the woman mainly talking about?
(a) A serious health problem
(b) A change in her health status
(c) Her dislike of taking pain medication
(d) Her aversion to taking personal days

번역
W 지난 며칠간 지독한 두통에 시달리고 있어.
M 약은 먹었어?
W 아니, 진통제를 복용 안 하려고 노력해.
M 그건 어리석은 짓이야. 진통제를 복용하면 훨씬 편안해질 거야.
W 알지만, 몸에 매우 좋지 않잖아.
M 스트레스 때문일 수도 있어. 개인적인 시간을 보내 봐.

Q. 여자가 주로 이야기하고 있는 것은?
(a) 심각한 건강 문제
(b) 건강 상태의 변화
(c) 진통제를 복용하는 것에 대한 반감
(d) 개인적인 시간을 보내는 것에 대한 반감

해설
여자가 며칠간 두통이 있다고 하자 남자가 약을 복용하라고 했지만, 여자는 진통제 복용에 대한 반감을 드러내며 거부했으므로 정답은 (c)가 된다. 여자는 단순히 머리가 아픈 것이므로 (a)의 심각한 건강 문제라고 볼 수는 없다. 전체적인 주제는 여자가 진통제를 먹느냐 안 먹느냐이므로 (b)도 정답이 될 수 없다.

pain killer 진통제 **silly** 바보 같은, 어리석은 **status** 상태 **dislike** 반감 **aversion** 혐오, 싫음

7

M Good afternoon, Dr. Sheridan.
W Hello, James. Your results have just come back from the lab.
M Oh? What's the news?
W I'm happy to report that your platelet levels have returned to normal.
M Does this mean I'm not anemic?
W It looks like your blood is as healthy as ever. We'll check again in three months.

Q. What is the conversation mainly about?
(a) The man has not seen the doctor for three months.
(b) The man wants to learn about a blood disorder.
(c) **The doctor is sharing blood test results.**
(d) The doctor is diagnosing the man's blood disease.

번역
M 안녕하세요, 쉐리던 선생님.
W 안녕하세요, 제임스. 당신의 결과가 실험실에서 막 도착했어요.
M 어떤가요?
W 혈소판 수치가 정상으로 돌아왔다고 말할 수 있어 기쁘네요.
M 그럼 저는 빈혈이 아닌가요?
W 혈액은 여전히 건강해 보입니다. 3개월 후에 다시 검사하도록 하죠.
Q. 대화의 주된 내용은?
(a) 남자는 3개월 동안 병원에 오지 못했다.
(b) 남자는 혈액 질환에 대해서 알고 싶어 한다.
(c) **의사는 혈액 검사 결과를 알리고 있다.**
(d) 의사는 남자의 혈액 질환을 진단하고 있다.

해설
의사는 처음에 남자에게 결과가 도착했다고 하면서 혈액 검사 결과를 알려 주고 있으므로 정답은 (c)가 되어야 맞다. 의사는 남자의 질병을 진단하고 있는 상황이 아니므로 (d)는 정답이 될 수 없다.

platelet 혈소판 **anemic** 빈혈(증)의 **disorder** 질병 **diagnose** 진단하다

🔊 Mini Test

UNIT 07_2 ⇒ 본책 P 53

1 (c)	2 (d)	3 (b)	4 (d)	5 (d)
6 (c)	7 (b)			

▨ Part III

1

M Welcome to Macaroni House.
W Hello, we'd like a table for six, please.
M Hm, there may be a few minutes wait while we put the tables together.
W How long of a wait do you think?
M Probably about fifteen minutes.
W Okay, that's not a problem. Thanks.

Q. Which is correct according to the conversation?
(a) The woman is dining with her family.
(b) The man got the woman a table.
(c) **The man will prepare a table for the woman.**
(d) The woman doesn't want to wait.

번역
M 마카로니 하우스에 오신 것을 환영합니다.
W 안녕하세요, 6명이에요.
M 테이블을 붙이는 데 몇 분 걸립니다.
W 얼마나 기다려야 해요?
M 아마도 15분쯤요.
W 그 정도는 괜찮아요. 고맙습니다.
Q. 다음 중 일치하는 것은?
(a) 여자는 가족들과 저녁을 먹고 있다.
(b) 남자는 여자에게 테이블을 잡아 줬다.
(c) **남자는 여자를 위해 테이블을 준비할 것이다.**
(d) 여자는 기다리기를 원치 않는다.

해설
여자는 6명이 앉을 테이블을 요구했고, 테이블을 세팅하는 데 15분이 걸린다고 했으므로 점원인 남자가 여자를 위해 테이블을 준비한다는 (c)가 정답이다.

put together 붙이다 **dine with** ～와 식사를 하다

2

W My sister says this restaurant is great. What do you think?
M Well, my steak is okay, but the French fries are cold.
W Really? Do you want me to ask the waiter to heat them up?
M No no, it's okay. I don't really like fried foods anyway.
W Next time you should ask for a side salad instead.

M Yeah. I should have thought of that when we ordered.

Q. What is the conversation mainly about?
(a) The woman's dislike of French fries
(b) How to politely make a complaint to a waiter
(c) Why the woman ordered a salad
(d) The man's dissatisfaction with part of his meal

번역
W 여동생이 그러는데 이 레스토랑 훌륭하대. 어때?
M 글쎄. 스테이크는 괜찮은데, 감자튀김이 식었어.
W 정말? 웨이터에게 데워 달라고 할까?
M 아니, 괜찮아. 튀긴 음식을 별로 좋아하지 않아.
W 다음엔 대신 샐러드로 달라고 해야겠어.
M 그래. 우리가 주문할 때 그 생각을 했어야 했어.

Q. 대화는 주로 무엇에 관한 것인가?
(a) 여자의 감자튀김에 대한 반감
(b) 웨이터에게 어떻게 정중하게 불평을 할 것인지
(c) 여자가 왜 샐러드를 주문했는지
(d) 일부 식사에 대한 남자의 불만

해설
음식에 대한 평가를 하며 스테이크는 맛있지만, 감자튀김이 식었다고 불평하고 있으므로 정답은 (d)가 된다. 음식 둘 다 싫은 것이 아니므로 식사 일부에 대한 불만이 정확한 정답이 된다.

heat up 데우다 **dislike** 반감, 혐오 **make a complaint** 항의를 제기하다 **dissatisfaction** 불만족

3

M I see you're admiring our new fall scents.
W Yes, I'm looking for something that's not too sweet.
M What about this one? It's one of our most popular perfumes.
W It's nice, but it's a bit too strong for me.
M Okay, how about this one? It's much lighter.
W That's much closer to what I'm looking for. Thanks!

Q. Which is correct about the woman according to the conversation?
(a) She wants to buy a new fall dress.
(b) She prefers a specific type of perfume.
(c) She wants a perfume that's sweet.
(d) She dislikes the store's new scents.

번역
M 저희의 새로운 가을 향수를 보고 계시군요.
W 네, 너무 달콤하지 않은 향수를 찾고 있어요.
M 이 제품은 어떠세요? 가장 인기 있는 향수 중 하나랍니다.
W 좋네요, 하지만 약간 너무 강하네요.
M 그렇다면 이건 어떠세요? 훨씬 약해요.
W 제가 찾고 있던 것에 가깝네요. 감사합니다.

Q. 여자에 대해 일치하는 것은?
(a) 가을 원피스를 사고 싶어한다.
(b) 특별한 종류의 향수를 선호한다.

(c) 달콤한 향의 향수를 원한다
(d) 가게의 새로운 향을 싫어한다.

해설
점원인 남자가 향수를 추천해 주고 있는데 여자는 강하지 않으면서도 달콤하지 않은 향수를 찾고 있으므로 결국 특정한 종류의 향수를 선호한다고 볼 수 있다. 따라서 정답은 (b)이다.

admire 감탄하며[황홀하게] 보다 **scent** 향 **specific** 특정한

4

W Hello, I'd like to return this sweater.
M What's wrong with it, ma'am?
W I washed it according to the directions and now it's full of holes.
M Oh dear. This is the second sweater returned this week.
W Well, I was extremely disappointed by the poor quality.
M I'm very sorry, madam. We'll gladly give you a refund.

Q. What is the woman mainly doing in the conversation?
(a) She is learning how to do the laundry.
(b) She is buying a new sweater.
(c) She is asking for another sweater.
(d) She is returning a poorly made garment.

번역
W 안녕하세요, 이 스웨터를 반품하려고요.
M 무슨 문제죠, 손님?
W 지시 사항에 따라 세탁했더니 구멍이 많이 생겼어요.
M 이런. 이번 주에 두 번째 반품된 스웨터네요.
W 품질이 안 좋아 정말 실망이네요.
M 죄송합니다. 기꺼이 환불해 드릴게요.

Q. 여자는 주로 무엇을 하고 있는가?
(a) 세탁하는 방법을 배우고 있다.
(b) 새 스웨터를 구입하고 있다.
(c) 다른 스웨터를 요구하고 있다.
(d) 잘못 만들어진 옷을 반품하고 있다.

해설
여자가 대화의 초반에 반품을 하고 싶다고 했으므로 정답은 (d)가 된다. garment이라는 어휘를 몰라서 당황했다면 (a), (b), (c)를 소거해서 풀 수 있다.

return 환불[교환]하다 **direction** 지시 사항 **give someone a refund** 환불해 주다 **do the laundry** 빨래하다 **garment** 옷, 의복

5

M Welcome to Borne Brothers. Can I help you find something?
W I'm looking for some dress shoes for my husband.
M Are you looking for something in black or brown?
W Probably something in brown. Nothing too fancy.
M These are from Italy and made of very fine Italian

leather. What do you think?

W They look great. Can he return them if they don't fit?

Q. Which is correct according to the conversation?
(a) The woman wants a gift for her son.
(b) The woman's husband prefers black shoes.
(c) The man only has Italian shoes.
(d) The man suggests a pair of shoes from Italy.

번역

M 본 브라더스에 오신 것을 환영합니다. 물건 찾는 것을 도와 드릴까요?

W 남편을 위한 정장 구두를 찾고 있어요.

M 검정색이나 갈색을 찾으십니까?

W 아마도 갈색 구두요. 너무 화려하지 않은 것으로요.

M 이것은 이태리 제품으로 고급 이태리 가죽으로 만든 것입니다. 어떠세요?

W 좋아 보이네요. 만약에 구두가 맞지 않으면 환불 가능한가요?

Q. 대화에 따르면 옳은 것은?
(a) 여자는 아들을 위한 선물을 원한다.
(b) 여자의 남편은 검정색 구두를 원한다.
(c) 남자는 이태리 구두만을 취급한다.
(d) 남자는 이태리 구두를 제안한다.

해설

점원인 남자는 여자의 남편을 위한 선물로 이탈리아제 신발을 권유하고 여자 역시 받아들였으므로 정답은 (d)가 된다. 남자가 이탈리아제 구두를 권한다고 그 가게에 이탈리아 구두만 있다고 볼 수는 없으므로 (c)는 정답이 될 수 없다.

dress shoes 정장 구두 **be made of** ~로 만들어 지다 **leather** 가죽

6

W Wow, the new Smart Phone I 400. It's the best phone on the market.

M Is it? Does that price tag say $600?

W Yeah, but it has more capabilities than any other phone.

M But why not just get a computer then?

W Because it's so small and portable. I have to have it.

M Are you serious? It'll be out of date in no time!

Q. What can be inferred from the conversation?
(a) The man thinks the phone is overpriced.
(b) The woman has a keen understanding of electronics.
(c) The man believes better phones will be released soon.
(d) The man is also going to buy a computer.

번역

W 새로운 스마트폰 I 400네. 시중에 나온 것 중 제일 좋은 전화기잖아.

M 맞아. 가격표에 600달러라고 써 있는 거야?

W 응. 그런데 전화기 중에서 기능이 제일 많아.

M 그럼 그냥 컴퓨터를 사지 그래?

W 스마트폰은 작고 들고 다닐 수 있잖아. 꼭 사야 해.

M 정말? 조금 있으면 구형이 될 거라고!

Q. 대화에서 유추할 수 있는 것은?
(a) 남자는 전화가 너무 비싸다고 생각하고 있다.
(b) 여자는 전자 제품에 대한 날카로운 이해력을 지니고 있다.
(c) 남자는 금방 더 좋은 전화기가 나올 것이라 생각한다.
(d) 남자는 컴퓨터를 살 것이다.

해설

남자는 마지막에 여자가 사려는 전화가 곧 구식이 될 것이라고 말했으므로 더 좋은 전화기가 나올 것이라 생각한다는 말로 바꾸어 말할 수 있다. 따라서 정답은 (c)가 된다.

on the market 시장[시중]에 나와 있는 **out of date** 구식의 **in no time** 곧, 즉시 **overprice** 실제 가격보다 높게 값을 매기다 **keen** (감각·지력 따위가) 날카로운, 예민한 **release** 출시하다

7

M What are you getting Mom for Christmas?

W I have no clue. She's impossible to shop for.

M Totally, and gift cards seem so impersonal.

W That's a shame because that way she could get something she really wanted.

M Maybe we should ask her what she thinks about it.

W Hm, maybe we should ask Dad first.

Q. What is the conversation mainly about?
(a) The high cost of Christmas shopping
(b) The difficulty of choosing a present
(c) The advantages of buying gift cards
(d) The best places to find gifts

번역

M 엄마 크리스마스 선물로 뭘 살 거야?

W 잘 모르겠어. 엄마 선물 사는 것은 어려워.

M 그래. 상품권은 너무 성의 없어 보이고.

W 상품권을 사야 엄마가 정말로 원하는 것을 사실 수 있을 텐데 난감하네.

M 엄마가 어떻게 생각하시는지 물어봐야겠다.

W 아마 우선 아빠에게 물어봐야 할 걸.

Q. 무엇에 관한 대화인가?
(a) 크리스마스 쇼핑에 드는 많은 비용
(b) 선물 선택의 어려움
(c) 상품권 구입의 이점
(d) 선물을 찾는 데 좋은 장소

해설

크리스마스를 맞아 엄마께 드리는 선물을 고르고 있는 상황이므로 정답은 (b)가 된다. 상품권이 좋다고 했지만, 상품권을 구매하는 데 대한 이점을 토론하는 것이 아니므로 (c)는 정답이 되지 않는다.

That's a shame 안 됐구나 **impersonal** 비인간적인

UNIT 07_3 → 본책 P 57

1 (c) **2** (c) **3** (d) **4** (d) **5** (c)
6 (d) **7** (a)

▰ Part III

1

M Welcome to Korea. Passport and ID card, please.
W Here you go. Is a US driver's license okay?
M Yes, it's fine. How long are you staying in Korea?
W I'll be here for two months.
M Okay, and what is the purpose of your visit?
W I'm visiting friends in Seoul.

Q. What can be inferred from the conversation?
(a) The man works for an airline.
(b) The woman is not a US citizen.
(c) **The woman will not be alone in Seoul.**
(d) The man will search the woman's luggage.

번역
M 한국에 오신 것을 환영합니다. 여권과 신분증을 보여 주세요.
W 여기 있습니다. 미국 면허증도 괜찮나요?
M 네, 괜찮습니다. 한국에는 얼마나 머무르실 예정입니까?
W 2개월요.
M 알겠습니다. 방문 목적은요?
W 서울에 있는 친구들을 만날 겁니다.

Q. 대화에서 유추할 수 있는 것은?
(a) 남자는 항공사에서 일한다.
(b) 여자는 미국 시민권자가 아니다.
(c) **여자는 서울에서 혼자 지내지 않을 것이다.**
(d) 남자는 여자의 짐을 수색할 것이다.

해설
남자는 입국 심사대에서 일하는 사람이지 항공사에서 일하는 것이 아니므로 (a)는 정답이 될 수 없고, 이 대화만으로는 여자는 미국 시민권자인지 아닌지 알 수가 없기 때문에 (b)도 오답이다. 마지막에 여자는 서울에서 친구를 만날 것이라고 했으므로 여자는 서울에서 혼자 지내지 않을 것이라는 (c)가 정답이다.

driver's license 면허증 **airline** 항공 회사 **citizen** (시민권을 가진) 국민

2

W Welcome to the UK. Passport, please.
M Yes, here it is.
W I see you were in Japan. Do you have anything to declare, Mr. Smith?
M Nope, I wish I'd had time to do some shopping, but I was there for business.
W Okay, sir. The baggage claim is downstairs.

M Thanks very much.

Q. What is mainly happening in the conversation?
(a) The man is getting into Japan.
(b) The man is showing customs extra luggage.
(c) **The woman is asking for customs declarations.**
(d) The woman is entering the UK.

번역
W 영국에 오신 것을 환영합니다. 여권 보여 주세요.
M 네, 여기 있습니다.
W 일본에 계셨군요. 신고할 것이 있으신가요, 스미스 씨?
M 없습니다. 쇼핑할 시간이 더 있었으면 좋았을 텐데, 사업차 간 거라서요.
W 알겠습니다. 짐 찾는 곳은 아래층입니다.

Q. 대화에서 주로 일어나고 있는 일은?
(a) 남자가 일본으로 입국하고 있다.
(b) 남자는 세관에 추가 수하물을 보여 주고 있다.
(c) **여자는 세관 신고를 요청하고 있다.**
(d) 여자는 영국으로 들어오고 있다.

해설
여자는 입국 심사대에서 일하는 사람이고, 남자는 영국으로 입국하는 상황이므로 (a), (d) 모두 정답이 되지 않는다. 여자가 신고할 물건이 있냐고 질문한 것은 세관 신고를 요청한다고 볼 수 있으므로 정답은 (c)가 된다.

declare 신고하다 **for business** 사업 차 **baggage claim** 공항에서 짐 찾는 곳

3

M Hi, could you tell me what time flight 754 to Chicago is boarding?
W It leaves at 11 o'clock, so you should get on the plane around 10:30.
M I thought it was departing at 10:30. Why the delay?
W Inclement weather in Denver.
M I see. And how can I get to the gate?
W You have to take the airport shuttle to terminal B.

Q. Which is correct according to the conversation?
(a) The man and woman are in Denver.
(b) The woman's flight leaves at 11:00.
(c) The man's flight is delayed due to air traffic.
(d) **The man must go to a different terminal.**

번역
M 안녕하세요. 시카고로 가는 754 항공편이 몇 시에 탑승을 시작하는지 말씀해 주시겠어요?
W 11시에 떠나니 10:30분경에는 탑승하셔야 합니다.
M 10:30분에 떠나는 것으로 알고 있었는데요. 왜 연착됐나요?
W 덴버 날씨가 좋지 않아서요.
M 그렇군요. 게이트에는 어떻게 가나요?
W 터미널 B로 가는 공항 셔틀을 타셔야 합니다.

Q. 다음 중 옳은 것은?
(a) 남자와 여자는 덴버에 있다.
(b) 여자의 비행기는 11시에 떠난다.

(c) 남자의 비행기는 항공 교통 때문에 연착되었다.
(d) 남자는 다른 터미널로 가야 한다.

해설

남자와 여자는 현재 어디에 있는지 알 수 없으므로 (a)는 정답이 될 수 없고, 남자의 비행기가 11시에 떠나는 것이지 여자의 비행기가 떠나는 것이 아니므로 (b)도 정답이 될 수 없다. 남자의 비행기는 날씨가 좋지 않아 연착되었으므로 (c)는 정답이 아니다. 남자는 셔틀을 타고 터미널 B로 가야 하므로 정답은 (d)가 된다.

board (차·비행기 등에) 타다   **depart** 출발하다   **delay** 지연; 지체시키다   **inclement** (날씨가) 험한, 거칠고 궂은

4

W Tony, you missed the turn!
M Huh? Sorry, I guess I was going a little fast.
W I'll say. Now we're really going to be late.
M It's okay, I can just make a U-turn and it'll be fine.
W You really should pay more attention to your driving.
M I know. I'll try to be more careful.

Q. Which is correct according to the conversation?
(a) The woman is driving.
(b) They have already made a U-turn.
(c) They are late for an engagement.
(d) The man is accepting her advice.

번역

W 토니, 모퉁이 도는 것을 놓쳤어!
M 어? 미안해. 조금 빨리 달렸나 봐.
W 그러게. 이제 정말 늦겠다.
M 괜찮아, 유턴을 하면 될 거야.
W 운전에 좀 더 집중해야 해.
M 알아. 조심할게.

Q. 대화에 따르면 옳은 것은?
(a) 여자는 운전을 하고 있다.
(b) 그들은 이미 유턴을 했다.
(c) 그들은 약속에 늦었다.
(d) 남자는 여자의 조언을 받아들이고 있다.

해설

운전을 빨리 하는 남자에게 여자는 조심히 운전하라고 조언을 하고 있고 남자는 여자의 조언을 받아들였으므로 정답은 (d)가 된다. 남자가 운전을 하는 것이지 여자가 운전을 하는 것이 아니므로 (a)는 정답이 될 수 없고, 남자가 유턴을 할 수 있다고 한 것이지 이미 유턴을 한 것이 아니므로 (b)도 오답이다.

make a U-turn 유턴을 하다   **pay attention to** 주의를 기울이다   **engagement** 약속

5

M Sally, are you okay? You look like you've been crying.
W I got a speeding ticket on I-91. I can't believe it.
M Oh no! How fast were you going?
W I was late for work. When the cop pulled me over, I was going 85 miles.

M That's fast. Isn't that the second one you've gotten this summer?
W Yeah, my dad is going to kill me. Our insurance is already so expensive.

Q. What can be inferred about Sally from the conversation?
(a) She will change insurance providers.
(b) She is nonchalant about getting the ticket.
(c) She is afraid her father will be mad at her.
(d) She usually drives above the speed limit.

번역

M 샐리, 괜찮아? 울고 있던 것 같은데.
W 91번 고속 도로에서 과속 티켓을 받았어. 믿을 수 없어.
M 세상에! 얼마나 빨리 달린 거야?
W 회사에 늦었어. 경찰이 멈춰 세울 때 85마일로 달리고 있었어.
M 빨리 달렸네. 이번 여름에만 두 번째 티켓 아니야?
W 맞아. 아빠가 엄청나게 화내실 거야. 보험료는 이미 너무 비싼데 말야.

Q. 샐리에 대해서 유추할 수 있는 것은?
(a) 보험 회사를 바꿀 것이다.
(b) 티켓을 받는 것에 대해 무관심하다.
(c) 아빠가 화를 내실까 봐 두려워하고 있다.
(d) 보통 제한 속도를 어기며 운전한다.

해설

여자의 과속 티켓을 받은 것에 대한 대화로 여자는 보험료가 비싸다고 했지 바꾼다는 계획은 말한 적이 없으므로 (a)는 정답이 되지 않는다. 여자는 이미 보험료가 비싼데 과속을 또 해서 아빠가 화내실 거라고 걱정하는 (c)가 정답이다. 이번 여름에 과속 티켓을 두 번 받았다고 해서 평소에도 제한 속도를 어기며 운전한다고는 유추할 수 없으므로 (d)는 오답이다.

insurance provider 보험 회사   **nonchalant** 무관심한, 아랑곳하지 않는   **be mad at** ～에게 몹시 화가 나서

6

W Excuse me. Someone is sitting in my seat.
M May I see your boarding pass, please?
W Sure, here it is. Seat 34A.
M It seems economy has been overbooked.
W What? Do you mean I have to fly standby? What if I miss my connection?
M Actually, we'd like to move you to business class free of charge.

Q. What is mainly happening in the conversation?
(a) The woman is making a flight reservation.
(b) The woman is sitting in the man's seat.
(c) The man is complaining about the crowded plane.
(d) The man is resolving an overbooking problem.

번역

W 저기요. 누군가가 제 자리에 앉아 있습니다.
M 손님 탑승권을 볼 수 있을까요?
W 네, 여기 있어요. 34A 좌석입니다.
M 이코노미석이 초과 예약된 것 같습니다.

W 뭐라고요? 그럼 탑승 대기해야 한단 말인가요? 연결 항공편을 놓치면요?

M 실은 무료로 비즈니스 클래스로 옮겨 드리고자 합니다.

Q. 주로 일어나고 있는 일은?
(a) 여자는 비행기 예약을 하고 있다.
(b) 여자는 남자의 자리에 앉아 있다.
(c) 남자는 비행기에 사람이 많은 것에 대해 불평을 하고 있다.
(d) 남자는 초과 예약 문제를 해결하고 있다.

해설
비행기 좌석을 초과 예약을 받아 자리가 없는 여자에게 남자는 자리를 더 비싼 자리로 옮겨서 문제를 해결하고 있으므로 정답은 (d)가 된다.

economy (비행기) 일반석 **standby** (비행기·열차의) 공석 대기 승객 **connection** 연결 항공편 **free of charge** 무료의 **resolve** 해결하다 **overbook** 예약을 정원 이상으로 받다

7

M Sandra, is that your sedan parked outside?
W Yes, it is. Why?
M I think you may have left your lights on.
W Not again! I'd better go check it out.
M You might want to take a look at the battery, too.
W Thanks John. I'll let you know if it needs to be jumped.

Q. Which is correct according to the conversation?
(a) The woman forgot to turn off her car's headlights.
(b) The woman jumps into her car.
(c) The man's car needs a new battery.
(d) The woman had an accident with the man's car.

번역
M 샌드라, 밖에 주차되어 있는 세단이 당신 차인가요?
W 네, 그런데요. 왜요?
M 라이트를 켜 놓은 것 같아요.
W 이런 또 그랬군요! 나가서 확인해 볼게요.
M 배터리도 확인하는 게 좋을 거예요.
W 고마워요, 존. 차를 점프해야 하면 알려 줄게요.

Q. 다음 중 일치하는 것은?
(a) 여자는 차 헤드라이트를 끄는 것을 잊어버렸다.
(b) 여자는 자신의 차로 뛰어 들어갔다.
(c) 남자의 차는 새 배터리가 필요하다.
(d) 여자는 남자의 차와 교통사고가 났다.

해설
여자의 세단에 라이트가 켜져 있는 채로 주차되어 있는 것이 이 대화의 중심 내용이므로 정답은 (a)가 된다.

jump (차의 배터리가 방전되었을 때) 다른 차와 연결하여 배터리를 충전하다 **take a look** 살펴 보다 **turn off** 끄다

⇒ 본책 P 59

◁◦ **Mini** Test

UNIT 07_4

1 (b)	2 (c)	3 (b)	4 (c)	5 (a)
6 (c)	7 (c)			

◢ Part III

1

M Julie, are you still thinking of changing schools?
W Yes, I'm looking into programs at a few places. Why?
M I'm just worried that you're going to lose a lot of the credits you already have.
W I know it will take a little longer to finish my degree if I transfer.
M Yeah, but you're only a semester away from graduating.
W But I really want to study something different.

Q. What is the conversation mainly about?
(a) The man's advice on changing location
(b) The woman's transferring schools
(c) Applying for several schools
(d) Dissatisfaction with her previous school

번역
M 줄리, 아직도 학교 바꿀 생각이야?
W 응. 몇몇 학교의 프로그램을 자세히 살펴 보고 있어. 왜?
M 그냥 네가 이미 취득한 학점을 잃을까 봐 걱정돼서.
W 편입하면 학위를 마치는 데 시간이 좀 더 걸릴 것이라는 건 알고 있어.
M 맞아, 졸업이 한 학기밖에 안 남았잖아.
W 하지만 다른 걸 정말 공부하고 싶어.

Q. 무엇에 관한 대화인가?
(a) 장소를 바꾸는 것에 대한 남자의 조언
(b) 여자의 편입
(c) 여러 학교를 지원하는 것
(d) 여자의 이전 학교에 대한 불만족

해설
대화의 주제는 여자의 편입으로 단순히 장소를 바꾸는 것이 아니기 때문에 (a)는 정답이 될 수 없고, 학교를 바꾸는 것이지 여러 학교를 지원하는 것이 아니므로 (c)도 정답이 될 수 없다. 따라서 정답은 (b)이다.

look into 자세히 살펴보다 **credit** 학점 **uncertainty** 불확실성 **dissatisfaction** 불만족 **previous** 이전의

2

W How's college going these days?
M I'm actually trying to transfer to another school next semester.
W Really? Have you applied yet?

M Yeah, I sent out applications to four schools and now I just have to wait.

W Well, with your grades I'm sure you'll have no problems getting in.

M Thanks. I'll keep you posted on where I get accepted.

Q. Which is correct about the man according to the conversation?

(a) He is applying for college for the first time.

(b) He is applying for graduate school.

(c) **He sent out several transfer applications.**

(d) He has a poor academic record.

번역

W 요즘 학교는 어때?

M 사실 다음 학기에 다른 학교로 편입하려고 해.

W 정말? 지원은 했어?

M 응, 학교 네 곳에 지원서를 보냈고, 지금 기다리고 있어.

W 음, 네 학점이라면 분명히 문제 없을 거야.

M 고마워. 내가 합격하는지 소식 전해 줄게.

Q. 다음 중 남자에 대해 일치하는 것은?

(a) 처음으로 대학에 지원하고 있다.

(b) 대학원에 지원하고 있다.

(c) **편입 지원서를 몇 통 보냈다.**

(d) 학점이 좋지 않다.

해설

대화의 주제는 남자의 편입이다. 대학에 처음 지원하는 것이 아니라 (a)는 정답이 될 수 없고, college라고 했으므로 대학원은 아니므로 (b)도 정답이 아니다. 여자가 남자는 학점이 좋아서 합격할 거라 확신했으므로 (d)도 오답이다. 학교 네 군데에 지원서를 보냈다고 했으므로 정답은 (c)이다.

transfer 전학[편입]하다 **get accepted** 합격하다 **keep you posted** 소식을 알리다 **apply for** 지원하다 **graduate school** 대학원 **application** 지원서 **academic record** 학점

3

M How'd the GRE go yesterday?

W It was really hard, the math was okay but the vocabulary was tough.

M Yeah, those analogies killed me when I took it.

W It's difficult because the words they use are totally archaic.

M Well, that's why they use them. You have to have done a lot of reading to understand them.

W I know. I should have built up my vocabulary more before I took it.

Q. What can be inferred from the conversation?

(a) The woman is taking the GRE tomorrow.

(b) **The woman believes she was more successful in math.**

(c) The man has never taken the GRE.

(d) The man offers the woman tutoring for GRE vocabulary.

번역

M 어제 GRE 시험은 어땠어?

W 정말 어려웠어. 수학은 괜찮았는데 어휘가 진짜 어렵더라.

M 맞아, 나도 시험을 봤을 때 유추 시험 때문에 힘들었어.

W 시험에 나오는 어휘가 완전 옛날 말투라 어려워.

M 흠. 그래서 그런 어휘를 출제하는 거야. 그런 어휘를 이해하려면 독서를 많이 해야 하잖아.

W 알아. 시험 보기 전에 어휘 실력을 많이 쌓았어야 하는데.

Q. 대화에서 유추할 수 있는 것은?

(a) 여자는 내일 GRE 시험을 본다.

(b) **여자는 자신이 수학을 더 잘 봤다고 생각한다.**

(c) 남자는 GRE 시험을 본 적이 없다.

(d) 남자는 여자에게 GRE 어휘 과외를 받으라고 제안하고 있다.

해설

여자의 GRE 시험에 대해서 얘기하고 있다. 여자는 유추 시험은 잘 못 봤지만 수학은 괜찮다고 했기 때문에 여자는 수학 시험을 더 잘 봤다고 생각한다고 유추할 수 있으므로 정답은 (b)가 된다. 남자도 GRE 시험을 본 적이 있다고 했기 때문에 (c)는 정답이 될 수 없다.

GRE 미국 대학원 입학 자격 시험 **analogy** 유추 시험 **archaic** 옛 말투의, 고 문체의

4

W Can I talk to you before class?

M Sure, Professor Chase. What's up?

W I just read your critical diary and I noticed that you're missing six questions.

M Really? But I have all twenty on my computer.

W I don't know, but you have to submit them by Friday for full credit.

M No problem. I must have just forgotten to print them out.

W You can put them in my mailbox if I'm not in the office.

Q. What can be inferred from the conversation?

(a) Professor Chase is the man's academic advisor.

(b) The man had asked for an extension on a paper.

(c) **The man has finished twenty questions.**

(d) The man's critical diary is not yet complete.

번역

W 수업 전에 얘기할 수 있을까?

M 네, 체이스 교수님. 무슨 일이세요?

W 네가 쓴 비평을 읽어 봤는데 질문 6개에 답변하지 않은 것을 알게 됐어.

M 정말요? 그렇지만 제 컴퓨터에는 20문제가 다 있는데요.

W 난 모르겠다만 학점을 채우려면 이번 금요일까지 제출해야 한다.

M 알겠습니다. 출력하는 것을 잊어버렸나 봐요.

W 내가 교수실에 없으면 우편함에 넣어 둬.

Q. 대화에서 유추할 수 있는 것은?

(a) 체이스 교수님은 남자의 지도 교수이다.

(b) 남자는 보고서 제출 기한 연장을 요청하고 있다.

(c) **남자는 질문 20개를 다 끝냈다.**

(d) 남자는 비평을 다 끝내지 않았다.

해설

체이스 교수님이 남자의 교수인 것은 맞지만 지도 교수인지는 유추할 수 없으므로 (a)는 맞지 않다. 교수님이 금요일까지 제출하라고 했지 남자는 기한 연장을 요청한 적이 없으므로 (b)도 오답이다. 남자는 본인 컴퓨터에 20개의 질문을 완성 했지만, 출력만 하지 않은 것이므로 (c)가 정답이 된다.

credit 학점   **academic advisor** 지도 교수   **extension** 연장

5

M I'm curious as to why you don't speak up in class.
W Sometimes I feel intimidated by other people debating.
M But you have great ideas, and I'm sure you could support them in debate.
W Do you really think so? I get so shy sometimes.
M Definitely. I think your ideas could lead to some very interesting discussions.
W Thanks, James. I'll see if I can be a bit more outspoken.

Q. What can be inferred from the conversation?
(a) **The woman tries to avoid arguing with others.**
(b) The woman is new to the class.
(c) The woman talks a lot in class discussions.
(d) The man is the woman's teacher.

번역

M 네가 왜 수업 시간에 말을 하지 않는지 궁금하더라.
W 때때로 다른 사람들의 토론 때문에 겁이 나서 그래.
M 그렇지만 너는 아이디어도 좋아서 토론에서 아이디어를 잘 뒷받침할 수 있을 거라 확신하는데.
W 정말 그렇게 생각해? 내가 가끔 너무 수줍어 해.
M 맞아. 네 아이디어가 굉장히 흥미로운 토론을 이끌어 갈 거라 생각해.
W 고마워, 제임스. 내가 좀 더 거침없이 말할 수 있는지 해 볼게.

Q. 대화에서 유추할 수 있는 것은?
(a) **여자는 다른 사람들과 논쟁하는 것을 피하려고 노력한다.**
(b) 여자는 이 수업에 처음 들어왔다.
(c) 여자는 토론 수업에서 말을 많이 한다.
(d) 남자는 여자의 선생님이다.

해설

여자는 다른 사람과의 토론이 두렵다고 했으므로 (a)가 정답이다. 여자가 말을 잘 안 한다고 해서 수업에 처음 들어왔는지 알 수 없으므로 (b)는 정답이 되지 않고, 남자가 여자의 선생님일 수도 있지만, 조언은 선생님뿐 아니라 친구도 할 수 있는 것이므로 (d)도 오답이다.

as to ~에 대하여   **intimidated** 겁먹은, 위축된   **debate** 토의, 토론   **outspoken** 거리낌 없는, 솔직한

6

W I am so swamped. I can't believe it's midterms already.
M I hear you. I have two novels to read by Wednesday.
W That sounds impossible. How are you going to manage?
M A few all-nighters should do the trick. I can sleep on the weekend.
W You sure are dedicated. I would ask for an extension.
M It's my own fault for procrastinating this long.

Q. What are the man and woman mainly talking about?
(a) The amount of work they have for final exams
(b) The difficulty of finishing assignments on time
(c) **Methods the man uses to get through mid-terms**
(d) Problems they are having at work

번역

W 일이 너무 많아. 벌써 중간고사라니 믿을 수가 없어.
M 그러게. 수요일까지 소설 두 권을 읽어야 해.
W 불가능할 것 같은데. 어떻게 그렇게 할 수가 있겠어?
M 밤새면 해결되지. 잠은 주말에 자고.
W 정말 몰두해서 공부하는구나. 나라면 기한 연장을 요청할 텐데.
M 이렇게 미뤄 둔 것이 내 잘못이지.

Q. 남자와 여자가 주로 말하고 있는 것은?
(a) 기말고사를 치르기 위해 해야 하는 공부의 양
(b) 제 시간에 숙제를 끝내야 하는 어려움
(c) **중간고사를 끝내기 위해 남자가 사용하는 방법**
(d) 직장에서의 문제점

해설

중간고사를 위해 해야 하는 공부에 대해서 말하고 있는데, 남자와 여자 모두 공부가 밀려 있는 상황이다. 특히, 남자가 중간고사를 위해 밤새서 공부하겠다는 것이 주제이므로 정답은 (c)가 된다. (a)는 중간고사가 아닌 기말고사를 대비하는 공부이므로 오답이다.

be swamped (일·곤란 등이) 쇄도하다. 꼼짝달싹 못 하게 하다   **I hear you** 나도 동의해   **an all-nighter** 밤샘; 밤새는 사람   **do the trick** 문제를 해결하다   **dedicated** 전념하는   **procrastinate** 미루다, 연기하다   **get through** ~을 끝내다, 마무리 짓다

7

M Have you finished reading *Jane Eyre* yet?
W Yes. I think Charlotte Bronte's analysis of marriage is still relevant today.
M You didn't find it boring? It was tough to get through the flowery language.
W It was a tad verbose, but I especially liked her commentary on women and madness.
M True, timid Jane next to the violent Mrs. Rochester is pretty striking.
W I agree. Rivals are often represented as opposites in literature.

Q. Which is correct about the novel *Jane Eyre* according to the conversation?
(a) The woman said its message is outdated.
(b) The man appreciated its diction.
(c) **It uses a common plot device.**
(d) It is solely read by women.

번역

M 〈제인 에어〉 다 읽었니?

W 응. 나는 샬롯 브론테의 결혼에 대한 분석이 여전히 오늘날에도 관련 있다고 생각해.

M 그 책 지겹지 않았어? 미사여구가 많아서 끝까지 다 읽기 힘들었어.

W 조금 장황하긴 하지만, 여자와 광기에 대한 그녀의 해석이 특히 마음에 들어.

M 맞아, 난폭한 로체스터 부인 옆의 수줍은 제인은 정말 인상적이야.

W 그래. 문학에서 라이벌이 종종 상반된 인물로 표현되곤 하지.

Q. 소설 〈제인 에어〉에 대해서 일치하는 것은?

(a) 여자는 소설의 메시지가 진부하다고 말했다.

(b) 남자는 소설의 어법을 높이 평가한다.

(c) 소설은 흔한 줄거리 장치를 사용했다.

(d) 이 소설은 여자들만 읽는다.

해설

대화의 주제는 〈제인 에어〉에 대한 남녀의 생각이다. 남자가 마지막에 난폭한 로체스터 부인 옆의 수줍음은 제인의 대비가 놀랍다고 하자, 여자가 문학에서 라이벌이 상반된 인물로 자주 표현된다고 한다. 문학에서 이러한 이야기 장치를 자주 사용한다는 것을 알 수 있으므로 정답은 (c)가 된다.

relevant 관련된 **flowery** 미사여구를 쓴 **tad** 조금 **verbose** (사람·진술·문제 따위가) 장황한 **commentary** 해설, 해석 **timid** 마음이 약한, 소심한 **striking** 인상적인 **outdated** 시대에 뒤진, 구식의 **appreciate** ∼의 가치를 인정하다. **diction** 어법, 말씨 **plot** (연극·시·소설 따위의) 줄거리, 구상 **solely** 혼자서, 단독으로

🔊 Mini Test

UNIT 09_1

➡ 본책 P 63

1 (c)	2 (d)	3 (c)	4 (c)	5 (a)
6 (c)	7 (a)			

▚ Part IV

1

It looks like it's going to be a wet, icy holiday weekend. Travelers should get to where they are going well before this evening, as heavy rains this afternoon will turn to slush and ice tonight when the temperature drops to a low of minus six. We can expect very low visibility and dangerous driving conditions until the cold front passes tomorrow afternoon. This severe weather is sure to worsen the already terrible traffic in the New York area during the Thanksgiving holiday.

Q. Which is correct according to the forecast?

(a) Snow will begin this afternoon.

(b) Temperatures are likely to increase.

(c) The weather will make driving dangerous.

(d) Low visibility will last until the weekend.

번역

비가 오고 얼음이 어는 휴일 주말이 될 것 같습니다. 여행객은 오늘 저녁 이전에 목적지에 도착해야겠습니다. 온도가 영하 6도까지 떨어짐에 따라 오늘 오후에 내린 폭우가 오늘 밤 질척한 눈과 얼음으로 변할 것이기 때문입니다. 한랭 전선이 내일 오후 지나갈 때까지는 매우 낮은 가시도와 운전하기에 위험한 상태가 예상됩니다. 혹독한 날씨로 추수 감사절 휴일 기간 동안 뉴욕 지역의 교통이 마비될 것입니다.

Q. 일기 예보와 일치하는 것은?

(a) 눈은 오늘 오후에 내릴 것이다.

(b) 온도가 상승할 것이다.

(c) 날씨 때문에 운전하기 위험할 것이다.

(d) 낮은 가시도가 이번 주말까지 지속될 것이다.

해설

눈은 오늘 오후에 오는 것이 아니라 오후에 내린 비가 오늘 밤에 눈으로 변화하는 것이므로 (a)는 정답이 될 수 없고, 온도는 영하 6도까지 떨어질 것이므로 (b)도 정답이 아니다. 낮은 가시도는 내일 오후까지 지속되므로 (d)도 오답이다. 따라서 정답은 (c)이다.

icy 얼음으로 된 **slush** 녹기 시작한 눈 **visibility** 눈에 보이는 상태; 가시성 **cold front** 한랭 전선 **be likely to** ∼일 것 같다

2

And now for the weather forecast. A low pressure system is pushing southward this week, and the southeast coast is likely to see cold, fog and misty rain from Monday morning until Tuesday night. The southern coast of New South Wales will take most of this nasty weather. However, drier, colder temperatures can be expected further inland. Radar reports show the humidity lessening little by little as we head north, and clear sunshine for most of Queensland throughout the week.

Q. Which region will have wet weather according to the weather report?

(a) An inland area

(b) Southern Australia

(c) Queensland

(d) Coastal New South Wales

번역

일기 예보입니다. 이번 주 저기압이 남쪽으로 내려오면서 동남 해안은 월요일 아침부터 화요일 밤까지 춥고 안개가 끼며 비가 내리겠습니다. 뉴 사우스 웨일즈의 남쪽 해안은 대부분 이런 궂은 날씨가 예상됩니다. 그러나 내륙 지방은 더욱 건조하고 쌀쌀한 날씨가 예상됩니다. 레이더 분석에 따르면 북쪽으로 갈수록 습도가 점점 줄어들겠으며 이번 주 내내 퀸즈랜드 대부분의 지역은 맑겠습니다.

Q. 일기 예보에 따르면 습기가 많은 곳은 어느 지역인가?

(a) 내륙 지역

(b) 호주 남부

(c) 퀸스랜드

(d) 뉴사우스 웨일즈 해변

해설

여러 지역의 날씨가 한꺼번에 쏟아지는 보도로 어떤 날씨가 어느 지방과 연결되는지 놓치기 쉽지만 질문을 잘 기억했다가 두 번째 들을 때 더욱 큰 도움을 받을 수 있다. 초반에 동남 해상과 뉴 사우스 웨일즈 남쪽 해상은 안개가 끼며 비가 내리겠다고 했으므로 정답은 (d)가 된다.

weather forecast 일기 예보 **low pressure system** 저기압 **nasty** (날씨 따위가) 궂은 **southward** 남(쪽)의 **coast** 해안 **misty** 안개 낀 **inland** 내륙의 **humidity** 습도 **lessen** 감소하다 **little by little** 조금씩, 점점 **throughout the week** 일주일 내내

3

And now we move to our Channel 6 weather desk. After a wet rainy weekend, Orange County can expect a cold, cloudy few days until a low pressure system moves in on Wednesday bringing some serious rain. On Thursday you can expect fog and scattered showers until Friday afternoon when we should finally get some much needed sunshine. Let's hope for a clear weekend as the temperatures should be up in the 60s on Saturday.

Q. Which is correct according to the weather report?
(a) Next weekend will be rainy.
(b) A low pressure system will bring cold weather.
(c) Temperatures are expected to increase next weekend.
(d) Friday will be foggy.

번역

채널 6 일기 예보입니다. 비가 오는 눅눅한 주말 이후, 수요일에 폭우를 동반한 저기압 세력이 다가올 때까지 오렌지 카운티에는 춥고 흐린 날이 예상됩니다. 목요일에는 안개와 산발적인 소나기가 예상되며 애타게 기다리는 햇빛이 좋은 금요일까지 계속되겠습니다. 토요일에는 60도대까지 기온이 오르는 맑은 주말을 기대해 봅시다.

Q. 일기 예보와 일치하는 것은?
(a) 다음 주말에는 비가 올 것이다.
(b) 저기압 때문에 날씨가 추워질 것이다.
(c) 다음 주말에는 기온이 상승할 것이 예상된다.
(d) 금요일은 안개가 낄 것이다.

해설

요일별로 구체적인 날씨가 언급되어 있으므로 요일별로 날씨를 잘 기억하는 것이 중요하다. 수요일에는 춥고 흐린 날, 목요일에는 안개와 산발적인 비, 금요일에는 햇빛이 비치며 주말에는 기온이 60도까지 올라간다고 했으므로 정답은 (c)가 된다. 저기압이 올 때까지 추운 날씨가 계속된다고 했지 저기압 때문에 날씨가 추워지는 것이 아니므로 (b)는 정답이 되지 않는다.

scattered 흩뿌려진 **shower** 소나기 **foggy** (짙은) 안개가 낀

4

And now for your weekend weather report. Satellite photos have shown a system of high barometric pressure blowing in from the west coast this week. This high pressure will translate into very hot, dry air with highs all the way up to 95 degrees. It's looking to be fairly clear all the way through into early next week, so for all you gardeners out there, make sure you've got the sprinklers ready!

Q. Which is correct according to the weather forecast?
(a) It will get cooler over the next few days.
(b) The high pressure will bring rain.
(c) The weather will be dry.
(d) The dry weather is good for gardening.

번역

이제 주간 일기 예보입니다. 위성 사진이 이번 주에 서쪽 해안에서 들어오는 고기압을 보여 주고 있습니다. 고기압이 덥고 건조한 공기로 변해 최고 기온이 95도까지 오르겠습니다. 다음 주 초에는 맑은 날씨가 예상되니 밖에서 정원을 가꾸고자 하는 분들은 반드시 스프링클러를 준비해 놓으세요.

Q. 일기 예보에 따르면 옳은 것은?
(a) 며칠 동안 더 추워질 것이다.
(b) 고기압이 비를 몰고 올 것이다.
(c) 날씨가 건조할 것이다.
(d) 건조한 날씨는 정원 가꾸기에 좋다.

해설

일기 예보의 요지는 고기압으로 인한 덥고 건조한 날씨 때문에 식물이 마를 수 있으므로 스프링클러 작동을 준비해 놓으라는 것이다. 따라서 정답은 (c)가 된다.

satellite 위성 **barometric** 기압계의 **translate** [상태·성질 따위를] 바꾸다 **up to** ~까지 **gardening** 정원 가꾸기

5

It's looking like we're in for a gorgeous weekend. After a week of grey skies and drizzle, the sky should clear overnight on Friday and stay that way through to early next week. Saturday will still be a little on the chilly side with temperatures ranging from the lower 40s, but Sunday is looking almost spring-like with highs in the upper 50s Fahrenheit. The sunshine should stay with us until Tuesday afternoon when it looks like we may be in for some very nasty weather.

Q. Which is correct according to the weather report?
(a) The weekend will be sunny.
(b) It will be overcast on Saturday.
(c) The temperatures will drop below 40 degrees on Sunday.
(d) The nice weather will continue until Wednesday.

번역

멋진 주말이 될 것 같습니다. 먹구름이 끼고 비가 내리는 한 주를 보낸 후. 금요일 밤사이 하늘은 맑아지고 다음 주 초까지 맑은 날씨가 이어지겠습니다. 토요일에는 40도 아래로 기온이 떨어지면서 약간 쌀쌀하겠습니다. 그러나 일요일에는 최고 기온이 화씨 50도 후반까지 오르며 거의 봄 같은 날씨가 예상됩니다. 날씨가 좋지 않는 화요일 오후까지 맑은 날씨가 계속되겠습니다.

Q. 일기 예보에 따르면 옳은 것은?
(a) 주말은 날씨가 맑을 것이다.

(b) 토요일에는 날씨가 흐려질 것이다.
(c) 일요일에는 기온이 40도 이하로 떨어질 것이다.
(d) 맑은 날씨는 수요일까지 계속될 것이다.

해설
이번 주말 날씨를 예보하고 있다. 처음에 전체적인 주말 날씨를 멋지다고 표현했으므로 주말 날씨가 맑을 것이 예상되므로 정답은 (a)가 된다. 토요일 날씨가 쌀쌀하다고는 했지만 흐리다고 한 것은 아니므로 (b)는 정답이 되지 않는다. 일요일에는 50도 후반까지 기온이 오른다고 했으므로 (c)는 정답이 아니고, 좋은 날씨는 화요일까지 이어진다고 했으므로 (d)도 오답이다.

gorgeous 멋진, 좋은 **drizzle** 이슬비[안개비]가 내리다 **range from** ~에서 (…까지) 걸치다 **overnight** 하룻밤 동안, 밤새도록 **Fahrenheit** 화씨의 **overcast** 흐린

6

We're in for a serious cold spell this week with predicted high temperatures starting off around zero degrees Celsius on Monday. By Wednesday, the temperature will drop as low as minus twelve degrees with the wind chill. We can expect a few flurries on Monday night and the possibility of at least 5cm of accumulated snow on Tuesday. This accumulation will make for great ski conditions on Tuesday. But if you plan to hit the mountain on Wednesday, please remember to bundle up to avoid frostbite.

Q. Which is correct according to the weather forecast?
(a) It will become milder later in the week.
(b) 5cm of snow will fall on Monday.
(c) Tuesday's weather will be good for skiing.
(d) It will rain on Wednesday.

번역
이번 주에는 월요일 낮 최고 기온이 섭씨 0도 부근에서 시작되는 몹시 추운 날씨가 예상됩니다. 수요일까지 매서운 바람과 함께 기온은 영하 12도까지 떨어질 것으로 보입니다. 월요일 밤에는 소나기가 예상되며, 화요일에는 적어도 눈이 5cm 쌓일 확률이 있습니다. 화요일에는 스키타기에 매우 좋은 적설량이 될 것입니다. 그렇지만 수요일에 등산 계획이 있다면, 동상을 피하기 위해 따뜻하게 입으세요.

Q. 일기 예보와 일치하는 것은?
(a) 이번 주 후반에는 날씨가 따뜻해질 것이다.
(b) 월요일에 5cm의 눈이 내릴 것이다.
(c) 화요일 날씨는 스키타기에 좋다.
(d) 수요일에 비가 올 것이다.

해설
이번 주 전반적인 날씨는 매우 춥다는 것이다. 그러므로 (a)는 정답이 되지 않으며, 눈이 5cm 내리는 것은 화요일이므로 (b)도 오답이다. 화요일에 직접적으로 스키타기에 좋은 적설량이 된다고 했으므로 정답은 (c)이다.

spell (날씨 등이 계속되는) 기간 **flurry** (질풍을 동반한) 소나기, 눈보라 **accumulate** 쌓이다 **bundle up** 따뜻하게 몸을 감싸다 **frostbite** 동상 **mild** (기후 등이) 포근한

7

It was another hot, muggy summer day here in Centerport with humidity reaching above 90 percent. Spring Harbor saw the area's hottest temperatures today, with highs reaching almost to 100 degrees Fahrenheit. Tomorrow we'll be seeing a bit of cloud cover that should taper off by mid-afternoon, but fair skies should continue until Friday morning. For all you astronomers out there hoping to catch a glimpse of Mars, which will be closer to Earth on Thursday night than any other night of the year, the clear skies should make for some great star gazing.

Q. Which is correct according to the weather forecast?
(a) It was previously humid in Centerport.
(b) Mars is currently invisible from Earth.
(c) Tomorrow will be cloudy all day.
(d) Spring Harbor will reach 100 degrees tomorrow.

번역
여기 센터포트 기온이 90퍼센트까지 올라가는 몹시 더운 날씨가 계속되겠습니다. 스프링 하버는 오늘 최고 기온이 거의 화씨 100도까지 오르며 가장 더운 날씨를 기록했습니다. 내일 오후 중반까지 옅어지는 구름을 보게 되겠으며 금요일 아침까지 맑은 하늘이 계속되겠습니다. 화성 관측을 기다리는 모든 천문학자들을 위한 날로 일 년 중 그 어떤 날보다 화성이 지구와 가까워지는 날인 목요일 밤은 맑은 하늘로 별 관측이 쉬울 것입니다.

Q. 일기 예보와 일치하는 것은?
(a) 센터포트는 이전에 습도가 높았다.
(b) 현재 화성은 지구에서 보이지 않는다.
(c) 내일은 하루 종일 구름이 낄 것이다.
(d) 스프링 하버는 내일 100도에 다다를 것이다.

해설
another라는 표현을 쓰며 또 더운 여름 날이 된다고 했으므로 센터포트는 이전에도 더웠다는 것을 유추할 수 있으므로 정답은 (a)가 된다. 목요일은 화성을 관측하기 좋은 날이라고 했지, 현재 아예 안 보인다고 한 것은 아니므로 (b)는 정답이 될 수 없고, 내일은 오후 중반에 구름이 걷힐 것이므로 (c)도 오답이다.

muggy 찌는 듯이 더운 **reach** (기온 등이) 다다르다 **highs** 최고 기온 **taper off** ~을 차츰 가늘게 하다 **astronomer** 천문학자 **glimpse** 힐끗 보기 **Mars** 화성 **gaze** 응시하다, 보다 **humid** 습기 찬, 습한 **invisible** 눈에 보이지 않는

◁》 **Mini** Test

UNIT 09_2   ⇨ 본책 P 65

1 (c)	2 (d)	3 (d)	4 (c)	5 (a)
6 (c)	7 (d)			

■ Part IV

1

Attention students and faculty. The School of Journalism and the Department of Political Science are pleased to announce that celebrated investigative journalist Amy Goodman will be speaking in the Waterman Auditorium this Friday at 3PM The presentation is titled, "How Investigative Journalism Shapes Policy." This exciting lecture will feature images from Goodman's recent trips to Afghanistan and will be followed by a coffee hour and casual discussion in the Atrium of the same building.

Q. Which is correct about Goodman according to the announcement?
(a) She will deliver her lecture in the Atrium.
(b) She lives in Afghanistan.
(c) She is a famous reporter.
(d) She will leave immediately after the lecture.

번역

학생들과 교직원께 알려 드립니다. 언론학부와 정치학과에서는 부정 폭로 보도로 유명한 기자인 에이미 굿맨이 이번 금요일 오후 3시에 워터맨 강당에서 강연을 한다는 것을 알리게 되어 기쁩니다. 프레젠테이션의 제목은 '독자적 조사를 행하는 언론이 어떻게 정책을 형성하는가' 입니다. 흥미로운 강의에는 최근 아프가니스탄으로 여행을 다녀온 굿맨의 사진도 등장 할 예정입니다. 그리고 이어서 같은 빌딩의 아트리움에서 커피 타임과 자유 토론이 있습니다.

Q. 공지에 따르면 굿맨에 대해 일치하는 것은?
(a) 아트리움에서 강의를 할 것이다.
(b) 아프가니스탄에 산다.
(c) 유명한 기자이다.
(d) 강연이 끝나고 바로 떠날 것이다.

해설

굿맨이라는 기자는 저명한 기자이니 정답은 (c)가 된다. 그녀는 강당에서 강연을 하고 아트리움에서는 자유 토론이 있을 것이라고 하니 (a)는 정답이 될 수 없다. 아프가니스탄에 사는 것이 아니라 여행을 다녀 왔으므로 (b)도 오답이다.

faculty 교직원 **celebrated** 유명한 **investigative** (언론 · 보도 등) 부정[독직] 따위를 철저히 파헤치는 **journalist** 저널리스트, 기자 **feature** ~의 특색을 이루다 **deliver a lecture** 강연을 하다

2

May I have your attention, please? Passengers on flight IA727 to Bangalore, please be advised that our flight today is delayed due to bad weather conditions and low visibility. The plane has left Hong Kong and should be arriving in Shanghai within the next thirty minutes. The flight will board as soon as it lands, so please remain at the gate. If you have a connecting flight in Bangalore, please speak to a representative at the service desk. We apologize for any inconvenience and thank you for your cooperation.

Q. Which is correct according to the airport announcement?
(a) The plane is currently in Shanghai.
(b) Boarding will be completed in thirty minutes.
(c) Flight IA727 has been canceled.
(d) The plane was delayed because of poor weather.

번역

안내 말씀 드립니다. 방가로어로 가는 IA727편 탑승객 여러분. 기상 악화와 낮은 가시도로 인해 오늘 비행이 연착되었습니다. 비행기는 홍콩을 떠났고, 30분 후에 상하이에 도착합니다. 착륙하자마자 탑승을 시작하겠습니다. 그러니 게이트에 머물러 주세요. 방가로어에서 연결 항공편이 있다면 서비스 데스크 직원에게 알려 주십시오. 불편을 끼쳐 드려서 죄송하고, 협조해 주셔서 감사합니다.

Q. 공항 공지와 일치하는 것은?
(a) 비행기는 현재 상하이에 있다.
(b) 탑승은 30분 안에 완료될 것이다.
(c) IA727 항공편은 취소되었다.
(d) 굿은 날씨 때문에 비행기가 연착되었다.

해설

공지의 주제는 기상 악화와 낮은 가시도 때문에 연착된 비행기이므로 정답은 (d)가 된다. 비행기는 홍콩을 떠나 상하이로 향하고 있으므로 (a)는 정답이 되지 않으며, 비행기가 상하이에 30분 후에 도착한다고 했지 30분 안에 탑승이 완료될 것이 아니므로 (b) 역시 정답이 아니다. 비행기는 연착된 것이지 완전히 취소된 것이 아니므로 (c)도 오답이다.

be advised that ~를 알아 두세요 **land** 착륙하다 **inconvenience** 불편함 **cooperation** 협조 **connecting flight** 연결 항공편

3

Attention passengers, the train will arrive in Sheffield in approximately ten minutes. All passengers must exit the train at this time. For those passengers continuing on to another destination, please consult the schedule on the platform when you leave the train, or feel free to ask train personnel for assistance. Passengers who plan to remain in Sheffield, please have your tickets ready for collection as you leave the train. We wish you a pleasant stay in Sheffield.

Q. Which is correct according to the announcement?
(a) The train is about to depart from Sheffield.
(b) Train personnel will be selling tickets as you leave the train.
(c) Passengers staying in Sheffield should consult the schedule.
(d) No passengers are permitted to remain on the train past Sheffield.

번역

승객 여러분께 알려 드립니다. 열차가 약 10분 후에 쉐필드에 도착합니다. 모든 승객들은 이번에 하차하십시오. 다른 목적지로 계속 여행을 하실 분들은 열차에서 내려 플랫폼의 시간표를 참조하시거나, 승무원에게 도움을 요청하세요. 쉐필드에 머무실 계획인 승객들은 열차에서

내리실 때 티켓 회수를 위해 티켓을 준비해 주십시오. 쉐필드에서 즐거운 여행이 되시기를 바랍니다.

Q. 공지와 일치하는 것은?
(a) 열차가 쉐필드에서 막 떠나려고 한다.
(b) 승무원이 기차에서 내릴 때 티켓을 팔 것이다.
(c) 쉐필드에 머무를 승객들은 시간표를 봐야 한다.
(d) 승객들은 쉐필드를 지나는 기차에 남아 있으면 안 된다.

 해설
기차 안에서 나오는 들을 수 있는 공지사항이다. 열차는 10분 후에 쉐필드에 도착할 것이고 모든 승객들은 하차해야 하므로 정답은 (d)이다. 열차가 쉐필드에 도착할 것이므로 (a)는 정답이 되지 않고, 티켓을 판다고 하지 않았으므로 (b)는 정답이 아니다. 쉐필드에서 다른 목적지로 가는 사람들이 시간표를 확인해야 하므로 (c)도 오답이다.

be about to 막 ~하려 하다 **depart** 출발하다 **be permitted to** ~하는 것이 허락되다 **past** 지나서

4

The New York Postal Service is pleased to announce its new automated shipping service. This service is ideal for busy New Yorkers who are unable to get to the post office during business hours. Simply place your package on the scale and enter its destination zip code. You can select priority, regular, or air mail and pay by credit card or cash. After your payment is accepted, just print your postage, attach it to your package, and put it in the drop box for the next pick up.

Q. Which is correct about automated shipping according to the announcement?
(a) The service provides door to door delivery.
(b) The service only operates during business hours.
(c) The service is available in New York.
(d) The service is free.

번역
뉴욕 우체국은 새로운 자동화 배송 서비스를 발표하게 되어 기쁩니다. 이 서비스는 영업시간에 우체국에 올 수 없는 바쁜 뉴요커들에게 적합합니다. 그냥 소포를 저울에 달고 목적지의 우편 번호만 기재하시면 됩니다. 특급, 보통, 항공 우편을 선택하실 수 있고, 신용 카드나 현금으로 결제하실 수 있습니다. 결제 후, 우표를 출력하여 소포에 붙인 다음, 다음 수거를 위해 상자에 넣어 주세요.

Q. 공지에 따르면 자동 배송 서비스와 일치하는 것은?
(a) 보내는 사람 집에서 받는 사람 집으로 바로 가는 서비스를 제공한다.
(b) 영업시간에만 운영된다.
(c) 뉴욕에서 이용 가능하다.
(d) 무료이다.

해설
자동 배송 서비스를 소개하며 이용하는 방법을 얘기하고 있다. 우체국 영업시간에 올 수 없는 사람들을 위한 서비스이므로 (b)는 정답이 되지 않는다. 공지 첫 부분을 들어보면 뉴욕 우체국에서 하는 서비스라고 했으므로 (c)를 유추할 수 있다.

automated 자동의, 자동화된 **business hour** 영업시간 **priority** 우선(권), 특급

5

Today's episode of Home Space is all about do-it-yourself, or DIY projects. This brown wooden bookshelf is covered with ugly dents that expose the tan wood underneath the dark paint. Instead of repainting the whole thing, I can cover the dents easily using a surprising ingredient. First, clean any dust out of the dents in the wood with a cloth. Second, mix ground coffee with enough water to make a paste. Third, with a damp cloth, work the coffee mixture into the wood and then wipe away the excess coffee. Suddenly the nicks are invisible and the shelf looks good as new.

Q. Which is correct according to the speaker?
(a) A coffee paste is a good material to repair chipped paint.
(b) All dust should be vacuumed from the surface thoroughly.
(c) Making coffee is important for DIY projects.
(d) Repainting the bookshelf would be the easiest solution.

 번역
오늘 홈스페이스 에피소드의 '스스로 만들기' 혹은 DIY 프로젝트에 대한 것입니다. 이 갈색 나무 책장은 어두운 페인트 아래에 있는 갈색 나무를 드러나게 하는 보기 흉한 흠집으로 덮여 있습니다. 전체를 다시 칠하지 않고, 놀라운 성분을 사용하여 쉽게 흠집을 가릴 수 있습니다. 첫 번째, 나무 흠집에 있는 먼지를 천으로 깨끗하게 닦아 주세요. 둘째, 반죽을 만들기 위해 충분한 물과 가루 커피를 섞어 주세요. 세 번째, 물기 있는 천으로 커피 혼합물을 나무에 바르고 난 후 남은 커피를 닦아 주세요. 갑자기 흠집은 보이지 않고, 책장은 새 것처럼 보일 것입니다.

Q. 화자에 따르면 옳은 것은?
(a) 커피 반죽은 흠집 있는 페인트를 수리하기에 좋은 물질이다.
(b) 먼지는 표면에서 완전히 진공청소기로 빨아 들여야 한다.
(c) 커피를 만드는 것은 DIY 프로젝트에서 중요하다.
(d) 책장을 다시 칠하는 것이 가장 쉬운 해결책이다.

해설
방송의 주제는 책장을 전체적으로 칠하지 않고 흠집만 메우는 것이다. 해결책으로 제시한 것은 커피 혼합물을 반죽을 잘 발라 주는 것이므로 (a)가 정답이다. 먼지를 천으로 잘 닦아 주라고 했지 진공청소기를 꼭 이용하라고 하지 않았으므로 (b)는 답이 되지 않는다.

dent 흠집 **tan** 황갈색의 **ingredient** (혼합물의) 성분, 요소 **paste** 반죽 **damp** 습기 찬, 축축한 **ground** 가루로 만든 **wipe away** ~을 씻다, 닦다 **excess** 초과, 과잉 **nick** (도자기 따위의) 이 빠진 곳, 흠집 **invisible** 눈에 보이지 않는 **chipped** 깨진

6

Here in England, we do love our tea. The health benefits of drinking tea have appeared in medical journals, television advertisements, popular magazines, and even on boxes of tea themselves. But the kinds of tea that we drink, and what we put in it, have a large effect on just how good for our bodies it can be. Should we be drinking green tea or English Breakfast? With milk or without it? Let's now take a look at the chemistry behind our country's favorite beverage and see whether we should go green, black, creamy or dairy-free.

Q. What is the speaker most likely to talk about next?
(a) The kinds of tea that we drink and where they come from
(b) The health benefits of drinking tea every day
(c) Which tea preparation is scientifically the healthiest
(d) How to brew and season the perfect cup of tea

번역
영국에서는 차를 무척 애호합니다. 차를 마심으로써 얻는 건강의 이점은 의학 저널, 텔레비전 광고, 유명 잡지, 차 포장 상자에도 나와 있습니다. 그러나 우리가 마시는 차의 종류와 차에 넣는 첨가물이 얼마나 우리 몸을 이롭게 하는지에 큰 영향을 끼칩니다. 녹차를 마셔야 할까요, 잉글리쉬 블랙퍼스트를 마셔야 할까요? 우유를 넣어야 할까요, 넣지 말아야 할까요? 우리가 즐겨 마시는 음료 뒤에 숨어 있는 결합 반응을 살펴보고 우리가 녹차를 마실지, 홍차를 마실지, 우유를 넣을지 뺄지 알아봅시다.

Q. 화자가 다음에 이야기할 것 같은 것은?
(a) 우리가 마시는 차의 종류와 원산지
(b) 차를 매일 마시는 것에 대한 건강의 이점
(c) 차를 어떻게 마시는 것이 과학적으로 가장 건강한가
(d) 완벽한 차를 어떻게 끓이고 맛을 내는가

해설
다음에 무엇을 이야기할까를 묻는 문제는 담화의 마지막 부분을 잘 듣는 것이 중요하다. 담화 마지막에 차를 마실 때 어떤 종류를 마시고 어떤 것을 넣어서 마셔야 건강에 이로울지 알아본다고 했으므로 정답은 (c)가 된다.

English Breakfast 잉글리쉬 블랙퍼스트 (홍차의 종류) **dairy-free** 유제품이 들어가지 않은 **season** 맛을 내다 **brew** (차를) 끓이다

7

Good morning, Middletown Students! In conjunction with Middletown Hospital, our school will be hosting a blood drive next Tuesday. If you are interested in donating, please sign up at the athletic office before Friday. The blood drive will take place in the gym from noon to 4PM on Tuesday. If you're unable to donate but would like to volunteer at the reception table, please talk to Nurse Johnson in the health office as soon as possible.

Q. Which is correct according to the announcement?
(a) Middletown Hospital is looking for volunteers.
(b) The drive will be conducted at the hospital.
(c) The event will be held the following Friday.
(d) Middletown School is looking for blood donations.

번역
안녕하세요, 미들타운 학생 여러분! 미들타운 병원과 연계하여 우리 학

교에서는 다음 주 화요일에 헌혈을 할 예정입니다. 헌혈에 관심이 있으면 금요일 전에 체육실에 신청해주세요. 헌혈은 화요일 정오에서 4시까지 체육관에서 이루어집니다. 헌혈은 할 수 없지만, 접수 테이블에서 자원봉사하고 싶으면, 가능한 빨리 양호실 존슨 간호사에게 이야기하십시오.

Q. 공지에 따르면 옳은 것은?
(a) 미들타운 병원은 자원봉사자를 찾고 있다.
(b) 헌혈은 병원에서 시행될 것이다.
(c) 이벤트는 오는 금요일에 열릴 것이다.
(d) 미들타운 학교는 헌혈할 사람을 찾고 있다.

해설
학생들에게 학교에서 헌혈을 할 것이니, 헌혈을 하라고 권고하고 있으므로 정답은 (d)가 된다. 헌혈은 학교 체육관에서 이루어지므로 (b)는 정답이 되지 않고, 헌혈은 화요일에 시행될 것이므로 (c)도 오답이다.

donate 기증하다 **in conjunction with** ~와 연합[연계]하여 **blood drive** 헌혈 캠페인 **conduct** 실시하다, 시행하다

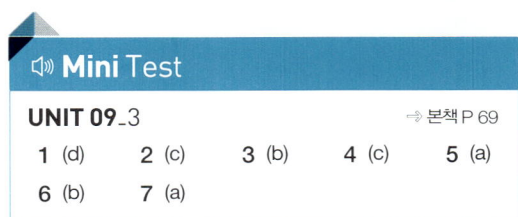

◁)) Mini Test

UNIT 09_3				⇒ 본책 P 69
1 (d)	2 (c)	3 (b)	4 (c)	5 (a)
6 (b)	7 (a)			

◢ Part IV

1

The United States Department of Agriculture, also called the USDA, is a branch of the US government that regulates and oversees food production. One of the tasks of this department is making sure that large-scale animal farming operations adhere to standards of cleanliness, efficiency, and production. However, with food corporations becoming increasingly powerful, the USDA has become more and more lenient in these standards, sacrificing sanitation and humane animal treatment in the process. As a result, industrial animal farms are creating huge problems in waste treatment, water pollution, and even disease.

Q. What is the main topic of the lecture?
(a) Food corporations dealing with the USDA
(b) The USDA's standards on food production
(c) Developing stricter guidelines on animal farming
(d) Problems associated with slackening USDA standards

번역
USDA라고도 불리는 미국 농무부는 식품 생산을 조절하고 감독하는

미국 정부 기관의 한 부서이다. 이 부서의 업무 중 하나는 대규모 동물 농장이 청결, 효율성, 생산에 관한 법규를 잘 지키도록 하는 것이다. 그러나 식품 회사가 점점 막강해지면서 USDA는 과정에서 위생과 인간적인 동물 관리를 희생시키면서 이러한 법규를 어기는 것에 점점 더 관대해지고 있다. 그 결과, 산업적인 동물 농장들은 폐기물 처리, 수질 오염, 심지어는 질병 같은 큰 문제점을 낳고 있다.

Q. 강의의 요점은?
(a) 식품 회사가 USDA를 상대하는 태도
(b) 식품 생산에 관한 USDA의 법규
(c) 동물 농장의 엄격한 지침을 개발하기
(d) USDA 법규를 느슨하게 한 것과 관련된 문제점

해설
USDA라 불리는 미국 농무부가 무엇을 하는 곳인지 소개하며 농무부의 중요한 역할은 식품 회사가 관련 법규를 지키도록 하는 것이라고 말했다. However 뒤에 화자가 진짜로 하고 싶은 말인 미국 농무부가 역할을 제대로 수행하지 못하고 있다는 내용이 등장하므로 정답은 (d)가 된다.

regulate 조절하다 **oversee** 감독하다 **adhere to** (법규 등을) 지키다 **lenient** (사람 일에) 인자한, 관대한 **sacrifice** 희생시키다 **sanitation** 위생 **humane** 인간[인도]적인 **slacken** 완화시키다

2

In order to write a successful academic paper, the writer must think critically about the question he is trying to answer well before setting pen to paper. Developing a strong central statement, or thesis, is essential to crafting a strong paper. The thesis must make an argument that is narrow, clear and concise and it should be apparent towards the very beginning of the paper. The remainder of your writing should be in support of this essential thesis statement and should convince the reader that your argument is correct.

Q. What is the main topic of the lecture?
(a) Various writing methods used in academic papers
(b) Arguing against someone else's thesis
(c) The importance of strong thesis statements
(d) The use of academic papers to correct people

번역
성공적인 논문을 쓰기 위해서 글 쓰는 이는 쓰기 시작하기 전에 자신이 대답하려고 하는 질문에 대해 비평적으로 생각해 봐야 합니다. 우수한 주제문 혹은 논제를 전개하는 것이 좋은 논문을 쓰는 데 가장 중요합니다. 논제는 범위가 좁고 명료하며 간결해야 하고, 논문 처음부터 분명해야 합니다. 논문의 나머지는 논제를 잘 지지해 주어야 하며 자신의 주장이 옳다는 것을 읽는 사람에게 납득시켜야 합니다.

Q. 강연의 주제는?
(a) 논문을 쓰는 데 사용되는 다양한 글쓰기 방법
(b) 다른 사람의 논문에 대해 논쟁하기
(c) 좋은 논제를 쓰는 것에 대한 중요성
(d) 사람들을 교화하기 위한 논문의 사용

해설
성공적인 논문을 쓰기 위한 방법을 소개하면서 논제를 잘 쓰고 논제를 잘 뒷받침하는 것이 중요하다고 했다. 따라서 강연의 주제는 논제를 잘 쓰는 것이라 할 수 있으므로 정답은 (c)가 된다.

critically 비평[비판]적으로 **set pen to paper** 쓰기 시작하다, 집필하다 **thesis** 논제, 의제 **statement** 주장 **craft** [정성 들여] 만들다 **argument** 논의, 토론 **concise** (말·문체 따위가) 간결한 **apparent** 분명한 **remainder** 나머지 (것) **convince** 확신[납득]시키다

3

Today we will be discussing a very common gum disease called gingivitis. Gingivitis is a periodontal disease in which the gums react to plaque on the teeth. The plaque irritates the gums and often leads to swelling, red or purple gums that are painful to the touch. Gums infected with gingivitis often bleed easily even during gentle brushing, and especially during flossing. If left untreated, gingivitis can develop into a more serious disease that could lead to tooth loss.

Q. Which is correct about gingivitis according to the lecture?
(a) It is a disease caused by fatal viruses.
(b) It involves the interaction of plaque and the gums.
(c) It will definitely lead to tooth loss.
(d) Infected gums will only bleed during brushing.

번역
오늘 우리는 치은염이라고 하는 아주 흔한 잇몸 질환에 대해서 이야기할 것입니다. 치은염은 잇몸이 치아에 붙은 치석에 반응하는 치주 질환입니다. 치석은 잇몸에 염증을 일으키고, 부종, 붉은색이나 자주색 잇몸, 건들기만 해도 아픈 잇몸의 원인이 됩니다. 치은염이 있는 잇몸은 부드러운 칫솔질에도 자주 피가 나고, 특히 치실 사용 시 출혈이 있습니다. 치료하지 않고 놔두면, 치은염은 치아 소실의 원인이 되는 심각한 질병으로 발전할 수 있습니다.

Q. 강의에 따르면 치은염에 대해 일치하는 것은?
(a) 치명적인 바이러스에 의한 질병이다.
(b) 치석과 잇몸의 상호 작용을 포함한다.
(c) 확실히 치아 소실로 이어진다.
(d) 염증이 생긴 잇몸은 양치질하는 동안에 출혈이 있다.

해설
치은염은 잇몸이 치석에 반응하여 생기는 질병이라고 했으므로 정답은 (b)가 된다. 치은염을 방치하면 치아를 잃을 수 있다고 경고한 것이지 무조건 치아 소실로 이어지는 것은 아니므로 (c)는 오답이다.

gum 잇몸 **gingivitis** 치은염 **periodontal disease** 치주 질환 **plaque** 치석, 플라그 **irritate** ∼에 염증을 일으키게 하다 **swelling** 부기, 부종 **floss** 치실로 청소하다

4

Class, today we'll be taking a look at a little state in the northeast region of the US called Vermont. It is the second least-populated state in the country and also one of the smallest. Vermont shares borders with several other states as well as the Canadian province of Quebec. Along with Texas and California,

Vermont is one of the seventeen US states that once existed with its own sovereign government. It joined the United States in 1791.

Q. Which is correct about Vermont according to the lecture?
(a) It is the smallest state in the US.
(b) It shares borders with several countries.
(c) It once existed as its own republic.
(d) It has almost no one living there.

번역

여러분, 오늘은 버몬트라고 불리는 미국의 동북 지역의 작은 주에 대해서 알아 볼 것입니다. 버몬트는 미국에서 두 번째로 인구가 적은 주이자 가장 작은 주 중 하나입니다. 버몬트는 캐나다 지역인 퀘벡뿐만 아니라 여러 다른 주와 접하고 있습니다. 텍사스, 캘리포니아와 더불어 버몬트 주는 한때 독립 국가로 존재했던 17개 주 중 하나입니다. 1791년에 미합중국으로 편입되었습니다.

Q. 강의에 따르면 버몬트 주에 대해서 옳은 것은?
(a) 미국에서 가장 작은 주이다.
(b) 여러 나라와 국경을 접하고 있다.
(c) 한때 자치 국가로 존재했다.
(d) 사람이 거의 살지 않는다.

해설

강의의 주제는 버몬트 주다. 미국에서 가장 작은 주 중 하나라고 했지, 가장 작은 주는 아니므로 (a)는 틀린 내용이다. 여러 주가 경계를 접하고 있으므로 (b)도 맞지 않고, 한때 독립 국가로 존재했던 17개의 주 중 하나였으므로 (c)가 정답이 되며, 사람이 적게 산다고 했지, 거의 살지 않는 것은 아니므로 (d)도 오답이다.

province (광역 행정 구역으로서의) 주   **sovereign** 주권 단체; 독립[주권] 국가

5

Today we'll be discussing the early development of the sewing machine. The sewing machine was first patented in the UK in 1791 but the machine was not built at that time. Then, in the early nineteenth century, tailors across Europe began to design and patent machines to sew faster and more efficiently than traditional hand sewing methods. In the 1830s, a French tailor put together 80 sewing machines in a factory to make uniforms for the French army. Unfortunately for him, the factory was destroyed in a riot by other tailors afraid of losing their livelihood.

Q. What is the lecture mainly about?
(a) The way the early sewing machines developed
(b) The best way to manufacture military uniforms
(c) Examples of different kinds of sewing machines
(d) Advances in modern sewing machines

번역

오늘은 재봉틀의 초기 발전에 대해서 이야기해 보도록 하겠습니다. 재봉틀은 1791년에 영국에서 처음 특허를 받았지만, 그 당시에는 재봉틀이 만들어지지 않았습니다. 그 후 19세기 초반에 유럽 전역의 재단사들은 손으로 바느질하는 전통 방법보다 더 빠르고 효율적인 새로운

기계를 고안하여 특허를 받기 시작했습니다. 1830년대에는 한 프랑스 재단사가 프랑스 군대에 군복을 제작해 주기 위해 공장에 재봉틀 80대를 들여왔습니다. 불행히도 생계를 잃을까 두려워하는 다른 재단사들의 폭동으로 그 공장은 파괴되었습니다.

Q. 강의는 주로 무엇에 관한 것인가?
(a) 초기 재봉틀이 발전한 방식
(b) 군복을 만들기 위한 가장 좋은 방법
(c) 다른 종류의 재봉틀의 예
(d) 현대 재봉틀의 진보

해설

처음에 재봉틀의 초기 발전에 대해서 이야기한다고 했으므로 주제는 (a)가 된다.

sewing machine 재봉틀   **patent** ~의 (전매) 특허를 얻다   **tailor** 재봉사, 재단사   **put together** 조립하다   **riot** 폭동, 소동   **livelihood** 생계

6

To summarize what I've been saying about public speaking, it's important to be clear, focused, and convincing. Make your main argument concise, as a vague or overly broad argument will leave more room for audiences to form counter arguments and disagree with you. In support of your argument, be sure that you give plenty of logically sound examples and not merely popular opinions and rumors. Be confident in your speaking and know your argument back to front so that you're prepared to answer any questions that might arise.

Q. What is the speaker's main point about public speaking?
(a) Answering all questions properly is critical to public speaking.
(b) The main argument requires rational points to support it.
(c) It is important to make sure audiences are having fun.
(d) Use of popular opinion generally wins over skeptical listeners.

번역

연설에 대해서 제가 말씀드렸던 것을 요약하자면, 명료하고 요지 있으며 설득력 있게 하는 것이 중요합니다. 자신의 주장을 간결하게 하세요, 왜냐하면 애매모호하고 너무 광범위한 주장은 듣는 사람으로 하여금 반대 의견을 형성하거나 당신의 의견에 반대할 여지를 주기 때문입니다. 자신의 주장을 지지할 때에도 논리적으로 합당하고 풍부한 예를 제시하고 단순히 떠도는 의견이나 풍문을 제시하면 안 된다는 것을 명심하세요. 연설을 할 때 자신감을 갖고 자신의 주장에 대해 철저히 알아야 합니다. 그래야 어떠한 질문에도 답변할 준비를 할 수 있습니다.

Q. 연설에 대한 화자의 주요 요지는?
(a) 모든 질문에 적절하게 응답하는 것이 연설에서 중요하다.
(b) 요지에는 그것을 지지하기 위한 합리적인 요점이 있어야 한다.
(c) 청중을 재미있게 하는 것이 중요하다.
(d) 대중적인 의견 사용은 대체로 회의를 느끼는 청중을 끌어들인다.

해설
연설을 할 때 중요한 점을 정리해 주는 강의로 주장을 간결하게 만들고 주장을 할 때 주장을 지지하는 논리적으로 합당한 예를 제시해야 한다는 것이 화자의 요점이므로 정답은 (b)이다.

convincing 설득력 있는 **concise** (말, 문체 따위가) 간결한 **vague** 막연한, 애매한 **counter** 반대의 **front** ~에 직면하다[맞서다] **rational** 합리적인 **win over** (자기 주장에) 끌어들이다

7

As the president of the American Caregiver's Association, I would like to speak today about a common disease that is particularly difficult for nurses and family members. Alzheimer's disease, also known as senile dementia, generally affects people above 65 years of age and leads to memory loss, loss of body function, mood swings, and aggression. There is no known cure for Alzheimer's, though some doctors say that avoiding stress and keeping the brain active are simple methods of prevention. Let's take a look at some ways we can prevent or at least manage this debilitating disease.

Q. What can be inferred from the lecture?
(a) Stress can result in Alzheimer's disease.
(b) Doctors have some cures for Alzheimer's.
(c) Alzheimer's is a rare and confusing disease.
(d) It is easy to prevent Alzheimer's.

번역
미국 간병인 연합회의 회장으로서, 특히 간호사와 가족들에게 특히 힘든 흔한 질병에 대해서 이야기하고 싶습니다. 치매라고도 알려진 알츠하이머병은 대체로 65세 이상의 사람들이 걸리며, 기억 손실, 신체 기능 손실, 감정 변화와 공격성이 나타납니다. 몇몇 의사들은 스트레스를 피하고 뇌를 활발하게 유지하는 것이 간단한 예방 방법이라고 하지만, 알츠하이머의 치료제는 알려진 바가 없습니다. 우리가 예방할 수 있는 몇몇 방법과 예방을 못한다면 이 몸과 마음이 약해지는 질병을 적어도 어떻게 관리할 것인지 알아봅시다.

Q. 강연에서 유추할 수 있는 것은?
(a) 스트레스가 알츠하이머를 야기할 수 있다.
(b) 의사들은 알츠하이머의 치료제를 가지고 있다.
(c) 알츠하이머는 매우 드물며 어려운 질병이다.
(d) 알츠하이머는 예방하기 쉽다.

해설
알츠하이머를 예방하기 위한 의사들의 조언은 스트레스를 피하고 뇌를 활발하게 유지하는 것이라고 했다. 그렇다면 반대로 스트레스를 받고, 뇌를 사용하지 않으면 알츠하이머에 걸릴 수 있다는 추론이 가능하므로 (a)가 정답이 된다.

caregiver (병자·불구자·아이들을) 돌보는 사람 **senile** 고령의, 노쇠한 **dementia** 치매 **swing** 흔들림, 동요 **aggression** 공격성 **debilitate** 쇠약[허약]하게 하다

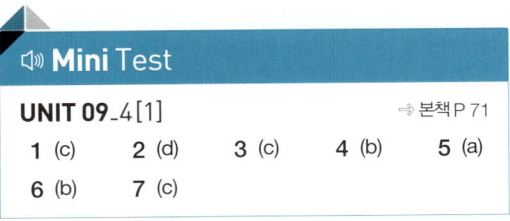

◁》 **Mini** Test

UNIT 09_4[1] →본책 P 71

1 (c)	2 (d)	3 (c)	4 (b)	5 (a)
6 (b)	7 (c)			

■ Part IV

1

It's that time of year again! With gas heating costs at an all time high, isn't it time you thought about alternative ways to warm up this winter? The Super Hot Space Heater is the most practical, cost-effective way to keep you cozy when it's cold outside. Instead of gas or electric heat, this totally portable space heater operates on a rechargeable ion battery. Perfect for the office, the patio, doing work in the garage, or just to slash your heating bills at home. Don't freeze this winter, get Super Hot Space Heater!

Q. Which is a claim made about the Super Hot Space Heater in the advertisement?
(a) It cannot be moved once installed somewhere.
(b) It operates on electricity.
(c) It can be used in many locations.
(d) It is more expensive than other heating methods.

번역
일 년 중 이 시기가 또 왔습니다! 일 년 중 가스 난방비가 제일 높은 때로 이번 겨울에는 집안을 따뜻하게 할 대안을 생각해 봐야 할 때가 아닐까요? 수퍼 핫 스페이스 히터는 밖이 추울 때 당신을 아늑하게 해 줄 실용적이면서 비용 절감적인 방법입니다. 전적으로 휴대할 수 있는 이 히터는 가스나 전기 대신, 충전 가능한 이온 배터리로 작동합니다. 사무실, 테라스, 차고에서 일할 때 적격이며, 가정 난방비를 크게 줄일 수 있습니다. 이번 겨울 추위에 떨지 말고, 수퍼 핫 스페이스 히터를 구매하세요!

Q. 수퍼 핫 스페이스 히터에 대한 설명은?
(a) 한 번 설치되면 이동할 수 없다.
(b) 전기로 작동한다.
(c) 여러 장소에서 사용 가능하다.
(d) 다른 난방법보다 비용이 많이 든다.

해설
광고에서의 세부 사항은 주로 제품의 장점을 묻는데 광고하는 히터의 장점은 비용이 적게 들며, 가스나 전기 대신 이온 배터리를 사용한다는 점이다. 또한 설치를 하는 것이 아니라 이동 가능하므로 정답은 (c)가 된다.

alternative 대안의, 대신의 **cost-effective** 비용 절감적인 **rechargeable** 충전되는 **slash** 크게 깎다, 크게 삭감하다

2

News from Rocket Clean! Our brand new Rocket Clean for Colors has all the stain-removing power of the original Rocket Clean, but keeps bright and dark clothing looking vivid and new. Compared with our competitors, Rocket Clean for Colors keeps clothes looking fresher, cleaner and less faded wash after wash. From red wine to grass stains, Rocket Clean for Colors keeps stains out and color in.

Q. Which is correct about Rocket Clean for Colors according to the advertisement?
(a) It is intended for use on surfaces.
(b) It decreases the vividness of some colors.
(c) It is less effective than the original Rocket Clean.
(d) It can be used to treat different kinds of stains.

번역

로켓 클린 소식입니다! 신제품 '색깔 있는 옷을 위한 로켓 클린'은 기존 로켓 클린의 탁월한 얼룩 제거력을 다 갖추고 있으면서 밝은 색 혹은 어두운 색을 선명하고 새것처럼 보이도록 해줍니다. 타사 제품과 비교해 봤을 때 색깔 있는 옷을 위한 저희의 로켓 클린은 옷을 더 새 옷 같고 더 깨끗하게 보이며 여러 차례 세탁 후 색이 덜 바래 보입니다. 붉은 와인 얼룩부터 풀로 생긴 얼룩까지 색깔 있는 옷을 위한 로켓 클린은 얼룩은 빼고 색은 선명하게 유지해 드립니다.

Q. 색깔 있는 옷을 위한 로켓 클린에 대해서 옳은 것은?
(a) 표면에 사용하도록 고안되었다.
(b) 몇몇 색깔의 선명도를 낮춘다.
(c) 기존의 로켓 클린보다 덜 효과적이다.
(d) 다른 종류의 얼룩에 사용될 수 있다.

해설

기존 제품에 장점을 더한 새로운 제품의 세제 출시를 알리면서 신제품의 장점을 부각시키고 있다. 신제품이 색깔 옷을 더 선명하게 하고 얼룩 제거에 탁월하다고 광고하고 있으므로 정답은 (d)가 된다.

stain 얼룩 **vivid** 선명한 **compared with** ~비교해 봤을 때 **fade** (색깔이) 바래다 **be intended for~** ~로 의도 되다, ~할 작정이다

3

The Helios notebook computer was recently lauded as "Best Laptop of the Year" by *Technical Consumer* magazine for the third year in a row. Now the superior processing power, sleek design, and user-friendly operating system is more affordable than ever. For a limited time only, you can own this powerful machine with 0% financing and no money down. Choose from the Original laptop, the Mini-Note, or the lightning fast Helios Pro. Go to your local Helios Store for details.

Q. What is the main purpose of the advertisement?
(a) To direct buyers to a new computer store
(b) To advertise a newly released portable music player
(c) To promote a special offer on a laptop
(d) To inform people about *Technical Consumer magazine*

번역

헬리오스 노트북 컴퓨터는 최근 〈테크니컬 컨슈머〉 잡지로부터 3년 연속 올해의 최고 노트북으로 선정되었습니다. 우수한 처리 능력, 매끈한 디자인과 사용자 중심의 운영 체계의 여느 노트북보다도 합리적입니다. 한정된 기간 동안만 무이자 할부와 선납금 없이 강력한 노트북을 구매하실 수 있습니다. 오리지널 노트북, 미니 노트북 혹은 빠른 헬리오스 중에서 선택하세요. 자세한 사항은 지역 헬리오스 판매점을 방문하십시오.

Q. 광고의 목적은?
(a) 구매자들을 새로운 컴퓨터 가게로 인도하기 위해
(b) 새롭게 출시된 휴대 가능한 뮤직 플레이어를 광고하기 위해
(c) 노트북 컴퓨터에 대한 특매를 홍보하기 위해
(d) 사람들에게 〈테크니컬 컨슈머〉 잡지를 알리기 위해

해설

특정 브랜드 컴퓨터의 우수성을 광고하고 특매 기회를 홍보하는 것이 광고의 목적이므로 정답은 (c)가 된다.

laud 칭송하다, 찬미하다 **in a row** 연속으로 **sleek** 매끄러운 **user-friendly** 사용자 중심의 **affordable** (가격이) 알맞은

4

DADD, or Dads Against Drunk Driving, will be awarding grants of up to $10,000 to selected grassroots organizations that are working hard in the fight against drunk driving. The grants will be awarded based on the broadness of the groups' campaigns, their potential for growth, and educational outreach efforts. DADD will also work in partnership with recipient groups by providing training, networking events, and fundraising help. Call us at 687-9823 for more information.

Q. Which is correct about DADD according to the advertisement?
(a) They work in partnership with drunk drivers.
(b) They offer fundraising assistance to selected organizations.
(c) They are looking to reward groups campaigning abroad.
(d) They award educational grants to students.

번역

DADD 혹은 '음주 운전을 반대하는 아빠들' 단체에서 음주 운전과 싸우며 열심히 일하는 선택된 일반 단체에게 만 달러까지 보조금을 지급할 것입니다. 보조금은 그룹 캠페인의 폭넓음, 성장 잠재력, 교육적인 복지 노력에 기반을 두어 수여할 것입니다. 또한 DADD는 트레이닝, 이벤트 조직, 기금 모금 원조를 제공함으로써 보조금을 수령한 그룹과 함께 일할 것입니다. 더 많은 정보를 원하시면 687-9823 전화 주세요.

Q. 광고에 따르면 DADD에 대해 옳은 것은?
(a) 술에 취한 운전자들과 함께 일한다.
(b) 선택된 단체에게 기금 마련 원조를 해준다.
(c) 캠페인을 하는 그룹에게 보상을 해준다.
(d) 학생들에게 학자금을 수여한다.

해설

DADD는 선택된 단체들에게 자신들의 기준에 기반을 두어 보조금을

지급할 것이라는 광고이므로 정답은 (b)가 된다.

grassroots 민중의, 대중의 **organization** 단체 **grant** 보조금, 기부금 **based on** 기반을 두어 **potential** 잠재력, 가능성 **outreach** (지역 사회에 대한) 봉사[복지·구제] 활동 **fundraising** 기금 모금

5

Tired of unsightly dark under-eye circles? Then try this amazing new moisturizer from La Peau Cosmetics. This rich facial cream is specially formulated with salmon extract to minimize dark circles and under-eye puffiness. We're confident that your skin will look smooth and healthy. Also, we're offering a 10 day money back guarantee. If you aren't completely satisfied with the balanced, supple, and fresh look of your skin after ten days, just send it back with your receipt and we'll give you a full refund.

Q. What is the advertisement mainly about?
(a) The effectiveness of La Peau's new cream
(b) How salmon extract reacts with your skin
(c) The facial creams used by rich people
(d) How smooth and healthy skin can get damaged

번역
보기 흉한 눈 아래 다크 서클이 지긋지긋하신가요? 그렇다면 라 포 화장품에서 나온 놀라운 보습제를 사용해 보세요. 풍부한 페이셜 크림은 다크 서클과 눈 밑 붓기를 최소화시키기 위해 연어 추출물을 사용해 특별 제작되었습니다. 당신의 피부가 매끈하고 건강하게 보일 것이라 자신합니다. 또한 10일간의 환불 보장 서비스를 제공합니다. 10일 후 균형 잡히고 촉촉하며 새로운 모습으로 만족하지 못하셨다면, 영수증과 함께 제품을 돌려보내 주세요. 100% 환불해 드립니다.

Q. 광고는 무엇에 관한 것인가?
(a) 라 포 신상품 크림의 효과
(b) 어떻게 연어 추출물이 피부에 반응 하는가
(c) 부유층이 사용하는 얼굴 크림
(d) 어떻게 매끈하고 건강한 피부가 망가지는가

해설
새로 나온 다크 서클을 없애주는 크림 광고로 맨 처음에 다크 서클이 지겹지 않냐고 반문하고 있으므로 화장품 광고가 될 것이라고 유추할 수 있다. 화장품의 효능을 광고하고 있으므로 정답은 (a)가 된다.

unsightly 좋지 않게 보이는, 보기 흉한 **facial** 얼굴의; 얼굴에 사용하는 **moisturizer** 보습제 **formulate** (방법 따위를) 고안해 내다 **minimize** 최소화하다 **puffiness** 붓기 **supple** 유연한; 촉촉한

6

The Department of Continuing Education is happy to announce a series of workshops for business people titled "Protecting your Investments." This exciting four-part seminar will cover a range of topics all the way from real estate investing to reading the warning signs in current events. Don't miss this chance to improve your finance skills, impress your boss, and make your investments grow.

Q. What is the advertisement mainly about?

(a) Investing in real estate
(b) Improving investment knowledge and skills
(c) Managing education investments and loans
(d) Becoming wealthy through investing

번역
평생 교육부는 '당신의 투자 지키기'라는 주제로 사업가들을 위한 일련의 워크숍을 열게 된 것을 기쁘게 발표하는 바입니다. 네 파트로 이루어진 흥미로운 세미나는 부동산 투자에서부터 현 상황에서 경고 조짐을 읽는 것까지 다양한 주제를 다룰 것입니다. 여러분의 재정 기술을 향상시키고, 상사를 만족시키며, 투자를 늘게 할 기회를 놓치지 마세요.

Q. 광고는 무엇에 관한 것인가?
(a) 부동산 투자하기
(b) 투자 지식과 기술 향상시키기
(c) 교육 투자와 대출 관리하기
(d) 투자를 통해 부자 되기

해설
광고의 목적은 세미나에 참석을 독려하는 것이므로 세미나의 주제를 들어야 정답을 고를 수 있다. 투자를 지키고 재정 기술을 향상시키며 투자를 늘리게 기회를 놓치지 말라고 했으므로 결국 투자 지식과 기술을 향상시키는 것이 광고의 주제이다. 따라서 정답은 (b)이다.

a series of 일련의 **a range of** 다양한 **real estate** 부동산

7

Paradise Island Tours is Key West's number one private boat tour. Come aboard and let us guide you through the crystal blue waters to hidden white sand beaches, coral reef explorations, and many other exciting tropical adventures. Our professional onboard videographer also makes a personalized DVD video of your island expedition so you can take your experience with you when you leave the Keys. Get away from the tourists and book your own Paradise Island tour today!

Q. What is the advertisement mainly about?
(a) A travel package to Key West.
(b) A tour company that operates a cruise ship.
(c) A boat tour that gives clients a personalized souvenir.
(d) A professional videographer for hire in Key West.

번역
파라다이스 아일랜드 투어는 키 웨스트의 넘버원 개인 보트 투어입니다. 보트 투어에 오셔서 여러분을 수정처럼 맑고 푸른 바다와 숨겨진 백사장, 산호초 탐험, 또 다른 신나는 열대 지방의 모험으로 안내하도록 해주세요. 키 웨스트를 떠나실 때 추억을 가지고 돌아가실 수 있도록 상주하는 저희 전문 비디오카메라 기술자가 여러분의 아일랜드 여행 개인 DVD를 만들어 드립니다. 관광객들로부터 벗어나서 여러분만의 파라다이스 아일랜드 투어를 오늘 예약하세요.

Q. 광고는 주로 무엇에 관한 것인가?
(a) 키 웨스트로 가는 여행 패키지
(b) 크루즈 선박을 운영하는 여행사
(c) 개인 기념품을 고객에게 제공하는 보트 투어
(d) 키 웨스트에서 전문 비디오 촬영 기사 고용

해설
키 웨스트에서 보트 투어를 하라는 광고이므로 (a)의 키 웨스트로 가는 여행 패키지가 아니다. 또한 크루즈 선박을 운영하는 여행사 광고도 아니므로 (b)도 정답이 될 수 없다. DVD도 만들어 주는 보트 투어 광고이므로 (c)가 정답이 된다. 전문 기술자가 DVD를 만들어주는 것이므로 (d)도 틀린 내용이다.

aboard 배를 타고 **coral reef** 산호초 **onboard** 배 안에, 배 위에 **videographer** 비디오카메라 촬영 기술자 **personalize** ~을 개인화하다 **expedition** 여행, 유람 **souvenir** 기념품

◁» Mini Test

UNIT 09_4 [2]
→ 본책 P 73

1 (c)	2 (d)	3 (c)	4 (c)	5 (d)
6 (d)	7 (b)			

▰ Part IV

1

Thank you for calling the National Insurance Corporation. Our offices are currently closed, but please follow this automated system to submit a claim. Please have your account number, social security number, driver's license and vehicle registration ready. Once you have entered this information, please leave a detailed message describing your claim or accident and a representative will return your call the following business day. If you are having an emergency, please dial our Emergency Help Line at 1-800-555-4356.

Q. Which is correct according to the message?
(a) You can hang up after submitting your information.
(b) Claims will be handled within one week.
(c) You must submit information about your car.
(d) You can call back the following business day.

번역
내셔널 보험 회사에 전화 주셔서 감사합니다. 저희 사무실은 현재 근무하지 않습니다만 보험을 청구하시기 위해서 자동화 시스템을 따라 주세요. 고객님의 계좌 번호, 사회 보장 번호, 운전면허증, 자동차 등록증을 준비하세요. 정보를 입력하시고, 보험 청구나 사고를 자세히 설명하는 메시지를 남겨주세요. 그러면 저희 직원이 다음 근무일에 고객님께 전화드릴 것입니다. 위급 상황이라면, 응급 전화 1-800-555-4356로 전화해 주세요.

Q. 메시지에 따르면 옳은 것은?
(a) 정보를 입력한 후 끊으면 된다.
(b) 일주일 내 청구는 처리가 될 것이다.
(c) 차에 대한 정보를 제출해야 한다.
(d) 다음 영업일에 다시 전화할 수 있다.

해설
정보를 입력한 후 사고에 대한 자세한 메시지를 남겨야 하므로 (a)는 정답이 되지 않으며, 다음 영업일에 직원이 전화를 준다고 했으므로 (d)도 정답이 되지 않는다. 차에 대한 정보를 입력해야 하므로 정답은 (c)가 된다.

claim 청구; 주장 **social security number** 사회 보장 번호 **vehicle registration** 자동차 등록증 **representative** 대표자, 직원

2

Hey there! You've reached the Huntington branch of Buttercup Bakery. Our business hours are 8AM to 5PM Monday through Friday and 9AM to 8PM on Saturday and Sunday. If you'd like to place an order, please leave a message with your name and phone number after the tone. If you're calling about an order you've already placed, please also leave your order number in the message. We'll be happy to get back to you as soon as we can.

Q. Which is correct about Buttercup Bakery according to the message?
(a) They're open every day from 8AM to 5PM.
(b) Order numbers can be found on their website.
(c) They do not accept orders over the phone.
(d) They have several locations.

번역
안녕하세요? 버터컵 베이커리의 헌팅턴 지점에 연결되셨습니다. 저희의 영업시간은 월요일부터 금요일은 오전 8시부터 오후 5시, 토요일과 일요일은 오전 9시부터 저녁 8시까지입니다. 주문을 하시려면, 삐 소리 후에 이름과 전화번호를 남겨 주세요. 이미 한 주문에 대해서 전화하신 것이라면, 메시지에 주문 번호를 남겨 주세요. 최대한 빨리 연락드리겠습니다.

Q. 메시지에 따르면 버터컵 베이커리에 대해서 옳은 것은?
(a) 매일 오전 8시에 열어서 5시에 닫는다.
(b) 주문 번호는 홈페이지에서 찾을 수 있다.
(c) 전화로는 주문을 받지 않는다.
(d) 여러 지점이 있다.

해설
주말과 주중 영업시간이 다르므로 (a)는 정답이 되지 않고, 전화로도 주문을 받으므로 (c)도 정답이 아니다. 메시지 초반에 헌팅턴 지점에 연결되었다는 것이 여러 지점이 있다는 것을 암시하므로 정답은 (d)가 된다.

business hours 영업시간 **place an order** 주문하다

3

Thank you for calling Robertson Greenhouses. If you know your extension, please press 1. To place an order for delivery from the flower shop and design service, please press 2. If you're looking for answers to gardening questions or are dealing with a pest problem, press 3. To speak to a representative about our landscaping services, press 4. For all other inquiries, please remain on the line to speak to a representative.

Q. Which is correct according to the recorded message?
(a) Callers can get free gardening supplies by pressing 3.
(b) Gardeners should press 2 to speak to a representative.
(c) **Callers should press 2 to have flowers delivered.**
(d) Party services can be reached by pressing 1.

번역

로버스톤 그린하우스에 전화 주셔서 감사합니다. 내선 번호를 아신다면, 1번을 눌러 주세요. 화원이나 디자인 서비스로부터 배달 주문에 대한 응답을 원하시면 2번을 눌러 주세요. 정원 가꾸기에 대한 질문이나 해충 문제를 다루는 것에 대해서는 3번을 눌러 주세요. 조경 서비스에 대해서 직원과 상담하시려면 4번을 눌러 주세요. 다른 문의 사항에 대해서 저희 직원과 말씀하시려면 끊지 말고 대기해 주세요.

Q. 녹음 메시지에 따르면 옳은 것은?
(a) 전화를 건 사람은 3번을 누르면 정원 용품을 무료로 받을 수 있다.
(b) 정원사들은 직원과 말하기 위해 2번을 눌러야 한다.
(c) **전화를 건 사람은 꽃을 배달 주문하기 위해서 2번을 눌러야 한다.**
(d) 파티 서비스는 1번을 누르면 연결 가능하다.

해설

메시지에서는 꽃을 주문하려면 2번을 누르라고 했으므로 (c)가 정답이 된다.

pest (정원수 등에 해를 주는) 해충   **landscaping** 조경

4

Hello, you've reached Sierra Computer Solutions. Our office is currently closed. Our normal business hours are 9AM to 5PM weekdays and 10AM to 7PM on Saturdays. If you'd like to leave a message, please do so when you hear the beep. If you're having an IT emergency and think your computer or personal information might be at risk, please call our hotline number at 767-5245 and we'll call you back immediately. Thanks for calling Sierra.

Q. Which is correct about Sierra Computer Solutions according to the message?
(a) They are open seven days a week.
(b) They stay open later on Fridays.
(c) **They provide emergency services.**
(d) Their private information was released.

번역

시에라 컴퓨터 솔루션에 전화 주셨습니다. 저희는 현재 영업을 하지 않습니다. 저희의 영업시간은 주중은 9시부터 5시, 토요일은 10시부터 7시까지입니다. 메시지를 남기시려면 삐 소리가 난 후 남겨 주세요. IT 응급 상황이 있으시거나 고객님의 컴퓨터나 개인 정보가 위험하다고 생각되시면 저희의 응급 번호인 767-5245로 전화 주세요. 바로 전화를 드리겠습니다. 시에라에 전화 주셔서 감사합니다.

Q. 메시지에 따르면 시에라 컴퓨터 솔루션에 대해 옳은 것은?
(a) 일주일 내내 문을 연다.
(b) 금요일에 더 늦게까지 연다.

(c) 응급 서비스를 제공한다.
(d) 그들의 개인 정보가 유출되었다.

해설

업체는 주중과, 토요일 영업시간만 안내했으므로 일요일에는 문을 닫는다고 볼 수 있으므로 (a)는 정답이 되지 않으며, 주중 영업시간은 모두 같으므로 (b)도 오답이다. 응급 상황에 쓸 수 있는 응급 번호를 안내했으므로 이 업체는 응급 서비스를 제공한다고 유추할 수 있으므로 정답은 (c)이다.

business hour 영업시간   **beep** 삑 하는 소리   **at risk** 위험 상태에서

5

Good morning Ms. Peterson, this is Julie from Once Upon a Bride. I'm calling about the dress that you ordered yesterday afternoon. I just got off the phone with our fabric supplier and unfortunately they have just run out of the silk satin that you had selected for your gown. Please give us a call back to discuss other possible options, or come by the store and we can look at some fabric swatches together. Our number is 664-8327. Sorry for the inconvenience.

Q. Which is correct about Ms. Peterson according to the message?
(a) She is looking to sell a dress.
(b) She has run out of dresses.
(c) She ordered a gown this morning.
(d) **She wanted silk satin for her gown.**

번역

안녕하세요, 피터슨 씨. '원스 어폰 어 브라이드'의 줄리입니다. 어제 오후에 주문하셨던 드레스 때문에 전화드렸습니다. 방금 원단 공급업체와 통화를 했는데, 아쉽게도 드레스를 위해 선택하신 실크 새틴이 품절되었다고 합니다. 다른 가능한 옵션을 이야기하기 위해 전화 주시거나 가게에 방문해 주세요. 다른 원단 견본을 보실 수 있습니다. 저희 전화번호는 664-8327입니다. 불편을 끼쳐 드려서 죄송합니다.

Q. 메시지에 따르면 피터슨에 대해 옳은 것은?
(a) 드레스를 팔 계획이다.
(b) 드레스는 품절되었다.
(c) 오늘 아침에 드레스를 주문했다.
(d) **드레스를 위해 실크 새틴을 원했다.**

해설

피터슨은 녹음을 듣고 있는 손님이고 업체가 아니므로 드레스가 품절됐다는 (b)는 정답이 될 수 없고, 피터슨은 어제 오후에 드레스를 주문했으므로 (c)도 오답이다. 피터슨은 자신의 드레스의 원단으로 실크 새틴을 원했으므로 정답은 (d)가 된다.

get off the phone 전화를 끊다   **swatch** (직물·피혁 따위의) 견본
gown 드레스   **fabric** 원단, 직물   **supplier** 공급[보급]하는 사람

6

Hello, you have reached the law office of A. Theodore Potts. I am currently out of the office on paternity leave and won't return to work until Monday, March 22nd. If you are a current client, please call the main office number at 464-8725 and leave a message with the secretary. If you are having a serious emergency, please call my private line number, which is listed on my letterhead and therefore accessible only to current clients. If you are a prospective client, please leave a message at the tone describing your case and I'll get back to you as soon as I can.

Q. What is the main purpose of this recorded message?

(a) To give instructions on arranging client meetings.

(b) To market himself to prospective clients.

(c) To notify callers that his number has been changed.

(d) To inform callers that his office is temporarily closed.

번역

A. 시어도어 포츠의 법률 사무실에 연결되셨습니다. 저는 현재 육아 휴가 중으로 3월 22일 월요일까지 쉽니다. 저희 고객이시라면 본사인 464-8725로 전화하셔서 비서에게 메시지를 남겨 주세요. 응급 상황이라면, 현 고객만 이용 가능한 편지 머리말에 있는 제 개인 번호로 전화를 주세요. 미래의 고객이시라면 삐 소리가 난 후 고객님의 상황을 묘사한 메시지를 남겨 주시면 가능한 빨리 연락 드리겠습니다.

Q. 녹음 메시지의 주된 목적은?

(a) 고객 회의를 계획하는 데 지시 사항을 주기 위해서

(b) 잠재 고객에게 마케팅을 하기 위해서

(c) 자신의 전화번호가 변경되었다고 알리기 위해서

(d) 사무실을 잠시 닫은 것을 알리기 위해서

해설

초반에 육아 휴가 중이어서 사무실 문을 닫았다고 알리고 있으므로 정답은 (d)가 된다.

paternity leave (아빠가 내는) 육아 휴직 (*cf.* maternity leave 엄마가 내는 육아 휴직) **letterhead** 레터헤드 (편지지 윗부분에 인쇄된 발신인 또는 회사의 주소·이름 따위) **prospective** 장래의, 미래의 **clarify** (생각·문제 따위를) 명백히 하다

7

You have reached 477-8237. Sorry we can't come to the phone right now. If you're calling about the 1968 Falcon Donaldson motorcycle that was advertised for sale, it's already been sold. But if you're interested in any authentic 1960s Donaldson clothing, motorcycle accessories, or other paraphernalia, please leave your name and number. We'll get back to you as soon as we can.

Q. Which is correct according to the recorded message?

(a) The caller has to leave a name and address.

(b) The speaker is selling vintage motorcycle gear.

(c) The motorcycle advertised for rent is still available.

(d) The motorcycle advertised was brand new.

번역

477-8237로 연결되셨습니다. 죄송합니다만 지금 전화를 받을 수 없습니다. 저희가 광고한 1968년도식 팰콘 도날슨 오토바이에 대해 전

화를 하셨다면, 그 제품은 이미 팔렸습니다. 그렇지만 1960년대 진품 도날슨 의류나, 오토바이 액세서리 혹은 다른 개인 소장품에 관심 있으시다면, 성함과 전화번호를 남겨 주세요. 가능한 한 빨리 연락드리겠습니다.

Q. 녹음 메시지에 따르면 옳은 것은?

(a) 전화를 건 사람은 이름과 주소를 남겨야 한다.

(b) 화자는 빈티지 오토바이를 팔고 있다.

(c) 대여 광고했던 오토바이는 아직 구매가 가능하다.

(d) 광고된 오토바이는 새것이다.

해설

전화를 건 사람은 무조건 이름과 주소를 남겨야 하는 것이 아니라 액세서리나 의류 등에 관심이 있으면 남기는 것이므로 (a)는 정답이 되지 않는다. 녹음을 한 사람은 오토바이와 관련 도구를 팔고 있다는 것은 녹음 메시지에서 유추할 수 있는 사항이므로 정답은 (b)이다. 광고했던 오토바이는 이미 팔렸다고 했으므로 (c)도 정답이 아니고, 광고된 오토바이는 1968년도에 제작된 것이므로 새것이 아니므로 (d) 역시 오답이다.

motorcycle 오토바이 **authentic** 진정한, 진짜의 **paraphernalia** 개인 소장품

Actual Test 01

Part I

⇒ 본책 P 76

1 (d)	**2** (d)	**3** (c)	**4** (b)	**5** (c)
6 (b)	**7** (a)	**8** (d)	**9** (c)	**10** (b)
11 (c)	**12** (a)	**13** (c)	**14** (b)	**15** (c)

Part II

16 (b)	**17** (d)	**18** (a)	**19** (a)	**20** (a)
21 (d)	**22** (d)	**23** (a)	**24** (d)	**25** (d)
26 (d)	**27** (c)	**28** (c)	**29** (b)	**30** (d)

Part III

31 (c)	**32** (d)	**33** (b)	**34** (a)	**35** (c)
36 (a)	**37** (a)	**38** (c)	**39** (c)	**40** (a)
41 (a)	**42** (d)	**43** (a)	**44** (c)	**45** (a)

Part IV

46 (d)	**47** (a)	**48** (d)	**49** (d)	**50** (a)
51 (b)	**52** (a)	**53** (c)	**54** (d)	**55** (b)
56 (b)	**57** (a)	**58** (a)	**59** (b)	**60** (b)

◢ Part I

1

M I'm very delighted with your work.
W _____

(a) I am going to finish it later.
(b) The work will be a delight.
(c) Your opinion isn't important.
(d) Thank you for the compliment.

번역

M 당신의 작업에 매우 만족해요.
W _____

(a) 나중에 끝낼 거예요.
(b) 그 일은 즐거울 거예요.
(c) 당신 의견은 중요하지 않아요.
(d) 칭찬해 주셔서 고마워요.

해설

남자는 여자의 작업에 만족한다는 말을 하며 매우 흡족해 하고 있다. 이에 대한 응답으로 칭찬해 주어서 감사하다는 (d)가 적절하다. (a)는 아직 완성되지 않은 작업에 대한 질문에 할 수 있고, (b)는 아직 시작하지 않은 작업에 대한 응답이다.

delighted 아주 기뻐하는 **compliment** 칭찬

2

W That cheese has a foul smell.
M _____

(a) I also love the smell of cheese.
(b) A foul cheese has no scent.
(c) The recipe needs to be modified.
(d) I bet it has a savory flavor.

번역

W 그 치즈에서 악취가 나요.
M _____

(a) 저도 치즈 냄새가 좋아요.
(b) 악취 나는 치즈는 냄새가 없어요.
(c) 조리법을 바꿔야 해요.
(d) 분명히 맛 좋은 치즈일 거예요.

해설

치즈 냄새가 고약하다고 하자 먹어 보면 맛있을 거라는 (d)가 적절하다. (a)는 이미 여자가 악취가 난다고 했으므로 맞지 않고, (c)는 대상이 직접 조리한 음식일 경우에 답이 될 수 있다.

foul 악취 나는 **scent** 냄새 **modify** 수정하다 **savory** 맛 좋은
flavor 풍미

3

M Don't forget about the company meeting later.
W _____

(a) It won't be so boring.
(b) I'm so sorry that I missed it.
(c) Thank you for reminding me.
(d) Yes, the company meeting needs you.

번역

M 이따가 회사 회의 있는 거 잊으면 안 돼요.
W _____

(a) 그렇게 지루하지는 않을 거예요.
(b) 참석하지 못해서 정말 미안해요.
(c) 상기시켜 줘서 고마워요.
(d) 네, 회의에 당신이 필요해요.

해설

남자는 여자에게 나중에 있을 회의를 잊지 않도록 상기시켜 주고 있으므로 이에 대한 고마움을 표현하는 (c)가 적절하다. (a)는 회의가 어떨지 의견을 물었을 때 적절한 응답이고, (b)는 과거의 일로 시제가 맞지 않다.

miss 놓치다 **remind** 상기시키다

4

W Stop! You are acting very childish.
M _____

(a) I do have childlike features.
(b) I apologize for my behavior.
(c) Isn't this role a childish one?
(d) That is very kind of you to say.

연장을 요청할 수 있다는 (b)가 적절한 응답이다.

project 과제 **extension** 연장 **instruction** 지시 **to the letter** 문자 그대로

7

M I have set my eyes on getting that car.
W _____

(a) I hope you saved enough money.
(b) You probably will get a flat tire.
(c) You are in the same boat.
(d) I set eyes on them last year.

번역

M 저 차에 눈독을 들이고 있어요.
W _____

(a) **돈을 충분히 모아 놨기를 바라요.**
(b) 아마 타이어가 터질 거예요.
(c) 당신도 같은 처지에 있어요.
(d) 작년에 그것들을 봤어요.

해설

대화에서 set one's eyes on은 '눈독을 들여 놨다'는 의미로 남자는 그 차를 갖고 싶다고 말하고 있다. 차를 구입하기 위해서는 돈이 필요하므로 충분한 돈을 모아 놨기를 바란다는 (a)가 적절한 응답이다.

flat tire 바람 빠진 타이어 **be in the same boat** 같은 처지이다

8

W Good job! That was an effective solution.
M _____

(a) You tried to solve it as quickly as you could.
(b) Math is my favorite subject.
(c) I'll work harder next time.
(d) **The positive feedback is appreciated.**

번역

W 잘했어요! 효과적인 해결책이었어요.
M _____

(a) 당신은 가능한 빨리 풀기 위해 노력했어요.
(b) 수학은 제가 가장 좋아하는 과목이에요.
(c) 다음에는 더 열심히 할게요.
(d) **긍정적인 피드백에 감사드려요.**

해설

효과적인 해결책을 제시한 것에 대한 칭찬이므로 이에 대한 감사를 표현한 (d)가 가장 자연스러운 응답이다.

effective 효과적인 **solution** 해결책 **positive** 긍정적인 **appreciate** 고마워하다

9

M When will your mother arrive in London?
W _____

(a) The plane will be delayed for two hours.
(b) Go down one floor to claim your baggage.
(c) **She will land in about thirty minutes.**

번역

W 그만해요! 당신은 너무 유치하게 행동하고 있어요.
M _____

(a) 저에게는 천진한 면이 있어요.
(b) **제 행동에 대해 사과드려요.**
(c) 어린애 같은 역 아니었나요?
(d) 그렇게 말씀하시다니 정말 친절하시네요.

해설

여자는 유치하게 행동하고 있는 남자에게 그만하라며 비난조로 말하고 있다. 그러므로 자신의 행동에 대해 사과를 하겠다는 (b)가 가장 적절하다. (a)의 childlike는 아이처럼 천진난만하다는 긍정적인 의미이며, (d)는 칭찬에 대한 답변으로 나올 수 있는 응답이다.

childish 유치한 **childlike** 천진한 **feature** 특징 **behavior** 행동

5

M The CEO is really breathing down my neck.
W _____

(a) Tell him to step away from you.
(b) I hate it when the CEO breathes.
(c) **He just wants you to meet the deadline.**
(d) You're not qualified to do the work.

번역

M CEO가 너무 깐깐하게 굴며 저를 몰아 붙여요.
W _____

(a) 그에게 좀 떨어지라고 얘기하세요.
(b) CEO가 숨 쉴 때 싫더라고요.
(c) **그는 단지 당신이 마감일을 맞췄으면 해요.**
(d) 당신은 그 일을 할 자격이 없어요.

해설

breath down one's neck이란 '바로 앞에서 지켜보며 재촉하다'는 뜻으로 다른 사람이 하는 일을 못미더워하며 재촉할 때 쓰는 표현이다. 그러므로 이런 행동에 대한 이유를 설명한 (c)가 적절한 응답이다.

deadline 마감 일자 **qualify** 자격을 얻다

6

W There won't be enough time to finish the project.
M _____

(a) Then we can complete it on time.
(b) **We can ask the teacher for an extension.**
(c) You don't need the time now.
(d) I'm following the instructions to the letter.

번역

W 과제를 끝낼 수 있는 시간이 충분하지 않을 거야.
M _____

(a) 그럼 시간 맞춰서 끝낼 수 있어.
(b) **선생님에게 기한을 연장해 달라고 요청할 수 있어.**
(c) 너는 지금 시간이 필요 없어.
(d) 나는 지침을 철저히 따르고 있어.

해설

과제를 완성하기에 시간이 부족하다는 여자의 말에 선생님에게 기한

(d) Your mother arrived yesterday morning.

번역
M 어머니는 언제 런던에 도착하시나요?
W _____

(a) 비행기가 두 시간 연착될 거예요.
(b) 한 층 내려가셔서 짐을 찾으세요.
(c) 약 30분 후에 도착하실 거예요.
(d) 당신 어머니는 어제 아침에 도착하셨어요.

해설
어머니가 언제 도착하시냐는 물음에 구체적으로 약 30분 후에 도착할 것이라고 답하는 (c)가 가장 적절하다. (a)는 여자의 어머니가 아닌 비행기에 대한 응답으로 맞지 않고, (b)는 수하물에 대한 응답으로 대화의 흐름과 맞지 않다.

claim 요청하다 **baggage** 수하물 **land** 〈비행기 등이〉 착륙하다

10

W I don't see any losses in the foreseeable future.
M _____

(a) Our deficit is too much to register a profit.
(b) **It's because our company budget is well planned.**
(c) Then we have to worry about the past.
(d) We have nothing to lose, so don't worry.

번역
W 당분간 손해가 날 것 같지는 않은데요.
M _____

(a) 적자가 너무 커서 수익을 낼 수 없어요.
(b) 그건 우리 회사 예산이 잘 짜여졌기 때문이에요.
(c) 그러면 우리는 과거를 걱정해야겠군요.
(d) 우리는 잃을 게 없으니 걱정하지 마세요.

해설
당분간 손해 없이 안정적으로 회사가 운영될 것 같다는 말에 예산이 잘 짜여졌기 때문이라는 (b)가 가장 적절하다. (a)는 손해가 날 것 같지 않다는 여자의 말과 상반되고, (c)의 past는 여자의 말 future를 이용한 함정으로 대화 내용과 무관하다.

foreseeable future 가까운 미래 **deficit** 적자 **register** 신고하다
budget 예산

11

M I'm so exhausted I could collapse right here.
W _____

(a) Maybe you should rest less.
(b) Those pants are too small for you.
(c) **We should be home in roughly ten minutes.**
(d) You look refreshed from the meal.

번역
M 너무 피곤해서 여기서 쓰러질 것 같아.
W _____

(a) 넌 조금 덜 쉬어야 할 것 같아.
(b) 그 바지는 너한테 너무 작아.

(c) 10분 정도 뒤면 집에 도착할 거야.
(d) 식사하고 나니 생기가 돌아온 것 같구나.

해설
너무 피곤하다는 남자의 말에 곧 집에 도착할 것이라고 위로하는 (c)가 가장 적절하다. 조금 덜 쉬어야 한다는 (a)와 음식을 먹고 생기를 되찾은 것으로 보인다는 (d)는 남자의 피곤하다는 말과 맞지 않다.

burst at the seams 터질 듯하다 **roughly** 대략 **refreshed** 기운을 회복한

12

W My daughter was tickled pink with her acceptance letter to college.
M _____

(a) **You must have been overjoyed with the news.**
(b) She's probably a very ticklish person.
(c) I can see that made you very indifferent.
(d) College was a special time for me.

번역
W 딸아이가 대학교 합격 통지서를 받고 굉장히 기뻐했어요.
M _____

(a) 그 소식에 당신도 정말 기뻤겠네요.
(b) 딸이 간지러움을 잘 타나 봐요.
(c) 그것 때문에 무척 무관심해진 것 같네요.
(d) 대학 시절은 저에게 특별한 시간이었죠.

해설
딸이 대학 합격 소식에 아주 기뻐했다는 내용이다. 딸이 대학에 합격했으므로 어머니도 매우 기뻤겠다고 하는 (a)가 가장 자연스러운 응답이다. (b)의 ticklish는 여자의 말 tickle을 이용한 함정이다.

be tickled pink 굉장히 기뻐하다 **acceptance letter** 합격 통지서
overjoy 매우 기쁘게 하다 **ticklish** 간지럼 타는

13

M The relief doctors have contracted cholera.
W _____

(a) The doctors must be compensated immensely.
(b) I wonder how long the contract will last.
(c) **They should take the necessary treatment.**
(d) The hospital is available for their relief.

번역
M 구호 활동을 하던 의사들이 콜레라에 걸렸어요.
W _____

(a) 그 의사들은 엄청나게 보상 받을 거예요.
(b) 계약이 얼마나 지속될지 궁금하네요.
(c) 필요한 치료를 받아야겠네요.
(d) 휴식 차 병원을 이용할 수 있어요.

해설
contract의 의미를 정확하게 파악해야 풀 수 있는 문제이다. 의사들이 콜레라에 걸렸다는 말에 당연히 필요한 치료를 받아야 한다고 한 (c)가 적절한 응답이다. (b)의 contract는 '계약'이라는 의미로 쓰인 함정이다.

relief 구호; 휴식 **contract** (병에) 걸리다 **compensate** 보상하다
immensely 엄청나게 **treatment** 치료

14

W Forgetting our anniversary was a slap in the face.
M _____

(a) I'm appreciative of what you have done.
(b) **Making it up to you is the first priority.**
(c) You know that I'm prone to forget things.
(d) Slapping someone is not good manners.

번역

W 우리 기념일을 잊어버리다니 정말 실망스러워요.
M _____

(a) 당신이 한 일에 대해 고맙게 생각하고 있어요.
(b) **무엇보다도 먼저 그 일을 만회할게요.**
(c) 원래 내가 뭐든지 잘 잊어버리잖아요.
(d) 누군가를 때리는 것은 예의가 아니죠.

해설

slap in the face는 '실망시키거나 모욕하는 행위'를 뜻한다. 기념일을 잊었다는 사실에 매우 실망했다는 여자의 말에 다른 것보다 우선해 그 일을 만회하겠다는 (b)가 적절한 응답이다. 실망해서 기분이 나쁜 사람에게 원래 잘 잊어버린다는 (c)는 적절하지 않다.

slap in the face 실망시키는 행위 **priority** 우선 사항 **be prone to** (좋지 않은 일을) 하기 쉽다

15

M You should place a limit on the number of free samples each customer can have.
W _____

(a) There are one hundred kinds of samples.
(b) Each customer is very picky in choosing.
(c) **We need to resume not handing any out again.**
(d) I withheld most of the product from them.

번역

M 각 고객이 받을 수 있는 무료 샘플 개수에 제한을 두세요.
W _____

(a) 샘플 종류가 100개 있어요.
(b) 각 고객들은 선택할 때 매우 까다로워요.
(c) **예전처럼 아예 아무것도 나누어 주지 말아야 해요.**
(d) 그들에게 대부분의 상품을 주지 않았어요.

해설

손님들에게 무료 샘플을 나누어 줄 때 개수의 제한을 두자고 제안하는 내용이다. 무료 샘플 수량이 부족하다는 사실을 유추할 수 있으므로 예전처럼 아예 나눠 주지 말자는 (c)가 가장 적절하다. (a)는 샘플 종류의 개수를 물었을 때 자연스럽고, (d)는 제품에 관한 응답이므로 내용과 맞지 않다.

place a limit on ~에 제한을 두다 **picky** 까다로운 **resume** 재개하다 **withhold** 주지 않고 두다

Part II

16

W Excuse me, I didn't order this.
M I apologize. What was your order?
W I wanted the vegetarian plate.
M _____

(a) There aren't sufficient vegetables now.
(b) **I'll tell your server of the situation.**
(c) The meat will have to be tenderized.
(d) Those dishes are edible too.

번역

W 저기요, 이건 제가 주문한 게 아니에요.
M 죄송합니다. 무엇을 주문하셨죠?
W 채식 요리를 주문했어요.
M _____

(a) 지금 채소가 충분하지 않습니다.
(b) **담당 서버에게 알리겠습니다.**
(c) 고기를 연하게 해야 할 겁니다.
(d) 저 요리도 먹을 수 있습니다.

해설

주문한 것이 아닌 다른 요리가 나온 상황이다. 문제를 해결하기 위한 응답이 나와야 하므로 담당 서버에게 알려 주겠다는 (b)가 가장 적절하다.

apologize 사과하다 **vegetarian** 채식주의자 **plate** 요리; 접시 **sufficient** 충분한 **tenderize** 연하게 하다 **edible** 먹을 수 있는

17

M Is that a brand new computer?
W Yeah, I bought it with my credit card.
M Was it necessary to use plastic?
W _____

(a) The price tag was out of my price range.
(b) I had to since it was brand new.
(c) Charging it won't be necessary.
(d) **I didn't have any cash on hand.**

번역

M 그거 새로운 컴퓨터야?
W 응, 신용 카드로 샀어.
M 신용 카드를 써야 했어?
W _____

(a) 살 수 있는 가격대를 넘었어.
(b) 신상품이라 해야 했어.
(c) 요금을 청구할 필요 없을 거야.
(d) **수중에 현금이 없었거든.**

해설

대화에서 plastic은 신용 카드를 말한다. 남자는 여자에게 컴퓨터를 사는 데 신용 카드를 써야 했던 이유를 묻고 있으므로 수중에 현금이 없었기 때문이라고 대답한 (d)가 가장 자연스럽다.

plastic 신용 카드 **range** 범위 **brand new** 아주 새로운 **charge** (요금을) 청구하다 **on hand** 수중에

18

W I love all-you-can-eat restaurants.
M Really? I heard them quite disturbing.
W You should try it. They have good cuisine now.
M _____

(a) Maybe I'll treat myself to one tomorrow.
(b) Eating out is more pleasurable.
(c) Preparing all that food is difficult.
(d) I ate all I could two days ago so no thanks.

번역

W 원하는 만큼 먹을 수 있는 레스토랑이 좋더라.
M 정말? 너무 정신 없다고 들었는데.
W 너도 가봐. 요즘에는 음식이 맛있다니까.
M _____

(a) 그럼 내일 가서 먹어봐야겠다.
(b) 외식하는 게 더 즐겁잖아.
(c) 그 음식 다 준비하는 건 힘들어.
(d) 이틀 전에 먹을 수 있을 만큼 다 먹었으니 괜찮아.

해설

원하는 만큼 먹을 수 있는 식당이 좋다는 여자의 말에 남자가 정신 없다고 하자 요즘은 음식이 맛있다는 여자의 말에 가서 먹어봐야겠다는 (a)가 가장 적절하다.

all-you-can-eat 원하는 만큼 먹을 수 있는 **disturbing** 어지럽히는 **cuisine** 요리 **treat oneself to** 큰 마음 먹고 〈음식·의복 등을〉 사대[먹다] **eat out** 외식하다 **pleasurable** 즐거운

19

M Where is this bus heading?
W It's bound for High Street.
M Is that located near the department store?
W _____

(a) It's the opposite the way I'm going.
(b) I don't want to change my route.
(c) That direction is jammed with cars.
(d) You can transfer at this stop here.

번역

M 이 버스는 어디로 가는 거죠?
W 하이 스트리트 행입니다.
M 거기가 백화점 근처인가요?
W _____

(a) 지금 가는 길 정반대 방향이에요.
(b) 제가 가는 길을 바꾸고 싶지 않아요.
(c) 그쪽 방향은 교통이 정체되어 있어요.
(d) 여기 이 정거장에서 환승할 수 있어요.

해설

버스 행선지에 관한 대화이다. 버스의 목적지가 백화점 근처인지를 묻고 있으므로 위치나 방향을 알려주는 내용이 응답으로 와야 한다. 따라서 남자의 행선지는 버스가 가는 방향의 정반대에 있다고 설명한 (a)가 적절하다.

head ~의 방향으로 가다 **bound for** ~행의 **opposite** 정반대의 **transfer** 갈아타다

20

W The effects of global warming have affected the entire world.
M If we don't do something to help, our children's children could be affected.
W I wonder what can be done to prevent any further damage.
M _____

(a) We could reduce the amount of emission gases we produce.
(b) There is nothing life-threatening to worry about.
(c) People can increase the usage of natural resources.
(d) The ecosystem should take care of itself.

번역

W 지구 온난화가 전 세계에 영향을 미쳤어요.
M 우리가 뭔가 조치를 취하지 않는다면, 우리 아이들의 아이들이 영향을 받을 수 있죠.
W 더 이상의 피해를 막기 위해서 할 수 있는 일이 뭐가 있을지 궁금하네요.
M _____

(a) 가스 배출량을 줄일 수 있죠.
(b) 걱정할 정도로 생명을 위협하는 건 없어요.
(c) 사람들이 천연자원을 더 많이 사용할 수 있겠죠.
(d) 생태계 스스로 해결해야 해요.

해설

지구 온난화가 다음다음 세대까지 영향을 줄 수 있다는 여자의 말에 남자는 더 이상의 피해를 막기 위해 무엇을 할 수 있을지 묻고 있다. 여기에 우리가 할 수 있는 일로 가스 배출량을 줄이자는 (a)가 가장 적절하다.

global warming 지구 온난화 **entire** 전체의 **prevent** 막다 **emission** 배출 **life-threatening** 생명을 위협하는 **natural resource** 천연자원 **ecosystem** 생태계

21

M Hi, how may I help you today?
W Yes, I'm looking for a direct flight to Chicago.
M I have a business and economy class seat open.
W _____

(a) I don't mind whichever city I connect at.
(b) After arriving I'll choose one.
(c) You should get in line to get a seat.
(d) Any vacancies will be fine with me.

번역

M 안녕하세요, 무엇을 도와 드릴까요?
W 네, 시카고로 가는 직행 항공편을 찾고 있는데요.
M 비즈니스와 이코노미 클래스 좌석이 있습니다.
W _____

(a) 어느 도시를 경유하든 상관없어요.
(b) 도착한 다음에 하나를 고를게요.
(c) 좌석을 잡으려면 줄을 서세요.
(d) 빈 좌석이 있다면 어느 것이든 좋아요.

해설

시카고로 가는 직행 항공편을 문의하는 여자에게 남자는 비즈니스와 이코노미 클래스 좌석이 있다고 알려준다. 여기에 이어질 여자의 응답으로 둘 중 어느 좌석이든 상관없다는 (d)가 가장 적절하다. 여자가 직행 항공편을 문의했기 때문에 (a)는 적절하지 않다.

direct flight 직행 항공편 **whichever** 어느 것이든 **connect** (교통편이) 연결되다 **get in line** 줄을 서다 **vacancy** 빈 자리

22

W Sam is doing wonderful work in every respect.
M If he keeps this up, the firm might offer him a partnership.
W I don't know about that. I'm the next in line for that.
M _____

(a) Running a business is a dream of his.
(b) There's going to be a corporate takeover.
(c) He's an expert with working with partners.
(d) They look at him more favorably than you.

번역

W 샘은 모든 면에서 일을 훌륭히 해내고 있어.
M 그가 이 상태로 쭉 가면, 회사에서 동업을 제안할지도 몰라.
W 그건 모르겠다. 다음 동업 제안을 받을 사람은 나니까.
M _____

(a) 사업 운영이 그의 꿈이지.
(b) 기업 인수가 있을 예정이야.
(c) 그는 파트너들과 함께 일하는 데 전문가야.
(d) 회사에서는 너보다 그를 더 호의적으로 보고 있어.

해설

모든 면에서 일을 잘하고 있는 Sam에게 회사가 동업을 제의할 수도 있다는 남자의 말에 여자는 잘 모르겠다며 동업할 공산이 있는 사람이 자신이라고 말한다. 여기에 이어질 남자의 응답으로 가장 적절한 것은 (d)이다.

in every respect 모든 점에서 **partnership** 동업 **in line for** ~을 얻을 공산이 있는 **corporate** 기업 **takeover** 인수 **favorably** 호의적으로

23

M I'm torn between eating pizza or a hamburger tonight.
W You need to learn some self-control.
M What? What are you talking about?
W _____

(a) Eating those will give you heartburn.
(b) You shouldn't tear into a pizza or hamburger.
(c) We could just stay in tonight instead.
(d) I don't want to give you a false sense of hope.

번역

M 오늘 저녁에 피자를 먹을지 햄버거를 먹을지 고민이야.
W 넌 자제력을 좀 배워야 해.
M 뭐라고? 무슨 소리 하는 거야?
W _____

(a) 그런 음식 먹으면 속 쓰릴 거야.
(b) 피자나 햄버거를 나누면 안 돼.
(c) 대신 오늘 저녁은 밖에 나가지 않을 수 있어.
(d) 너에게 헛된 희망을 주고 싶지 않아.

해설

피자를 먹을까 햄버거를 먹을까 고민한다는 남자에게 여자가 자제력을 배워야 한다고 말한다. 이에 발끈하며 무슨 소리냐고 되묻는 남자의 말에 이어질 여자의 응답으로 가장 적절한 것은 (a)이다.

be torn between ~사이에서 망설이는 **self-control** 자제력 **heartburn** (소화 불량에 의한) 속 쓰림 **stay in** 나가지 않다

24

W The President addressed the allegations today.
M There's no way he'll get out of this one.
W Unless he's able to suppress the information somehow.
M _____

(a) Maybe he'll escape from what people are saying.
(b) This all seems like an intervention to me.
(c) He's just trying to allay our concerns.
(d) I wonder if he has the authority to do that.

번역

W 대통령이 오늘 그 혐의에 대해 연설을 했어요.
M 이번 건은 빠져나갈 방법이 없어요.
W 어떻게든 정보를 숨길 수 있는 경우를 제외하면 그렇지요.
M _____

(a) 어쩌면 사람들이 하는 말에서 빠져나갈지도 몰라요.
(b) 이 모든 게 개입처럼 보여요.
(c) 그는 단지 우리의 걱정을 가라앉히려고 하는 거예요.
(d) 그가 그렇게 할 수 있는 권한이나 있는지 모르겠어요.

해설

부정 혐의를 받고 있는 대통령에 관한 대화이다. 대통령이 정보를 숨기면 혐의를 부인할 수 있다고 하자 빠져나갈 방법이 없어 보이는 그에게 그런 권한이 있는지 궁금하다고 한 (d)가 가장 자연스럽다.

address 연설하다 **allegation** 혐의 **suppress** 숨기다 **intervention** 개입 **allay** 진정시키다 **authority** 권한

25

M Do not be late to Mrs. Jones class.
W Why? She seems really pleasant to me.
M Oh no, she will make mincemeat of people who are late.
W _____

(a) We should give her the cold shoulder.
(b) Sorry, but I'm not a cannibal at all.
(c) I've never despised someone so much.
(d) She's been nothing but gracious to me.

번역

M 존스 선생님 수업에 지각하지 마.
W 왜? 선생님이 정말 상냥해 보이는데.

M 아니야. 지각하는 사람들을 호되게 야단치실 거야.

W _____

(a) 그녀를 쌀쌀맞게 대해야 해.
(b) 미안하지만 나는 결코 식인종이 아니야.
(c) 나는 누군가를 심하게 경멸한 적은 없었어.
(d) 그녀는 나에게 상냥하기만 하던데.

해설

make mincemeat of는 '호되게 야단치다'는 뜻으로, 수업 시간에 늦으면 매우 혼날 것이라는 말에 여자는 존스 선생님이 상냥해 보이기 때문에 자신에게는 계속 상냥할 것이라고 답한 (d)가 흐름상 자연스럽다. (b)는 mincemeat를 다진 고기(minced meat)로 혼동시키는 함정이다.

give the cold shoulder 쌀쌀맞게 대하다 **cannibal** 식인종 **despise** 경멸하다 **gracious** 상냥한

26

W You look horrible this morning.
M I was burning the midnight oil last night.
W Don't stress out. You're the most brilliant student in class.
M _____

(a) Cheating on tests is a wrong thing to do.
(b) I don't have time for extracurricular activities.
(c) The lecture yesterday was really confusing.
(d) Thanks, but I really want a good midterm score.

번역

W 오늘 아침 몰골이 말이 아니네.
M 어제 밤늦게까지 공부했거든.
W 스트레스 받지 마. 넌 반에서 가장 명석한 학생이잖아.
M _____

(a) 시험에서 부정행위는 잘못된 행동이야.
(b) 과외 활동을 할 시간이 없어.
(c) 어제 강의는 정말 헷갈리더라.
(d) 고마워, 그래도 중간고사 성적 정말 잘 받고 싶어.

해설

어제 밤늦도록 공부했다는 남자의 말에 여자는 반에서 가장 우수한 학생이니 스트레스 받지 말라고 격려하고 있다. 이에 그래도 공부를 열심히 해서 중간고사에서 좋은 성적을 내고 싶다는 (d)가 적절하다.

burn the midnight oil 밤늦게까지 공부하다 **stress out** 스트레스 받다 **cheat on test** 시험에서 부정행위를 하다 **extracurricular activity** 과외 활동

27

M That institute is supposed to be the best.
W It's because the instructors are highly educated.
M Do you know anything else about them?
W _____

(a) The faculty's intellect is up to par with other places.
(b) I was at their main facility this past weekend.
(c) Their students end up going to prestigious schools.
(d) The incompetence of the staff is a strong point.

번역

M 그 교육 기관이 최고라고 하더군요.
W 강사들이 수준 높은 교육을 받았기 때문이에요.
M 그들에 대해서 또 알고 있는 게 있나요?
W _____

(a) 교수진의 지적인 수준은 다른 곳과 비슷해요.
(b) 지난 주말에 전 그들의 주요 시설에 가봤기요.
(c) 그들의 학생들은 결국에는 일류 학교에 진학해요.
(d) 직원의 무능함이 강점이에요.

해설

최고로 평가받는 교육 기관의 강사들이 높은 교육 수준을 지닌 것 외에 어떠한 특성이 있는지를 묻고 있다. 따라서 그 교육 기관의 강사에게 배운 학생들이 일류 학교에 진학하게 된다는 (c)가 응답으로 가장 적절하다.

institute 교육 기관 **faculty** 교수진 **up to par** 수준에 달하다 **end up** 마침내는 ~으로 되다 **prestigious** 일류의 **incompetence** 무능

28

W John, could you chip in a couple of bucks for the party?
M Well, seeing as that I wasn't invited, I don't think I should have to.
W We offered, but you never responded.
M _____

(a) Sympathy won't help you now.
(b) This is regarding something else.
(c) I don't recollect you offering.
(d) It's typical that I don't get invited.

번역

W 존, 파티 비용으로 몇 달러 낼래요?
M 글쎄, 나는 초대받지 않았으니까 그럴 필요 없을 것 같은데요.
W 우리가 초대했는데 당신이 대답을 안 했잖아요.
M _____

(a) 동정은 이제 도움이 되지 않아요.
(b) 이것은 뭔가 다른 것에 관한 거예요.
(c) 당신이 초대한 기억이 없는데요.
(d) 제가 초대받지 못한 것은 흔한 일이죠.

해설

여자가 남자에게 파티 비용을 조금씩 내자고 하자 남자는 자기는 초대받지 않아 낼 필요가 없을 것 같다고 말한다. 뒤이어 남자에게도 제안을 했지만 대답을 하지 않았다고 말하는 여자의 말에 제안이 기억나지 않는다고 하는 (c)가 가장 적절한 응답이다.

chip in (비용을) 각출하다 **seeing as** ~이기 때문에 **sympathy** 동정 **regarding** ~에 관한 **recollect** 기억해 내다 **typical** 일반적인

29

M　Ma'am, I'm going to have to charge you a late fee.
W　But the movie was only one day late.
M　Yes, but we attempted to get ahold of you yesterday.
W　_____

(a) I just spent a lot of money on this.
(b) There was no message on my machine.
(c) Well, apparently I received your call.
(d) You haven't made a valid point.

번역
M　손님, 연체료를 내셔야 합니다.
W　그렇지만 겨우 하루 늦었는걸요.
M　네, 하지만 저희가 어제 고객님과 통화하려고 했어요.
W　_____

(a) 여기에 돈을 많이 썼어요.
(b) 자동 응답기에 아무런 메시지도 없던데.
(c) 음, 분명히 당신의 전화를 받았어요.
(d) 당신의 말은 일리가 없어요.

해설

비디오(DVD)를 늦게 반납해서 연체료를 내야 한다는 내용으로 어제 전화 연결을 시도했었다는 점원의 말에 아무런 메시지가 남아있지 않아 몰랐기 때문에 하루 늦게 반납하게 되었다는 (b)가 흐름상 적절하다.

late fee 연체료　**attempt** 시도하다　**get ahold of** ~에게 연락하다
apparently 분명히　**valid** 유효한

30

W　That cough medicine makes me doze off.
M　Have you thought about trying a different medication?
W　Yeah, but the others do the same thing.
M　_____

(a) You don't want to aggravate your stomach.
(b) Maybe insomnia would help your condition.
(c) I took some and slept soundly all night.
(d) The bottle says drowsiness is a side effect.

번역
W　저 감기약을 먹으면 깜빡 졸게 돼.
M　다른 약을 복용하는 것도 생각해 봤니?
W　응. 근데 다른 약도 똑같아.
M　_____

(a) 네 속을 악화시키고 싶지는 않잖아.
(b) 불면증이 네 증상에 도움이 될지도 몰라.
(c) 약 먹고 밤새 곤히 잤어.
(d) 약병에 졸음이 부작용이라고 써 있네.

해설

여자는 무슨 감기약이든 복용하면 잠이 온다고 호소하고 있으므로 약의 부작용 때문에 졸음이 온다고 이유를 알려주는 (d)가 응답으로 적절하다.

cough medicine 감기약　**doze off** 깜빡 잠들다　**aggravate** 악화시키다　**insomnia** 불면증　**soundly** 푹 (자다)　**drowsiness** 졸음
side effect 부작용

Part III

31

M　This freeway has a lot of heavy traffic today.
W　Well, we can blame the rock concert for that.
M　Then let's take the shortcut at the next exit.
W　Too many people get speeding tickets that way.
M　I hope you have better suggestions then. I'm out of ideas.
W　There must be some way out of this.

Q. What is the man mainly doing in the conversation?
(a) Driving into an impassable route
(b) Jumping the gun on the problem
(c) Trying to give an alternate solution
(d) Being a backseat driver

번역
M　오늘 고속 도로가 많이 막히네.
W　록 콘서트 때문일 수 있어.
M　그럼 다음 출구에서 지름길로 가자.
W　그렇게 해서 속도 위반 딱지 떼는 사람이 엄청 많은데.
M　너한테 더 좋은 생각이 있으면 좋겠다. 난 모르겠어.
W　여기서 나갈 방법이 분명히 있을 거야.

Q. 남자의 주된 행동은?
(a) 통행이 금지된 길로 운전해 들어간다.
(b) 문제에 대해 섣불리 행동한다.
(c) 대안을 제시하려고 노력한다.
(d) 뒷좌석에 앉아 운전자에게 잔소리를 한다.

해설

고속 도로가 많이 막히는 상황에서 남자가 다음 출구에서 지름길로 가자고 제안하고 있다. 따라서 남자가 하고 있는 행동으로 옳은 것은 (c)이다. (a)는 지름길이 통행 금지라는 것을 대화를 통해 알 수 없고, (b)는 남자가 제안은 하지만 섣불리 행동으로 옮기고 있지 않으므로 옳지 않다. 남자가 운전석에 있는지는 알 수 없지만 뒷좌석에서 잔소리하는 것으로는 볼 수 없으므로 (d)도 답이 될 수 없다.

take a shortcut 지름길로 가다　**speeding ticket** 속도 위반 딱지
impassable 통행이 금지된　**jump the gun** 섣불리 행동하다
alternate solution 대안　**backseat driver** 운전자에게 계속 잔소리를 하는 사람

32

W　Wow! That game was awesome!!
M　Yeah, I know. Fulham was not even in the same league with Arsenal today.
W　That's true. However, Fulham is an up and coming team. They will become better.
M　I'm not so sure. I don't think they are worth their salt.
W　How can you say that? Their forwards played a masterful game today.
M　That might be true, but only the future will tell.

Q. What is mainly being discussed in the conversation?
(a) What will happen later in time
(b) How well the forwards did today

(c) Arsenal not being as good as people think
(d) If Fulham will become a stronger team

번역

W 우와! 그 경기 대단했어!!
M 그래, 맞아. 오늘 풀럼은 아스날의 상대도 안 되더라.
W 맞아. 하지만 풀럼은 떠오르는 팀이잖아. 더 잘할 거야.
M 잘 모르겠어. 그만한 실력이 있는 것 같지 않던데.
W 어쩜 그렇게 말할 수 있니? 오늘 그 팀 포워드들이 뛰어난 경기를 펼쳤잖아.
M 사실일지도 모르지만, 앞으로 두고 봐야 알겠지.

Q. 대화의 주된 내용은?
(a) 나중에 일어날 일
(b) 오늘 포워드들이 얼마나 잘했는지
(c) 사람들이 생각하는 것만큼 훌륭하지 않은 아스날
(d) 풀럼이 더 강한 팀이 될 것인지

해설

두 사람은 풀럼과 아스날의 경기에 관해 이야기하고 있다. (b)는 경기에 대한 대화의 일부로 언급되었고, (c)는 아스날이 뛰어난 팀이라는 것에 둘 다 동의하고 있으므로 옳지 않다. (a)는 축구 경기라는 대화의 소재에서 크게 벗어나므로 적절하지 않다. 대화 전체를 볼 때 주된 내용으로 옳은 것은 (d)이다.

not be in the same league (~만큼) ~하지 못하다 **up and coming** 떠오르는 **worth one's salt** 자기 값어치를 하는 **masterful** 뛰어난

33

M There must be a way to resolve the problem.
W Don't you think the rules are a little too rigid?
M Profanity shouldn't be allowed in schools.
W I have no problem with it.
M There has to be a way to instill good manners.
W That's right, but not at the expense of taking the fun out of school.

Q. What is the man mainly doing in the conversation?
(a) Teaching a class on good behavior
(b) Trying to put an end to the situation
(c) Arguing in favor of foul language
(d) Instilling a belief in students

번역

M 이 문제를 해결할 방법이 분명히 있을 거예요.
W 규정이 조금 지나치게 엄격하다고 생각하지 않나요?
M 학교에서 욕설이 허락되면 안 돼요.
W 그것에 대해 불만은 없어요.
M 예의범절을 가르칠 수 있는 방법이 있어야만 합니다.
W 말씀은 옳지만 학교에서 재미가 사라지게 하면 안 돼요.

Q. 남자가 주로 하는 일은?
(a) 올바른 행실에 관한 수업을 한다.
(b) 상황을 끝내려고 노력한다.
(c) 상스러운 말에 찬성하며 논쟁을 하고 있다.
(d) 학생들에게 신념을 심어주고 있다.

해설

처음부터 남자는 어떤 문제를 해결할 방법이 있을 것이라고 말하면서

교내에서 학생들의 욕설을 금지하고 예의범절을 가르치기 위해 엄격한 규정을 적용해야 한다고 한다. 따라서 남자가 주로 하는 일로 (b)가 가장 적절하다.

resolve 해결하다 **rigid** 엄격한 **profanity** 비속한 말 **instill** 서서히 주입시키다 **good manners** 예의범절 **at the expense of** ~을 희생하여 **in favor of** ~에 찬성하여 **foul** 상스러운

34

W The mayor says he's trying to create more jobs.
M That's a great idea. I really need to find a new job.
W Well, there is a demand for computer programmers.
M If I can get this, then we can finally get out of debt.
W That's right. We've been under that cloud for so long now.
M OK. I'll get my résumé and papers all in order.

Q. What are the man and woman mainly discussing?
(a) A possible employment opportunity
(b) The man's demand for programmers
(c) Dealing with the stigma of owing money
(d) Opposing the mayor's plans to create new jobs

번역

W 시장이 더 많은 일자리를 창출하려고 노력하고 있대.
M 그거 훌륭한 생각이네. 나 정말 새 직장을 찾아야 되는데.
W 컴퓨터 프로그래머를 뽑는다고 하던데.
M 취직이 된다면, 드디어 우리 빚을 갚을 수 있어.
W 맞아. 우린 너무 오랫동안 힘들었어.
M 알았어. 이력서랑 서류 모두 정리해 둘게.

Q. 두 사람의 주된 대화 내용은?
(a) 취업할 수 있는 기회
(b) 프로그래머가 필요한 남자
(c) 돈을 빚지는 오명에 대처하기
(d) 새로운 일자리를 창출하려는 시장의 계획에 반대하는 것

해설

여자가 더 많은 일자리를 창출하려고 한다는 시장의 말을 전하며 프로그래머 자리가 있다고 얘기해 준다. 남자는 새 직장에 취직하면 빚을 갚을 수 있을 것이라고 말한다. 따라서 두 사람이 나누는 대화의 주된 내용은 (a)이다.

get out of debt 빚을 갚다 **in order** 정리[정돈]되어 **stigma** 오명 **oppose** 반대하다

35

M Jackson found a glitch in the security system.
W Is the problem something mechanical?
M No, it has something to do with the program.
W I think they'll have to do a firmware update.
M OK. I'll make sure it'll be taken care of then.
W Be sure you do. We need this up and running today.

Q. What is mainly being discussed?
(a) Jackson being unable to do anything

(b) The security people not being cared for

(c) A malfunction with a protection program

(d) Problems with the motorized security system

번역

M 잭슨이 보안 시스템에서 결함을 발견했대요.

W 기계적인 문제인가요?

M 아니요. 프로그램과 관련 있는 문제예요.

W 펌웨어를 업데이트해야 할 것 같네요.

M 네. 그럼 그렇게 처리되도록 하겠습니다.

W 꼭 그렇게 해야 돼요. 오늘 작동되어야 하니까요.

Q. 주로 논의되고 있는 것은?

(a) 아무것도 할 수 없는 잭슨

(b) 관리되고 있지 않은 보안 요원들

(c) 보안 프로그램의 고장

(d) 동력화 보안 시스템의 문제

해설

두 사람은 잭슨이 발견한 보안 시스템 프로그램상의 결함에 관해 이야기하며 펌웨어 업데이트를 제안하고 있다. 따라서 대화에서 주로 논의되고 있는 사항으로 옳은 것은 (c)이다.

glitch 결함 **security system** 보안 시스템 **mechanical** 기계적인 **up and running** 작동되는 **malfunction** 고장 **motorize** 동력화하다

36

W That front yard is a complete eyesore.

M I'm not sure there's anything we can do.

W The landlord could evict the tenant.

M For not cutting the grass? Let's just do it ourselves.

W Well, go get the lawn mower then.

M I didn't envision myself doing other people's housework today.

Q. What is mainly taking place in the conversation?

(a) A discussion on unruly lawns

(b) Gardening tips for the clueless

(c) Conditions for the removal of occupants

(d) Sights that make your eyes hurt

번역

W 저 앞마당 정말 보기 흉하다.

M 우리가 할 수 있는 일이 있을지 모르겠어.

W 집주인이 세입자를 쫓아낼 수 있어.

M 잔디를 깎지 않은 이유로? 그냥 우리가 깎자.

W 그럼, 가서 잔디 깎는 기계를 가져와.

M 오늘 다른 사람의 집안일을 하게 될 줄은 상상도 못 했는데.

Q. 주로 일어나고 있는 일은?

(a) 방치되어 있는 잔디에 관한 논의

(b) 문외한들을 위한 정원 손질 팁

(c) 입주자들을 이사시키기 위한 조건

(d) 눈을 아프게 만드는 광경

해설

앞마당이 보기 흉하다는 여자의 말에 남자는 할 수 있는 일이 있을지 모른다고 하다가 주인이 쫓아낼 수도 있다는 말에 직접 잔디를 깎자고 제안한다. 따라서 대화에서 주로 일어나고 있는 일로 옳은 것은 (a)이다.

eyesore 보기 흉한 것 **landlord** 집주인 **evict** 쫓아내다 **tenant** 세입자 **lawn mower** 잔디 깎기 기계 **envision** 상상하다 **unruly** 다루기 힘든, 제멋대로 구는 **clueless** 문외한 **removal** 이사 **occupant** 입주자

37

M Welcome to Alaska Airlines. How can I help you?

W Yes, I've come across some difficulties while checking in my bags.

M What are the problems that I can help you with?

W Well, I was told I couldn't take my pills I use for jet lag.

M Let me make a call to my superiors and I'll try to fix this problem for you.

W Thank you very much for all your help.

Q. What is the main topic of the conversation?

(a) What problem the woman has at the airport

(b) Problems the man was having with his superiors

(c) How the man alleviated the jet-lag situation

(d) The woman wanting to buy some medicine

번역

M 알래스카 항공에 오신 것을 환영합니다. 무엇을 도와 드릴까요?

W 네. 가방을 부치려고 하는데 몇 가지 뜻밖에 문제가 생겼어요.

M 어떤 문제를 도와 드리면 될까요?

W 그게, 시차 적응 때문에 먹는 알약을 가져갈 수 없다고 하더라고요.

M 상부에 전화해서 문제를 해결해 드리도록 할게요.

W 도와주셔서 정말 감사합니다.

Q. 대화의 주된 화제는?

(a) 공항에서 여자가 가진 문제

(b) 남자가 상사들과 겪던 문제

(c) 남자가 시차 적응 문제를 해결한 방법

(d) 약을 구입하고 싶어하는 여자

해설

알래스카 항공을 이용하는 여자가 알약을 가져갈 수 없다고 하자 직원인 남자가 문제를 해결해 주고자 하는 상황이므로 대화의 주된 화제로 적절한 것은 (a)이다.

come across ~을 (뜻밖에) 만나다 **check in** ~을 부치다 **jet lag** 시차로 인한 피로 **superior** 상사 **alleviate** 완화하다

38

W In hindsight, I should have joined the sociology class.

M You can still enroll for the class.

W Really? What do I have to do?

M Just have a faculty member sign the permission slip.

W All right. I'll try to get approval today.

M Have it filled out by 4PM or they won't let you in.

Q. Which is correct about the woman according to

the conversation?
(a) The woman flunked sociology class.
(b) Approval wasn't given to her.
(c) She wants to register for a class.
(d) The school made her part of the staff.

번역
W 지나고 나서 보니, 사회학 수업을 들었어야 했는데.
M 그 수업 아직 등록할 수 있어.
W 정말? 어떻게 하면 되는데?
M 교수 한 분이 허가서에 서명만 해 주면 돼.
W 알았어. 오늘 승인을 받도록 해볼게.
M 오후 4시까지 못 받으면 등록시켜 주지 않을 거야.

Q. 다음 중 여자에 대해 옳은 것은?
(a) 사회학 수업에서 낙제했다.
(b) 승인을 받지 못했다.
(c) 어떤 수업을 등록하고 싶어 한다.
(d) 학교는 그녀를 교직원의 일원으로 했다.

해설
사회학 수업을 등록했어야 했다는 여자의 말에 남자가 지금도 등록할 수 있다며 허가서에 교수님 서명만 받으면 된다고 알려주고 있다. 여자는 수업 등록을 원하고 있으므로 여자에 관해 옳은 것은 (c)이다.

in hindsight 지나고 나서 보니 **sociology** 사회학 **enroll** 등록하다 **faculty member** 교수단 **approval** 승인 **flunk** 낙제하다

39

M They have to evacuate the school today.
W Did something happen?
M Yeah, there was a fire at the school.
W Oh my god. I hope they have insurance.
M I'm sure that the school is covered.
W If not, the kids will have to go elsewhere.

Q. Which is correct according to the conversation?
(a) A disaster was averted.
(b) A school was filled.
(c) Something awful occurred.
(d) Excessive coverage ensued.

번역
M 오늘 학교에서 대피를 해야 했대.
W 무슨 일 있었어?
M 응, 학교에 불이 났거든.
W 이런! 보험을 들었어야 할 텐데.
M 분명히 들었을 거야.
W 안 들었으면 아이들이 다른 곳으로 가야 할 거야.

Q. 다음 중 옳은 것은?
(a) 참사를 피했다.
(b) 학교가 꽉 찼다.
(c) 뭔가 끔찍한 일이 일어났다.
(d) 과도한 보상이 뒤따랐다.

해설
오늘 학교에 불이 나 사람들이 대피했다는 여자의 말에 남자는 학교가 보험에 들었어야 할 것이라고 대답한다. 두 사람은 학교에 일어난 화재에 대해 이야기하고 있으므로 대화의 내용으로 옳은 것은 (c)이다.

evacuate 대피하다 **awful** 끔찍한, 무시무시한 **disaster** 재난, 참사 **avert** 방지하다, 피하다 **excessive** 지나친, 과도한 **coverage** (보험) 보장 **ensue** 뒤따르다

40

W We must meet the needs of our customers.
M That's too daunting of a task to complete.
W If we don't, they'll go to our rival instead.
M Then what do you suggest we do?
W Everyone just has to be more customer-friendly.
M I'll work on creating a workshop for that.

Q. Which is correct about the woman according to the conversation?
(a) She doesn't want to lose consumers.
(b) The woman is giving all her effort now.
(c) Customer satisfaction is not important to her.
(d) Merging with the competition is a goal of hers.

번역
W 우리는 고객들의 요구를 충족시켜야 해요.
M 그건 제대로 해내기 너무 힘든 일이잖아요.
W 그렇지 않으면 고객들은 경쟁사로 갈 거예요.
M 그럼 어떻게 하면 될까요?
W 모두 고객들에게 좀 더 친절해야 해요.
M 관련 워크숍을 열 준비를 할게요.

Q. 여자에 관한 내용으로 옳은 것은?
(a) 고객들을 잃고 싶어하지 않는다.
(b) 현재 모든 노력을 다하고 있다.
(c) 그녀에게 고객 만족은 중요하지 않다.
(d) 경쟁사와 합병하는 것이 그녀의 목표 중 하나이다.

해설
여자는 고객의 요구를 충족시키지 못하면 고객들이 경쟁사로 갈 것이라고 말하며, 어떻게 해야 하는지 묻는 남자의 질문에 모두가 고객을 더 친근하게 대해야 한다고 말하고 있으므로 정답은 (a)이다.

meet the needs of ~의 필요에 응하다 **daunting** 기세[기운]을 꺾는 **merge** 합병하다 **the competition** 경쟁자

41

M Let's take some precautions before the experiment starts.
W OK. I'll sterilize the equipment then.
M I'll dilute all the solutions.
W Do you think all of this is really necessary?
M Of course. If we don't, our experiment could fail.
W We won't fail. We just have to be more diligent.

Q. Which is correct according to the conversation?
(a) Care for setting up of the experiment was needed.
(b) The solutions to the problem were in error.
(c) The woman finds all the precautions necessary.
(d) The man thinks the equipment is clean already.

번역
M 실험을 시작하기 전에 몇 가지 예방 조치를 하자.

W 좋아. 그럼 나는 장비를 소독할게.

M 나는 용액을 모두 희석시킬게.

W 꼭 이렇게까지 할 필요가 있을까?

M 물론이지. 안 하면 실험을 실패할 수도 있어.

W 실패하지 않을 거야. 좀 더 부지런하기만 하면 돼.

Q. 다음 중 옳은 것은?

(a) **실험 준비에 유의해야 했다.**

(b) 문제에 대한 해결책이 틀렸다.

(c) 여자는 모든 예방 조치가 필요하다고 생각한다.

(d) 남자는 장비가 이미 깨끗하다고 본다.

해설

실험 전에 대비를 하자는 남자의 말에 서로 할 일을 이야기하다가 여자가 이렇게 할 필요가 있는지 묻자, 남자는 그렇지 않으면 실험을 실패할 수 있다고 대답한다. 따라서 대화의 내용으로 옳은 것은 (a)이다.

precaution 예방 조치 **sterilize** 소독하다 **equipment** 장비 **dilute** 희석시키다 **solution** 용액

42

W That was bad news with the stock market today.

M I know. I was barely able to get all my money out in time.

W Unfortunately for me, I wasn't so lucky with that.

M Don't worry. The market will bounce back and you'll recoup your losses.

W I hope so. I can't afford to lose my house.

M Just remember what they say - buy low and sell high.

Q. What is correct about the man according to the conversation?

(a) The man was a pretty lucky guy.

(b) The market had some stock he wanted.

(c) Because of the situation, he lost the house.

(d) **He was able to secure his funds.**

번역

W 그건 오늘 주식 시장에 안 좋은 소식이었어.

M 그러게. 난 간신히 제때 돈을 다 뺄 수 있었어.

W 유감스럽게도 난 그렇게 운이 좋지 못했어.

M 걱정 마. 시장이 회복될 거고 손실을 만회할 테니까.

W 그랬으면 좋겠다. 집을 잃을 수는 없어.

M 사람들이 하는 말을 기억해. 쌀 때 사서 비쌀 때 파는 거라고.

Q. 남자에 관한 내용으로 옳은 것은?

(a) 꽤 운이 좋은 사람이었다.

(b) 주식 시장에 그가 원한 주식이 조금 있었다.

(c) 이런 상황 때문에 집을 잃었다.

(d) **자신의 자금을 지킬 수 있었다.**

해설

오늘 주식 시장이 좋지 않았다는 여자의 말에 남자는 가까스로 제때 돈을 다 뺐다고 말했으므로 자금을 지킬 수 있었다는 (d)가 정답이다.

stock market 주식 시장 **in time** 때 맞추어 **bounce back** 회복하다 **recoup** (손실 등을) 되찾다 **loss** 손실 **afford** ~하면 안 되다 **secure** 안전하게 하다 **fund** 자금

43

M That new asteroid that was just discovered is massive.

W I've come up with a disastrous conclusion while observing it.

M Let me guess. It's going to collide with us.

W Yeah, but not before it breaks up into many clusters.

M That doesn't sound good at all.

W No, we must find a solution to this problem fast!

Q. What can be inferred from the conversation?

(a) **An impact with the new asteroid is imminent.**

(b) Finding new asteroids usually brings disaster.

(c) Breaking into clusters will lessen the collision.

(d) The asteroid will pass the Earth very closely.

번역

M 막 발견된 새 소행성 엄청나게 크더라.

W 그걸 관측하는 동안 끔찍한 결말을 알게 됐어.

M 내가 맞춰 볼게. 우리와 충돌하는 거야.

W 그래, 하지만 많은 성단으로 산산조각 나기 전까지는 아니야.

M 그거 정말 문제가 있겠는데.

W 아니, 이 문제를 해결할 방법을 빨리 찾아야만 해!

Q. 대화에서 유추할 수 있는 내용은?

(a) **새 소행성과 충돌이 임박한 상황이다.**

(b) 새 소행성을 발견하는 일은 늘 재앙을 불러온다.

(c) 성단으로 분해되면 충돌이 줄어들 것이다.

(d) 소행성은 지구에 매우 가까이 지나갈 것이다.

해설

두 사람은 막 발견된 소행성에 관한 이야기를 나누며 지구와 충돌하게 될 것임을 예상하고 있다. 여자의 마지막 말에서 해결책을 빨리 찾아야 한다는 것으로 보아 유추할 수 있는 내용은 (a)이다.

asteroid 소행성 **massive** 거대한 **come up with** 찾아내다 **disastrous** 피해가 막심한 **observe** 관측하다 **collide** 충돌하다 **cluster** 성단 **impact** 충돌 **imminent** 임박한

44

W I heard the police apprehended the thief.

M That's a relief. He evaded them for a long time.

W Do you think he had an accomplice to help him?

M It would have been too difficult to do it on his own.

W Let's just hope the facts will come out.

M Our police department can deal with intricate cases.

Q. What can be inferred from the conversation?

(a) Law enforcement officials are still looking.

(b) The police had an easy time catching the thief.

(c) **The thief most likely had a collaborator.**

(d) Everyone knows the whole story already.

번역

W 경찰이 그 도둑을 체포했다고 하더라.

M 그거 다행이네. 오랫동안 피해 다녔잖아.

W 그를 도와준 공범이 있었을 것 같니?

M 그런 일을 혼자 하기는 아주 힘들었을걸.

W 그저 진실이 밝혀지기를 기대해 보자.

M 우리 경찰청이 복잡한 사건을 잘 다루잖아.

Q. 대화에서 유추할 수 있는 것은?

(a) 법 집행 당국이 아직도 찾고 있다.

(b) 경찰이 쉽게 도둑을 잡았다.

(c) 도둑에게 협력자가 있었을 가능성이 높다.

(d) 모두가 이미 전말을 알고 있다.

해설

여자가 경찰이 도둑을 잡았다고 알려주며 공범이 있었을 것 같은지 묻자 남자는 그 일을 혼자 하기는 아주 힘들었을 것이라고 대답한다. 따라서 대화에서 유추할 수 있는 내용으로 옳은 것은 (c)이다.

apprehend 체포하다 **evade** 피하다 **accomplice** 공범 **intricate** 복잡한 **law enforcement official** 법 집행 당국 **collaborator** 협력자

45

M So far, our advertising campaign has gotten poor reviews.

W Well, what do you think we should do?

M I recommend that we send out questionnaires.

W Then we can get feedback and make the necessary changes.

M Exactly. I think this feedback can help our campaign be more profitable.

W I'm getting a good feeling about this whole idea.

Q. What can be inferred from the conversation?

(a) Both of them are hopeful about this new tactic.

(b) Promoting is a difficult business to succeed in.

(c) No further changes in the future are expected.

(d) The comments they will receive won't help.

번역

M 지금까지 우리의 광고 캠페인 평가가 좋지 않았어요.

W 그럼 어떻게 해야 할까요?

M 설문지를 발송하는 게 좋겠어요.

W 그럼 피드백을 받아서 필요한 부분을 고칠 수 있겠네요.

M 맞아요. 피드백이 우리 캠페인의 수익성을 높이는 데 도움이 될 것 같아요.

W 이 모든 아이디어에 예감이 좋네요.

Q. 대화에서 유추할 수 있는 내용은?

(a) 두 사람 모두 새 전략을 기대하고 있다.

(b) 홍보는 성공하기 힘든 일이다.

(c) 앞으로 더 이상의 변화가 예상되지 않는다.

(d) 그들이 받을 평가는 도움이 되지 않을 것이다.

해설

지금까지 광고 캠페인에 대한 평가가 좋지 않다는 남자의 말에 여자가 어떻게 해야 할지 방법을 묻자, 남자가 설문지를 발송하자고 제안한다. 여자도 그 방법이 잘될 것 같다고 호응하고 있으므로 대화로부터 유추할 수 있는 내용으로 옳은 것은 (a)이다.

questionnaire 설문지 **tactic** 전략 **promoting** 홍보 **comment** 평가

Part IV

46

Today and today only, you, the residents of Central City are being given a onetime deal. For the next 40 minutes, Atlantis Cruise Lines are giving away an all expenses paid 7 day 6 night cruise to the Bahamas! That's right! All you have to do is sign up for the new Nisa credit card and you'll be entered in a drawing for this wonderful vacation package. So, just run on down to your local Loger's Department Store and sign up for the Nisa Card at a low 12 percent interest and you could go on the cruise of your dreams!

Q. What is the main point of the announcement?

(a) Their onetime vacation chance is not to be missed.

(b) To enter a drawing for a low-interest credit card

(c) Central City residents are very lucky to live there.

(d) A cruise line company is offering a possible free cruise.

번역

오늘 단 하루! 센트럴 시티 주민 여러분께 단 한 번 거래의 기회를 드립니다. 앞으로 40분 동안 아틀란티스 크루즈 운송 회사가 전액 지원되는 6박 7일 바하마 유람선 여행권을 선물로 드립니다! 그렇습니다! 여러분은 니사 신용 카드에 신규 가입해서 이 멋진 휴가 패키지 추첨 행사에 참여하기만 하면 됩니다. 지금 가까운 로저스 백화점으로 달려가 12퍼센트 낮은 이자로 니사 카드를 신청하시면 꿈꾸던 유람선 여행을 갈 수 있습니다!

Q. 광고의 요점은?

(a) 단 한 번의 휴가 기회를 놓쳐서는 안 된다.

(b) 저금리 신용 카드 추첨에 참가하기

(c) 센트럴 시티 주민은 그곳에 살아 정말 운이 좋다.

(d) 한 크루즈 운송 회사가 무료 유람선 여행의 기회를 주고 있다.

해설

앞부분에 힌트가 있는데 한 회사가 선물로 제공하는 유람선 여행 기회에 대해 안내하고 있으므로 정답은 (d)이다. 새로운 신용 카드를 신청하는 것은 유람선 여행 추첨에 참여할 수 있는 자격이 주어지는 조건이므로 (b)는 정답은 아니다.

resident 주민 **deal** 거래 **give away** ~을 선물로 주다 **sign up** 등록하다 **drawing** 추첨 **interest** 이자

47

It's not so very widely known to the world but the *Guinness Book of World Records* has a definite candidate for highest IQ ever. Kim Ung-yong is set down as having the highest recorded intelligence quotient at 210. This child wonder was cited as being able to speak at just 4 months old and to speak fluently by 6 months old. He was credited with the ability to read Korean, English, Japanese, and German, all by the age of two. A PhD was awarded to this amazing prodigy at the tender age of 12. He's been a guest lecturer at universities and researched for NASA. As an adult, he's crossed over disciplines from physics to civil engineering.

Q. What is the talk mainly about?
(a) The life and deeds of a child prodigy
(b) A remarkably gifted child of early education
(c) The age when children should begin to talk
(d) A genuine role model for any child or adult

번역

세상에 잘 알려져 있지는 않지만 〈기네스북〉에는 이제껏 가장 높은 아이큐를 가진 인물이 올라와 있다. 김웅용은 아이큐 210의 세계에서 가장 높은 아이큐 보유자로 기록되어 있다. 이 신동은 생후 4개월 만에 말을 했고 6개월 즈음에는 유창하게 말을 했다고 언급되었다. 그가 두 살 때 한국어, 영어, 일본어, 독일어를 읽는 능력을 발휘했다. 12세라는 어린 나이에 박사학위가 이 놀라운 영재에게 수여되었다. 그는 그 후 여러 대학에서 객원 교수를 지냈고 나사에 들어가 연구를 하기도 했다. 어른이 된 지금 그는 물리학에서 토목 공학 분야로 바꾸어 연구하고 있다.

Q. 담화는 주로 무엇에 관한 것인가?
(a) 한 어린 천재의 삶과 행위
(b) 조기 교육을 받는 놀라운 재능을 가진 아이
(c) 아이들이 말문을 떼야 할 나이
(d) 남녀노소를 위한 진정한 역할 모델

해설

세계에서 가장 높은 아이큐를 가진 김웅용이 어린 시절에 보여 주었던 능력을 기술하고 있다. 따라서 정답은 (a)이다.

definite 확실한 **candidate** 후보자 **set down** 기록하다 **intelligence quotient** 지능 지수 **fluently** 유창하게 **be credited with** ~을 이루다 **prodigy** 천재 **at the tender age** 어린 나이에 **discipline** 지식 분야 **civil engineering** 토목 공학 **genuine** 진짜

48

Today down at the Stewart Universal University student union, there will be a job fair for graduating seniors. Representatives from companies such as LoTech Industries, TG Electronics, Oriental Empress Cruise Lines and our very own Houston Comets will be there to conduct mini-interviews and give out information about their companies. The job fair starts at 10 this morning and ends tonight at 5. So, come on down and get some information on some great companies.

Q. What is the news report mainly about?
(a) The purpose of the businesses coming
(b) The importance of this year's event
(c) The list of corporations attending
(d) An event for graduating students

번역

오늘 스튜어트 유니버설 대학교 학생회관으로 가면 졸업을 앞둔 4학년을 위한 취업 설명회가 있을 것입니다. 로텍 인더스트리즈, 티지 일렉트로닉스, 오리엔탈 엠프레스 크루즈 라인즈, 본교 소유의 휴스턴 코메츠와 같은 회사의 대표들이 그곳에서 간단히 면담을 하고 자사에 대한 정보를 줄 것입니다. 취업 설명회는 오늘 아침 10시에서 오후 5시

까지입니다. 오셔서 이 훌륭한 회사들에 대한 정보를 얻으십시오.

Q. 주로 무엇에 관한 뉴스 보도인가?
(a) 곧 착수할 사업의 목적
(b) 올해 행사의 중요성
(c) 참가할 회사의 목록
(d) 졸업하는 학생들을 위한 행사

해설

졸업을 앞둔 대학교 4학년을 위한 취업 설명회가 학생회관에서 있다는 것을 알리는 내용이다. 따라서 정답은 (d)이다.

student union 학생회관 **job fair** 취업 설명회 **senior** 대학교 4학년 **representative** 대표 **conduct** 수행하다 **give out** 나누어 주다 **corporation** 기업[회사]

49

This is a notice to all tenants of Victorian Village Apartments informing that construction on the new parking lot will begin this coming Monday morning. The construction will last for the next month so alternate parking arrangements have been arranged for the residents here. Two blocks east of the main building, the empty field used for gatherings will be temporarily used. We apologize for this hassle, but this is the only space available.

Q. What is the speaker mainly talking about?
(a) New use for a field used for gatherings
(b) A building that is being reconstructed
(c) The fee for new parking arrangements
(d) Alternative parking necessitated by construction

번역

빅토리안 빌리지 아파트의 모든 세입자에게 알립니다. 다가오는 이번 월요일 오전부터 새 주차장 건설 공사를 시작합니다. 다음 달에도 공사가 계속됨에 따라 이곳 주민들을 위한 대체 주차 시설을 마련했습니다. 본 건물 동쪽에 집회에 사용되는 공터 두 구역을 임시로 이용하실 수 있습니다. 불편을 끼쳐 드려 대단히 죄송하지만, 이곳이 이용할 수 있는 유일한 공간입니다.

Q. 화자가 주로 말하고 있는 것은?
(a) 모임의 공간으로 사용되었던 공터의 새로운 용도
(b) 재건축이 진행되고 있는 건물
(c) 새로운 주차 시설 요금
(d) 건설 공사로 인해 필요한 대체 주차 시설

해설

새로운 주차장 건설로 인해서 공터를 임시 주차 시설로 사용한다는 것을 주민들에게 알리고, 불편을 끼쳐서 미안하다는 내용의 공고이다. 따라서 정답은 (d)이다.

tenant 세입자 **last** 계속되다 **alternate** 대체의 **parking arrangements** 주차 시설 **gathering** 집회 **hassle** 번거로움 **reconstruct** 재건하다 **necessitate** 필요로 하다

50

In San Francisco, the mayor has vetoed a bill that would ban the selling of children's meals in fast food restaurants. The bill was aimed at fast food restaurants using toys to lure children to wanting children's meals even though the meals are for the most part very unhealthy. The mayor went on to say that it was not up to the politicians to decide what children should eat, but their parents. Proponents of the bill were surprised by the mayor's actions especially since he supports healthy living and eating.

Q. What is the main point of the talk?
(a) **It is up to parents, not government, to choose what children eat.**
(b) The law cannot tell fast food restaurants what to serve.
(c) All hamburger chains are unhealthy and should be avoided.
(d) It is unscrupulous to sell food to children with toys.

번역

샌프란시스코 시장이 패스트푸드 식당에서 어린이 메뉴 판매를 금지하는 법안에 거부권을 행사하고 있다. 이 법안은 어린이 메뉴가 대부분 건강에 매우 해로움에도 불구하고 아이들이 어린이 메뉴를 원하도록 장난감으로 유혹하는 패스트푸드 식당을 겨냥하고 있다. 시장은 이어서 아이들이 무엇을 먹어야 하는지는 정치인이 아니라 부모들이 결정해야 할 문제라고 말했다. 이 법안 지지자들은 특히 시장이 건강한 생활과 먹거리를 지지한다는 점에서 그의 행동에 놀랐다.

Q. 담화의 요점은?
(a) 아이들의 먹거리를 선택하는 것은 정부가 아니라 부모들이 할 일이다.
(b) 법이 패스트푸드점이 무엇을 팔아야 하는지 판단해 줄 수는 없다.
(c) 모든 햄버거 체인점은 건강에 좋지 않기 때문에 피해야 한다.
(d) 아이들에게 장난감과 함께 음식을 파는 것은 부도덕한 행위이다.

해설

시장이 패스트푸드 식당에서 어린이 메뉴의 판매를 금지하는 법안에 반대하며 아이들이 어떤 음식을 먹을지는 정부가 해결할 문제가 아니라 부모가 선택해야 할 몫이라고 하므로 정답은 (a)이다. (c)는 이 법안 지지자들의 주장의 전제라고 볼 수 있다.

mayor 시장 **veto a bill** 법안을 거부하다 **ban** 금지하다 **aim at** 겨냥하다 **lure** 유혹하다 **up to** ~가 결정할 일이다 **proponent** 지지자 **unscrupulous** 부도덕한

51

Have you ever wondered how scientists measure the strength of a tornado? Well, scientists use the Enhanced Fujita Scale. The scales are graded from an EF1 to an EF5 with an EF1 being the weakest and an EF5 being the strongest. It is based on the damage a tornado inflicts on vegetation and manmade structures. Other factors determining the grade of a tornado are eyewitness reports, ground-swirl patterns and an aerial view of the damaged area.

Q. What is this lecture mainly about?
(a) What an Enhanced Fujita scale measures
(b) **The process of ranking a tornado**
(c) How the airflow of a tornado works
(d) Other determinate factors in grading tornadoes

번역

과학자들이 어떻게 토네이도의 강도를 측정하는지 궁금해 한 적이 있나요? 과학자들은 강화 푸지타 스케일을 사용합니다. 규모는 EF1에서 EF5까지 등급을 매기는데, 여기서 EF1은 가장 약하고 EF5는 가장 강한 토네이도입니다. 토네이도가 식물과 인공 구조물에 입힌 피해를 기준으로 등급이 매겨집니다. 토네이도의 등급을 결정하는 다른 요소는 목격자의 보고, 지면의 소용돌이 형태, 피해 지역에 대한 조감도입니다.

Q. 강의는 주로 무엇에 관한 것인가?
(a) 강화 푸지타 스케일은 무엇을 측정하는가
(b) **토네이도 등급을 매기는 방법**
(c) 토네이도 기류가 어떻게 작용하는가
(d) 토네이도의 등급을 정하는 다른 결정적인 요인

해설

토네이도의 등급을 매기는 데 강화 푸지타 스케일이 사용되며 토네이도에 의한 피해 정도와 그 외 요인이 기준이 된다는 것이다. 따라서 정답은 (b)이다.

enhanced 강화한 **grade** 등급을 매기다 **inflict** 가하다 **vegetation** 식물 **manmade structure** 인공 구조물 **factor** 요인 **eyewitness** 목격자 **ground-swirl** 지면의 소용돌이 **aerial view** 조감도 **airflow** 기류 **determinate** 결정적인

52

Health Secretary Harry Chow announced on Thursday that late last night, a 65-year-old woman had tested positive for the H5N1 bird flu. The woman recently came back home from Hong Kong after visiting family on the Chinese mainland. With this case, the government decided to upgrade the bird flu alert to serious. This means that there is a risk of catching the disease. So, remember to take precautions when stepping outside and to clean and cook all foods properly.

Q. What is the talk mainly about?
(a) **A deadly type of flu rearing its head again**
(b) Safety measures needed against the bird flu
(c) A woman coming home with a sick bird
(d) The seriousness of a lady's medical condition

번역

목요일에 보건부 장관 해리 차우는 전날 밤 늦게 65세 여성이 H5N1 조류 독감 양성으로 판명되었다고 발표했습니다. 이 여성은 최근 중국 본토에 있는 가족을 방문한 후 홍콩에서 본국으로 돌아왔습니다. 이 사례로 인해 정부는 조류 독감 경보를 위험 수준으로 올리기로 결정했습니다. 이는 질병에 걸릴 위험이 있음을 의미합니다. 따라서 외출 시 예방 조치를 하고, 모든 음식을 제대로 씻고 조리하시기 바랍니다.

Q. 담화는 주로 무엇에 관한 것인가?
(a) 다시 나타난 치명적인 독감의 일종
(b) 조류 독감에 대해 취해야 할 안전 조치
(c) 병든 새를 데리고 귀가한 여성
(d) 어떤 여성의 의료 상태의 심각성

해설

최근에 중국의 가족을 방문한 후 홍콩에서 돌아온 여성이 H5N1 조류

독감 양성으로 판명되어 정부가 경보를 위험 수준으로 올렸다는 내용이므로 정답은 (a)이다.

positive 양성 반응의 **bird flu** 조류 독감 **mainland** 본토 **upgrade** 올리다 **alert** 경보 **precaution** 예방 **deadly** 치명적인 **rear one's head** 나타나다 **measure** 조치

53

Rebel Trader, the novelty and costume shop, has sold its last Halloween costume. A message on the store's website said that it was out of business and the store did not answer repeated phone calls. Rebel Trader was a Northpoint City institution for the past 35 years selling novelty items, costumes, tickets, and other knickknacks to the community. The building that housed the store will be torn down shortly and a new hotel will be built in its place.

Q. Which is correct according to the talk?
(a) Nothing will be erected after the demolition of the store.
(b) The store's online site requested people to call their office.
(c) **Rebel Trader was a longtime business in the community.**
(d) The merchandise was the reason for going under.

번역

장식품 및 코스튬 상점인 레블 트레이더가 마지막 남은 핼러윈 의상을 판매했습니다. 홈페이지에 올린 메시지를 통해 폐업을 알렸고, 가게는 계속되는 전화에도 응답하지 않았습니다. 레블 트레이더는 지난 35년간 지역 사회에 색다른 물건, 의상, 표, 그 외 골동품을 판매하며 노스포인트 시티의 명물이었습니다. 가게가 있던 건물은 곧 철거될 것이고 그 자리에 새 호텔이 세워질 것입니다.

Q. 담화의 내용과 일치하는 것은?
(a) 가게 철거 후 아무것도 세워지지 않을 것이다.
(b) 그 가게는 홈페이지를 통해 사람들에게 전화할 것을 요구했다.
(c) **레블 트레이더는 그 지역에서 오랫동안 장사를 했다.**
(d) 그들이 판매한 물건 때문에 문을 닫게 되었다.

해설

레블 트레이더가 그 지역 사회에서 지난 35년간 장사를 하였다고 했으므로 정답은 (c)이다. institution은 '기관, 단체'라는 뜻도 있지만 '잘 알려진 것, 명물'이라는 의미도 있는데 지문에서는 '명물'의 의미로 쓰였다.

novelty 새로운[신기한] 물건 **costume** 의상 **out of business** 폐업한 **knickknack** 골동품 **house** 수용하다 **tear down** 철거하다 **erect** 세우다 **demolition** 철거 **go under** 파산하다

54

Did you know that one of our most popular drinks, coffee, was discovered by accident? The myth goes that an Ethiopian goat herder named Kaldi around the 9th century noticed that when his goats ate some red berries from a particular bush, they started to get energized. Excited, Kaldi took these berries to the monastery but the holy man did not want them and threw them into the fire. An enchanting smell erupted and they gathered the roasted beans, ground them up, put them in water and created the first cup of coffee.

Q. Which is correct according to the talk?
(a) A holy man cultivated the berries which created coffee.
(b) In the early 900's, a goat herder gathered some unusual berries.
(c) A sordid smell billowed when the beans were roasted.
(d) **The goats became wound up after eating a certain berry.**

번역

가장 대중적인 음료 중 하나인 커피가 우연히 발견된 것을 아시나요? 신화에 의하면 9세기경 칼디라는 에티오피아 염소지기가 염소들이 특정 덤불에서 빨간 열매를 먹으면 활기를 띠기 시작한다는 것을 알아챘습니다. 신이 난 칼디는 열매를 수도원으로 가져갔지만, 성자는 열매를 필요로 하지 않아 불 속에 던져 버렸습니다. 황홀한 냄새가 올라와서 그들은 볶아진 콩을 모아 갈아서 물에 넣어 최초의 커피를 만들었습니다.

Q. 담화의 내용과 일치하는 것은?
(a) 한 성자가 커피를 만드는 열매를 재배했다.
(b) 900년대 초에 한 염소지기가 이상한 열매를 땄다.
(c) 콩이 구워졌을 때 지저분한 냄새가 피어 올랐다.
(d) **염소들이 어떤 열매를 먹은 후 흥분했다.**

해설

담화에 따르면 염소들이 어떤 열매를 먹으면 활기를 띠는 것을 염소지기가 눈치챘다고 했으니 정답은 (d)이다. 9세기는 800년대이므로 (b)는 옳지 않다.

by accident 우연히 **myth** 신화 **herder** 목자 **energize** 활기를 돋우다 **monastery** 수도원 **holy man** 성자 **enchanting** 황홀케 하는 **erupt** 분출하다 **roast** 굽다 **grind** 갈다 **cultivate** 재배하다 **sordid** 지저분한 **billow** 피어 오르다 **wound up** 흥분한

55

As a member of the Board of Directors, I am informing you shareholders that as of tomorrow, we plan to downsize our workforce by 25%. We are taking this preemptive measure in order to make the merger between World Airlines and Jet Red run as smooth as possible. No doubt this decision will be met with hostility from the press and the laid off workers, but be assured that this was done in the interest of what's best for the company and that alone. I hope that you are able to understand this decision and will stick with us in the continuing future as part of the World Jet Airline family.

Q. Which is correct according to the talk?
(a) The staff of workers will be increased by 25%.
(b) **The media is going to be very disturbed with the job cuts.**

(c) Splitting the company into two separate divisions is proposed.
(d) The announcement was made out of a personal inclination.

번역

이사회의 일원으로서 주주 여러분께 저희 회사는 내일부터 인력의 25%를 감축할 계획이라는 것을 알려 드립니다. 저희는 월드 에어라인과 젯 레드의 합병이 최대한 순조롭게 진행되도록 이런 선제 조치를 취하는 것입니다. 이번 결정이 언론과 해고된 노동자들로부터 강한 반발에 부딪힐 것은 분명하지만 오직 회사의 최선을 위해서 결정된 것이라고 확신합니다. 여러분이 이 결정을 이해하고 월드 젯 에어라인 가족의 일원으로서 앞으로도 계속 저희와 함께 하기를 바라는 바입니다.

Q. 담화의 내용과 일치하는 것은?
(a) 회사는 직원의 수를 25%까지 늘릴 것이다.
(b) 언론은 회사의 정리 해고 때문에 매우 동요될 것이다.
(c) 회사를 두 개의 분리된 부서로 나누자고 제안되었다.
(d) 이 공지는 개인적인 의향으로 나왔다.

해설

중간 부분을 보면 두 회사의 합병으로 인한 이런 해고 결정이 언론과 해고된 직원들의 반감에 부딪힐 것이라고 했으니 (b)가 정답이다.

board of directors 이사회 **shareholder** 주주 **downsize** 축소하다 **preemptive** 선제의 **merger** 합병 **no doubt** 의심할 바 없이 **hostility** 강한 반대 **lay off** 정리 해고하다 **in the interest of** ~을 위해서 **stick with** ~의 곁에 머물다 **disturbed** 동요한 **division** 부서 **inclination** 의향

56

Pale Male is a male red-tail hawk who has made its home in New York City since the early 1990s. When Pale Male arrived in Central Park, he tried to make a nest in many trees but was driven off by crows. So in an interesting twist to this tale, he made some nests on buildings rather than the traditional tree branches. The bird is also famous for starting a family dynasty of urban-dwelling hawks. He is known to have fathered at least 26 chicks, with many of those chicks having offspring of their own.

Q. What is correct about Pale Male according to the talk?
(a) This bird first attempted to nest in buildings.
(b) He has sired a large number of offspring.
(c) Crows tried to help Pale Male live in the trees.
(d) His descendents live in the country.

번역

페일 메일은 1990년대 초부터 뉴욕에 둥지를 틀고 사는 수컷 붉은꼬리매이다. 페일 메일은 센트럴 파크에 도착해서 나무에 둥지를 틀려고 했지만 까마귀에게 쫓겨났다. 이 이야기의 흥미로운 반전은 페일 메일은 인습적인 나뭇가지가 아닌 빌딩에 둥지를 틀었다는 것이다. 또한 페일 메일은 도시에 사는 매 왕가의 시조인 것으로도 유명하다. 페일 메일은 최소 26마리 새끼의 아버지인 것으로 알려졌는데, 그 중 많은 새들이 또 새끼를 낳았다.

Q. 페일 메일에 대해 옳은 것은?

(a) 페일 메일은 처음에 빌딩에 둥지를 틀려고 했다.
(b) 많은 새끼 새의 아비가 되었다.
(c) 까마귀는 페일 메일이 둥지를 만드는 것을 도우려고 했다.
(d) 그의 새끼들은 시골에 산다.

해설

담화의 마지막 부분에 페일 메일은 최소 26마리의 새끼 새를 낳았다고 했으므로 (b)가 담화의 내용과 일치한다.

drive off 쫓아내다 **twist** 전환 **dynasty** 왕조 **urban** 도시의 **dwelling** 거처 **offspring** 자식 **sire** 아비가 되다 **descendent** 후손

57

The Knights Templar, founded around 1129 AD, were the most skillful fighters in the Crusades. Their mission was to protect the Christian pilgrims during this time. Over the years, they became too wealthy and powerful. Afraid of what could happen to him, King Philip secretly ordered the mass arrest of all the knights living in France. The knights were then tortured and killed for numerous offenses. This happened on Friday, October 13, 1307. This led to the superstition of Friday the 13th as a bad or unlucky day.

Q. What is correct according to the talk?
(a) The Knights Templar created the Friday the 13th curse.
(b) All the knights living in France were living in hiding.
(c) The purpose of the knights was to protect all travelers.
(d) The knights became affluent and mighty in a short span.

번역

서기 1129년경에 설립된 템플 기사단은 십자군 전쟁에서 가장 숙련된 전사들이었다. 이 시기에 그들의 임무는 기독교 순례자들을 보호하는 것이었다. 해가 거듭되며 그들은 지나치게 부유해지고 강해졌다. 필립 왕은 자신에게 무슨 일이 생길지 두려워 비밀리에 프랑스에 사는 모든 기사들을 집단 체포할 것을 명령했다. 이 기사들은 수많은 위법 행위를 한 죄로 고문을 받고 처형되었다. 이 일은 1307년 10월 13일 금요일에 일어났고, 이로 인해 13일의 금요일이 불길하거나 불행을 가져오는 날이라는 미신이 생겼다.

Q. 담화의 내용과 일치하는 것은?
(a) 기사단은 13일의 금요일이라는 미신을 만들어냈다.
(b) 프랑스에 살던 모든 기사들은 숨어 살고 있었다.
(c) 기사단의 목적은 모든 여행자들을 보호하는 것이었다.
(d) 기사단은 짧은 기간 동안 매우 부유해지고 강해졌다.

해설

기사단의 임무는 기독교 순례자들을 보호하는 것이었지 모든 여행자를 보호하는 것은 아니었으므로 (c)는 답이 될 수 없고, 기사들이 해가 지나며 몇 년에 걸쳐 부유해지고 강해졌다고 했으므로 (d)의 내용과는 다르다. 기사단이 1307년 10월 13일 금요일에 처형당했기 때문에 13일의 금요일이라는 미신이 생겼다는 내용이 있으므로 정답은 (a)이다.

skillful 숙련된 **crusade** 십자군 **mission** 임무 **pilgrim** 순례자

arrest 체포 torture 고문하다 offense 위법 행위 superstition 미신
in hiding 몸을 숨겨 affluent 부유한 mighty 강력한 span 기간

58

Today in local news, residents in the Lewiston area are planning to protest the city council's decision to tear down Garfield Park in order to build a new shopping mall. Locals say the park is a gathering place for families to meet, relax and spend quality time together. The city council cites a need to add businesses in order to add more jobs, visitors and population to the community. The protest set for this weekend is potentially going to attract more than 5,000 supporters.

Q. What can be inferred from the news report?
(a) **Not many people come to Lewiston to live.**
(b) Families can gather at another place in town.
(c) More jobs for the town will only make people leave.
(d) The rally may only have a small turnout.

번역

오늘 지역 뉴스입니다. 루이스턴 지역 주민들이 새 쇼핑몰 건설을 위해 가필드 공원을 철거하기로 한 시의회의 결정에 대해 항의 시위를 계획하고 있습니다. 주민들은 공원이 가족들과 만나서 휴식을 취하고 함께 귀중한 시간을 보내는 모임의 장소라고 말합니다. 시의회는 지역 사회에 일자리와 방문자 및 주민의 수를 늘리기 위해서는 사업체를 늘려야 할 필요성이 있다고 언급했습니다. 이번 주말로 예정된 시위는 5,000명 이상의 지지자들을 끌어 모을 것으로 보입니다.

Q. 뉴스 보도에서 유추할 수 있는 것은?
(a) **루이스턴에 거주하러 오는 사람은 많지 않다.**
(b) 가족들은 도시의 다른 장소에 모일 수 있다.
(c) 도시에 일자리가 늘면 사람들이 떠날 뿐이다.
(d) 시위 참가자 수가 적을 것이다.

해설

시의회가 지역 사회의 일자리와 방문자 및 주민의 수를 늘리기 위해서 사업체를 늘려야 할 필요성을 언급하고 있는 것으로 보아 루이스턴에 오는 사람이 많지 않음을 알 수 있다. 따라서 정답은 (a)이다.

protest 시위하다 council 의회 spend quality time 귀중한 시간을 보내다 cite 언급하다 community 지역 사회 supporter 지지자 rally 시위 운동 turnout 참가자 수

59

Today in world news, archaeologists in Tribecastan have unearthed what could be the fossil of a new dinosaur. The fossils at initial glance seemed to be what you would call a mega meat eater. Similar in structure to a Tyrannosaurus Rex, this new discovery is double in size to a full grown T-Rex. This would make the new find the biggest meat eater during the reign of the dinosaurs. Tribecastan government officials have called this one of the most important discoveries in its country's history.

Q. What can be inferred from the news report?

(a) The new discovery is the big brother of the T-Rex.
(b) **A new biggest dinosaur may have been discovered.**
(c) Tribecastan doesn't have much of a history.
(d) The new dinosaur apparently ate only a little.

번역

오늘의 세계 뉴스입니다. 트라이브카스탄에서 고고학자들이 새로운 공룡의 화석일 가능성이 있는 화석을 발굴했습니다. 얼핏 보면 화석은 초대형 육식 동물인 것으로 보였습니다. 티라노사우루스 렉스와 유사한 구조를 가진 새로 발견된 이 화석은 다 자란 티라노사우루스 렉스보다 두 배가 더 큽니다. 이점으로 미루어 이 동물은 공룡이 지구를 지배하는 동안 가장 큰 육식 동물이었을 것입니다. 트라이브카스탄 정부 관리들은 이것을 자국 역사에 있어서 가장 중요한 발견물 중 하나라고 부르고 있습니다.

Q. 뉴스 보도로부터 유추할 수 있는 것은?
(a) 발견된 화석은 티라노사우루스 렉스의 큰 형 뻘이다.
(b) **새로운 제일 큰 공룡이 발견되었을지도 모른다.**
(c) 트라이브카스탄의 역사는 길지 않다.
(d) 새로 발견된 공룡은 분명히 조금 밖에 먹지 않았다.

해설

트라이브카스탄에서 고고학자들이 공룡 시대의 가장 큰 육류 포식자로 여겨지는 초대형 공룡의 화석을 발견했다는 뉴스이므로 정답은 (b)이다.

archaeologist 고고학자 unearth 발굴하다 fossil 화석 glance 얼핏 봄 full grown 완전히 자란 reign 지배 government official 정부관리 apparently 분명히

60

Unfortunately or not, the days of using a dark room to develop photos is dying out. With the advancements in the technology of digital cameras and computers, you are able to take pictures and instantly see how the pictures have turned out and decide to either keep or delete them. Also, with online photo albums, the need to have a physical copy of a photograph is eliminated. Lastly, with photo editing software, a person can virtually produce a photo that was never actually taken.

Q. What can be inferred from the talk?
(a) Immediately checking your photos improves your photography.
(b) **The art of photography has heavily transformed.**
(c) Tangible photo albums are still popular today.
(d) Creating unrealistic photos is the future of photography.

번역

불행이든 다행이든, 암실을 이용해 사진을 현상하던 시대가 사라지고 있다. 디지털 카메라와 컴퓨터 기술의 발달로 우리는 사진을 찍고 곧바로 어떻게 나왔는지 확인한 다음 사진을 보관할지 지울지 결정할 수 있다. 또한 온라인 사진첩이 있어서, 사진을 물리적으로 뽑을 필요성이 사라졌다. 마지막으로 사진 편집 소프트웨어로 실제 찍히지도 않은 사진을 가상으로 제작할 수 있다.

Q. 화자의 견해로 유추할 수 있는 것은?
(a) 사진을 즉각적으로 확인할 수 있어 사진 기술이 향상된다.
(b) 사진 기술이 크게 바뀌었다.
(c) 형태가 있는 사진 앨범이 오늘날에도 여전히 인기이다.
(d) 비현실적인 사진을 만들어내는 것이 사진술의 미래이다.

해설
오늘날 기술의 발달로 암실에서의 사진 현상 대신 가능해진 여러 가지 사진 기법들을 나열하고 있다. 따라서 추측할 수 있는 내용으로 옳은 것은 (b)이다.

develop 현상하다   **die out** 자취를 감추다   **eliminate** 제거하다
transform 완전히 바꿔 놓다   **tangible** 유형의

⇨ 본책 P 78

Actual Test 02

Part I

1 (c)	**2** (b)	**3** (c)	**4** (d)	**5** (d)
6 (c)	**7** (b)	**8** (d)	**9** (c)	**10** (c)
11 (b)	**12** (b)	**13** (a)	**14** (c)	**15** (b)

Part II

16 (a)	**17** (b)	**18** (d)	**19** (d)	**20** (d)
21 (d)	**22** (b)	**23** (a)	**24** (d)	**25** (c)
26 (c)	**27** (b)	**28** (d)	**29** (a)	**30** (b)

Part III

31 (d)	**32** (c)	**33** (b)	**34** (a)	**35** (b)
36 (c)	**37** (d)	**38** (a)	**39** (d)	**40** (c)
41 (c)	**42** (b)	**43** (b)	**44** (c)	**45** (a)

Part IV

46 (a)	**47** (b)	**48** (a)	**49** (c)	**50** (b)
51 (c)	**52** (c)	**53** (d)	**54** (b)	**55** (d)
56 (d)	**57** (d)	**58** (c)	**59** (d)	**60** (d)

Part I

1

M What are you going to do Saturday afternoon?
W _____

(a) Something different from Saturday.
(b) Weekends are time for relaxing.
(c) I'm doing the laundry.
(d) It'll be really exciting.

번역
M 토요일 오후에 뭐하실 거예요?
W _____

(a) 토요일과는 다른 일이요.
(b) 주말은 편히 쉬는 시간이지요.
(c) 세탁을 하려고요.
(d) 정말 신이 날 거예요.

해설
토요일 오후에 무엇을 할 것인지에 대한 질문에 세탁을 할 거라는 (c)가 가장 자연스러운 응답이다. (b)의 weekends는 남자의 말 Saturday에서 연상할 수 있는 함정이다.

relax 편히 쉬다   **do the laundry** 세탁하다

2

W I heard the meeting was postponed.

M _____

(a) It will be canceled tomorrow.
(b) **We'll have it at a later date.**
(c) I didn't see you at the meeting.
(d) The meeting was very interesting.

번역

W 회의가 연기되었다고 들었어요.

M _____

(a) 내일 취소될 거예요.
(b) **회의는 나중에 할 거예요.**
(c) 회의에서 당신을 보지 못했어요.
(d) 회의가 아주 흥미로웠어요.

해설

회의가 연기되었다는 말에 나중에 할 거라는 (b)가 가장 적절하다. 회의는 아직 하지 않았기 때문에 회의에서 여자를 보지 못했다는 (c)와 회의가 흥미로웠다는 (d)는 상황에 맞지 않다.

postpone 연기하다 **cancel** 취소하다

3

M How many stories do you think this skyscraper has?

W _____

(a) It has to be big to have hundreds of books.
(b) Maybe 15 of them are adventure stories.
(c) **I would say around 200 floors.**
(d) It can't be as many as yesterday.

번역

M 이 고층 건물에 층이 몇 개 있을 것 같아요?

W _____

(a) 책 수백 권을 담으려면 커야 해요.
(b) 아마 그 중 15개는 모험 이야기일 걸요.
(c) **제가 볼 때는 200층 정도요.**
(d) 어제만큼 많을 리가 없어요.

해설

story의 의미를 정확하게 알아야 풀 수 있는 문제이다. 질문에서는 how many stories를 써서 건물이 모두 몇 '층'인지를 물어보고 있으므로 200층 정도라고 대답한 (c)가 가장 자연스럽다. (a)와 (b)는 남자의 말 story를 '이야기'라는 의미로 이해했을 때 고를 수 있는 함정이다.

adventure 모험 **skyscraper** 고층 건물

4

W I'm sorry, but no smoking is allowed.

M _____

(a) I won't let you do it again after this.
(b) It's OK. I will allow just one smoke.
(c) It could be worse if you're not sorry.
(d) **Alright. I'll go take it outside then.**

번역

W 죄송하지만, 흡연은 금지되어 있어요.

M _____

(a) 이번 일 후로는 다시는 이렇게 못 하게 할 겁니다.
(b) 괜찮아요. 한 대 정도는 허락할게요.
(c) 미안하지 않으면 상황이 더 안 좋을 수 있어요.
(d) **알겠어요. 그럼 밖에 나가서 필게요.**

해설

금연 구역이라는 안내를 하였으므로 담배를 피우기 위해 밖으로 나가겠다고 응답하는 (d)가 적절하다. (a)는 이미 금연 구역에서 흡연을 하였다는 전제가 있어야 하므로 답이 될 수 없다.

allow 허락하다 **worse** 더 나쁜

5

M James Dean was a larger-than-life figure.

W _____

(a) It was because of his ordinary life experiences.
(b) That must have been a very big painting.
(c) He must have lived for a very long time.
(d) **And he was a very complex human being.**

번역

M 제임스 딘은 전설적인 인물이었어.

W _____

(a) 그건 그의 평범한 삶 때문이었지.
(b) 아주 큰 그림이었겠어.
(c) 그는 정말 오래 살았겠어.
(d) **아주 복잡한 사람이었기도 하고.**

해설

제임스 딘이 전설적인 인물이었다는 말에 매우 복잡한 사람이기도 했다고 덧붙여 말하는 (d)가 적절한 응답이다. larger-than-life와 ordinary는 상반된 표현이므로 (a)는 응답으로 적절하지 않다.

larger-than-life 전설적인 **figure** 유명한 인물 **ordinary** 평범한

6

W I am really envious of Jessica's new apartment.

M _____

(a) You must not have luck on your side.
(b) It is a very nice place for me to live in.
(c) **She is extremely fortunate to have found it.**
(d) Jessica should have seen it yesterday.

번역

W 제시카의 새 아파트가 정말 부러워요.

M _____

(a) 행운이 당신 편은 아니었나 봐요.
(b) 제가 살기에 아주 좋은 곳이죠.
(c) **그 아파트를 발견했으니 정말 운이 좋은 거죠.**
(d) 제시카가 어제 그걸 봤어야 했어요.

해설

여자는 제시카의 새 아파트를 마음에 들어 하고 있지만 같이 아파트를 찾고 있었다는 언급이 없으므로 (a)는 맞지 않고, 남자가 자기가 살기

에 좋은 곳이라는 (b)도 대화에 어울리지 않다. 아파트가 좋은 만큼 제시카가 운이 좋은 것이라고 하는 (c)가 가장 적절하다.

envious 부러워하는   **extremely** 매우   **fortunate** 운이 좋은

7

M I would like to take out a loan to buy a car.
W _____

(a) Sure. You have run up a lot of debt.
(b) Do you have some identification with you?
(c) That kind of withdrawal will require a manager's approval.
(d) OK. What kind of account would you like to open?

번역

M 자동차 구입을 위해 대출을 받고 싶은데요.
W _____

(a) 물론이지요. 빚이 많으시네요.
(b) 지금 신분증 있으신가요?
(c) 그런 출금은 지점장의 승인이 필요합니다.
(d) 좋아요. 어떤 종류의 계좌를 개설하실 건가요?

해설

은행에서 직원과 대출을 받으려는 손님과의 대화이다. 남자가 차를 사기 위해 대출을 받고 싶다고 하자 신분증이 필요하다는 의미에서 지금 신분증이 있냐고 묻는 (b)가 적절한 응답이다. (a)는 가능하다고 하면서 빚이 많이 쌓여 있다는 내용이 연결되어 앞뒤 흐름이 맞지 않다.

loan 대출   **debt** 빚   **identification** 신분증   **withdrawal** 출금
approval 승인   **account** 계좌

8

W You must be here to collect the reward?
M _____

(a) I deserved to win it this year.
(b) Giving it back would not have worked.
(c) I just want to thank the tax collector.
(d) Yeah, I could really use the money.

번역

W 상금을 수령하러 오셨죠?
M _____

(a) 올해는 제가 탈만 했어요.
(b) 되돌려 주는 것은 소용없었을 거예요.
(c) 단지 세무서 직원에게 고마울 뿐이에요.
(d) 네, 정말 이 돈이 필요하거든요.

해설

보상금을 타러 왔냐는 여자의 말에 '그렇다. 돈이 필요하다'고 긍정하는 (d)가 적절한 응답이다. (a), (b), (c)는 여자의 질문과는 어울리지 않는 응답이다.

collect (상을) 받다   **reward** 상금   **deserve** ~할 자격이 있다

9

M My mother was commended for her service at her job.

W _____

(a) Please don't tell her what to do.
(b) Your mother should give them orders.
(c) She worked very hard at that place.
(d) We all should work for the service club.

번역

M 어머니가 직장에서의 노고를 인정받으셨어요.
W _____

(a) 어머니에게 뭘 해야 하는지 말하지 마세요.
(b) 어머니가 그들에게 지시를 내려야 해요.
(c) 어머니가 그곳에서 열심히 일하셨죠.
(d) 우리 모두 봉사 클럽에서 일해야 해요.

해설

어머니가 열심히 일했기 때문에 직장에서 칭찬을 받았다는 남자의 말에 동조하는 (c)가 가장 자연스럽다. (a)와 (b)는 commend를 command로 들을 경우에 혼란을 주기 위한 함정이며, (d)는 service를 반복 사용한 함정이다.

commend 칭찬하다   **service** 근무, 봉사

10

W Sir, this is an all-inclusive travel package to Egypt.
M _____

(a) I'm surprised that it leaves many things out.
(b) How soon will I be able to get a refund for this?
(c) It's a wonderful idea to be able to get away from here.
(d) I started packing for the trip two weeks ago.

번역

W 손님, 이 상품은 모든 비용이 포함된 이집트 여행 상품입니다.
M _____

(a) 많은 것이 빠져 있어서 놀랐어요.
(b) 이 상품 환불은 얼마나 빨리 받을 수 있나요?
(c) 이곳을 벗어나 쉴 수 있다니 정말 좋은 생각이에요.
(d) 2주 전부터 여행 짐을 싸기 시작했어요.

해설

여행사 직원과 손님간의 대화로, 이집트 여행 상품을 소개받는 상황이다. 여기에 일상을 떠나 잠시 여행을 다녀오는 것이 좋은 생각이라는 (c)가 가장 적절하다. all-inclusive라고 했으므로 많은 것이 빠져 있다고 한 (a)는 대화의 흐름과 맞지 않다. 상품 환불에 관해 묻는 (b)와 짐을 싸기 시작했다는 (d)는 여행 상품을 소개받는 상황에는 어색하다.

all-inclusive 모두 포함된   **refund** 환불   **pack** (짐을) 싸다

11

M Katie, your team is suffering from low morale right now.
W _____

(a) I try to teach them right from wrong.
(b) I'm working now to raise spirits.
(c) They will suffer from high morale as well.
(d) That problem doesn't concern him.

번역

M 케이티, 당신 팀은 지금 사기가 떨어져서 힘들어하고 있어요.

W _____

(a) 팀원들에게 옳고 그름을 가르치려 하고 있어요.
(b) 지금 사기 증진을 위해 애를 쓰고 있어요.
(c) 그들은 사기가 충만해도 힘들어할 거예요.
(d) 그는 그런 문제는 신경 쓰지 않아요.

해설

남자의 말에 따르면 여자가 속한 팀은 사기 저하 문제점을 갖고 있다고 한다. 여자가 이 점을 인지하고 팀원들의 의욕을 북돋우기 위해 노력하고 있다는 (b)가 가장 적절하다.

suffer from ~때문에 힘들어 하다 **morale** 의욕 **spirit** 활기 **concern** 걱정하게 하다

12

W A good rule of thumb is not to wake babies when they are sleeping.

M _____

(a) When I wake up, I'm always cranky.
(b) I'll try to keep that in mind next time.
(c) We could let them stay up all night then.
(d) No, my thumb is OK. I just cut it on a piece of paper.

번역

W 제 경험상 아기가 자고 있을 때 깨우지 않는 것이 좋아요.

M _____

(a) 저는 잠에서 깨면 항상 짜증이 나요.
(b) 다음에는 명심할게요.
(c) 그러면 밤새 아이들이 깨어있도록 둘 수 있어요.
(d) 아니요, 제 엄지손가락은 괜찮아요. 종이에 베었을 뿐이에요.

해설

여자는 남자에게 육아의 경험에서 나온 노하우를 알려주고 있다. 따라서 이를 잘 기억하고 있다가 다음 번에 시도해 보겠다고 하는 (b)가 가장 자연스럽다. a rule of thumb이란 '경험에서 체득한 규칙'이라는 의미로, (d)의 thumb은 신체의 일부를 가리키는 함정이다.

cranky 짜증을 내는 **stay up** 안 자고 깨어 있다

13

M We really need an out of the box thinker to give us some guidance.

W _____

(a) We'll look for prospective candidates ASAP.
(b) Why don't you put some box thinkers on the job then?
(c) You need no such guidance at the moment.
(d) Let's review about what kind of thinkers you need.

번역

M 우리에게 앞으로의 방향을 제시해 줄 독창적인 사람이 정말 필요해요.

W _____

(a) 가능한 한 빨리 유망한 후보자를 찾아볼게요.
(b) 그럼 이 일에 독창적인 사람들을 투입하는 게 어때요?
(c) 당신은 지금 그런 지도는 필요 없어요.
(d) 어떤 류의 사상가가 필요한지 다시 검토해 봅시다.

해설

think out of the box란 '독창적으로 생각하다'라는 의미이다. 앞으로 나아갈 방향을 제시해 줄 독창적인 사람이 필요하다는 말에 최대한 빨리 괜찮은 후보를 물색해 보겠다고 하는 (a)가 가장 적절한 응답이다.

guidance 지도 **prospective** 유망한 **candidate** 후보자

14

W This morning, Shawn narrowly avoided a car accident coming to work.

M _____

(a) There are too many cars clogging up the streets.
(b) He saw that accident on the way this morning.
(c) I wonder if he is shaken up from the incident.
(d) The Narrows are a very tricky section of road.

번역

W 오늘 아침 출근길에 숀이 교통사고를 간신히 모면했어요.

M _____

(a) 거리가 너무 많은 차로 꽉 막혀 있어요.
(b) 그가 오늘 아침 오는 길에 사고를 목격했어요.
(c) 그가 그 일로 인해 충격을 받았는지 모르겠네요.
(d) 내로우즈 거리는 정말 힘든 구역이에요.

해설

출근길에 교통사고를 간신히 모면한 숀에 대한 대화이다. 사고가 날 뻔한 아찔한 상황 때문에 그 일로 충격을 받지 않았을까 하는 (c)가 가장 자연스럽다.

narrowly 간신히 **clog** 막다 **incident** 사건 **tricky** 까다로운

15

M We've been given the green light to design the new monument.

W _____

(a) Placing the light is the trickiest thing to do.
(b) Let's make sure it's feasible within our budget.
(c) Designing something new is nothing new to me.
(d) We should've put it up on the roof instead.

번역

M 새로운 기념물을 디자인하도록 허가를 받았어요.

W _____

(a) 등 설치가 가장 까다로운 작업이에요.
(b) 우리 예산 내에서 가능하도록 합시다.
(c) 새로운 것을 디자인하는 것이 제게는 새롭지 않아요.
(d) 대신에 그것을 지붕 위에 설치했어야 하는데요.

해설

green light는 청신호에 비유하여 '(사업 등에 대한) 허가, 승인'을 말한다. 새로운 기념물의 디자인을 하도록 승인을 받았으므로 정해진 예산 내에서 디자인을 완성할 수 있게 하자는 (b)가 가장 적절한 응답이다.

monument 기념물 feasible 실행 가능한 budget 예산

go outside 밖으로 나가다 probably 아마도

Part II

16

W Hello, is this Tina's Pizza Shop?
M Yes, it is. How may I help you?
W I would like to place an order, please.
M _____

(a) **OK. Tell me what you would like.**
(b) I just helped you a while ago.
(c) Unfortunately, Tina hasn't come in today.
(d) We sell only pizzas and don't take orders.

번역
W 여보세요. 티나네 피자 가게죠?
M 네, 맞습니다. 무엇을 도와 드릴까요?
W 주문을 하고 싶은데요.
M _____

(a) 네, **주문하실 것을 말씀해 주세요.**
(b) 방금 도와 드렸잖아요.
(c) 안타깝게도 오늘 티나는 여기 없어요.
(d) 저희는 피자만 판매하고 주문은 받지 않습니다.

해설
여자가 티나네 피자 가게에 전화해 주문을 하고 싶다고 말하고 있다. 주문을 받으려고 하는 (a)가 가장 적절하다. (d)는 파는 음식을 언급한 것으로 보아 여자의 마지막 말에 음식 종류가 나와야 적절한 응답이 된다.

place an order 주문하다 while 잠시, 잠깐

17

M Have you seen how the clouds have become darker?
W Yes, I hope you brought an umbrella.
M What do you mean?
W _____

(a) Maybe we should go outside.
(b) **It is probably going to rain soon.**
(c) Everyone should buy an umbrella.
(d) It's a very sunny day today.

번역
M 구름이 점점 어두워지는 거 봤니?
W 응, 네가 우산을 갖고 왔기를 바라.
M 무슨 뜻이야?
W _____

(a) 우리 밖으로 나가야겠어.
(b) **곧 비가 올 것 같아.**
(c) 모두들 우산을 사야 해.
(d) 오늘은 아주 화창하네.

해설
구름이 점점 어두워지는 상황에서 우산을 갖고 왔기를 바란다는 여자의 말은 곧 비가 올 테니 우산이 필요할 거라는 뜻이다. 따라서 응답으

18

W I'm sorry. I didn't mean to hurt your feelings.
M You made me really upset today.
W Is there anything I can do to make it up to you?
M _____

(a) You have a jealous personality.
(b) You'll just get false hopes.
(c) Could you pretend to like me?
(d) **Just give me a heartwarming hug.**

번역
W 미안해. 당신 기분을 상하게 할 뜻은 없었어.
M 자기 때문에 오늘 정말 속상했어.
W 내 잘못을 만회할 수 있는 일이 없을까?
M _____

(a) 당신은 질투심 많은 성격이야.
(b) 넌 그냥 헛된 기대를 갖게 될 거야.
(c) 날 좋아하는 척 하면 안 돼?
(d) **그냥 따뜻하게 한번 안아줘.**

해설
남자를 속상하게 해서 그것을 만회하기 위해 뭔가 해줄 수 있는 것이 있을지 묻는 여자의 말에 이어질 남자의 응답으로 가장 적절한 것은 (d)이다.

make it up to ~에게 보상해 주다 personality 성격
heartwarming 마음을 따뜻하게 하는

19

M What is your purpose for coming here to this country?
W I plan to sightsee and to visit friends.
M How long do you plan on staying here?
W _____

(a) When I finally get a visa.
(b) Until my friends come to visit.
(c) As long as I have friends.
(d) **Till the end of the month.**

번역
M 이 나라에 오신 목적이 뭔가요?
W 관광도 하고 친구도 방문하려고요.
M 얼마 동안 머무르실 건가요?
W _____

(a) 비자를 받을 때까지요.
(b) 제 친구들이 찾아올 때까지요.
(c) 저에게 친구들이 있는 한요.
(d) **이번 달 말까지요.**

해설
공항의 입국 심사대 직원으로 보이는 남자는 여자에게 이 나라에 입국한 목적과 체류 기간에 관해 묻고 있다. 얼마 동안 머무를 예정인지를 묻는 남자의 질문에 대한 응답으로 구체적인 기간을 말하는 (d)가 가장

적절하다.

purpose 목적 **sightsee** 관광하다 **as long as** ~하는 한

20

W Dad, can you make sure I get up early tomorrow?
M OK. Is there something important you need to do?
W Yes, my science project is due and I still have things to finish.
M _____

(a) Make sure that you get up early.
(b) I hope you finished your science project.
(c) Remember that it has to be completed.
(d) I can't believe you didn't finish it yet.

번역

W 아빠, 저 내일 아침 일찍 깨워주실 수 있어요?
M 그러마. 뭐 중요하게 해야 할 일 있니?
W 네, 과학 숙제 제출일인데 아직 끝내야 할 게 있어서요.
M _____

(a) 꼭 일찍 일어나도록 하렴.
(b) 과학 과제를 끝냈기 바란다.
(c) 끝마쳐야 한다는 것을 명심하렴.
(d) 아직 끝내지 않았다니 정말 믿을 수 없구나.

해설

일찍 깨워달라는 딸의 말에 아빠가 그 이유를 묻자 과학 숙제를 끝낼 것이 있다고 대답하는데 아직 숙제를 끝내지 않은 것을 믿을 수 없다는 (d)가 가장 적절하다. (a)와 (c)는 딸의 요청에 어울리지 않는 응답이며, (b)는 시제상 맞지 않다.

project 숙제 **due** 마감 **complete** 끝내다

21

M There's a traffic accident ahead, so we can't go this way.
W So, how can we get to Aaron's house?
M We'll take the road next to the school.
W _____

(a) Don't forget to take the direct path.
(b) I would rather use the crosswalk.
(c) Quit being a backseat driver all the time.
(d) Watch out for pedestrians on the road.

번역

M 앞에 교통사고가 나서 이 길로 못 가겠다.
W 그럼 애론 집에는 어떻게 가지?
M 학교 옆길로 갈 거야.
W _____

(a) 직통 길로 가는 거 잊지마.
(b) 차라리 횡단보도를 이용하겠어.
(c) 항상 운전할 때 이래라저래라 잔소리 좀 그만해.
(d) 길에 보행자 조심해.

해설

운전 중에 앞에 교통사고가 나서 계속 갈 수 없다며 학교 옆길로 가야

겠다고 하는 남자의 말에 학교 옆길이니 보행자를 조심하라는 (d)가 가장 적절한 응답이다.

direct path 직통로 **crosswalk** 횡단보도 **pedestrian** 보행자

22

W I need to take a day off tomorrow.
M That won't be possible. I'll be shorthanded.
W I'll work some extra hours today to make up for it.
M _____

(a) We should have called a meeting to discuss this.
(b) Then you can take John's night shift to make up for it.
(c) There won't be any office hours the next day.
(d) You could just call off tomorrow instead.

번역

W 내일 월차를 내야겠어요.
M 그건 불가능할 것 같아요. 일손이 부족할 거예요.
W 오늘 몇 시간 더 일해서 보충할게요.
M _____

(a) 이 문제를 논의하려면 회의를 소집해야 했어요.
(b) 그럼 존의 야간 근무를 대신해서 보충하면 되겠네요.
(c) 다음 날은 근무 시간이 전혀 없을 거예요.
(d) 대신 내일 취소하면 돼요.

해설

내일 휴가를 내기 위해 오늘 몇 시간 더 추가 근무를 해서 부족한 부분을 보충하겠다고 하는 남자의 말에 다른 사람의 야간 근무를 대신 서면 되겠다고 하는 (b)가 가장 적절하다.

take a day off 하루 휴가를 얻다 **be shorthanded** 일손이 모자라다 **make up for** ~을 보충하다 **night shift** 야간 근무 **call off** 취소하다

23

M Without a doubt, that was the best movie ever!
W I have to be frank. I didn't like it at all.
M What are you talking about? It was spectacular!
W _____

(a) The special effects in it were a joke.
(b) I thought the script was very polished.
(c) The critics were divided on whether it was good or not.
(d) It was a very thoughtful and touching film.

번역

M 틀림없이 그건 최고의 영화였어!
W 솔직히 말해야겠네. 정말 재미없더라.
M 무슨 소리 하는 거야? 진짜 볼 만했잖아!
W _____

(a) 특수 효과가 정말 말도 안 됐어.
(b) 대본을 정말 세련되게 잘 썼다고 생각했어.
(c) 평론가들은 호평과 혹평으로 나뉘었어.
(d) 정말 깊이 있고 감동적인 영화였어.

해설
최고의 영화였다고 감탄하는 남자의 말에 여자는 반대로 전혀 재미가
없었다고 말한다. 여자의 말에 반박하는 남자에 대한 여자의 응답으로
가장 적절한 것은 영화를 비판하는 내용인 (a)이다.

without a doubt 틀림없이　**spectacular** 볼 만한　**polished** 세련된
critic 비평가　**touching** 감동적인

24

W　He needs to make an apology to his fiancée.
M　Well, making fun of her new haircut wasn't nice.
W　If he's not careful, she might just break up with him.
M　_____

(a) She might really yell at him.
(b) I missed my hair appointment today.
(c) This was a good incident for them both.
(d) Unfortunately, I think you are right.

번역
W　그 남자는 약혼녀에게 사과해야 해.
M　약혼녀의 새 헤어스타일을 갖고 놀리는 건 잘못된 거지.
W　그렇게 경솔한 남자라면 헤어져야 할 거야.
W　_____

(a) 그에게 고래고래 소리칠 거야.
(b) 오늘 미용실 예약했는데 못 갔어.
(c) 두 사람 모두에게 좋은 일이었어.
(d) 안타깝지만, 네 말이 맞는 것 같아.

해설
약혼녀의 새로운 헤어스타일을 보고 놀렸다는 남자에 관해 이야기하
며 그렇게 조심성 없는 남자라면 헤어지는 편이 낫다고 말하는 남자의
말에 동조하는 (d)가 가장 자연스러운 응답이다.

fiancée 약혼녀　**make fun of** ~을 놀리다　**haircut** 헤어스타일
break up with ~와 헤어지다　**yell at** ~에게 고함치다　**incident** 사
건

25

M　Filing income tax returns is really stressful.
W　I know. Last year I had to owe money back.
M　If I owe this year, I might just take out a loan.
W　_____

(a) You should wait until someone gives it to you.
(b) If you do, you risk becoming bankrupt.
(c) Asking for financial assistance can always help.
(d) It's very profitable to do something like that.

번역
M　소득세 신고서 제출 때문에 정말 스트레스 받아.
W　그러게. 나는 작년에 돈을 더 내야 했어.
M　올해 돈을 내야 하면 난 대출 받아야 할지도 몰라.
W　_____

(a) 누군가 너한테 줄 때까지 기다려야 해.
(b) 그렇게 한다면 파산할 위험이 있어.
(c) 재정 지원을 요청하면 언제나 도움이 되지.
(d) 그렇게 하는 것이 굉장히 수익성이 있지.

해설
소득세 신고에 대해 이야기하며 자신은 작년에 돈을 더 내야 했다는
여자의 말에 남자는 올해 돈을 내야 한다면 대출을 받아야 할 것이라
고 한다. 여기에 재정적 지원을 요청하는 것이 도움이 될 것이라는 조
언을 하는 (c)가 가장 적절하다.

file (서류를) 정리해서 제출하다　**income tax return** 소득세 신고
take out a loan 대출을 받다　**bankrupt** 파산한　**financial
assistance** 재정 지원　**profitable** 수익성 있는

26

W　John, do you have your dental appointment
　　today?
M　Yeah, but I'm thinking about canceling it.
W　I don't think that's such a good idea.
M　_____

(a) He already told me I have high blood pressure.
(b) Canceling it is the best idea right now.
(c) I can get the checkup at another time.
(d) Seeing physicians is not a thrill for me.

번역
W　존, 오늘 치과 진료 예약했니?
M　네, 그런데 취소할까 생각 중이에요.
W　별로 좋은 생각 같지 않은데.
M　_____

(a) 제가 고혈압이라고 그가 이미 말해줬어요.
(b) 지금은 취소하는 것이 최선이에요.
(c) 다른 시간에 진료를 받으면 돼요.
(d) 진찰을 받는 게 신나지 않아요.

해설
치과 진료 예약을 취소할까 생각 중이라는 남자의 말에 여자가 좋은
생각 같지 않다고 대답한다. 여기에 다른 시간에 진료를 받을 수 있을
거라는 (c)가 가장 적절하다.

high blood pressure 고혈압　**checkup** 검진　**physician** 의사

27

M　My students are always acting up in class.
W　Do you need any assistance?
M　Sure. What do you think I need to do?
W　_____

(a) I told you that I can't help you anymore.
(b) Establish rules and guidelines for the class.
(c) You should take them to a theater to act.
(d) Give them access to what they need.

번역
M　학생들이 수업 시간에 항상 말을 안 듣고 제멋대로야.
W　도움이 필요해?
M　물론이지. 어떻게 해야 할까?
W　_____

(a) 내가 더 이상 도와줄 수 없다고 말했잖아.
(b) 수업 시간에 적용할 규칙과 지침을 정해.
(c) 연기를 할 수 있게 학생들을 극장에 데려가야 해.

(d) 학생들이 필요한 것에 접근할 수 있게 해줘.

해설

수업 시간에 버릇없이 구는 학생들에 대한 남자의 고민에 도움을 줄 수 있도록 해결책을 제시해야 하므로 규칙과 지침을 정하라는 (b)가 적절하다. act up은 '말을 안 듣고 버릇없이 군다'는 의미로 (c)는 act를 반복하는 함정이다.

assistance 도움　**establish** 설정하다　**guideline** 지침

28

W I hope the police can put an end to all the crime in our neighborhood.
M Well, Congress just passed a bill to punish criminals with harsher consequences.
W Then hopefully they will think twice before breaking the law.
M _____

(a) I shouldn't make up stories like that.
(b) Mitigating circumstances made them free.
(c) The allegations against them were unfounded.
(d) And things such as assault will decrease.

번역

W 경찰이 우리 동네에 모든 범죄를 근절시킬 수 있으면 좋겠어.
M 의회에서 범죄자들을 더 혹독하게 처벌하는 법안을 막 통과시켰대.
W 그럼 법을 위반하기 전에 한 번 더 생각하면 좋겠네.
M _____

(a) 나는 그런 이야기를 만들어 내면 안 돼.
(b) 정상 참작을 해서 그들이 풀려났어.
(c) 그들에 대한 혐의는 근거 없는 것이었어.
(d) 그러면 폭행 같은 것들이 줄어들겠지.

해설

의회에서 범죄자들을 더 혹독하게 처벌할 법안이 통과되었다는 남자의 말에 여자는 사람들이 법을 위반하기 전에 한 번 더 생각할 것이라고 한다. 이에 대한 호응으로 폭행 같은 범죄가 줄어들 것이라는 (d)가 가장 적절하다.

put an end 근절시키다　**congress** 의회　**pass a bill** 법안을 통과시키다　**harsh** 혹독한　**consequence** 결과　**break the law** 법률을 위반하다　**mitigating circumstance** 정상 참작 상황　**allegation** 혐의　**unfounded** 근거 없는　**assault** 폭행

29

M Jane, remember to be courteous to my mother.
W I try every time, but I think she hates me.
M No, she doesn't. Why would you think that?
W _____

(a) She's probably still holding a grudge.
(b) I'm just grateful for her hospitality.
(c) Next time we'll just go for it all.
(d) You stood me up last time we met.

번역

M 제인, 우리 엄마에게 꼭 정중하게 대해 드려.
W 매번 노력하지만, 어머니가 나를 싫어하시는 것 같아.
M 아니야. 왜 그렇게 생각하는데?
W _____

(a) 아직도 꽁하고 계신 것 같아.
(b) 환대해 주셔서 감사할 따름이야.
(c) 다음번에는 모두 다 도전해 볼 거야.
(d) 지난번에 우리가 만났을 때 당신이 나를 바람맞혔잖아.

해설

제인에게 엄마가 본인을 왜 싫어한다고 생각하는지를 묻고 있으므로 이에 대한 이유가 응답으로 와야 한다. 따라서 엄마에게는 아직도 불만이 남아 있기 때문일 것이라고 답한 (a)가 적절하다.

courteous 정중한　**hold a grudge** 불만이 있다　**grateful** 감사하는　**hospitality** 환대　**stand somebody up** 바람맞히다

30

W The mayor has fallen out of favor with the people.
M I know. I read that his popularity has diminished.
W What do you think he could do to increase it?
M _____

(a) He was very inappropriate the other day.
(b) Show some remorse for his mistakes.
(c) What he's done is not relevant now.
(d) This whole situation is unbearable.

번역

W 시장이 사람들 눈 밖에 나고 있어요.
M 그러게요. 인기가 떨어졌다는 기사 읽었어요.
W 어떻게 해야 다시 인기를 끌어올릴 수 있을까요?
M _____

(a) 일전에는 정말 부적절했어요.
(b) 실수에 대해 반성의 기미를 보여야죠.
(c) 시장이 한 행동은 지금 관련 없어요.
(d) 이 모든 상황이 참을 수 없어요.

해설

두 사람은 시장의 인기가 떨어지고 있다는 사실에 관해 이야기하고 있다. 시장의 인기를 끌어올릴 방법에 관해 묻는 여자의 말에 대중에게 반성하는 모습을 보여줘야 한다는 해결책을 제시한 (b)가 가장 적절하다.

fall out of favor 눈 밖에 나다　**diminish** 줄어들다　**inappropriate** 부적절한　**remorse** 반성　**relevant** 관련 있는　**unbearable** 참을 수 없는

▨ Part III

31

M I was very impressed with your performance tonight.
W Thanks dad, but I don't think I did well at all.
M What are you talking about? You got a standing ovation.
W I think the audience was just being kind.

M No, they know good work when they see it.

W That's nice to hear, but I just have to focus more.

Q. What is mainly being discussed in the conversation?

(a) Being too hard on yourself

(b) The reward of working hard

(c) Capturing the hearts of the audience

(d) **An impression a performance left**

번역

M 오늘 저녁 너의 공연에 매우 감동받았어.

W 고마워요 아빠. 그렇지만 전혀 잘한 것 같지 않아요.

M 무슨 말이니? 기립 박수도 받았잖아.

W 청중이 단지 친절했던 거라고 생각해요.

M 아니야. 훌륭한 작품을 보면 안단다.

W 기분 좋은 말이지만 전 좀 더 집중해야 해요.

Q. 대화에서 주로 논의되고 있는 것은?

(a) 스스로 심하게 자책하기

(b) 열심히 일한 대가

(c) 청중의 마음을 사로잡기

(d) **공연이 남긴 감동**

해설

딸은 자신의 공연을 만족하지 않지만, 아버지는 공연을 보고 깊은 감동을 받았고 청중도 기립 박수를 쳤으므로 공연이 훌륭했다고 생각한다. 따라서 부녀가 공연이 남긴 감동에 대해 이야기하고 있으므로 (d)가 정답이다.

standing ovation 기립 박수 **audience** 청중 **be hard on** ~을 심하게 대하다 **reward** 대가 **capture** 사로잡다

32

W Have you heard of the latest Tom Cruise movie?

M Yes, I have. I've been dying to see it since I saw the trailer last month.

W They say his character is a professional matchmaker but is unlucky in love in his own life.

M In the newspaper, it said the movie theater will do a screening for the first 200 people to come tonight.

W I don't have plans tonight, so I say we should go.

M OK. I just hope they make a sequel to this movie. I just love him.

Q. What is the conversation mainly about?

(a) A person who makes matches for people

(b) How a person unfortunately died last month

(c) **An upcoming movie of the man's favorite actor**

(d) The screening event happening later today

번역

W 톰 크루즈의 최신 영화 얘기 들었니?

M 응, 들었어. 지난 달에 예고편 본 이후로 진짜 보고 싶어 죽겠더라.

W 그의 역할이 전문 중매쟁이인데 안타깝게도 자기 인생의 연인은 찾지 못한대.

M 신문에 보니 극장에서 오늘밤에 선착순 200명에게 상영을 할 거라던데.

W 난 오늘 아무 계획 없는데, 우리 보러 가자.

M 좋아. 이 영화는 속편도 만들었으면 좋겠어. 그 배우가 너무 좋아.

Q. 대화의 주된 내용은?

(a) 사람들 중매를 서는 사람

(b) 불행히도 지난 달에 사람이 어떻게 죽었는지

(c) **남자가 좋아하는 배우의 개봉 예정 영화**

(d) 오늘 늦게 진행되는 상영 이벤트

해설

두 사람은 곧 개봉할 새 톰 크루즈의 영화에 관해 이야기하고 있다. 마지막에 남자는 영화에 등장하는 배우가 좋아서 영화의 속편도 나오기를 바란다고 말하므로, 주된 대화의 내용으로 옳은 것은 (c)이다. 두 사람이 선착순 200명 상영 이벤트에 갈 예정이지만 대화의 주된 내용으로 보긴 어렵다.

be dying to ~하고 싶어 못 견딘다 **trailer** 예고편 **matchmaker** 결혼 중매인 **unlucky** 성공하지 못한 **screening** 상영 **sequel** 속편

33

M Jane, be careful when you drive today.

W Why is that?

M We're expecting a blizzard this afternoon.

W Do we know when it is supposed to hit?

M Around midday and it's not supposed to let up until tomorrow.

W Maybe I should just call off from work today.

Q. What is the main topic of the conversation?

(a) Taking precautions while behind the wheel

(b) **An imminent storm that's approaching**

(c) How long the storm is going to last

(d) Drastic measures that need to be taken

번역

M 제인, 오늘 운전할 때 조심해.

W 왜?

M 오늘 오후에 눈보라가 예상된대.

W 언제 내리는지 알아?

M 정오쯤에 와서 내일까지 그치지 않을 거야.

W 오늘은 일을 취소해야 할지도 모르겠다.

Q. 대화의 주제는?

(a) 운전 시 예방 조치 취하기

(b) **곧 닥쳐올 폭풍**

(c) 폭풍이 얼마나 지속될 것인가

(d) 취해야만 하는 극단적인 조치

해설

눈보라가 정오부터 내일까지 계속될 예정이라고 했으므로, 근접해 오고 있는 폭풍에 대한 대화임을 알 수 있다. 따라서 답은 (b)이다.

blizzard 눈보라 **midday** 정오 **let up** 그치다 **take precautions** 예방책을 강구하다 **imminent** 임박한 **approach** 다가오다 **drastic** 극단적인 **measure** 조치

34

W I can't believe your brother let the cat out of the bag!

M He's really sorry. He didn't know it's supposed to be a surprise party.

W You weren't supposed to have a clue about this.

M I know, but accidents sometimes happen.

W When your mother finds out, she is going to hit the ceiling.

M Oh no! Really? Well then, I better be surprised for my party then.

Q. What are the two speakers mainly discussing?

(a) The man's surprise party being leaked out

(b) An incident that happened at the party

(c) The man's mom getting into a fight

(d) No clue about how a cat escaped

번역

W 네 남동생이 비밀을 무심코 말해 버렸다니 말도 안 돼!

M 정말 미안해하더라. 깜짝 파티인 거 몰랐대.

W 넌 이 일에 관해 전혀 몰라야 했다고.

M 알아, 하지만 가끔 사고도 생기고 그런 거지.

W 너희 엄마가 아시면 엄청 화내실 거야.

M 이런! 정말? 그렇다면 내 생일 파티에 깜짝 놀라는 게 좋겠네.

Q. 두 사람의 주된 대화 내용은?

(a) 남자의 깜짝 파티가 누설된 것

(b) 파티에서 일어났던 사고

(c) 남자의 엄마가 싸움에 휘말린 것

(d) 고양이의 탈출 방법에 대한 단서가 없는 것

해설

여자는 남자를 위해 준비 중인 깜짝 파티의 비밀이 누설되어 남자의 어머니가 화를 낼까 봐 걱정하고 있다. 따라서 대화의 주된 내용으로 옳은 것은 (a)이다. 파티는 앞으로 일어날 일이므로 (b)는 시제상 맞지 않고, (d)는 여자의 말 let the cat out of the bag을 이용한 함정이다.

let the cat out of the bag 무심코 비밀을 누설하다 **clue** 단서, 실마리 **hit the ceiling** 격노하다 **leak out** 누설되다

35

M Heather? I just had a breakthrough on cracking the code!

W That's great. How do you do it?

M It's a pretty complicated process.

W I'm fairly sure that I can follow along.

M OK. Come on over and give me some assistance.

W Complicated! You know that I'm smarter than you, don't you?

Q. What is the conversation mainly about?

(a) Figuring out who will be in charge

(b) Learning how to break the cipher

(c) Having a chauvinistic idea against women

(d) Judging the intelligence of the woman

번역

M 헤더야. 방금 암호를 해독할 수 있는 방법을 찾았어!

W 잘됐다. 어떻게 하는 거야?

M 꽤 복잡한 과정이야.

W 내가 분명히 따라 갈 수 있을 거야.

M 그래. 이리로 와서 좀 도와줘.

W 복잡하다고! 내가 너보다 똑똑한 거 알잖아. 그렇지?

Q. 대화는 주로 무엇에 관한 것인가?

(a) 누가 책임자가 될 것인가를 알아내는 것

(b) 암호 해독법을 배우는 것

(c) 여성에 대해 남성 우월적인 생각을 갖는 것

(d) 여성의 지능을 판단하는 것

해설

암호를 해독할 수 있는 방법을 찾았다는 남자의 말에 여자는 어떻게 했냐며 복잡해도 따라갈 수 있으니 알려 달라고 하고 있다. 따라서 암호 해독법을 배운다고 한 (b)가 정답이다.

breakthrough 새 발견 **crack** (암호 등을) 풀다 **assistance** 도움 **cipher** 암호 **chauvinistic** 남성 우월적인

36

W This current administration is doing nothing to help the homeless.

M What do you expect? There are other problems to worry about.

W How can you say that? They could at least pledge to do something.

M They shouldn't do that. Our schools need to be focused on first.

W I just guess we're going to disagree on everything, huh?

M Yeah, I think we are going to differ on many topics.

Q. What is mainly happening in the conversation?

(a) Which schools need help the most

(b) The role the government should play

(c) Disagreements on public policy issues

(d) A discussion on the plight of the homeless

번역

W 현 정부는 노숙자를 돕는 데에는 아무것도 안 하고 있어.

M 뭘 기대하니? 골치 아픈 다른 문제들이 있잖아.

W 어쩜 그렇게 말할 수 있니? 뭔가 하겠다고 약속할 수는 있잖아.

M 그렇게 하면 안 돼. 학교에 우선 신경 써야 해.

W 우리는 모든 면에서 생각이 다를 것 같아. 그렇지?

M 맞아, 많은 일에 의견이 다를 것 같아.

Q. 대화에서 주로 일어나고 있는 일은?

(a) 어떤 학교가 도움이 가장 필요한지

(b) 정부가 해야 하는 역할

(c) 공공 정책 문제에 관한 의견 차이

(d) 노숙자들의 역경에 관한 논의

해설

여자와 남자는 현 정부의 정책에 대해 서로의 의견에 반박하며 각자의 의견을 말하고 있다. 따라서 이 대화에서 일어나고 있는 상황으로 옳은 것은 (c)이다.

administration 정부 **pledge** 약속하다 **differ** 의견을 달리하다 **plight** 역경

37

M I don't think the elevator has the capacity to hold all those people.
W These new models are pretty reliable from what I've been told.
M I don't know. I just don't trust it.
W Would you rather wait for the next one?
M Do you mind? It just worries me.
W Sure. What's another 5 minutes of waiting.

Q. What is mainly being discussed about the elevator?
(a) The total passengers the elevator can hold
(b) Doubts the man might have about it
(c) Cutting-edge technology in today's buildings
(d) The dependability of newer machines

번역

M 엘리베이터가 저 사람들을 다 수용할 수 없는 것 같아.
W 이 새로운 모델은 꽤 믿을 만하다던데.
M 모르겠어. 그냥 신뢰가 안 가.
W 차라리 다음 엘리베이터를 기다릴까?
M 그래도 될까? 그냥 불안하네.
W 그럼. 5분 기다리는 게 뭐 대수라고.

Q. 엘리베이터에 대해 주로 논의되고 있는 것은?
(a) 엘리베이터가 수용할 수 있는 총 승객의 수
(b) 남자가 엘리베이터에 대해 품을 수도 있는 의심
(c) 요즘 건물에 사용되는 최첨단 기술
(d) 보다 새로운 기계에 대한 신뢰성

해설

여자의 말에도 불구하고 남자는 새로운 엘리베이터의 승객 수용 능력에 대해 불안감을 느끼고 있다. 따라서 새로운 엘리베이터에 대한 신뢰에 대해 이야기하는 (d)가 정답이다.

capacity 수용 **reliable** 믿을 수 있는 **cutting-edge** 최첨단의 **dependability** 신뢰성

38

W Professor? I apologize for being so tardy.
M If this keeps up, the university might have to suspend you.
W I'm just having a hard time waking up lately.
M What's going on?
W The motivation to study just isn't there anymore.
M Maybe you need to take some time off then.

Q. Which is correct about the woman according to the conversation?
(a) The will to learn is gone in the woman.
(b) School officials have expelled her.
(c) She has intense insomnia nullifying sleep.
(d) The woman hasn't shown up for classes.

번역

W 교수님. 너무 늦어서 죄송합니다.
M 계속 늦으면 대학 측에서 자네를 정학시켜야 할지도 모르네.

W 요즘 일어나는 게 힘들어요.
M 무슨 일 있나?
W 더 이상 공부에 대한 의욕이 없어요.
M 좀 쉬어야 할지도 모르겠군.

Q. 다음 중 여자에 관해 옳은 것은?
(a) 여자에게는 배우고자 하는 의지가 사라졌다.
(b) 학교 관계자들이 그녀를 퇴학시켰다.
(c) 그녀에게는 수면 효과를 없애는 극심한 불면증이 있다.
(d) 여자는 수업에 오지 않고 있다.

해설

여자에게 공부하고자 하는 의욕이 생기지 않아 자꾸 지각을 한다는 내용으로, 여자의 마지막 말에서 학습 의지가 없다는 것을 알 수 있으므로 답은 (a)이다. (b)는 앞으로도 계속 지각을 하면 학교에서 정학을 시킬 수 있다고 했으므로 오답이다. (c)는 언급되지 않았고, (d)는 수업 불참이 아닌 지각이므로 답이 될 수 없다.

tardy 늦은 **suspend** 정학시키다 **motivation** 자극 **expel** 퇴학시키다 **intense** 극심한 **insomnia** 불면증 **nullify** 무효화하다

39

M Are you coming to the fund raiser tonight?
W I'm not sure. I'm tied up with work right now.
M I told you about this event over a month ago!
W I'm sorry, but a colleague is on maternity leave.
M Well if you get a chance, come by the convention center.
W There's a lot here to finish, but I'll try my best.

Q. Which is correct according to the conversation?
(a) The woman is carrying some funds.
(b) Maternity leave overlaps with a fund raiser.
(c) The man is occupied with a convention.
(d) The woman was sidetracked by other work to do.

번역

M 오늘 밤 기금 모금 행사에 오니?
W 잘 모르겠어. 지금 일 때문에 꼼짝 못해.
M 이 행사에 대해 한 달도 더 전에 말했잖아!
W 미안해. 동료 한 명이 출산 휴가 중이라서.
M 혹시 기회가 되면, 컨벤션 센터에 잠깐 들러.
W 끝낼 게 많지만. 최선을 다해 볼게.

Q. 다음 중 옳은 것은?
(a) 여자가 기금의 일부를 소지하고 있다.
(b) 출산 휴가는 기금 모금 행사와 겹친다.
(c) 남자는 집회 일로 바쁘다.
(d) 여자는 다른 할 일 때문에 정신이 없다.

해설

남자가 오늘 밤 기금 모금 행사에 올 수 있는지 묻자 여자는 동료 한 명이 출산 휴가를 가서 일 때문에 꼼짝할 수 없다고 말하므로 여자는 일 때문에 바쁘다는 (d)가 정답이다.

fund raiser 기금 모금 행사 **colleague** 동료 **maternity leave** 출산 휴가 **overlap** 겹치다 **sidetrack** 따돌리다. 탈선시키다

40

W　Have you been able to identify any lethal hazards around the area?

M　I investigated the space around the tree earlier.

W　And did you find anything?

M　Yeah. The tree itself is taking in contaminated groundwater.

W　OK. Let's corner off this area then.

M　The other shrubbery in the area has been already checked as well.

Q. Which is correct according to the conversation?

(a) The hazards are not dangerous right now.

(b) Groundwater is providing nutrients.

(c) **Plants in the vicinity are at risk.**

(d) Abandoning the trees is an option.

번역

W　이 지역 주변에서 치명적인 위험 요인을 발견했나요?

M　사전에 나무 주변 지대를 조사했습니다.

W　그래서 뭔가 발견한 게 있나요?

M　네. 나무가 오염된 지하수를 흡수하고 있습니다.

W　알겠습니다. 그러면 이 지역을 차단합시다.

M　이 지역에 있는 다른 관목도 이미 확인했습니다.

Q. 다음 중 옳은 것은?

(a) 위험 요소가 지금 당장 위험하지는 않다.

(b) 지하수는 영양분을 공급한다.

(c) **인근에 있는 식물이 위험에 처해 있다.**

(d) 나무를 포기하는 것도 생각해 볼 만하다.

해설

조사 결과 나무가 오염된 지하수를 흡수하고 있다는 것을 발견하였고 이미 주변의 식물도 확인했다고 하므로 답은 (c)가 된다.

identify 발견하다 **lethal** 치명적인 **hazard** 위험 요소 **investigate** 조사하다 **take in** 흡수하다 **contaminated** 오염된 **groundwater** 지하수 **shrubbery** 관목 **in the vicinity** 근처에서 **abandon** 포기하다

41

M　Jessica? You didn't finish the report due today.

W　I'm sorry. It must have slipped my mind.

M　You really have to stop procrastinating at work.

W　Could you just give me an extension until tomorrow?

M　I guess so. Just be grateful I'm in a good mood.

W　Trust me, I am. I won't let you down.

Q. Which is correct about Jessica according to the conversation?

(a) There's no time to finish the report.

(b) Her memory is impeccable.

(c) **She drags her feet at her job.**

(d) Any remorse in her is gone.

번역

M　제시카, 오늘이 마감인 보고서를 안 끝냈잖아요.

W　미안해요. 깜빡 잊어버렸나 봐요.

M　직장에서 일을 미루는 행동은 정말 그만 해야 해요.

W　내일까지 기간을 연장해 주실 수 있나요?

M　그래요. 내 기분이 좋은 것에 고마워해요.

W　믿어 주세요. 감사하고 있어요. 실망시켜 드리지 않을게요.

Q. 제시카에 관한 내용으로 옳은 것은?

(a) 보고서를 끝낼 시간이 없다.

(b) 기억력이 나무랄 데가 없다.

(c) **일을 안 하고 늑장 부린다.**

(d) 뉘우치는 바가 없다.

해설

오늘이 마감인 보고서를 끝내지 못하고 깜빡 잊어버리고 있었던 제시카가 상사로 보이는 남자에게 내일까지 시간을 더 달라고 부탁하는 것으로 볼 때 제시카에 관한 내용으로 옳은 것은 (c)이다.

slip one's mind 잊어버리다 **procrastinate** 미루다 **impeccable** 흠잡을 데 없는 **drag one's feet** 늑장 부리다 **remorse** 뉘우침

42

W　The documentary on the Holocaust was visually stunning.

M　I'm in agreement with you on that. It brought me to tears.

W　Do you think you could have survived?

M　Me? I don't know. There's a certain inner strength you have to possess.

W　Yeah. All the torture day in and day out had to have taken a toll.

M　Be grateful that we weren't put in that position.

Q. What does the woman ask about?

(a) The kind of character one needed to survive

(b) **If the man could have endured the horrible experience**

(c) The daily routine of being a prisoner of war

(d) How much a toll the Holocaust took on people

번역

W　유대인 대학살에 관한 다큐멘터리 너무 충격적이더라.

M　그 점은 나도 동감이야. 눈물 나더라.

W　너라면 살아남을 수 있었을 것 같아?

M　나? 모르겠어. 어떤 내적인 강인함이 있어야겠지.

W　맞아. 연일 계속되는 고문은 엄청난 타격을 줬을 테니.

M　그 처지에 있지 않았던 것에 감사해야지.

Q. 여자는 무엇에 관해 묻고 있나?

(a) 살아남아야 했던 인물의 유형

(b) **남자가 끔찍한 경험을 견딜 수 있었을지**

(c) 전쟁 포로로서의 일과

(d) 유대인 대학살이 얼마나 사람들에게 피해를 입혔는지

해설

여자가 유대인 대학살에 관한 다큐멘터리를 본 후에 남자에게 너라면 살아남을 수 있었을지를 묻자 남자가 확고한 정신력이 필요했을 것 같다고 대답하고 있다. 따라서 여자가 묻고 있는 내용으로 가장 적절한 것은 (b)이다.

stunning 너무나 충격적인 **torture** 고문 **day in and day out** 연일 계속되는 **take a toll** ~에 큰 타격을 주다 **routine** 일상

43

M You need to start physical therapy soon so you can walk again.

W I know. But doctor, won't my Achilles tendon injury take a long time to heal?

M Normally yes. Fortunately, there is a new technique that will speed up the process.

W I hope it doesn't involve injecting a drug into my ankle.

M No, it doesn't. It's a new steroid pill you can take to quicken the healing process.

W That sounds like a very good idea. When do we start?

Q. What can be inferred from the conversation?

(a) The shot will go into the ankle.

(b) A pill for her ankle will heal it quicker.

(c) The woman is a physical therapist.

(d) The healing will not proceed quickly.

번역

M 곧 물리 치료를 시작해야만 다시 걸을 수 있어요.

W 그렇겠지요. 하지만 선생님, 제 아킬레스건 부상 치료는 오래 걸리지 않을까요?

M 보통은 그렇죠. 다행히 그 과정을 단축시킬 신기술이 있어요.

W 발목에 약물을 투여하는 것이 아니면 좋겠네요.

M 아니, 그건 아니에요. 치료 과정을 단축시킬 새로운 스테로이드 알약이에요.

W 아주 좋은 생각인 것 같은데요. 언제 시작하죠?

Q. 대화에서 유추할 수 있는 것은?

(a) 주사를 발목에 놓을 것이다.

(b) 발목 치료 알약으로 회복 기간이 단축될 것이다.

(c) 여자는 물리 치료사이다.

(d) 치료는 빨리 진행되지 않을 것이다.

해설

물리 치료를 시작해야 하는 여자에게 의사인 남자가 치료 기간을 단축시킬 알약을 알려주고 있다. 알약을 복용하면 여자가 빨리 나을 것이라고 유추해볼 수 있으므로 정답은 (b)이다.

physical therapy 물리 치료 **Achilles tendon** 아킬레스건 **process** 과정 **involve** 수반하다 **inject** 투여하다 **pill** 알약

44

W Our children's test scores are lagging behind the national average.

M If it doesn't improve, we'll lose the grant money.

W I'm not sure if there's anything that can be done.

M We could hold study tables every night after school.

W That just might be what we need.

M Let's put this plan to the school board for approval.

Q. What can be inferred from the conversation?

(a) The grant money can be replaced.

(b) The students are skirting success.

(c) They will adopt a new strategy to raise grades.

(d) Extra study sessions will be held before school.

번역

W 우리 학생들의 시험 점수가 전국 평균보다 뒤처지고 있어요.

M 점수가 나아지지 않으면 보조금을 계속 받을 수 없을 거예요.

W 손 쓸 수 있는 일이 있는지 모르겠어요.

M 매일 밤 방과 후에 남아서 공부를 더 할 수도 있어요.

W 우리에게 필요한 일일 수도 있겠네요.

M 이 계획을 교육 위원회에 승인을 위해 제출합시다.

Q. 대화에서 유추할 수 있는 것은?

(a) 보조금은 대체될 수 있다.

(b) 학생들은 성공을 피하고 있다.

(c) 성적을 올리기 위해 새로운 전략을 취할 것이다.

(d) 특별 공부 시간은 수업 전에 가질 것이다.

해설

study table은 수업 시간 외에 별도로 모여 공부를 하는 것으로 복습이나 질문을 하며 이해가 부족한 부분을 채워주는 시간이다. 학생들의 학업 성적을 증진시키기 위한 방안으로 방과 후 study table을 열 것이라고 했으므로 (c)를 유추할 수 있다.

lag behind 뒤처지다 **grant** 보조금 **school board** 교육 위원회 **skirt** 회피하다 **adopt** 취하다 **strategy** 전략

45

M It looks like they've found a new planet in our solar system.

W Really? I wonder what NASA has planned then.

M They're going to send an unmanned spacecraft there in about a decade.

W That's a lengthy wait, don't you think?

M You do have to plan for these things.

W Yeah, but I'm sure they've already planned for something like this.

Q. What can be inferred from the conversation?

(a) Scientists will first send robots to probe the planet.

(b) NASA will land on the planet in 10 years.

(c) Projects like this require no preparation.

(d) We know all the planets in our solar system.

번역

M 그들이 우리 태양계에서 새로운 행성을 찾은 것 같아요.

W 정말요? 그렇다면 나사가 어떤 계획을 세웠는지 궁금하네요.

M 그들은 약 10년 안에 그곳에 무인 우주선을 보낼 계획이래요.

W 너무 오래 기다린다고 생각하지 않아요?

M 이런 일을 하려면 계획을 세워야죠.

W 그렇기는 하지만 이와 비슷한 뭔가를 이미 계획해 놓았을 거라고 확신해요.

Q. 대화에서 유추할 수 있는 것은?

(a) 과학자들은 처음에는 행성을 탐사하기 위해 로봇을 보낼 것이다.

(b) 나사는 10년 내에 행성에 착륙할 것이다.

(c) 이런 프로젝트는 준비가 필요하지 않다.

(d) 우리는 우리 태양계의 모든 행성을 안다.

해설

과학자들이 새로운 행성을 찾아 10년 안에 우주선을 보낼 것이라는 내용이다. an unmanned spacecraft에서 알 수 있듯이 무인 우주선이므로 로봇을 보낼 것이라는 (a)를 유추할 수 있다. 이런 일에는 준비가 필요하다고 했으므로 (c)는 오답이다.

solar system 태양계 unmanned 무인의 spacecraft 우주선
decade 10년 lengthy 긴, 오랜 probe 탐사하다

▨ Part IV

46

Ruth Wakefield was an owner of a very popular home cooking restaurant in 1930. Once when she was kneading dough for her cookies, some chocolate on the shelf above accidentally spilled into the dough. Convinced that the batch was a total loss, she was about to throw it away when one of her employees convinced her to give the accidental mixture a chance. When she did, she created the very first chocolate chip cookie. Just think, a little serendipity gave the world such a delicious treat.

Q. What is the talk mainly about?
(a) Falling by accident into a popular cookie recipe
(b) What ingredients can go into cookie dough
(c) Why restaurant cooking can be better than home-made
(d) A woman and her famous restaurant for home cooking

번역

루스 웨이크필드는 1930년 아주 유명한 가정 요리 레스토랑의 주인이었다. 어느 날 쿠키 반죽을 하고 있을 때 선반 위에 있던 초콜릿이 우연히 반죽에 떨어졌다. 그 반죽은 못 쓴다고 단정 지은 루스가 버리려고 하는 찰나, 종업원 중 한 명이 그러지 말고 반죽을 써 보라고 설득했다. 그녀는 그렇게 해서 최초의 초콜릿 칩 쿠키를 만들게 되었다. 생각해 보면 사소한 뜻밖의 사건 하나가 이렇게 맛있는 것을 세상에 선물한 것이다.

Q. 이야기의 주된 내용은 무엇인가?
(a) 인기 있는 쿠키 레시피의 우연한 시작
(b) 쿠키용 반죽에 들어갈 수 있는 재료
(c) 레스토랑 요리가 집에서 만든 것보다 더 맛있는 이유
(d) 한 여성과 그녀의 유명한 가정 요리 레스토랑

해설

루스라는 여성이 반죽에 초콜릿 몇 개가 떨어진 우연한 사건을 계기로 초콜릿 칩 쿠키를 만들게 된 과정을 이야기하는 것이므로 주된 내용으로 옳은 것은 (a)이다.

knead (반죽을) 주무르다 dough 가루 반죽 accidentally 우연히
convinced 확신하는 batch 한 회분 serendipity 뜻밖의 재미
ingredient 재료

47

Climbing Mount Everest is one of the most dangerous adventures a human being can undertake. At 8,840 meters high, it is the tallest mountain in the world.

Some reasons why it is so dangerous are because of weather, wind and altitude sickness. Everest as of 2009 has taken 216 lives. It is so difficult in what is known as the "death zone" that most of the deceased are left where they have fallen. Sometimes the frozen bodies can be seen on the way up and on the way down the deadly mountain.

Q. What is the report mainly about?
(a) How many bodies just lie on Mount Everest
(b) How Mount Everest is hazardous to its challengers
(c) Lessons to be learned from Mount Everest
(d) Statistics on the risks in climbing Mount Everest

번역

에베레스트 등정은 인간이 할 수 있는 가장 위험한 모험 중 하나이다. 높이 8,840미터인 에베레스트는 세계에서 가장 높은 산이다. 이곳 등반이 그렇게 위험한 이유는 날씨와 바람, 고산병 때문이다. 2009년에 에베레스트는 216명의 목숨을 앗아갔다. '죽음의 지대'로 알려진 곳은 매우 힘든 곳이라 사망자 대부분은 떨어진 곳에 그대로 남아있다. 때로 이 무시무시한 산을 오르내릴 때 꽁꽁 얼어붙은 시체들을 볼 수도 있다.

Q. 보도는 주로 무엇에 관한 내용인가?
(a) 에베레스트에 남아 있는 시체의 수
(b) 도전자들에게 에베레스트가 얼마나 위험한가
(c) 에베레스트로부터 배워야 할 교훈
(d) 에베레스트 등반의 위험 지수 통계

해설

2009년에만 216명이 사망한 에베레스트 등정은 가장 위험한 모험 중 하나라고 하며 에베레스트 등정이 얼마나 위험한지를 이야기하고 있는 것이므로 보도의 주된 내용으로 옳은 것은 (b)이다.

undertake 착수하다 altitude sickness 고산병 death zone
죽음의 지대 (지상보다 산소가 1/3 줄어드는 해발 8000m이상의 고지대)
deceased 사망한 frozen 얼어붙은 deadly 치명적인 hazardous
위험한 statistics 통계

48

How would you like to remember everything? Would it be a gift or curse? If you have the medical condition called hyperthymesia, you could just find out. People with this condition are able to remember everything they have experienced personally. They can also tell you what important news events happened that day, what happened to them personally, what the weather was like, and even what day it was. In the world, only four people have been diagnosed with this condition.

Q. What is mainly being discussed in the talk?
(a) Recalling the news events of a day is an example of hyperthymesia.
(b) There are a great number of people with hyperthymesia.
(c) Recollecting things people haven't gone through is hyperthymesia.
(d) Hyperthymesia does not allow memory of a day's temperature.

번역

모든 것을 기억하면 어떨까? 그건 선물일까 저주일까? 만약 당신이 과잉 기억 증후군이라는 질환이 있다면 알 수 있을 것이다. 이 질환을 가진 사람들은 그들이 개인적으로 경험한 모든 일을 기억할 수 있다. 또한 이들은 그날 어떤 중요한 사건이 일어났는지, 그들에게 개인적으로 무슨 일이 있었는지, 날씨는 어땠는지, 심지어 날짜가 몇 일이었는지까지 말해줄 수 있다. 전 세계에 이 질환으로 진단 받은 사람은 4명 뿐이다.

Q. 주로 논의되고 있는 것은?
(a) 특정일의 뉴스 사건을 기억하는 것이 과잉 기억 증후군의 한 예이다.
(b) 과잉 기억 증후군을 가진 사람들이 꽤 많이 있다.
(c) 자신이 경험해보지 않은 것을 기억하는 것이 과잉 기억 증후군이다.
(d) 과잉 기억 증후군은 어떤 날의 기온을 기억하도록 하지는 않는다.

해설

담화에서 과잉 기억 증후군이라는 증상을 가진 사람은 개인적 경험과 뉴스, 날씨까지 기억한다고 했으므로 정답은 (a)이다.

curse 저주 medical 의학의 condition 질환 event 사건
diagnose 진단하다 recall 기억하다 go through ~을 겪다

49

Food photography is an important part in presenting food to possible customers. How this is achieved is by using food stylists. The job of the food stylist is to make the food look as attractive as possible in photographs. Many stylists are professional chefs themselves, so they know how the final photograph should look. Some techniques include using white glue in lieu of milk and using heavy cream instead of milk in bowls of cereal to keep the cereal from getting soggy.

Q. What is the main idea of the talk?
(a) Many food photographers have had culinary training.
(b) Cereal can look better if the milk is heavy cream.
(c) **Food photography aims to create the most enticing images.**
(d) A photo technique is to use glue to replace milk.

번역

음식 사진 촬영은 음식을 잠재 고객에게 보여줄 때 중요한 부분이다. 이것을 어떻게 해내느냐는 푸드 스타일리스트 이용에 달려 있다. 푸드 스타일리스트의 역할은 음식이 사진에서 최대한 맛있어 보이도록 만드는 것이다. 많은 푸드 스타일리스트 그들 자신이 전문 요리사이기 때문에 최종 사진이 어떻게 보여야 하는지를 안다. 몇 가지 기술로는 우유 대신에 흰 풀을 사용하고, 그릇에 담긴 시리얼이 눅눅해지는 것을 막기 위해 우유 대신 유지가 많은 진한 크림을 사용하는 것이다.

Q. 담화의 요점은?
(a) 많은 음식 사진 작가들은 요리 교육을 받았다.
(b) 시리얼은 우유가 진한 크림이 더 보기 좋다.
(c) **음식 사진은 가장 유혹적인 이미지 창조를 목적으로 한다.**
(d) 우유를 대신하기 위해 풀을 사용하는 것이 한 가지 사진 기법이다.

해설

음식이 맛있게 보이게 하는 사진의 역할과 눈에 띄는 음식 사진을 찍기 위해 푸드 스타일리스트가 쓰는 기술에 대해 주로 이야기하고 있으므로 (c)가 정답이다.

present 보이다 achieve 이루다 attractive 눈에 뜨이는 professional 전문의 in lieu of ~의 대신에 soggy 눅눅한 culinary 요리의 enticing 유혹적인

50

Hey! Not enough players for a full game of soccer? Why not try the similar sport Futsal? Futsal, which is Portuguese for indoor football, is similar to soccer but is played indoors and has only 5 players to each side including the goalie. Some other differences are that the ball is smaller than a traditional soccer ball and the playing field is about half the size. The last big difference is that the field is a hard surface as opposed to the grass or artificial outdoor surface.

Q. What is the talk mainly about?
(a) Strategies to use in Futsal
(b) **A smaller alternative to soccer**
(c) The attractions of Futsal over soccer
(d) How to play soccer using fewer players

번역

자! 축구 경기를 제대로 하기에는 선수가 충분하지 않다고요? 축구와 유사한 풋살은 어떠세요? 포르투갈 실내 축구인 풋살은 축구와 유사하지만, 실내에서 경기를 하고 골키퍼를 포함해서 각 팀에 5명만 있으면 됩니다. 또 다른 차이점은 공이 전통적인 축구공보다 작고, 경기장 크기는 반 정도라는 겁니다. 마지막으로 가장 큰 차이점은 경기장 표면이 잔디나 인공 실외 경기장의 표면과 대조적으로 단단하다는 것이지요.

Q. 담화는 주로 무엇에 관한 것인가?
(a) 풋살 경기에 쓸 수 있는 전략
(b) **축구보다 작은 규모의 대안 경기**
(c) 축구에 대한 풋살의 매력
(d) 적은 인원으로 축구를 하는 방법

해설

축구 경기를 하기에는 선수가 모자랄 때 유사한 경기인 풋살 경기를 하자고 제안하면서 소개하는 내용이므로 정답은 (b)이다.

goalie 골키퍼 playing field 경기장 opposed to ~과 대조적으로
artificial 인공의 alternative 대안

51

A white dwarf is a star composed of mostly electron-degenerate matter. It is one of the densest objects in the universe. As a comparison, if you take a 1 inch cube of matter from a white dwarf and drop it on the ground, it will fall through the Earth! The inside of a white dwarf is made of very hot fused carbon. If you know anything about chemistry, you would know that fused carbon is what a diamond is. So, in essence, white dwarfs are very, very large diamonds!

Q. What is this lecture mainly about?
(a) The dropping of a dense object on Earth
(b) A gemstone that is most similar to a white dwarf
(c) **The characteristics of a white dwarf star**
(d) How dense a white dwarf star really is

번역

백색 왜성은 주로 축퇴 전자 물질로 구성된 별로, 우주에서 가장 밀도가 높은 물체 중 하나이다. 비교하자면, 한 변의 길이가 1인치인 정육면체 물질을 백색 왜성에서 떼어 와 지면에 떨어뜨리면, 이것은 지구를 관통하여 떨어질 것이다! 백색 왜성의 내부는 아주 뜨거운 융합 탄소로 이루어졌는데, 화학에 대해서 아는 것이 있는 사람이라면 융합 탄소가 다이아몬드라는 것을 알 것이다. 따라서 본질적으로 백색 왜성은 초대형 다이아몬드이다!

Q. 강의는 주로 무엇에 관한 것인가?
(a) 밀도가 높은 물체가 지면으로 낙하하는 것
(b) 백색 왜성과 가장 유사한 보석
(c) 백색 왜성의 특징
(d) 백색 왜성이 실제로 얼마나 밀도가 높은가

해설

백색 왜성이 밀도가 높으며 내부가 뜨거운 융합 탄소로 이루어졌다고 기술하고 있으므로 정답은 (c)이다. 백색 왜성이 얼마나 밀도가 높은지는 밀도에 대해 이야기하면서 가상의 예로기 나오기 때문에 (d)는 정답이 아니다.

electron 전자 **degenerate matter** 축퇴 물질 **dense** 밀도가 높은 **comparison** 비교 **fall through** ~을 관통하여 떨어지다 **fused carbon** 융합 탄소 **chemistry** 화학 **in essence** 본질적으로 **gemstone** 보석

52

J. K. Rowling has gone from rags to riches in a span of just over 10 years. When Rowling was writing the first *Harry Potter* book, she was on state funded welfare and writing in a café to lull her young daughter to sleep faster. Ten years later, her seven sensationally selling *Harry Potter* books have made her one of the richest women in the world, let alone one of the richest authors around. However, don't think having a lot of money is going to slow her down. She's back writing in cafés again working on a new project. The world can only wait to see what her next creative inspiration may be.

Q. What is the talk mainly about?
(a) Rowling's net worth thanks to her best-selling novels
(b) A long track record of striking a chord with the public
(c) The story of a once humble writer now turned celebrity
(d) The author's struggles in her early beginning years

번역

J. K. 롤링은 단 10년 만에 가난뱅이에서 부자가 되었다. 해리 포터 1권을 쓰고 있을 당시 롤링은 국가 보조금을 받고 있었고, 딸이 빨리 잠들도록 달래기 위해 카페에서 글을 썼다. 10년 후, 선풍적 인기로 팔리는 해리 포터 일곱 권으로 롤링은 가장 부유한 저자 중 한 명은 고사하고 세계에서 가장 부유한 여성 중 한 명이 되었다. 하지만 돈을 많이 벌어서 그녀가 느슨해졌다고 생각하지는 말라. 롤링은 다시 카페로 돌아와 새로운 작업을 진행하고 있다. 그녀가 앞으로 내놓을 창조적이고 기발한 생각이 어떨지 가만히 지켜볼 수 있을 뿐이다.

Q. 담화의 주제는?

(a) 베스트셀러 소설로 벌어들인 그녀의 순자산
(b) 대중의 심금을 울린 기나긴 실적
(c) 한때 가난했지만 지금은 유명 인사가 된 작가의 이야기
(d) 작가로서 초창기 그녀의 고군분투

해설

국가 보조금을 받을 만큼 가난한 상태에서 일곱 권의 해리 포터 시리즈로 세계적인 부자가 된 J. K. 롤링에 관한 이 이야기의 주제로 옳은 것은 (c)이다.

from rags to riches 무일푼에서 부자로 **in a span of** ~의 기간에 **lull** 달래다 **let alone** ~은 고사하고 **inspiration** 기발한 생각 **net worth** 순자산 **strike a chord with** ~의 심금을 울리다 **humble** 초라한 **celebrity** 유명 인사 **struggle** 고군분투

53

Have you heard of the game called, "Chess on Ice?" Yes, that's right. It's a sport called Curling. A popular sport in Europe and Canada, the objective is to slide stones across a sheet of ice towards a target. There is a strong association between curling and Scotland. Many people believe this sport was created in Scotland in the 16th century. Also, there is evidence that it did exist there at the time because of two paintings depicting curling by Pieter Bruegel the Elder dated to February 1541. It has become popular enough that it is also a Winter Olympic sport.

Q. Which is correct about Curling according to the talk?
(a) Chess pieces played on ice is popular in Europe.
(b) Curling was first officiated in the 1600s in Canada.
(c) It became an Olympic sport in the 15th century.
(d) The origins of curling are tied to old Scotland.

번역

'얼음 위의 체스'라는 경기에 대해 들어본 적 있나요? 네, 맞습니다. 컬링이라는 스포츠입니다. 유럽과 캐나다에서 인기 있는 스포츠인 이 경기의 목표는 얼음판 위에서 표적을 향해 돌을 미끄러뜨리는 것입니다. 컬링과 스코틀랜드는 관련이 깊습니다. 일반적으로 이 스포츠가 16세기 스코틀랜드에서 생겨났다고 알려져 있습니다. 1541년 2월로 기록된 컬링을 묘사한 피터르 브뤼헐 1세의 그림 두 점이 당시 스코틀랜드에서 컬링을 했다는 증거입니다. 컬링은 동계 올림픽 스포츠가 될 만큼 많은 인기를 얻었습니다.

Q. 컬링에 대해서 옳은 것은?
(a) 얼음 위에서 경기하는 체스의 말은 유럽에서 인기 있다.
(b) 컬링은 1600년대에 캐나다에서 처음으로 공식 경기가 되었다.
(c) 15세기에 올림픽 스포츠가 되었다.
(d) 컬링의 유래는 옛 스코틀랜드와 관계가 있다.

해설

컬링이 16세기 스코틀랜드에서 생겨났다는 일반적인 통설을 이야기하며 1541년으로 기록된 컬링을 묘사한 그림을 증거로 제시하고 있으므로 정답은 (d)이다.

objective 목표 **association** 유대 **evidence** 증거 **depict** 묘사하다 **officiate** 공식적으로 수행하다

54

If you ever drive through the town of Coober Pedy, Australia, you might not see any people out and about. The reason for that is because many of the people in Coober Pedy live underground! The average temperature is between 30-32 degrees centigrade. Because it is a mining town, the residents there realized that the mines itself were actually cooler than above ground. So, most residents there refurbished the old mines and turned them into homes. They can even be outfitted with electricity and other comforts of surface living.

Q. What is correct about Coober Pedy in the talk?
(a) The houses underground are not usually furnishable.
(b) Coober Pedy has an uncomfortably hot climate.
(c) Living above ground is more convenient than in the mines.
(d) You cannot have electricity in these subterranean homes.

번역

언젠가 호주의 쿠버 페디 시를 운전해서 지나간다면, 당신은 밖이나 주변에서 사람을 보지 못할지도 모른다. 그 이유는 쿠버 페디에 사는 많은 사람들이 지하에서 살기 때문이다! 평균 기온은 섭씨 30도에서 32도 사이이다. 쿠버 페디는 광업 도시이기 때문에 주민들은 광산 자체가 실제로 땅 위보다 더 시원하다는 것을 깨달았다. 그래서 대부분의 주민들은 옛 광산을 새로 꾸며 집으로 개조했다. 전기 및 지상의 편리한 시설도 갖출 수 있다.

Q. 담화에서 쿠버 페디에 관해 옳은 것은?
(a) 지하의 집들은 보통 가구를 갖출 수 없다.
(b) 쿠버 페디는 유감스럽게도 기후가 덥다.
(c) 광산 안보다 땅 위에 사는 것이 더 편리하다.
(d) 지하의 집들에는 전기가 들어갈 수 없다.

해설

쿠버 페디의 평균 기온이 섭씨 30에서 32도 사이이고, 대부분의 사람들이 지하에 산다는 것은 쿠버 페디의 기후가 덥다는 것을 말하므로 정답은 (b)이다.

centigrade 섭씨 온도 **mining** 광업 **resident** 주민 **refurbish** 새로 꾸미다 **outfit** 갖추어 주다 **uncomfortably** 불편하게 **subterranean** 지하의

55

Here's an interesting note about the Caribbean Reef Squid: they eat 30-60% of their body weight daily. However, the most fascinating aspect to the squid is that they can communicate with each other by changing the color of their skin. Through nervous control of chromatophores, they are able to quickly change their skin color and patterns. This is useful in many ways. For example, they can use this ability for attracting mates. Second, they can signal danger. They can even send one message on their right side and one on their left at the same time!

Q. What is correct about the Caribbean Reef Squid?
(a) Modifying their skin hues are not a part of courtship rituals.
(b) Every day, they eat a little part of themselves.
(c) Controlling their chromatophores indicates they are nervous.
(d) Their chromatophores can send two messages simultaneously.

번역

카리브 해 암초 오징어에 대한 재미있는 정보가 있다. 오징어는 매일 자기 체중의 30~60%를 먹는다는 것이다. 하지만 이 오징어의 가장 매력적인 면은 피부색을 바꿔 서로 의사소통할 수 있다는 것이다. 색소 세포의 신경 조절을 통해 오징어는 신속하게 피부색과 무늬를 바꿀 수 있다. 이것은 여러 가지로 유용한데, 예를 들어 짝짓기 상대를 유인하기 위해 이 능력을 쓸 수 있고, 두 번째로 위험을 다른 오징어에게 알릴 수도 있다. 오징어는 동시에 좌측과 우측으로 각각 메시지를 보낼 수도 있다!

Q. 카리브 해 암초 오징어에 대해서 옳은 것은?
(a) 피부색을 바꾸는 것은 구애 의식의 일부가 아니다.
(b) 매일 몸의 작은 일부분을 먹는다.
(c) 색소 세포 조절은 오징어가 긴장했음을 나타낸다.
(d) 오징어의 색소 세포는 동시에 두 개의 메시지를 보낼 수 있다.

해설

담화의 마지막에서 이 오징어는 동시에 좌측과 우측으로 각각 메시지를 보낼 수 있다고 했으므로 정답은 (d)이다.

note 관련 내용[정보] **fascinating** 아주 재미있는 **nervous** 신경의 **chromatophore** 색소 세포 **pattern** 무늬 **hue** 색 **courtship** 구애 **ritual** 의식 **simultaneously** 동시에

56

The annual event known as Burning Man is held in Black Rock Desert, Nevada in the United States. It starts on the Monday before and ends on the day of Labor Day in America. The name comes from the ritual of burning a very large wooden effigy of a man on Saturday night. A large focus on the festival is community, artwork, absurdity, decommodification, and revelry. Traditionally, it is a place where one can show their art to thousands of people and meet new people.

Q. Which is correct about the annual event according to the speaker?
(a) The festival begins on every Labor Day weekend.
(b) The name comes from the Latin for Saturday.
(c) It is a showcase for professional art dealers and collectors.
(d) A large representation of a human figure is set ablaze.

번역

버닝 맨으로 알려진 연례 행사는 미국 네바다 주 블랙 록 사막에서 열린다. 이 행사는 미국 노동절 1주일 전 월요일부터 시작해서 노동절에 끝난다. 행사의 이름은 토요일 밤에 거대한 나무 인형을 태우는 의식에

서 유래했다. 축제의 핵심은 공동체, 예술 작품, 부조리, 탈상품화, 흥청 대며 놀기이다. 전통적으로 이 행사는 자신이 만든 예술 작품을 수천 명의 사람들에게 보여주고 새로운 사람들을 만날 수 있는 장이다.

Q. 담화의 내용과 일치하는 것은?
(a) 행사는 노동절이 있는 주말마다 시작된다.
(b) 행사의 명칭은 토요일을 나타내는 라틴어에서 유래한다.
(c) 전문 미술 거래상과 수집가들을 위한 공개 행사이다.
(d) **사람 모양의 커다란 조각상을 불태운다.**

해설

미국에서 매년 개최되는 버닝 맨, 즉 불타는 사람으로 알려진 행사에서 커다란 나무 인형을 태우는 의식이 벌어진다는 내용이므로 정답은 (d)이다.

annual 연례의 **ritual** 의식 **effigy** 인형 **absurdity** 부조리 **decommodification** 탈상품화 **revelry** 흥청대며 놀기 **showcase** 공개 행사 **representation** 나타낸 것 **set ablaze** 불타오르게 하다

57

The Aurora Borealis or Northern Lights are natural light displays seen at night usually around the polar region. Photons released into the Earth's atmosphere are the primary source. Photons can come from atmospheric atoms gaining an electron or losing them and returning to a ground state. The atoms are energized from solar winds from the sun coming into the Earth's magnetic lines. The lights usually come in three colors: green, red, blue and sometimes a mixture of colors.

Q. Which is correct about the talk?
(a) The northern lights are a manmade visual manifestation.
(b) Seeing the lights is possible anywhere in the world.
(c) Photons can come from the air as well as the ground.
(d) **The emission of photons creates the color patterns.**

번역

오로라 보리얼리스 혹은 북극광은 보통 극지방 주변에서 밤에 보이는 자연적인 발광 현상이다. 이 현상은 지구 대기권으로 방출된 광자가 주요 원인이다. 광자는 전자를 얻는 대기 중 원자에서 발생할 수도 있고 전자를 잃고 기저(基底) 상태로 가며 발생할 수도 있다. 대기 중 원자는 지구 자기선으로 들어오는 태양에서 날아온 태양풍으로부터 활성화된다. 북극광은 보통 초록, 빨강, 파랑 세 가지 색깔로 나타나는데, 가끔은 혼합색으로도 나타난다.

Q. 담화의 내용과 일치하는 것은?
(a) 북극광은 인간이 만든 시각적 징후이다.
(b) 이 빛은 세계 어디서든 볼 수 있다.
(c) 광자는 대기 중에서 발생할 수도 있고 지면에서 발생할 수도 있다.
(d) **광자의 분출이 이 색의 무늬를 만들어 낸다.**

해설

담화 초반에 지구 대기권으로의 광자 방출 때문에 이런 발광 현상이 일어난다고 했으므로 정답은 (d)이다.

polar 극지의 **photon** 광자 **release** 방출하다 **atmosphere** 대기 **primary** 주요한 **atom** 원자 **electron** 전자 **ground state** 기저 상태 **solar wind** 태양풍 **magnetic** 자기의 **manifestation** 징후 **emission** 방출

58

In this part of my lecture, I'm going to talk about an emergency bag for your car. The reason for an emergency bag is just in case you might get stranded or unable to get to a safe place while in your car. Inside your bag, you should have a change of clothes, blanket, flashlight, cash, medical supply kit, dried foods and spare cell phone battery. Having these items in your bag can ensure that you are able to stay reasonably comfortable in these situations.

Q. What can be inferred from the talk about emergency bags?
(a) They don't need to include extra money nor batteries.
(b) Without such bags, road emergencies are easier to handle.
(c) **They are good for any unseen events that might happen.**
(d) Fluids to drink are good to have in them.

번역

강의 이쯤에서 여러분 차의 비상용 가방에 관해 말씀 드리겠습니다. 비상용 가방이 있는 이유는 만일의 경우 여러분이 차에 있는 동안 오도 가도 못하고 있거나 안전한 장소로 갈 수 없는 때를 위해서 입니다. 가방 안에는 갈아 입을 옷, 담요, 손전등, 현금, 의약품 세트, 건조식품, 여분의 휴대 전화 배터리가 있어야 합니다. 가방에 이런 물품을 구비하면 이런 상황에서 무리 없이 편안하게 지내도록 보장할 수 있습니다.

Q. 비상용 가방에 대해 유추할 수 있는 것은?
(a) 여분의 돈이나 배터리를 포함하지 않아도 된다.
(b) 이런 가방 없이 길에서 일어나는 응급 상황은 처리하기 더 쉽다.
(c) **발생할 수 있는 처음 보는 어떤 상황에도 좋다.**
(d) 마실 수 있는 액체를 가방에 넣는 것이 좋다.

해설

담화의 초반에 비상용 가방이 있는 이유가 만약의 경우 있을 수 있는 상황을 대비해서라고 했으므로 정답은 (c)이다.

emergency 비상용의 **just in case** 만약을 위해서 **strand** 발을 묶다 **spare** 여분의 **ensure** 보장하다 **reasonably** 무리 없이 **handle** 처리하다 **fluid** 유동체

59

Light bulbs are one of the most important inventions in history, but I bet you would have never known about the following. The Livermore firehouse in Livermore, California, houses the longest lasting light bulb in the world. This particular light bulb, known as the Centennial Light, has been running for at least 109 years, only being turned off a handful of times. Due to the extraordinary nature of this fact, it has been listed in the *Guinness Book of World Records* as the most durable light bulb in the world.

Q. What can be inferred from the talk?
(a) The Centennial Light has been on non-stop.
(b) The speaker thinks little of traditional light bulbs.
(c) The invention of the light bulb occurred 109 years ago.
(d) **The speaker expects the story is little known.**

번역

전구는 역사상 가장 중요한 발명품 중 하나지만, 다음 사실에 대해서는 전혀 몰랐을 것이라고 장담한다. 캘리포니아 리버모어에 있는 리버모어 소방서는 세계에서 가장 오랫동안 켜 있는 전구를 보관하고 있다. 센테니얼 전구로 알려진 이 특이한 전구는 최소한 109년 동안 켜져 있으며, 단지 몇 번만 꺼졌을 뿐이다. 이 사실의 특이성으로 인해, 전구는 세계에서 가장 오래가는 전구로 〈기네스북〉에 등재되어 있다.

Q. 담화에서 유추할 수 있는 것은?
(a) 센테니얼 전구는 한 번도 꺼지지 않고 켜져 있다.
(b) 화자는 전통적인 전구에 대해 거의 모른다.
(c) 전구의 발명은 109년 전에 있었다.
(d) **화자는 이러한 이야기가 잘 알려져 있지 않다고 생각한다.**

해설

센테니얼 전구는 109년 동안 몇 번 꺼졌기 때문에 (a)는 옳지 않다. 이 전구는 역사상 가장 중요한 발명품 중 하나라는 견해를 가지고 있으므로 (b)도 옳지 않다. 화자는 도입부에 센테니얼 전구에 대해서 아는 사람이 없다고 생각하고 있으므로 정답은 (d)이다.

light bulb 전구 **bet** 보증하다 **handful of** 소수의 **extraordinary** 비범한 **durable** 튼튼한 **think little of** ~을 경시하다

60

The Blindside: Evolution of a Game, written by Michael Lewis, is about how the NFL offense has changed over the past 40 years due to dominant defensive players such as Lawrence Taylor, who increased the importance of the position of left tackle. The second story involves a professional athlete named Michael Oher and his humble beginnings from homeless youth to professional left tackle playing in the National Football League. This book has recently been turned into a movie with the same title starring Sandra Bullock.

Q. What can be inferred about Michael Lewis' book?
(a) This book discusses only the career of Lawrence Taylor.
(b) Left tackles are less important due to a dominant offense.
(c) It is critical of the plight of the urban poor.
(d) **The movie will have some elements of the book in it.**

번역

마이클 루이스가 저술한 〈블라인드 사이드: 게임의 진화〉는 자신의 강력함으로 레프트 태클 포지션의 중요성을 높여 놓은 로렌스 테일러와 같은 우세한 수비수들로 인해, 미식축구 리그의 공격 방법이 과거 40년간 어떻게 변화했는가에 관한 책이다. 두 번째 이야기는 마이클 오어라는 프로 선수의 노숙 청소년으로서의 초라한 인생에서부터 미식축구 리그의 프로 레프트 태클이 되기까지의 내용을 담고 있다. 이 책은 최근 산드라 블록이 주연한 동명의 영화로 나왔다.

Q. 마이클 루이스의 책에 대해 유추할 수 있는 것은?
(a) 이 책은 단지 로렌스 테일러의 경력만을 논의한다.
(b) 레프트 태클은 강력한 수비수로 인해 덜 중요하다.
(c) 도시 빈곤층의 곤경은 중대한 문제이다.
(d) **영화는 책의 몇 가지 요소를 포함할 것이다.**

해설

이 책은 미식축구 리그의 우세한 수비수들로 인해 공격 방법이 어떻게 변했는가를 기술하고 있으며, 마이클 오어라는 프로 미식축구 선수의 인생과 경력도 담고 있다. 그리고 최근 동일한 제목으로 영화화되었다고 한다. 따라서 정답은 (d)이다.

evolution 진화 **offense** 공격 **dominant** 우세한 **defensive** 수비의 **humble** 초라한 **homeless** 노숙자의 **star** 주연하다 **career** 경력 **element** 요소

Actual Test 03

Part I

→ 본책 P 80

1 (b)	**2** (d)	**3** (b)	**4** (d)	**5** (b)
6 (d)	**7** (d)	**8** (b)	**9** (d)	**10** (c)
11 (d)	**12** (d)	**13** (d)	**14** (a)	**15** (c)

Part II

16 (c)	**17** (d)	**18** (b)	**19** (c)	**20** (c)
21 (b)	**22** (c)	**23** (b)	**24** (c)	**25** (c)
26 (d)	**27** (d)	**28** (c)	**29** (c)	**30** (c)

Part III

31 (a)	**32** (a)	**33** (d)	**34** (c)	**35** (b)
36 (c)	**37** (b)	**38** (d)	**39** (c)	**40** (b)
41 (d)	**42** (b)	**43** (d)	**44** (d)	**45** (b)

Part IV

46 (c)	**47** (d)	**48** (c)	**49** (c)	**50** (c)
51 (d)	**52** (d)	**53** (b)	**54** (c)	**55** (a)
56 (b)	**57** (d)	**58** (a)	**59** (c)	**60** (d)

◼ Part I

1

M Sally is really infamous at our school.
W _____

(a) She is the most popular person there.
(b) I find her to be a pain in the neck.
(c) We have never heard of her before.
(d) There are a lot of people at our school.

번역

M 샐리는 우리 학교에서 평판이 정말 좋지 않아.
W _____

(a) 그녀는 거기서 가장 인기 있는 사람이야.
(b) 눈엣가시 같은 존재던데.
(c) 우리는 그녀에 대해 들어 본 적이 없어.
(d) 우리 학교에는 사람이 많아.

해설

(b)는 샐리가 눈에 거슬린다는 의미로 샐리가 학교에서 평판이 좋지 않다는 남자의 말을 부연 설명해 주고 있으므로 자연스러운 응답이 된다. (a)의 popular와 남자의 말 infamous는 상반되는 단어로 적절하지 않다.

infamous 악명 높은   **pain in the neck** 눈엣가시

2

W My throat is really sore for some reason.
M _____

(a) Your face is turning pale.
(b) Maybe you have gotten cold feet.
(c) The hospital is far away.
(d) You should take some medicine.

번역

W 웬일인지 목이 정말 따끔거려.
M _____

(a) 얼굴이 창백해지고 있어.
(b) 겁을 먹었나 봐.
(c) 병원은 멀리 있어.
(d) 약을 좀 먹도록 해.

해설

목이 따끔거린다는 여자의 말에 약을 먹으라는 (d)가 가장 적절한 응답이다. (a)는 안색에 관한 언급으로 적절하지 않고, (c)는 병원의 위치를 물었을 때 적절한 응답이다.

sore 따가운   **pale** 창백한   **cold feet** 겁

3

M We can't listen to her. She's a wolf in sheep's clothing.
W _____

(a) Wool looks very good on her.
(b) I wouldn't trust her, either.
(c) We should take advantage of the sale.
(d) You're right. It's too loud in here.

번역

M 우린 그녀의 의견을 받아들일 수 없어요. 그녀는 위선자예요.
W _____

(a) 그녀는 울이 잘 어울려요.
(b) 저도 그녀를 신뢰하지 않아요.
(c) 할인 판매를 잘 이용해야 해요.
(d) 맞아요. 여기는 너무 시끄러워요.

해설

listen to는 '듣는다'라는 의미 외에 '믿고 의견을 받아들이다'는 의미가 있다. 양의 탈을 쓴 늑대 같은 그녀의 의견을 받아들일 수 없다는 남자의 말에 여자도 동의하며 그녀가 못 미덥다고 응답한 (b)가 자연스럽다.

wolf in sheep's clothing 위선자   **take advantage of** ~을 이용하다

4

W Why is Diane making a long face?
M _____

(a) She doesn't want to feel unattractive.
(b) Short faces are easier to sculpt.
(c) Because getting fit is important to her.
(d) She had a very tough day at the office.

번역

W 다이앤이 왜 시무룩해 있죠?

M _____

(a) 그녀는 매력이 없다고 느끼고 싶어하지 않아요.

(b) 짧은 얼굴이 조각하기가 더 쉬워요.

(c) 그녀에게는 몸매 관리가 중요하니까요.

(d) 직장에서 정말 힘든 하루를 보냈대요.

해설

다이앤이 왜 우울한지를 묻는 말에 그녀가 힘든 하루를 보냈기 때문이라는 이유를 말해주고 있는 (d)가 적절하다. long face는 '우울한 얼굴'을 뜻하는 관용어로 (b)의 short face는 대화의 내용과 관련이 없다.

make a long face 슬픈 표정을 짓다 **unattractive** 매력적이지 않은 **sculpt** 조각하다 **fit** 좋은 건강 상태인 **tough** 힘든

5

M Please take the time to stop your smoking habit.

W _____

(a) It's part of the custom here.

(b) I've been meaning to get around to it.

(c) It's been three weeks since I quit.

(d) The smoking lounge is in the next room.

번역

M 제발 시간을 내서 담배를 끊도록 해요.

W _____

(a) 그건 이곳 관습의 일부예요.

(b) 그러려고 하고 있어요.

(c) 담배를 끊은 지 3주 되었어요.

(d) 흡연실은 옆방이에요.

해설

담배를 끊으라는 남자의 말에 노력하고 있다는 (b)의 응답이 가장 적절하다. 관습의 일부라는 (a)와 흡연실의 위치를 알려주는 (d)는 상황과 맞지 않다.

custom 관습 **get around to** ~을 고려하다 **quit** 그만두다 **lounge** 휴게실

6

W The cost of living in the city is higher than in the country.

M _____

(a) We get a furnished apartment instead.

(b) What country are we talking about?

(c) Paying a lot of money is not a good idea.

(d) A big part of it is paying for rent.

번역

W 시골보다 도시에서 생활비가 더 많이 들어.

M _____

(a) 대신 우리는 가구 딸린 아파트를 얻잖아.

(b) 어느 나라를 얘기하고 있는 거야?

(c) 돈을 많이 내는 것은 좋은 생각이 아니야.

(d) 집세가 생활비에서 큰 부분을 차지하지.

해설

도시에서 사는 것이 시골에서 사는 것보다 비용이 더 든다는 여자의 말에 도시는 집세가 비싸기 때문에 비용이 더 든다고 응답하는 (d)가 가장 적절하다. (b)의 country는 '국가'라는 의미로 함정이다.

cost of living 생활비 **furnished** 가구가 딸린 **rent** 집세

7

M Nurse, this patient's temperature has increased to a dangerous level.

W _____

(a) Nursing school was difficult enough.

(b) I'm surprised that it can remain so calm.

(c) Then we need to modify the temperature.

(d) It's vital that we keep him cool.

번역

M 간호사, 이 환자 체온이 위험한 수준까지 올라갔어요.

W _____

(a) 간호 학교는 꽤 어려웠어요.

(b) 그렇게 평정을 유지할 수 있다는 것이 놀라워요.

(c) 그러면 온도를 조정할 필요가 있어요.

(d) 환자의 몸을 식히는 것이 아주 중요해요.

해설

환자의 체온이 위험한 수준까지 올라가서 긴급히 간호사에게 알리고 있다. 따라서 체온을 내리기 위해 환자의 몸을 식혀야 한다고 응답하는 (d)가 적절하다. 온도를 바꿀 필요가 있다는 (c)는 환자에게 어울리지 않는 말이다.

calm 침착한 **modify** 조정하다, 바꾸다 **vital** 중요한

8

W I'm so sorry. I heard someone stole your car.

M _____

(a) The buses weren't running this morning.

(b) I inadvertently left the keys inside it.

(c) My friend Rob said it was a hit and run.

(d) I rented a nice sedan for the upcoming trip.

번역

W 정말 유감이에요. 차를 도둑맞았다면서요.

M _____

(a) 오늘 아침에 버스가 운행하지 않았어요.

(b) 제가 무심코 차 안에 열쇠를 두었어요.

(c) 제 친구 롭이 뺑소니 사고였다고 하더라고요.

(d) 곧 있을 여행을 위해 멋진 차를 빌렸어요.

해설

여자는 차를 도난당한 남자에게 유감을 표하고 있다. 여기에 차 안에 무심코 두고 온 열쇠 때문에 도난당했다고 설명하는 (b)가 적절하다.

inadvertently 무심코 **hit and run** 뺑소니 사고 **upcoming** 곧 있을

9

M What do you think about that rice cooker?
W _____

(a) He prepares the best rice in the city.
(b) That type of cuisine is the most profitable.
(c) I haven't tasted the cook's food yet.
(d) It's too expensive for my liking.

번역

M 저 전기밥솥에 대해 어떻게 생각해?
W _____

(a) 그는 도시에서 최고의 밥을 지어.
(b) 그런 류의 음식이 가장 돈이 되지.
(c) 요리사의 음식을 아직 맛보지 않았어.
(d) 내 취향에는 너무 비싸.

해설

전기밥솥에 대한 여자의 의견을 묻는 질문으로 비싸다는 의견을 밝힌 (d)가 적절한 응답이다. (a)는 rice를 반복한 함정이고, (b)는 전기밥솥이 아닌 특정 음식에 대한 설명으로 질문의 rice를 염두에 둔 함정이다.

rice cooker 전기밥솥 **cuisine** 요리 **profitable** 이익이 되는
liking 취향

10

W You need to get in touch with your mother. She's worried.
M _____

(a) It's remarkable how much she doesn't talk to me.
(b) My mom told me that everything's fine with dad.
(c) I tried already but she is unreachable right now.
(d) She knows if I touch her she could get sick, too.

번역

W 어머니가 걱정하시니 연락을 드리세요.
M _____

(a) 엄마가 저에게 얼마나 말씀을 안 하시는데요.
(b) 아빠는 잘 지내신다고 엄마가 말씀하셨어요.
(c) 벌써 해봤는데 지금 연락이 되지 않아요.
(d) 제가 만지면 어머니도 병에 걸린다는 걸 알고 계세요.

해설

어머니께 연락을 드리라는 충고에 이미 연락을 했으나 연락이 닿지 않는다는 (c)가 가장 적절하다. 아버지에 대한 언급은 없었으므로 (b)는 맞지 않고, (d)의 touch는 '접촉하다'는 의미로 쓰인 함정이다.

get in touch with ~와 연락하다 **remarkable** 놀라운
unreachable 연락이 안 되는

11

M Right now I'm living on a shoestring budget.
W _____

(a) Maybe it's time to buy new shoes.
(b) Everybody knows that money doesn't grow on trees.
(c) You could get by with only wearing sandals.
(d) I think you need to get a full-time job.

번역

M 지금 얼마 안 되는 생활비로 근근이 살고 있어요.
W _____

(a) 아마 새 신발을 살 때가 됐나 봐요.
(b) 돈이 나무에서 열리는 게 아닌 거 알잖아요.
(c) 샌들만 신고도 그럭저럭 견딜 수 있어요.
(d) 정규직 자리를 구하셔야 해요.

해설

shoestring budget이란 '소액의 돈'을 의미한다. 적은 돈으로 생활하고 있으니 종일 근무를 하는 직업을 구해 수입을 늘려 보라고 응답하는 (d)가 자연스럽다. (a)의 new shoes와 (c)의 sandal은 남자의 말 shoestring에서 연상할 수 있는 함정이므로 주의해야 한다.

shoestring 소액의 돈 **budget** 예산 **get by with** 그럭저럭 해나가다 **full-time** 정규직

12

W The chemical plant explosion has come as no surprise.
M _____

(a) There's no need for chemicals in plants.
(b) No one here likes surprises like that.
(c) It could be a blessing in disguise.
(d) This is a catastrophe for the community.

번역

W 화학 공장 폭발 사건은 전혀 놀라운 일이 아니에요.
M _____

(a) 식물에는 화학 약품이 필요 없어요.
(b) 여기 있는 누구도 그런 뜻밖의 일은 달가워하지 않아요.
(c) 그건 전화위복이 될 수도 있어요.
(d) 이건 지역 사회에 큰 재앙이에요.

해설

화학 공장이 폭발했다는 말에 그 사건으로 인해 그 지역이 입을 피해를 우려해 지역 사회에 큰 재앙이라고 응답한 (d)가 가장 적절하다. (a)의 chemical이나 (b)의 surprise는 여자의 말을 반복하는 함정이다. (c)의 blessing in disguise는 문제인 줄 알았던 것이 뜻밖의 이익을 가져다 준다는 뜻으로, 폭발 사건이 어떤 이익과 연관되는지 알 수 없으므로 답이 될 수 없다.

chemical plant 화학 공장 **explosion** 폭발 **chemical** 화학 약품
a blessing in disguise 뜻밖의 좋은 결과 **catastrophe** 재앙

13

M Integrated Phone Inc. has broken new ground in the cell phone market.
W _____

(a) Purchasing a new phone can be very expensive.
(b) The priority should be to get there as soon as possible.
(c) All they have to do is repair it and it'll be fine.
(d) Their phones are supposed to be very durable.

번역

M 인티그레이티드 폰 사가 새롭게 휴대 전화 시장에 진출했어.

W _____

(a) 새 전화기 구매는 매우 비쌀 수도 있어요.
(b) 가능한 한 빨리 그곳에 도달하는 게 급선무예요.
(c) 수리하기만 하면 괜찮을 거예요.
(d) 그 회사 전화기는 내구성이 정말 좋아야 해요.

해설
break new ground란 '새로운 분야를 개척하다'라는 의미로 대화에서 어떤 회사가 신규로 휴대 전화 사업에 진출했음을 말한다. 신규 사업에서 뛰어난 품질, 즉 내구성으로 승부해야 함을 유추할 수 있는 (d)가 가장 적절한 응답이다.

priority 최우선 **be supposed to** ~해야 한다 **durable** 내구성 있는

14

W The local government is going to construct a man-made lake.
M _____

(a) Innovation in building will make this a success.
(b) The men are getting increasingly more intense.
(c) There shouldn't be a debate whether to do this or not.
(d) The water in the lake has impacted the local ecosystem.

번역
W 지방 자치 단체에서 인공 호수를 건설할 예정이에요.
M _____

(a) 획기적인 건축으로 성공을 거둘 수 있을 거예요.
(b) 사람들이 점점 더 치열해지고 있어요.
(c) 이것을 할지 말지는 논쟁의 여지가 없어요.
(d) 호수 물이 지역 생태계에 영향을 주었어요.

해설
인공 호수를 만들기로 했다는 말에 획기적인 기술로 잘 축조될 것이라고 응답하는 (a)가 가장 적절하다. 이미 호수 건설이 예정되었기 때문에 더 이상 논쟁은 없어야 한다는 (c)는 내용과 맞지 않고, (d)는 시제상 미래의 예정된 일에 대한 응답에 적절하지 않다.

man-made 인공의 **innovation** 혁신 **intense** 강렬한 **debate** 논쟁 **impact** ~에 강한 영향[충격]을 주다 **ecosystem** 생태계

15

M I had to bite my tongue when the boss said those things to you.
W _____

(a) Maybe you should have it checked out then.
(b) I wonder what she wants to talk to me about.
(c) It was hard to take in all the criticisms alone.
(d) Who knew that a person could actually do that?

번역
M 상사가 당신에게 그런 말을 할 때 저는 꾹 참았어야만 했어요.
W _____

(a) 그러면 그걸 확인해 보셨어야 하지 않나요.
(b) 그녀가 제게 뭘 얘기하고 싶어하는지 궁금해요.

(c) 혼자서 모든 비난을 받는 것은 힘들었어요.
(d) 그걸 실제로 할 수 있는지 누가 알았겠어요?

해설
여자가 상사에게 꾸지람을 듣는 상황에서 남자는 꾹 참고 아무 말도 할 수 없었다고 했으므로 여자가 혼자서 모든 비난을 받는 것이 힘들었다고 응답한 (c)가 가장 적절하다.

bite one's tongue 꾹 참다 **criticism** 비난

▮ Part II

16

W How can I help you?
M Yes, I would like a cup of coffee, please.
W How do you take it?
M _____

(a) I'll take it out with me.
(b) That will be all, thanks.
(c) With just a little sugar, please.
(d) I'll take a mug, if you don't mind.

번역
W 무엇을 도와 드릴까요?
M 네, 커피 한 잔 마시고 싶은데요.
W 어떻게 드시겠어요?
M _____

(a) 테이크 아웃할게요.
(b) 그러면 됐어요.
(c) 설탕 조금만 넣어 주세요.
(d) 괜찮으시다면 머그에 주세요.

해설
커피를 한 잔 마시고 싶다는 남자에게 여자는 커피를 어떻게 준비해 줄지 묻고 있다. 여기에 자신의 커피의 기호를 말해주는 (c)가 가장 적절하다.

take (음식을) 먹다; 마시다 **mind** 싫어하다

17

M I just bought the newest iPod.
W Where did you get the money for that?
M It was my birthday last week.
W _____

(a) We should do something for your birthday.
(b) An iPod is very expensive.
(c) I don't have any money to give you.
(d) Well, happy belated birthday.

번역
M 방금 최신형 아이팟 샀어.
W 그거 살 돈이 어디서 났는데?
M 지난주에 내 생일이었거든.
W _____

(a) 우리가 네 생일에 뭔가를 해줘야겠네.
(b) 아이팟은 아주 비싸잖아.
(c) 너한테 줄 돈이 하나도 없어.

(d) 음, 늦었지만 생일 축하해.

해설

아이팟을 샀다는 남자의 말에 여자가 돈이 어디서 났는지 묻고 있다. 이에 남자는 지난주에 생일이었다고 말하는데 생일이었던 것을 미처 몰랐던 여자가 할 적절한 응답은 (d)이다.

newest 최신의 **belated** 늦은

18

W Hello? Could you put Stanley on the phone?
M I can't. I'm on the other line.
W Well, when will you be done?
M _____

(a) Whenever he gets on the line.
(b) I will be finished as soon as I can.
(c) Sorry, but it's impossible.
(d) I won't have Stanley talking too long.

번역

W 여보세요. 스탠리와 통화할 수 있을까요?
M 안 돼요. 제가 다른 통화 중이라서요.
W 그럼 통화가 언제 끝날까요?
M _____

(a) 그가 전화를 받을 때마다요.
(b) 가능한 빨리 끝낼게요.
(c) 죄송하지만 불가능해요.
(d) 스탠리가 오래 얘기하지 않게 할 거예요.

해설

남자가 현재 다른 전화를 받고 있어 여자가 스탠리와 통화할 수 없는 상황이다. 통화가 언제 끝나는지를 묻는 여자의 말에 이어질 남자의 응답으로 가장 적절한 것은 (b)이다.

put somebody on the phone ~를 바꿔주다 **on the line** 수화기를 들고 있는

19

W I'm starving. What's for dinner?
M How about getting some takeout?
W Sounds good. Let's get some Indian.
M _____

(a) I don't want to pay any gratuity.
(b) OK. Let's go and dine in.
(c) My mouth's watering already.
(d) Sure, I'll get the leftovers.

번역

W 배고프다. 저녁 뭐 먹을까?
M 사 갖고 오는 건 어때?
W 좋지. 인도 음식 먹자.
M _____

(a) 팁을 조금도 내고 싶지 않아.
(b) 그래, 가서 집에서 먹자.
(c) 벌써 군침이 도는데.
(d) 좋아, 남은 것은 싸갈래.

해설

저녁으로 뭔가를 포장해 와서 먹자는 남자의 말에 여자도 동의하며 인도 음식을 제안하고 있다. 여기에 이어질 남자의 응답으로 가장 적절한 것은 (c)이다.

takeout 포장해 가는 음식 **gratuity** 팁 **dine in** 집에서 먹다 **mouth is watering** 군침이 돌다 **leftover** 남은 음식

20

M Hi. Could you tell me how to get to the bus stop?
W Sure. It is right in front of the movie theater.
M Where is the movie theater from here?
W _____

(a) You're standing in front of it now.
(b) It's right in front of the theater.
(c) Go straight for two blocks and turn left.
(d) Go down this block and you'll see the bus stop.

번역

M 안녕하세요. 버스 정류장에 어떻게 가는지 알려 주시겠어요?
W 네. 영화관 바로 앞에 있어요.
M 영화관은 어디인가요?
W _____

(a) 지금 바로 앞에 서 있어요.
(b) 영화관 바로 앞에 있어요.
(c) 두 블록 직진한 뒤 좌회전하세요.
(d) 이 길을 따라가면 버스 정류장이 있어요.

해설

버스 정류장으로 가는 길을 묻는 남자의 말에 여자는 영화관 바로 앞에 있다고 알려준다. 뒤이어 영화관의 위치를 묻는 남자의 말에 가는 방법을 알려주는 (c)가 가장 적절하다.

straight 똑바로, 일직선으로

21

W Is this Mr. Blevin's office?
M Yes. How may I assist you today?
W He was supposed to respond to my earlier call, but didn't.
M _____

(a) I'm busy at the moment.
(b) OK, I'll put you through.
(c) You need to answer the phone.
(d) We should break the news to him.

번역

W 블레빈 씨 사무실인가요?
M 네. 무엇을 도와 드릴까요?
W 좀 전에 제 전화에 다시 연락 주시기로 했는데 안 주셨어요.
M _____

(a) 저는 지금 바쁩니다.
(b) 그랬군요, 연결해 드리겠습니다.
(c) 전화를 받아야 합니다.
(d) 그에게 소식을 전해야 합니다.

블레빈 씨 사무실에 전화를 건 여자가 예전에도 전화했는데 답을 주지 않았다고 말한다. 따라서 전화를 연결해 주겠다고 하는 (b)가 가장 적절하다.

assist 돕다　**be supposed to** ~하기로 되어 있다　**put you through** (전화) 연결을 하다　**break the news to** ~에게 (나쁜) 소식을 전하다

22

W　Can I help you?
M　I demand to see the manager!
W　What seems to be the problem?
M　_____

(a) It's showing that I made a profit.
(b) The problem was resolved days ago.
(c) I wasn't allowed to redeem my gift card.
(d) The manager has the right to see someone.

번역

W　도와 드릴까요?
M　매니저와 이야기해야겠어요!
W　무슨 일이신가요?
M　_____

(a) 제가 수익을 냈다고 나와 있어요.
(b) 문제는 수일 전에 해결됐어요.
(c) 상품권을 상품으로 교환할 수 없었어요.
(d) 매니저는 누군가를 만날 권리가 있어요.

해설

매니저를 만나야 하는 문제가 무엇인지를 묻고 있으므로 상품권을 상품으로 교환하는 데 문제가 있다고 한 (c)가 가장 적절하다. (a), (b), (d)는 모두 문제가 될 수 있는 사항이 아니므로 답이 될 수 없다.

resolve 해결하다　**redeem** (쿠폰·상품권 등을) 상품으로 바꾸다

23

M　The new fitness center down the street is open 24 hours a day.
W　Let's go down there and check out the facility.
M　Count me in. I'm eager to get a work out in.
W　_____

(a) Being at the gym all night long won't work out.
(b) Strenuous exercise always makes me feel good.
(c) Maybe it will have a fitness facility after all.
(d) I was just stretching a few minutes ago.

번역

M　저 길 아래 새 헬스클럽이 하루 24시간 연대.
W　거기 가서 시설을 확인해 보자.
M　나도 갈래. 거기서 꼭 운동해보고 싶어.
W　_____

(a) 밤새 헬스클럽에 있는 건 도움이 안 될 거야.
(b) 격렬한 운동을 하면 늘 기분이 좋더라.
(c) 결국 헬스클럽 시설을 갖추게 될 지도 몰라.
(d) 나는 몇 분 전에 스트레칭하고 있었어.

해설

길 아래 24시간 문을 여는 새 헬스클럽에서 꼭 운동을 해보고 싶다는 남자의 말에 이어질 여자의 응답으로 가장 적절한 것은 (b)이다.

facility 시설　**count in** ~를 포함시키다　**eager** 간절히 바라는　**work out** 운동하다　**strenuous** 격렬한

24

W　I am so worried about starting university in the fall.
M　There's nothing to be worried about. You'll do fine.
W　Well, what if I flunk out?
M　_____

(a) I am very worried you'll flunk out.
(b) You'll probably just have to pay a fine.
(c) Then you'll have to get a job.
(d) University classes have already started this fall.

번역

W　가을에 대학교 시작하는 거 너무 걱정돼.
M　걱정할 거 없어. 넌 잘 해낼 거야.
W　낙제하면 어떡하지?
M　_____

(a) 네가 낙제할까 봐 정말 걱정돼.
(b) 넌 아마 벌금을 물어야 할 거야.
(c) 그럼 취직해야 할걸.
(d) 대학 수업이 이미 가을에 시작했어.

해설

남자가 대학에서 시작하는 새 학기를 걱정하며 낙제하면 어떻게 해야 할지 묻고 있다. 여기에 이어질 여자의 응답으로 가장 적절한 것은 (c)이다.

flunk out 낙제하다　**fine** 벌금　**get a job** 취직하다

25

M　The living conditions in this apartment are pretty bad.
W　You need to call the landlord about this.
M　I've tried, but he won't return my calls.
W　_____

(a) You just have to put up with it.
(b) He showed up a few minutes ago.
(c) Then call the real estate agency.
(d) I can't believe you hate clean apartments.

번역

M　이 아파트의 생활 여건은 정말 열악해.
W　이 문제라면 집주인에게 전화해야지.
M　해 봤는데 전화를 받지 않더라고.
W　_____

(a) 그건 그냥 네가 참아야 해.
(b) 그가 몇 분 전에 나타났어.
(c) 그럼 부동산에 전화해 봐.
(d) 네가 깨끗한 아파트를 싫어한다니 말도 안 돼.

해설

아파트의 생활 여건이 좋지 않다는 남자의 말에 여자가 집주인에게 전

화를 하라고 말한다. 집주인에게 전화를 해봤지만 응답이 없다는 남자의 말에 부동산에 전화해 보라는 대안을 제시해주는 (c)가 가장 적절하다.

landlord 주인   put up with 참다   real estate agency 부동산

26

W There was a dramatic drop in temperature today.
M I know. However, the report forecasted sunny weather.
W Weathermen always get it wrong.
M _____

(a) You're right. Their analysis to me hits the mark every time.
(b) Tropical weather always makes me feel good.
(c) I'm concerned about the unpleasant weather.
(d) **Rarely do I think that they make mistakes.**

번역
W 오늘 기온이 갑자기 떨어졌어.
M 응. 그런데 일기 예보에서는 맑은 날씨가 될 거라고 했어.
W 일기 예보는 항상 틀린다니까.
M _____

(a) 맞아. 나에게는 그 분석이 매번 들어맞아.
(b) 열대성 기후는 항상 기분 좋게 하지.
(c) 좋지 않은 날씨가 걱정이야.
(d) **일기 예보가 틀리는 경우는 드문 것 같아.**

해설
갑작스러운 온도 변화에 여자는 일기 예보를 불신하고 있지만, 남자는 이에 동의하지 않고 일기 예보를 옹호하고 있다. 그러므로 일기 예보의 정확성을 두둔하는 (d)가 응답으로 가장 자연스럽다.

dramatic 극적인   forecast 예보하다   weatherman 일기 예보관
analysis 분석   hit the mark 적중하다   tropical 열대의

27

M Ma'am, could I see your driver's license, please?
W Is there something wrong, officer?
M Yes, you were driving well beyond the speed limit.
W _____

(a) If I had made the right decision instead, I wouldn't have.
(b) My foot had a cramp, so I couldn't stop screaming.
(c) Driving under the influence is something I shouldn't do.
(d) **I'm sure that I'll have to pay an expensive fine.**

번역
M 부인, 운전면허증을 좀 보여주시겠습니까?
W 무슨 문제 있나요, 경찰관님?
M 네, 제한 속도 이상으로 달리셨습니다.
W _____

(a) 대신 내가 옳은 결정을 했다면, 안 그랬을 텐데요.
(b) 발에 쥐가 나서 비명을 멈출 수가 없었어요.
(c) 음주 운전은 해서는 안 되는 일이죠.

(d) **벌금을 많이 내야겠군요.**

해설
경찰관이 여자에게 운전면허 제시를 요청하면서 제한 속도 이상으로 달렸다고 말하는 상황이다. 여자는 속도 위반에 따라 벌금을 내야 하기 때문에 (d)가 적절하다.

driver's license 운전면허   speed limit 제한 속도   cramp 경련
drive under the influence 음주 운전을 하다

28

W Soon, the social security system won't have money for the elderly.
M That's horrible. Senior citizens have done so much for this country.
W I hope it gets fixed by the time I'm their age.
M _____

(a) Old people will pay for the social security system.
(b) Where do you propose they fix the age?
(c) **We might have to get used to retiring later.**
(d) Overpopulation is not a factor in this trend.

번역
W 곧 사회 보장 제도에서 노인들에게 지급할 돈이 없을 거래.
M 그거 큰일이네. 노인들이 이 나라를 위해 많은 일을 하셨잖아.
W 내가 그 나이가 될 때까지는 보완이 됐으면 좋겠다.
M _____

(a) 나이 든 사람들은 사회 보장 제도 때문에 돈을 낼 거야.
(b) 어디에서 연령 수정을 할 수 있다고 생각하세요?
(c) **우리도 나중에 은퇴라는 것에 익숙해져야겠지.**
(d) 인구 과잉이 이런 추세의 요인은 아니야.

해설
여자는 사회 보장 제도에서 노인들에게 지급할 돈이 곧 떨어지게 될 것이라며 자신이 노인이 될 때까지 제도가 보안되었으면 좋겠다고 말한다. 여기에 이어질 남자의 응답으로 가장 적절한 것은 (c)이다.

social security system 사회 보장 제도   senior citizen 노인   get used to ~에 익숙해지다   overpopulation 인구 과잉   trend 추세

29

M That bank was given counterfeit money by someone today.
W Wow! I wonder if anybody withdrew any of it.
M I might have. That's why I'm going there now.
W _____

(a) I let them get away with it.
(b) It happened in broad daylight.
(c) **This is an inexcusable situation.**
(d) Identity theft is rampant these days.

번역
M 저 은행이 오늘 어떤 사람에게서 위조지폐를 받았대.
W 왜 그 돈을 누군가 인출했을지 궁금하다.
M 내가 인출했을지도 몰라. 그래서 지금 그 은행에 가고 있는 거야.
W _____

(a) 그들이 그냥 가져가도록 놔뒀어.

(b) 그 일은 대낮에 발생했어.
(c) 이건 용납할 수 없는 상황이야.
(d) 요즘 신원 도용이 만연하고 있어.

해설

거래하는 은행이 위조지폐를 받았다는 이야기이다. 위조지폐 인출 가능성 때문에 은행에 가야 하는 것은 누군가의 범죄로 다른 사람에게 피해를 주고 있는 상황이므로 이는 용납될 수 없다고 한 (c)가 가장 자연스럽다.

counterfeit money 위조지폐 **withdraw** 인출하다 **in broad daylight** 대낮에 **inexcusable** 용납할 수 없는 **identity theft** 신원 도용 **rampant** 만연하는

30

M Susan, I appreciate you finding a way to cut pollution in our city.
W It was all about finding an alternate source for fuel.
M I had no idea you could use cooking oil as fuel for cars.
W _____

(a) A good note is that everything is disposable.
(b) There is a distinctive odor to the air now.
(c) The consequences of this could be far-reaching.
(d) Emissions for this will increase however.

번역

M 수잔, 우리 도시의 오염을 줄일 방법을 찾아 줘서 고마워요.
W 연료용 대체 원료를 찾는 게 전부였어요.
M 식용유를 자동차 연료로 쓸 수 있다는 건 생각도 못했어요.
W _____

(a) 좋은 점은 모든 것이 일회용이라는 거죠.
(b) 지금 공기 중에 독특한 냄새가 나요.
(c) 이 일로 커다란 영향을 미칠 겁니다.
(d) 어쨌든 식용유 때문에 가스 배출이 증가할 거예요.

해설

도시의 오염을 줄일 방법을 찾아준 여자에게 남자가 감사를 표하며 식용유를 자동차 연료로 쓸 수 있다는 것은 생각도 못한 일이었다고 말한다. 따라서 여자가 고안한 방법이 앞으로 큰 영향을 미칠 것이라는 (c)가 가장 적절하다.

alternate 대체할 **disposable** 일회용의 **distinctive** 독특한 **odor** 냄새 **consequence** 결과 **far-reaching** 지대한 영향을 가져올 **emission** 배출

◢ Part III

31

M Could you drop me off at the department store?
W Sure. Where do I need to go?
M Head over to the sidewalk towards your left.
W OK, I see it. Here or farther down?
M Go right in front of the Quickie Mart. You can't miss it.
W OK, here we are. I will see you soon.

Q. What is the man mainly doing in the conversation?
(a) Giving instructions on where to drop him off
(b) Heading off to do some shopping
(c) Locating where he needs to go to
(d) Purchasing something at the convenience store

번역

M 백화점에 내려 줄 수 있어?
W 당연하지. 어디로 가야 해?
M 왼쪽에 있는 인도로 가줘.
W 응, 알겠어. 여기 아니면 더 아래쪽?
M 퀵키 마트 바로 앞으로 가줘. 쉽게 찾을 거야.
W 자, 다 왔어. 이따 봐.

Q. 대화에서 남자는 주로 무엇을 하고 있는가?
(a) 자기를 어디에 내려 주어야 하는지 설명하고 있다.
(b) 쇼핑을 하러 가고 있다.
(c) 어디로 가야 하는지 찾고 있다.
(d) 편의점에서 무언가를 사고 있다.

해설

차 안에서 일어나는 대화이다. 남자는 여자에게 백화점에서 내려 달라고 부탁하면서 정확히 어느 지점에 차를 세워야 하는지를 설명하고 있으므로 (a)가 정답이다. 남자가 쇼핑을 하러 가는지는 알 수 없으므로 (b)는 정답이 아니다.

drop off 하차하다 **sidewalk** 인도 **instruction** 설명 **locate** 위치를 찾아내다 **purchase** 구매하다

32

W I just bought the 1st edition of the Pablo Escuela series.
M Really? Did you know that I helped translate them into English?
W Wow! You really did some great work.
M Thanks. Being bilingual is a good talent to have.
W Maybe I should learn a different language, too.
M It could help you out with your job as well.

Q. What is the conversation mainly about?
(a) The usefulness of being bilingual
(b) Great literary works from other countries
(c) Being able to interpret foreign literature
(d) Which Pablo Escuela edition is the best

번역

W 지금 막 파블로 에스쿠엘라의 작품 시리즈 초판을 샀어.
M 정말? 내가 그 책 영어 번역 작업 도운 거 알아?
W 우왜! 정말 대단한 일을 했구나.
M 고마워. 2개 국어를 하는 건 좋은 재능이야.
W 나도 다른 언어를 배워야 할까 봐.
M 일에도 도움이 될 거야.

Q. 주된 내용은 무엇인가?
(a) 두 개 언어를 할 줄 아는 것의 유용성
(b) 다른 나라의 위대한 문학 작품
(c) 외국 문학을 통역할 줄 아는 것
(d) 파블로 에스쿠엘라의 어떤 에디션이 가장 좋은지

해설

어떤 작품의 영어 작업을 도왔다고 하는 남자의 말에 여자가 대단한 일을 했다며 칭찬해 주자, 남자는 2개 국어를 하는 것이 좋은 재능이라고 말한다. 따라서 대화의 주된 내용으로 옳은 것은 (a)이다.

first edition 초판 **translate** 번역하다 **bilingual** 2개 국어를 하는 **literary works** 문학 작품 **interpret** 통역하다

33

M I don't see anything significant about the ruling today.

W What? The ruling undermines what our forefathers fought for.

M Yeah, but this is a modern society and we need modern laws.

W If we don't fight this, our whole society will revert back to the Stone Age.

M I think you're blowing this way out of proportion.

W You'll see that I'm right about this.

Q. What is the woman mainly doing in the conversation?

(a) Finding a way to cool off

(b) Looking for people before her

(c) Voting to keep her rights

(d) Arguing against the verdict

번역

M 오늘 판결에서는 중요한 게 뭔지 하나도 못 찾겠어.

W 뭐라고? 그 판결이 우리 조상들이 투쟁했던 것을 약화시키고 있잖아.

M 그래, 하지만 현대 사회에는 현대적인 법이 필요한걸.

W 우리가 여기에 맞서 싸우지 않는다면, 사회 전체가 석기 시대로 되돌아갈 거야.

M 네가 너무 과장하고 있는 것 같은데.

W 내가 옳다는 걸 알게 될 거야.

Q. 여자의 주된 행동은?

(a) 열을 식힐 방법을 찾고 있다.

(b) 자기 앞의 사람들을 찾고 있다.

(c) 권리 수호를 위해 투표하고 있다.

(d) 판결에 반론을 제기하고 있다.

해설

남자가 판결에 의미를 찾지 못하겠다고 하자 여자는 현재 상황에 맞서지 않으면 우리 사회가 쇠퇴할 것이라고 주장하며 판결에 반기를 들고 있다. 따라서 여자의 주된 행동으로 옳은 것은 (d)이다.

significant 의미 있는 **ruling** 판결 **undermine** 약화시키다 **forefather** 조상, 선조 **revert** 되돌아가다 **Stone Age** 석기 시대 **blow (something) way out of proportion** 과장하다, 확대 해석하다 **cool off** 열을 식히다, 진정하다 **verdict** 평결

34

W That bed and breakfast was charming, wouldn't you say?

M Actually, I didn't find it to be anything special.

W You didn't find it to be quaint and comfy?

M I don't know. I just can't express what it is.

W Was it the accommodations? Was it the food?

M I can't put my finger on it but it just left me flat.

Q. What is the man mainly doing in the conversation?

(a) Showing his appreciation for the invite

(b) Giving explicit details of his opinion

(c) Expressing indifference about a place

(d) Showing his admiration to the woman

번역

W 민박 아주 좋았어. 그렇지 않아?

M 뭐 특별한 거 모르겠던데.

W 예스럽고 안락하지 않았어?

M 모르겠어. 그냥 뭐라고 표현해야 할지.

W 시설 때문이야? 음식 때문이야?

M 꼭 집어서 말할 순 없지만 그냥 별 감흥이 없었어.

Q. 남자의 주된 행동은?

(a) 초대에 대해 감사를 표시하고 있다.

(b) 자신의 의견을 분명하고 자세히 표현하고 있다.

(c) 장소에 대해 무관심을 표현하고 있다.

(d) 여자에게 존경심을 표하고 있다.

해설

여자가 민박에 대해 감탄을 표하는 반면, 남자는 특별한 점을 느끼지 못했다며 짧게 대꾸하고 있다. 따라서 남자가 하고 있는 주된 행동으로 옳은 것은 (c)이다.

bed and breakfast 아침 식사를 제공하는 숙박[민박] **charming** 매우 좋은 **quaint** 진기한, 예스러운 **accommodation** 숙박 **can't put one's finger on** ~을 확실히[분명히] 지적하다 **explicit** 분명한 **admiration** 감탄, 존경

35

M Do you mind if we split the bill for lunch today?

W Sure, no problem. Low on cash this week?

M No, I'm starting to put myself on a budget.

W I was thinking about doing that myself soon.

M It really helped me to become more responsible.

W You might need to teach me how to set up a budget.

Q. What is the conversation mainly about?

(a) Dividing the portions of the meal

(b) A way to becoming more fiscally accountable

(c) The joys of doing a project together finally

(d) Setting out to copy each other in everything

번역

M 오늘 점심 값 나눠서 내도 괜찮을까?

W 그럼, 되고 말고. 이번 주에 현금이 부족한가 봐?

M 아니, 예산을 세워 생활하기 시작했거든.

W 나도 곧 그렇게 하려고 생각하고 있었는데.

M 보다 책임 있는 소비를 하는 데 정말 도움이 되더라고.

W 나한테 예산 세우는 방법을 가르쳐줘야 할지도 몰라.

Q. 대화의 주된 내용은?

(a) 식사의 양을 나누는 것

(b) 재정적으로 보다 책임감을 갖게 되는 방법

(c) 마침내 프로젝트를 함께 하는 것에 대한 기쁨
(d) 모든 것을 서로 똑같이 하는 것

해설

점심 값을 나눠서 내자고 제안하는 남자가 예산을 정해 생활하기 시작했다고 말하며 그것이 책임 있는 소비 생활을 하는 데 큰 도움이 됐다고 덧붙인 것으로 볼 때, 대화의 주된 내용은 (b)이다.

split the bill (비용 등을) 나눠서 내다　**on a budget** 한정된 예산으로　**portion** 부분, 몫　**fiscally** 재정적으로　**accountable** 책임 있는　**set out to** ~을 하다, 착수하다　**in everything** 하나에서 열까지 모두

36

W　My opponent has decided to run as an independent in the election.
M　I sense an ulterior motive in his decision.
W　He probably thinks he'll get more moderate voters.
M　I'm in agreement. What should we do?
W　Let's take a poll on the public opinion.
M　That's a good idea. Set it up as quickly as you can.

Q. What is mainly happening in the conversation?
(a) Defying critics by doing what they want
(b) Evading a run-in by the opponent
(c) Discussing a counter strategy for an election
(d) Engaging in a heated political debate

번역

W　상대 후보가 선거에 무소속으로 출마하기로 했어요.
M　그의 결정에 숨은 의도가 있는 게 느껴지는데요.
W　아마 온건파 유권자의 표심을 더 얻을 수 있을 거라고 생각하는 것 같아요.
M　저도 그렇게 생각해요. 우리는 어떻게 해야 하죠?
W　여론 조사를 실시해 봅시다.
M　좋은 생각이에요. 최대한 빨리 시작하세요.

Q. 대화에서 주로 일어나고 있는 것은?
(a) 원하는 것을 함으로써 비평가들을 무시하기
(b) 상대 후보의 논쟁 회피하기
(c) 선거에 대한 반대 전략을 논의하기
(d) 열띤 정치 토론에 참여하기

해설

상대 후보가 무소속 출마를 결정하자 이에 대한 대책에 대해 이야기하고 있다. 여론 조사를 실시하여 상대 후보의 결정이 미치는 영향을 파악하여 대처하자고 하고 있으므로 정답은 (c)가 된다.

opponent 상대 (후보)　**independent** 무소속　**election** 선거　**ulterior motive** 숨은 동기　**moderate** (정치적으로) 온건한, 중도의　**poll** 여론 조사　**defy** 무시하다　**evade** 회피하다　**run-in** 언쟁　**strategy** 전략

37

M　Did you see the Presidential Address last night?
W　Yeah. I see the government wants to implement new policies this year.
M　They acknowledge openly that we need to reduce spending.
W　Also, they said they want to make allowances for low income families.
M　Hopefully, they will also appoint an ambassador to go to England this year as well.
W　Maybe all of this will make it better for us in the future.

Q. What is the conversation mainly about?
(a) Where the president lives
(b) The new policy plans for the year
(c) Spending less in government programs
(d) Reducing the number of low-income families

번역

M　어젯밤에 대통령 연설 봤니?
W　응. 정부에서 올해 새로운 정책을 시행하고 싶어 하던데.
M　지출을 줄일 필요가 있다고 솔직하게 인정하더라.
W　저소득 가정의 사정을 파악하고자 한다고도 했어.
M　다행히, 올해 영국으로 갈 대사도 지명할 거래.
W　이 모든 것들로 미래엔 더 나아지겠지.

Q. 이 대화의 주된 내용은 무엇인가?
(a) 대통령의 거처에 관한 내용
(b) 한 해 새로운 정책 계획
(c) 정부 계획에 적게 소비하기
(d) 저소득 가정 수 줄이기

해설

두 사람은 대통령 연설에서 언급한 정부의 여러 가지 새 정책에 관해 이야기하고 있으므로 대화의 주된 내용으로 옳은 것은 (b)이다.

Presidential 대통령의　**implement** 시행하다　**policy** 정책　**acknowledge** 인정하다　**openly** 솔직하게　**make allowances for** ~의 사정을 살펴 파악하다　**hopefully** 바라건대　**appoint** 지명하다　**ambassador** 대사

38

W　Have you visited John in the hospital?
M　Yes. He was injured severely in the car accident.
W　Does he look OK?
M　He is black and blue all over.
W　I just hope the doctor will give him a clean bill of health soon.
M　Brighten up! He will get better and get home in a few days.

Q. What are the speakers mainly discussing in the conversation?
(a) Chatting about their favorite colors
(b) Talking about cleaning a man
(c) Discussing how many accidents happened
(d) Conversing on a friend who was hurt

번역

W　병원에 입원한 존한테 가 봤니?
M　응. 교통사고로 심하게 다쳤더라.
W　괜찮아 보여?
M　온몸이 시퍼렇게 멍들었어.
W　의사가 빨리 건강에 이상 없다는 진단을 내려주면 좋겠다.
M　얼굴 펴! 금방 회복하고 며칠 내로 집에 올 테니까.

Q. 두 사람이 나누는 대화의 주된 내용은?
(a) 각자 좋아하는 색깔을 이야기하고 있다.
(b) 남자를 깨끗하게 닦아주는 것에 관해 이야기하고 있다.
(c) 얼마나 많은 사고가 발생했는지에 관해 이야기하고 있다.
(d) 부상당한 친구에 관해 이야기하고 있다.

[해설]

두 사람은 부상당한 친구인 존에 관해 이야기하고 있으므로 대화의 주된 내용으로 옳은 것은 (d)이다.

injure 다치게 하다 **severely** 심하게 **black and blue** 온통 시퍼렇게 멍이 들도록 **clean bill of health** 건강 증명서

39

M In ten years, I'll be able to eradicate cancer.
W Doctor, what if the cancer cells adapt to your cure?
M I'll confront and annihilate those new strains.
W Don't you think you're being just a little overconfident?
M Not at all. This is something I'm meant to do.
W Okay. I just hope you're right.

Q. Which is correct about the doctor according to the conversation?
(a) Modesty is a prominent characteristic.
(b) The cure eliminates only some cancers.
(c) He is being a little brash.
(d) The doctor will find the cure soon.

[번역]

M 10년 안에 제가 암을 근절시킬 수 있을 거예요.
W 선생님, 암세포가 선생님의 치료제에 적응하면 어떡하죠?
M 그런 것도 맞서서 다 없애버릴 겁니다.
W 좀 지나치게 자신만만하다고 생각하지 않으세요?
M 전혀요. 제가 하려고 했던 일이니까요.
W 흠, 선생님이 옳기를 바랄 뿐이에요.

Q. 의사에 관한 내용으로 옳은 것은?
(a) 겸손함이 두드러진 특징이다.
(b) 치료법은 단지 몇 가지 암만 없앤다.
(c) 다소 자신만만하다.
(d) 곧 치료법을 찾아낼 것이다.

[해설]

암을 모두 근절시키겠다고 장담하는 의사의 말에 여자가 지나치게 자신만만하다고 생각하지 않냐고 묻지만 남자는 아니라고 대답하므로 의사인 남자에 관한 내용으로 옳은 것은 (c)이다.

eradicate 근절시키다 **adapt** 적응하다 **cure** 치료제, 치유 **confront** 맞서다 **annihilate** 전멸시키다 **overconfident** 지나치게 자신만만한 **be meant to do** ~할 예정이다 **modesty** 겸손 **prominent** 두드러진 **brash** 자신만만한

40

W I'm almost done with my dissertation.
M You have spent so much time on that.
W In hindsight, I see that I should have started sooner.

M Do you think that would've helped?
W Yeah. Unfortunately, I always procrastinate on big projects.
M That's something you're just going to have to work on.

Q. Which is correct about the woman according to the conversation?
(a) The dissertation became a part of her life.
(b) She recognized her mistake.
(c) The woman is very disciplined.
(d) Beginning early helps her work.

[번역]

W 논문을 거의 끝냈어.
M 거기에 시간을 정말 많이 할애했잖아.
W 지나고 나서 보니까, 더 일찍 시작했어야 했어.
M 그게 도움이 되었을 것 같아?
W 그럼. 안타깝게도 나는 항상 큰 프로젝트를 질질 끌어.
M 그게 네가 해결해야 할 일이야.

Q. 여자에 관해 다음 중 옳은 것은?
(a) 논문이 그녀 삶의 일부가 되었다.
(b) 그녀의 잘못을 인정했다.
(c) 매우 교육을 잘 받았다.
(d) 일찍 시작하는 것이 그녀의 일에 도움이 된다.

[해설]

여자는 더 빨리 시작했어야 하는데 그러지 못했다는 것을 후에 깨닫고, 자신이 항상 큰 일을 하기 싫어서 미루는 것을 안타깝게 생각하므로 자신의 잘못을 인정하고 있다는 (b)가 옳다.

dissertation 논문 **procrastinate** 미루다, 질질 끌다 **disciplined** 훈련 받은

41

M We weren't able to break the formula down into its basic components.
W That might set us back a few months.
M Believe me. We're working on it day and night.
W If you fail, we'll lose our funding.
M Relax. I'll push everyone as hard as I can.
W You better or it'll be your head as well as mine.

Q. Which is correct according to the conversation?
(a) The formula is very volatile.
(b) Reaction has been positive.
(c) Diffusing the situation is impossible.
(d) The man won't concede to failure.

[번역]

M 공식을 기본 요소로 분리할 수 없었어.
W 우리 일이 몇 달이나 지연될지도 몰라.
M 나를 믿어. 밤낮으로 해결하기 위해 애쓰고 있어.
W 실패하면, 재정 지원을 잃게 될 거야.
M 진정해. 모든 사람들을 가능한 한 세게 몰아붙일 거야.
W 그러는 게 좋을 거야. 그렇지 않으면 너랑 내 책임일 테니까.

Q. 다음 중 옳은 것은?
(a) 공식이 매우 불안정하다.

(b) 반응이 긍정적이었다.

(c) 상황을 해소하는 것은 불가능하다.

(d) 남자는 실패를 인정하지 않는다.

해설

일에 어려움을 겪고 있지만 남자는 이를 해결하기 위해 모든 사람들을 동원해 불철주야로 노력하고 있다. Believe me와 Relax에서 알 수 있듯이 여자의 걱정을 일축하며 문제 해결에 대한 강한 의지를 보이고 있으므로 남자는 실패를 받아들이지 않는다는 (d)가 답이 된다.

formula 공식 **component** 구성 요소 **set back** 지연시키다 **funding** 재정 지원 **volatile** 불안정한 **diffuse** 해소하다 **concede** 인정하다

42

W Have you found the source of the virus?

M Yes, it seems to have originated in contaminated pigs.

W Will you be able to create an antidote?

M If I'm able to get to my lab, there might be enough time.

W I'll make all the necessary arrangements for you.

M I appreciate it. Excuse me, but I need to get ahold of my assistants now.

Q. Which is correct about the man according to the conversation?

(a) Making a cure can't be accomplished.

(b) His current trade is as a scientist.

(c) The man's lab was inadequate.

(d) Diagnosing diseases eludes him.

번역

W 바이러스의 원인을 찾아냈나요?

M 네, 오염된 돼지한테서 비롯된 것 같아요.

W 해독제를 만들 수 있겠어요?

M 제 실험실에 갈 수 있다면, 시간은 충분할지도 몰라요.

W 필요한 준비는 다 해 드릴게요.

M 감사합니다. 실례해요, 지금 조수들에게 연락해야 돼서요.

Q. 남자에 관한 내용으로 옳은 것은?

(a) 치료제를 만들 수 없다.

(b) 그의 현재 직업은 과학자이다.

(c) 남자의 실험실은 부적절했다.

(d) 그는 질병 진단이 이해가 되지 않는다.

해설

여자가 남자에게 바이러스의 원인을 찾았는지, 해독제를 만들 수 있을지 묻자, 남자가 실험실이 확보되고 시간이 충분하면 가능할 것이라고 한다. 따라서 남자에 관한 내용으로 옳은 것은 (b)이다.

source 원인, 근원 **contaminated** 오염된 **antidote** 해독제 **lab** 실험실 **arrangement** 준비 **appreciate** 감사하다 **cure** 치료제 **inadequate** 부적절한 **elude** ~에게 이해되지 않다

43

M I think it's time for me to get in shape.

W You could join me. I'm an avid runner.

M Running would be too difficult for me right now.

W Don't worry. You really should give it a try.

M I'm out of breath just thinking about it now.

W Good health is just a matter of taking the first step.

Q. What can be inferred about the man from the conversation?

(a) Running is a piece of cake to him.

(b) The man has a great constitution.

(c) He runs on a daily basis.

(d) The idea of running seems out of reach.

번역

M 나도 몸 만들 때가 된 것 같아.

W 나랑 같이 하면 되겠다. 난 열심히 달리거든.

M 지금 나한테 달리기는 너무 힘들 텐데.

W 걱정 마. 넌 진짜 한번 달려 봐야 해.

M 지금 생각만으로도 숨이 찬다.

W 건강해지려면 뭔가 시작하는 게 중요해.

Q. 남자에 관해 유추할 수 있는 것은?

(a) 달리기는 식은 죽 먹기이다.

(b) 체격이 좋다.

(c) 매일 달리기를 한다.

(d) 달리기는 무리인 것처럼 보인다.

해설

여자가 함께 달리기를 하자는 말에 남자는 생각하는 것만으로도 숨이 찬다고 대답한다. 따라서 남자에 관해 유추할 수 있는 것으로 옳은 것은 (d)이다.

get in shape 몸을 만들다 **avid** 열심인 **out of breath** 숨이 가쁜 **a piece of cake** 식은 죽 먹기 **constitution** 체격 **on a daily basis** 매일, 날마다 **out of reach** 무리인

44

W Mr. Jones? I'm just calling to inform you I caught your son stealing.

M Really? Are you sure it was him?

W Yes, sir. I caught him red-handed.

M I'll come down as quick as I can.

W All right. We'll keep him detained until you show up.

M Let him know that he is in very big trouble.

Q. What can be inferred from the conversation?

(a) Shoplifting is a normal part of business.

(b) Mr. Jones' son has filed a complaint.

(c) Being red-handed can be something to strive for.

(d) Being kept in custody is not a good thing.

번역

W 존스 씨인가요? 아드님이 도둑질하는 걸 붙잡았다고 알려 드리려고 전화했어요.

M 정말이요? 제 아들이 확실한가요?

W 네, 현장에서 붙잡았습니다.

M 최대한 빨리 가도록 하겠습니다.

W 알겠어요. 오실 때까지 붙잡아 두고 있을게요.

M 아이에게 아주 큰 곤경에 빠져 있다는 걸 알려 주세요.

Q. 대화에서 유추할 수 있는 것은?

(a) 상점 절도는 사업의 일반적인 한 부분이다.
(b) 존스 씨의 아들은 고소장을 제출했다.
(c) 현행범으로 검거되기 위해 노력할 수 있다.
(d) 구금 상태는 좋은 일이 아니다.

해설

여자가 남자에게 전화를 걸어 남자의 아들이 뭔가를 훔치는 것을 현장에서 붙잡았다고 알려준다. 이에 남자가 가능한 한 빨리 가겠다고 말하자 여자는 그때까지 아이를 데리고 있겠다고 대답하고 있다. 따라서 대화의 내용으로 유추할 수 있는 것은 (d)이다.

red-handed 현행범의 **detain** 붙잡아 두다 **show up** 나타나다
shoplifting 상점에서 물건 훔치는 것 **file a complaint** 고소하다

45

M We must find a way to clean the contaminated gulf.
W I propose we ask volunteers to come and help.
M What would be the benefit of that?
W They'll help keep some animals from extinction.
M That sounds good to me. Let's do it.
W This disaster has done so much damage.

Q. What can be inferred from the conversation?
(a) More people working means more risk.
(b) A number of the local wildlife is in peril.
(c) Volunteers have offered to give aid.
(d) The gulf has found a way to clean itself.

번역

M 오염된 만을 정화할 수 있는 방법을 찾아야 해.
W 자원봉사자들에게 와서 도와 달라고 요청했으면 해.
M 그게 어떻게 도움이 되는데?
W 일부 동물이 멸종하는 것을 막는 데 도움이 될 거야.
M 좋아. 그렇게 하자.
W 이 재난으로 너무 많은 피해를 입었어.

Q. 대화에서 유추할 수 있는 것은?
(a) 더 많은 사람들이 일하면 더 위험하다.
(b) 지역의 많은 야생 생물이 위험에 처해 있다.
(c) 자원봉사자들이 도움을 주겠다고 제안했다.
(d) 만은 자체 정화 방법을 찾아냈다.

해설

자원봉사자들의 도움으로 오염된 만을 정화하게 되면 동물들이 멸종하는 것을 막을 수 있다고 했으므로 이미 지역의 동물들이 멸종 위기에 처해 있다는 것을 유추할 수 있다. 따라서 답은 (b)이다.

contaminate 오염시키다 **gulf** 만 **extinction** 멸종 **wildlife** 야생 생물 **in peril** 위험한

■ Part IV

46

From late June to early July in Florence, Italy, the people there hold what is called the Calico Storico. It could best be described as a mix of football, rugby and boxing. Played since around the 1500's, the Calico Storico only has four teams which represent the four districts of Florence. Each team has 27 players wearing period costumes and they play for 50 minutes. The winner is the team that scores the most points. And what do you think the prize is? You probably won't get it. The team that wins gets a pile of steaks weighing the same as a white calf.

Q. What is the talk mainly about?
(a) The competing strategies of each of the four teams
(b) Where the games take place within the districts of Florence
(c) The rules and regulations of the Calico Storico
(d) The winnings of the victors of the sporting event

번역

6월 말부터 7월 초까지 이탈리아의 플로렌스에서는 칼리코 스토리코라는 경기를 연다. 그것은 미식축구, 럭비, 권투의 혼합이라고 하면 가장 적절하다. 1500년대 무렵부터 열린 칼리코 스토리코는 네 팀 밖에 없는데, 이들은 플로렌스의 네 개 구역을 대표한다. 각 팀의 선수 27명이 시대 의상을 입고 50분간 경기를 하는데 가장 많은 점수를 낸 팀이 이긴다. 그러면 상은 무엇일까? 아마 못 맞출 것이다. 이기는 팀은 상으로 흰 송아지 한 마리와 동일한 무게의 스테이크 더미를 받는다.

Q. 담화는 주로 무엇에 관한 내용인가?
(a) 네 팀의 경쟁 전략
(b) 플로렌스 지역에서 게임이 열리는 장소
(c) 칼리코 스토리코의 규칙과 규정
(d) 스포츠 행사 승리자의 상금

해설

칼리코 스토리코가 어떤 경기인지, 몇 명의 선수가 시합을 하는지, 경기 시간과 우승 상품 등에 대해 전반적으로 이야기하고 있으므로 (c)가 정답이다.

district 구역 **period costume** 시대 의상 **score** 득점을 하다
weigh 무게가 ~이다 **calf** 송아지 **regulation** 규정 **winnings** 상금

47

I would like to inform you, our customers, of the improvements we have recently made to our school because of the federal grant we received. With the recent advances in technology, we have installed smart boards in all of our classrooms as well as new lighting elements that mimic natural light to keep students from falling asleep in class. Also, this grant has afforded us the ability to upgrade the school cafeteria menus to more healthy ones. We hope this will make our school better in the long run.

Q. What is the talk mainly about?
(a) The new smart blackboards will improve classes.
(b) Students will like the new and more diverse school menus.
(c) Having brighter lights will help students see better.
(d) Thanks to the grant, the school has been upgraded.

번역

고객 여러분들께 저희가 받은 연방 정부 보조금으로 인한 근래 학교 개선 사항을 알려드리겠습니다. 최근 기술의 발전으로, 저희는 모든 교실에 스마트 보드뿐만 아니라 학생들이 수업 중 졸지 않도록 자연광을 본떠 만든 새 조명 시설도 설치했습니다. 또한, 이 보조금으로 학교 구내식당의 메뉴를 더욱 건강에 좋게 개선할 수 있었습니다. 이를 통해 장기적으로 우리 학교가 더 나은 곳이 될 수 있기를 바랍니다.

Q. 주로 무엇에 관한 내용인가?
(a) 새로운 스마트 칠판이 수업을 향상시킬 것이다.
(b) 학생들은 새롭고 더 다양한 학교 메뉴를 좋아할 것이다.
(c) 더 밝은 조명 덕분에 학생들은 더 잘 볼 수 있을 것이다.
(d) 보조금 덕분에 학교가 개선되었다.

해설
연방 정부 보조금을 받고 여러 가지 학교의 개선된 점을 주로 이야기하고 있으므로 정답은 (d)이다.

federal grant 연방 정부 보조금 **install** 설치하다 **mimic** 흉내 내다 **afford** ~할 여유가 되다 **in the long run** 결국은 **diverse** 다양한

48

Have you ever wondered how that wonderful bowl of corn flakes came to be? Well, in 1894, Dr. John Harvey Kellogg accidentally left some cooked wheat to sit while attending to other business. When he came back, he found it stale. Not wanting anything to go to waste, he put it through rollers in hopes of making dough. Lucky for him, he found they made flakes instead. He decided to toast them and serve them to his patients at his sanatorium. They were a smashing success!

Q. What is this lecture mainly about?
(a) The recipe of Dr. Kellogg recently discovered
(b) Dough and its versatility and flexibility
(c) The serendipitous invention of a breakfast cereal
(d) Dr. Kellogg's ingenuity and creativity

번역
놀라운 콘플레이크가 어떻게 탄생했는지 궁금한 적이 있나요? 1894년 존 하비 켈로그 박사는 다른 일을 보는 동안 조리된 밀알 몇 개를 우연히 그대로 두게 되었습니다. 박사는 돌아와서 밀알이 상한 것을 알았죠. 어떤 것도 낭비되는 것을 원치 않았던 박사는 반죽을 만들어보고자 그 밀알을 롤러에 넣었습니다. 운 좋게도 박사는 밀알이 얇은 조각으로 만들어진 것을 보았고, 그것들을 구워서 요양소에 있는 자기 환자들에게 제공하기로 했습니다. 굉장한 성공이었죠!

Q. 강의는 주로 무엇에 관한 것인가?
(a) 켈로그 박사가 최근 발견한 조리법
(b) 반죽과 반죽의 다목적성 및 탄력성
(c) 아침용 시리얼의 우연한 발명
(d) 켈로그 박사의 재주와 창의력

해설
존 하비 켈로그 박사가 콘플레이크를 우연히 만들게 된 경위와 이를 환자들에게 제공해서 큰 성공을 거두었다는 내용이므로 정답은 (c)이다.

wheat 밀 **attend to one's business** 본업에 힘쓰다 **stale** 상한 **go to waste** 낭비되다 **sanatorium** 요양소 **versatility** 다목적성 **ingenuity** 재주

49

Because of its mild stimulant factor, many early peoples believed that chocolate was good for your health. In early Aztec culture, chocolate was given to soldiers because it was believed that when they ate chocolate, it gave them strength. In Europe during the 16th to 20th centuries, chocolate was used for stomachaches, anemia, and digestive problems. It was also given to pregnant women because doctors believed it was good for them.

Q. What is this lecture mainly about?
(a) The perceived needs of pregnant women
(b) Theories on the healthfulness of chocolate
(c) Historical medical uses for chocolate
(d) Ways to raise morale in soldiers through stimulants

번역
순한 자극성 때문에 많은 고대인들이 초콜릿이 건강에 유익하다고 믿었다. 초기 아즈텍 문화에서는 초콜릿을 먹으면 힘이 난다고 믿었기 때문에 군인들에게 초콜릿을 주었다. 16세기부터 20세기까지 유럽에서는 초콜릿이 복통, 빈혈증, 소화 불량에 사용되었다. 의사들은 초콜릿이 임산부에게 좋다고 믿었기 때문에 임산부에게도 초콜릿을 주었다.

Q. 강의는 주로 무엇에 관한 것인가?
(a) 파악된 임산부의 욕구
(b) 초콜릿의 건강함에 대한 이론
(c) 초콜릿의 약으로서의 역사적인 이용
(d) 자극을 통해 군인의 사기를 진작시키는 방법

해설
고대부터 20세기에 이르기까지 초콜릿이 약용으로 사용되었다는 내용이다. 따라서 정답은 (c)이다.

stimulant 자극하는 **anemia** 빈혈증 **digestive problem** 소화 불량 **pregnant** 임신한 **perceived** 파악된

50

The Quebec Winter Carnival is a wonderful place for the family to go. The biggest attraction is an ice palace that is built for Bonhomme, the Carnival's guest of honor. The palace even has an ice dungeon for those who don't pay homage to Bonhomme. It's obviously a joke dungeon though. Other events at the carnival include a public auction to raise funds for the carnival, skiing, snow rafting and sledding on hills. So bring the family to the festival for some winter fun!

Q. What is the talk mainly about?
(a) The features of the ice palace for Bonhomme
(b) Things to do at night after the festival
(c) A wintry wonderland to visit in Canada
(d) Why Bonhomme is so important to the festival

번역
퀘백 윈터 카니발은 가족과 갈 만한 멋진 장소이다. 최대 명물은 카니발의 명예 손님인 봉옴므를 위해서 지어진 얼음 궁전이다. 궁전에는 봉

옴므에게 경의를 표하지 않는 사람들을 가두는 얼음 지하 감옥도 있다. 그렇지만 분명 웃자고 만들어 놓은 지하 감옥이다. 다른 축제 행사로는 축제 기금 마련을 위한 경매, 스키, 스노우 래프팅, 언덕 썰매 타기가 있다. 가족들과 축제에 와서 겨울을 즐겨 보자!

Q. 주로 무엇에 관한 것인가?
(a) 봉옴므를 위한 얼음 궁전의 특징
(b) 축제 후 밤에 할 일
(c) **캐나다에서 가 볼 만한 추운 동화의 나라**
(d) 왜 봉옴므가 축제에 그렇게 중요한가

해설
겨울에 가족 단위로 가 볼 만한 장소로써 퀘벡 윈터 카니발을 소개하고 있다. 봉옴므라는 명예 손님에게 인사하지 않으면 지하 감옥에 갇힐 수도 있는 얼음 동화 같은 장소이므로 정답은 (c)이다.

carnival 축제   attraction 명물   palace 궁전   dungeon 지하 감옥
pay homage to ~에게 경의를 표하다   public auction 공매
wintry 추운

51

People say that no two snowflakes ever look alike. Do you have any idea why? The reason is because there are so many water molecules in a snowflake that when it freezes, it ends up growing or expanding in different rates and patterns. The different humidity and temperature changes within the atmosphere while the growing snowflake is falling are also big contributors to the different look as well. If there was a similar environment for two flakes, however, it could be possible for two snowflakes to look alike.

Q. What is the talk mainly about?
(a) Weather pattern changes affecting snowflakes
(b) How a snowflake forms in the atmosphere
(c) The possibilities of twin snowflakes
(d) **The reason snowflakes develop distinctively**

번역
똑같아 보이는 눈송이는 없다고 한다. 왜 그럴까? 그 이유는 눈송이에는 물 분자가 아주 많아서 눈송이가 얼면 각각 다른 비율과 형태로 커지거나 팽창하기 때문이다. 눈송이가 커지면서 떨어지는 동안 대기 중의 습도와 온도의 변화 차이 역시 그러한 모양의 차이를 초래하는 커다란 원인이다. 하지만 2개의 눈송이에 대한 환경이 유사하다면 이 2개의 눈송이가 똑같아 보이는 것도 가능할 것이다.

Q. 주로 무엇에 관한 것인가?
(a) 눈송이에 영향을 미치는 날씨 패턴 변화
(b) 눈송이가 대기에서 어떻게 형성되는지
(c) 쌍둥이 눈송이의 실현성
(d) **눈송이가 각각 다르게 형성되는 이유**

해설
모양이 같은 눈송이가 생길 수 없는 이유를 설명하면서 형성 환경이 유사하면 같아 보이는 눈송이가 생길 수 있다는 내용이므로 정답은 (d)이다.

molecule 분자   end up ~의 상태에 이르다   rate 비율   humidity
습도   contributor 원인 제공자   distinctively 구별하여

52

The Biathlon is a word used to describe a game that involves two different sports. Usually, this involves cross-country skiing and rifle shooting. This sport has its roots with Norwegian soldiers who used this as an alternate way to train. Competitors must ski on a cross-country course of 20km which is broken up with two or four shooting rounds. In the shooting rounds, competitors must shoot and hit five targets. Each missed target incurs a penalty such as added time.

Q. What is the talk mainly about?
(a) The Norwegian dominance in the biathlon
(b) The training techniques of cross-country skiers
(c) The scoring system for the biathlon
(d) **How the present biathlon came to be**

번역
바이애슬론이란 서로 다른 2가지 스포츠를 포함하는 경기를 말할 때 사용되는 단어이다. 보통 이 경기에는 크로스컨트리 스키와 소총 사격 두 종목이 있다. 이 스포츠는 기차를 대체할 수단으로 이용했던 노르웨이 군인들에 기원을 두고 있다. 경기 참가자들은 2개 또는 4개의 사격 라운드로 나뉜 20km 들판을 횡단하는 코스를 스키를 타고 지나가야 한다. 사격 라운드에서 참가자들은 반드시 5개의 표적을 쏴서 맞춰야 한다. 표적이 빗나갈 때마다 시간 가산과 같은 벌점이 부과된다.

Q. 주로 무엇에 관한 것인가?
(a) 바이애슬론에 있어서 노르웨이의 우월함
(b) 크로스컨트리 스키 선수의 훈련 기술
(c) 바이애슬론의 득점 체계
(d) **현대 바이애슬론이 어떻게 생겨났는지**

해설
바이애슬론은 크로스컨트리 스키와 소총 사격을 포함하는 복합적인 경기로 경기의 기원과 룰을 설명하고 있다. 따라서 정답은 (d)이다.

rifle shooting 소총 사격   alternate way 대체 수단   competitor
경쟁자   incur 초래하다   penalty 벌점

53

Communicating can be a tricky thing, especially for bees. However, they communicate in a way that humans like to spend a lot of time doing, dancing. The bees have 4 primary dances: Grooming, Tremble, Waggle and Circle dance. They each have different functions. The grooming signals everyone to groom each other, the tremble calls for more receiver bees, and the waggle and circle dance tell the locations of pollen, but for different distances. Maybe if we do the foxtrot, it could actually mean I love you.

Q. Which is correct about bees according to the talk?
(a) Bees seem to enjoy doing their forms of dance.
(b) **The circle dance tells other bees about pollen.**
(c) Getting attention is the function of the tremble dance.
(d) Wiggling and going around in a circle is the signal to fly out.

번역
의사소통은 특히 벌에게는 까다로운 것일 수 있다. 그렇지만 벌은 인간이 많은 시간을 보내기를 좋아하는 활동인 춤을 추면서 소통한다. 벌에게는 주된 춤이 4가지 있는데 몸단장, 떨기, 흔들기와 원 그리기이다. 춤에는 각각 서로 다른 기능이 있다. 몸단장은 모두에게 서로 몸단장을 하라고 신호를 보내는 춤이고, 떨기는 더 많은 수취 벌을 부르는 춤이며, 흔들기와 원 그리기는 꽃가루의 위치를 알리는 춤인데 위치의 거리는 다르다. 아마 우리가 폭스트롯을 추면 그 춤은 사랑한다는 의미일 수도 있다.

Q. 벌에 대한 내용과 일치하는 것은?
(a) 벌은 자기들의 춤의 형태를 즐기는 것 같다.
(b) 원 그리기 춤은 다른 벌에게 꽃가루에 대해 알려준다.
(c) 주목시키는 것이 떨기 춤의 기능이다.
(d) 흔들기와 원을 그리며 움직이는 것은 날아 오르라는 신호이다.

해설
벌에게 춤은 의사소통의 수단이며 정보 교환의 매개이기 때문에 아주 중요하다. 따라서 춤을 즐기는 것처럼 보인다는 (a)는 옳지 않다. 흔들기 춤과 원 그리기 춤은 날으라는 신호가 아닌 꽃가루의 위치를 알리는 춤이므로 정답은 (b)이다. 떨기 춤의 기능은 수취 벌을 부르는 것이므로 (c)는 옳지 않다.

tricky 까다로운 grooming 몸단장 tremble 떨다 waggle 흔들다
function 기능 call for ~을 큰 소리로 부르다 pollen 꽃가루

54

Within the next ten to twenty years, you might see farmscrapers in the city skyline. This is also known as vertical farming. By using advanced greenhouse technology as well as hydroponics, these buildings would be able to produce fruits and vegetables in the middle of the city. Some advantages to this idea are that you could grow food all year round. Extreme weather such as drought and flooding couldn't affect the crops. Last, the controlled environment would do away with pesticides and herbicides.

Q. Which is correct according to the talk?
(a) Growing hydroponic food would still be seasonal.
(b) Farmscrapers will float in the skies over cities.
(c) **Climate conditions won't be a problem for vertical farming.**
(d) Insect control will still be needed in vertical farming.

번역
앞으로 10년에서 20년 내에 여러분은 도시의 스카이라인에서 고층 빌딩 농장을 볼지도 모릅니다. 이것은 수직 농업으로도 알려져 있는데, 이 건물들은 수경 재배뿐만 아니라 앞선 온실 기술을 사용해 도시 한복판에서 과일과 채소를 생산할 수 있을 겁니다. 이런 생각의 몇 가지 이점이라면 일년 내내 식량을 재배할 수 있다는 것과 가뭄이나 홍수와 같은 극한 날씨가 농작물에 영향을 미치지 못한다는 것입니다. 마지막으로 통제된 환경을 통해 살충제와 제초제를 없앨 것입니다.

Q. 담화의 내용과 일치하는 것은?
(a) 수경법 식량을 재배하는 것은 여전히 계절을 탈 것이다.
(b) 고층 빌딩 농장은 도시의 하늘을 떠다닐 것이다.
(c) 기후 조건은 수직 농업에 있어 문제가 되지 않을 것이다.
(d) 수직 농업에 곤충 억제가 여전히 필요할 것이다.

해설
마지막 부분에서 가뭄과 홍수와 같은 극한 날씨가 농작물에 영향을 미치지 않을 것이라고 했으므로 (c)가 담화의 내용과 일치한다.

vertical 수직적의 advanced 진보한 hydroponics 수경 재배
extreme 극한의 drought 가뭄 flooding 홍수 do away with ~을 없애다 pesticide 살충제 herbicide 제초제 seasonal 계절적인

55

The hijab refers to both the head covering and modest dress in general donned by Muslim women. Some people within the Muslim community believe that a woman should not wear clothing that is form fitting so as not to attract attention from someone of the opposite sex. The clothing itself can be long shirts and skirts or the jilbab, which is a high-necked robe that covers the body. However, modest dress for men has not been the subject of much attention at all.

Q. Which is correct according to the talk?
(a) **Muslim men's attire has not been an important issue.**
(b) Clothes that make the body stand out is acceptable.
(c) Wearing a long jilbab will bring undue criticism.
(d) Most Muslims think women should wear whatever they want.

번역
히잡은 일반적으로 이슬람 여성이 머리에 쓰는 것과 정숙한 의복 둘 다를 의미한다. 이슬람 사회에서 어떤 이들은 여성이 남성의 이목을 끌지 않도록 몸에 꼭 맞는 옷을 입지 말아야 한다고 생각한다. 옷 자체는 긴 셔츠와 치마 또는 질밥일 수 있는데, 질밥이란 몸을 가리는 깃이 높은 의복이다. 그러나 남성을 위한 수수한 옷은 전혀 많은 관심을 끌지 못했다.

Q. 담화의 내용과 일치하는 것은?
(a) 이슬람 남성의 의복은 중요한 사안이 아니다.
(b) 몸을 부각시키는 옷이 용인된다.
(c) 긴 질밥 착용은 심한 비판을 불러일으킬 것이다.
(d) 대부분 이슬람인은 여성이 원하는 대로 입어야 한다고 생각한다.

해설
담화의 마지막 부분에서 남성의 복장은 전혀 주목을 끌지 못했다고 했는데 이는 남성의 복장은 중요한 문제가 아니었다는 뜻이므로 (a)가 정답이다.

refer 가리키다 modest 정숙한 in general 일반적으로 don (옷·모자 등을) 입다, 쓰다 Muslim 이슬람교도 form fitting 몸에 꼭 맞는 attract 끌다 attire 의복 undue 지나친

56

Lacrosse is the name given by Native Americans to the sport they created, some say, as early as the 12th century AD. The game is played with a rubber ball and long-handled stick with a small mesh net on the end. In many of the Native American tribes, lacrosse was played to settle disputes between tribes, to heal the sick, to prepare strong, virile men, to prepare for war, and also was just part of a night of partying. These games were also long as well, starting from sunrise to sunset and lasting for two or three days straight.

Q. Which is correct about lacrosse in the talk?
(a) Many of these games led to war between the tribes.
(b) The sport was invented around the 1100's.
(c) The matches only went on for a short while.
(d) Americans were the first modern people to play it.

번역

일설에 따르면 라크로스는 12세기에 미국 원주민들이 만든 스포츠에 붙여진 이름이라고 한다. 고무공과 끝에 작은 그물망이 있는 긴 자루가 달린 막대기로 하는 경기이다. 많은 미국 원주민 부족에서 라크로스는 부족 간의 분쟁을 해결하고, 아픈 사람들을 치유하며, 강하고 정력이 넘치는 남자를 육성해서 전쟁에 대비하는 목적이었고, 야간 파티 놀이의 일부이기도 했다. 뿐만 아니라 이 경기는 길어서 해 질 녘부터 시작하여 동틀 녘까지 2~3일 동안 내리 진행되었다.

Q. 라크로스에 대해 일치하는 것은?
(a) 많은 경기가 부족 간에 전쟁으로 이어졌다.
(b) 이 경기는 1100년대에 창안되었다.
(c) 경기는 잠시 동안만 지속되었다.
(d) 미국인들이 이 경기를 한 최초의 현대인이었다.

해설

담화에 따르면 라크로스는 12세기에 미국 원주민들이 만들었다고 하는데 12세기는 1100년부터 1199년. 즉 1100년대이므로 (b)가 정답이다. 경기를 통해 부족 간의 분쟁을 해결하는 목적이 있었으므로 (a)는 옳지 않고, 담화 후반부에 경기가 2~3일 동안 진행되었다고 하므로 (c) 또한 옳지 않다. (d)는 담화에서 언급되지 않았다.

mesh 그물 **tribe** 부족 **settle** 해결하다 **dispute** 분쟁 **heal** 치유하다 **virile** 정력이 넘치는 **last** 지속하다

57

Billions of children around the world have at one time or another eaten a popsicle or two. But do you know the history of the famous ice pop? Well, it all started in San Francisco in 1905 with an 11-year-old boy named Frank Epperson. One night, Frank left his orange flavored soda out in the cold night with a stirring stick still in it. The next morning he found the frozen drink stuck to the stick and it gave him an idea. Eighteen years later, the Episcle was born and he started selling them to people. He later changed the name to popsicle because his children begged him to.

Q. Which is correct about the talk?
(a) Seeing the solidified soda was not the inspiration for the popsicle.
(b) The first name given to the treat was popsicle.

(c) Frank was 25 years old when he started to sell his invention.
(d) With the children's insistence, the name was altered.

번역

세계의 수십억 어린이들은 한번쯤 아이스캔디 한 두 개는 먹어본다. 하지만 이 유명한 아이스크림의 유래를 아는가? 모든 것은 1905년 샌프란시스코에서 11세 소년 프랑크 에퍼슨과 함께 시작되었다. 어느 날 밤 프랑크는 오렌지 맛 소다를 막대기를 그대로 꽂아둔 채 추운 날 밤 밖에 내버려 두었다. 다음 날 아침 막대기에 달라붙어 언 음료를 발견했고 이것이 그에게 아이디어를 주었다. 18년 후, 에피스클이 탄생했고 프랑크는 그것을 사람들에게 팔기 시작했다. 나중에 그의 아이들이 졸라서 아이스캔디로 이름을 바꾼 것이다.

Q. 담화의 내용과 일치하는 것은?
(a) 언 음료를 본 것이 아이스캔디의 영감을 준 것은 아니었다.
(b) 이 맛있는 음식의 첫 이름은 아이스캔디였다.
(c) 프랑크는 발명품을 팔기 시작했을 때 25세였다.
(d) 아이들의 주장으로 이름이 바뀌었다.

해설

담화는 아이스캔디의 탄생에 관한 것으로 처음에는 에피스클이라고 불렸으나 후에 발명자인 프랑크 에퍼슨의 아이들이 졸라서 이름이 popsicle로 바뀌었다고 했으니 정답은 (d)이다.

popsicle 아이스캔디 **flavored** 맛이 나는 **stir** 휘젓다 **solidified** 굳어지다 **inspiration** 영감 **insistence** 주장 **alter** 변경하다

58

Boating Life Magazine? Hello, this is Stuart Styles. I'm calling in regards to the phone interview that we were scheduled for tomorrow morning. I need to inform you that I will have to postpone the interview because of family issues that have just come up. If we can reschedule the interview for another time in the future, that would work for me. If you have a rescheduled time that would be convenient for you, please call my home phone or cell phone.

Q. What can be inferred from the recorded message?
(a) Something urgent requires the man's attention.
(b) Stuart Styles had already planned to delay anyways.
(c) The magazine had already planned to change the date.
(d) A new date will not be possible for the magazine.

번역

〈보팅 라이프〉잡지인가요? 안녕하세요. 스튜어트 스타일스입니다. 내일 아침으로 잡았던 전화 인터뷰와 관련해서 연락 드립니다. 갑자기 집에 일이 생겨서 인터뷰를 연기해야 할 것 같습니다. 차후에 다른 시간에 인터뷰를 다시 잡을 수 있다면 좋겠습니다. 편하신 시간에 집이나 휴대 전화로 연락 주십시오.

Q. 녹음된 메시지로부터 유추할 수 있는 것은?
(a) 남자가 신경 써야 할 급한 일이 있다.
(b) 스튜어트 스타일스는 이미 연기하려고 계획했었다.
(c) 잡지사는 이미 날짜를 바꾸려고 계획했다.

(d) 잡지사는 새로운 날짜가 가능하지 않을 것이다.

해설

메시지의 중간에 가족 관련 일로 예정된 전화 인터뷰를 연기해야 한다고 했는데 이미 일정이 잡혀 있는 인터뷰를 뒤로 미룰 정도라면 뭔가 그것보다 더 중요한 일이 생겼다는 것을 추측할 수 있으므로 정답은 (a)이다.

in regards to ~와 관련하여 **inform** 알리다 **postpone** 연기하다
reschedule 일정을 변경하다 **convenient** 편리한 **urgent** 긴급한
attention 처리

59

Today in local news, the Cougarton school district has moved to shut down all extracurricular activities for their high school citing the economical downturn as the deciding factor in this unfortunate turn of events. A spokesperson for the school district said that it doesn't foresee a return of these student activities coming back anytime soon. No doubt this decision will affect the families in this school jurisdiction as the Cougarton sports teams are known to be one of the best in this state and in the nation.

Q. What can be inferred from this news report?
(a) In time, the entire school will close up shop.
(b) Everyone in town is in financial trouble.
(c) Many students and parents will be disappointed.
(d) The sports teams will move to another school.

번역

오늘의 지역 뉴스입니다. 코가톤 학군이 경제 침체를 결정적인 이유로 들며 소속 고등학교의 모든 과외 활동을 중단하기로 결정했습니다. 학군 대변인은 과외 활동이 당분간은 다시 재개될 것이라고 보지 않는다고 말했습니다. 코가톤의 육상 팀이 전국 최고의 팀 중 하나로 알려진 만큼, 이러한 결정은 분명 이 학교 관할의 가족들에게 영향을 미칠 것입니다.

Q. 뉴스 보도에서 유추할 수 있는 내용은?
(a) 조만간 학교 전체가 문을 닫을 것이다.
(b) 마을 사람들 모두가 재정난에 처해 있다.
(c) 많은 학생들과 학부모가 실망할 것이다.
(d) 육상 팀들이 다른 학교로 옮겨갈 것이다.

해설

뉴스 마지막에 주에서는 물론 전국적으로 유명한 육상 팀을 보유하고 있는 이 학군이 모든 과외 활동을 중단하기로 한 결정이 지역의 가족들에게 영향을 미칠 것이라고 말했으므로 유추할 수 있는 내용으로 옳은 것은 (c)이다.

school district 학군 **shut down** 중단하다 **cite** 이유를 들다
downturn 침체기 **spokesperson** 대변인 **foresee** 예견하다
anytime soon 곧 **jurisdiction** 관할 구역 **in time** 조만간
close up shop 문을 닫다

60

A popular ingredient used in cooking is gelatin. It can be used in savory dishes such as aspic, or sweetened to be used as a dessert. But did you know how gelatin is made? Gelatin is made by boiling the bones, skin and hides of cows and pigs. What this does is release the protein-rich collagen from animal tissue. It is boiled many times, strained, dried and then ground into a powder. Because gelatin goes through many processes on its way to the final product, it is neither considered a meat nor an animal product.

Q. What can be inferred about gelatin from the talk?
(a) Vegetarians cannot eat gelatin because of its origins.
(b) Making gelatin is a very simple and easy procedure.
(c) Any kind of animal can be used to produce it.
(d) It can be used in a couple of applications.

번역

젤라틴은 요리에 사용되는 인기 있는 재료입니다. 젤라틴은 아스픽 같은 풍미 있는 요리나 디저트 같은 달콤한 음식에 이용될 수 있습니다. 그런데 젤라틴이 어떻게 만들어지는지 아셨나요? 젤라틴은 소, 돼지의 뼈와 가죽, 껍데기를 끓여서 만듭니다. 이렇게 해서 동물 조직의 단백질이 풍부한 콜라겐이 빠져 나가도록 합니다. 여러 번에 걸쳐 끓인 다음, 체로 거르고 말린 후에 갈아서 가루로 만듭니다. 젤라틴은 완제품이 될 때까지 많은 과정을 거치기 때문에 고기나 동물성 제품으로도 여겨지지 않습니다.

Q. 젤라틴에 관해 유추할 수 있는 것은?
(a) 채식주의자들은 원료 때문에 젤라틴을 먹을 수 없다.
(b) 젤라틴 만들기는 무척 간단하고 쉬운 과정이다.
(c) 젤라틴을 얻기 위해 어떤 동물도 이용될 수 있다.
(d) 두어 가지 용도로 이용될 수 있다.

해설

전체적으로 젤라틴을 만드는 과정을 설명하면서 서두에 젤라틴이 요리에 쓰이는 인기 있는 재료라고 했으므로 유추할 수 있는 것은 (d)이다.

ingredient 재료 **savory** 맛 좋은 **hides** 껍데기 **release** 방출하다
tissue 조직 **strain** 채로 거르다 **ground** 갈다 **process** 과정
application 용도

Part I

⇨ 본책 P 82

1 (d)	**2** (d)	**3** (c)	**4** (c)	**5** (a)
6 (b)	**7** (d)	**8** (c)	**9** (a)	**10** (b)
11 (d)	**12** (d)	**13** (a)	**14** (d)	**15** (b)

Part II

16 (b)	**17** (a)	**18** (b)	**19** (b)	**20** (c)
21 (d)	**22** (c)	**23** (b)	**24** (d)	**25** (b)
26 (b)	**27** (c)	**28** (d)	**29** (a)	**30** (c)

Part III

31 (c)	**32** (a)	**33** (d)	**34** (c)	**35** (c)
36 (b)	**37** (c)	**38** (d)	**39** (d)	**40** (a)
41 (c)	**42** (c)	**43** (a)	**44** (c)	**45** (b)

Part IV

46 (c)	**47** (a)	**48** (b)	**49** (b)	**50** (a)
51 (d)	**52** (a)	**53** (a)	**54** (d)	**55** (b)
56 (b)	**57** (d)	**58** (d)	**59** (a)	**60** (a)

Part I

1

M What kind of cloth is that?
W _____

(a) The cloth is not important.
(b) The designer of this was Andre Kim.
(c) This sweater is made in Italy.
(d) It's a special type of suede.

번역

M 그건 어떤 종류의 옷감인가요?
W _____

(a) 옷감은 중요하지 않아요.
(b) 디자이너는 앙드레 김이에요.
(c) 이태리제 스웨터예요.
(d) 이건 특별한 종류의 스웨이드예요.

해설

구체적인 옷감의 종류를 묻는 질문에 특별한 종류의 스웨이드라고 대답한 (d)가 가장 자연스럽다. (b)와 (c)는 cloth를 clothes(옷·의복)로 잘못 들었을 때 선택 가능한 오답이다.

cloth 옷감 **suede** 스웨이드

2

W Is this order for here or to go?
M _____

(a) Yes, that's the correct order.
(b) I'm parched, so something to drink.
(c) The minimum amount would be great.
(d) I haven't made up my mind yet.

번역

W 여기서 드실 건가요, 아니면 포장인가요?
M _____

(a) 네, 맞게 주문되었어요.
(b) 목이 타니 마실 것을 주세요.
(c) 최소량이 좋겠어요.
(d) 아직 결정하지 못했어요.

해설

음식점 점원과 손님의 대화이다. 음식을 식당에서 먹을 것인지 포장해 가져갈 것인지를 묻고 있으므로 아직 어떻게 할지 결정 못했다고 응답한 (d)가 적절하다. (a)는 점원이 주문을 확인할 때, (b)는 무엇을 먹겠냐고 물을 때, (c)는 음식의 양을 물을 때 적절한 응답이다.

parched 몹시 목마른 **make up one's mind** 결심하다

3

M Could you give me a few dollars?
W _____

(a) Money is always good to have.
(b) The bank is just down the street.
(c) I could lend you a couple of bucks.
(d) There's not that much left to pass out.

번역

M 몇 달러만 줄 수 있어?
W _____

(a) 돈은 항상 가지고 있으면 좋죠.
(b) 길을 따라가면 바로 은행이 있어요.
(c) 몇 달러 정도는 빌려줄 수 있어요.
(d) 나눠줄 만큼 많이 남아 있지 않아요.

해설

남자가 여자에게 돈을 빌려 달라고 말하고 있다. (c)의 a couple of bucks는 '몇 달러'라는 의미로 남자의 말 a few dollars와 일맥상통하므로 (c)가 가장 적절한 응답이다. (d)의 pass out은 그룹 내의 각 사람들에게 인원에 맞추어 나눠 준다는 의미로 어색하다.

buck 달러 **pass out** 나눠 주다

4

W What are you doing during the Christmas holiday?
M _____

(a) I kept track of the number of presents.
(b) Cooking Christmas dinner was tough.
(c) Maybe watching an up and coming movie.
(d) Celebrating the holidays is not my specialty.

W 크리스마스 휴가 동안 뭐 하실 거예요?

M _____

(a) 선물 개수를 파악했어요.
(b) 크리스마스 저녁 만찬 요리는 힘들었어요.
(c) 아마 요즘 화제인 영화를 볼 것 같아요.
(d) 명절을 축하하는 건 잘 못해요.

해설

특정일에 무엇을 할 것인지 물을 때 할 일에 대해 구체적으로 응답하는 것이 자연스러우므로 영화를 볼 것이라고 대답한 (c)가 가장 적절하다. 앞으로의 일이므로 과거의 일인 (a)와 (b)는 어색하다. (d)는 무엇을 한다는 응답이 아니므로 적절하지 않다.

keep track of 파악하다 **tough** 어려운 **up and coming** 세상의 주목을 받고 있는 **specialty** 전문

5

M How crowded was the subway this afternoon?
W _____

(a) We were standing shoulder to shoulder.
(b) I muddled through the station.
(c) There's no traffic today.
(d) I forgot to charge my subway card.

번역

M 오늘 오후에 지하철이 얼마나 붐비던가요?
W _____

(a) 어깨를 맞대고 서 있을 정도였어요.
(b) 역을 어떻게든 헤쳐 나왔어요.
(c) 오늘은 교통 체증이 없네요.
(d) 교통 카드 충전하는 것을 잊었어요.

해설

지하철이 어느 정도 붐볐는지 묻는 말에 서로 어깨를 맞대고 있을 정도로 사람이 많았다는 (a)가 적절한 응답이다. (b)의 station은 subway에서 유추할 수 있는 어휘를 이용한 함정이고, (c)는 교통 상황에 대한 질문의 응답으로 적절하다.

crowded 붐비는 **shoulder to shoulder** 어깨를 맞대고; 밀집하여 **muddle through** 그럭저럭 해내다 **traffic** 교통량 **charge** 충전하다

6

W You had better pick up the dry cleaning today!
M _____

(a) You need to tell me where you put it first.
(b) The cleaner said it won't be ready until tomorrow.
(c) He tried to dry it but he didn't have any time.
(d) I'll rummage around the basket in a minute.

번역

W 오늘 드라이클리닝한 옷 찾아와!
M _____

(a) 우선 그걸 어디에 놨는지 말해줘요.
(b) 세탁소에서 내일에나 된다고 했어요.

(c) 그가 옷을 말리려고 했는데 시간이 없었어요.
(d) 당장 바구니를 뒤져볼게요.

해설

오늘 세탁물을 찾아오라는 여자의 말에 세탁소에서 내일 세탁이 끝난다고 했다는 (b)가 가장 적절하다. (a)와 (d)는 상대방이 무언가를 찾아달라고 했을 때 할 수 있는 적절한 응답이다.

cleaner 세탁소 **rummage** 뒤져서[샅샅이] 찾다

7

M What was affected by the thunderstorm?
W _____

(a) We have to watch for lightning.
(b) A cool front came from the west.
(c) A lot of rain hit parts of downtown.
(d) The whole power system shut down.

번역

M 뇌우로 어떤 피해를 입었나요?
W _____

(a) 번개를 조심해야 해요.
(b) 한랭 전선이 서쪽에서 왔어요.
(c) 시내에 부분적으로 많은 비가 내렸어요.
(d) 모든 발전 장치가 멈춰 버렸어요.

해설

뇌우가 어떤 영향을 주었는지 묻고 있으므로 발전 장치 전체가 멈춰 버렸다고 구체적으로 밝히고 있는 (d)가 가장 자연스럽다. 나머지 보기는 모두 날씨와 관계된 내용이지만 질문과 직접적인 관계는 없다.

affect 영향을 미치다 **thunderstorm** 뇌우 **lightning** 번개 **cool front** 한랭 전선 **power system** 발전

8

W There's nothing I hate worse than being stuck in traffic.
M _____

(a) Commuting with friends is a good way to bond.
(b) We should just try jaywalking instead of this.
(c) If we take the next detour, we will be free of this.
(d) Hailing a taxi at this point sounds like a good idea.

번역

W 교통 체증으로 꼼짝도 못하는 게 제일 싫어요.
M _____

(a) 친구들과 같이 통근하는 것이 유대를 돈독히 하는 데 좋죠.
(b) 이거 대신에 그냥 무단 횡단을 해야 돼요.
(c) 다음에 우회하면 여기서 벗어날 수 있을 거예요.
(d) 이 시점에서 택시를 부르는 게 좋을 것 같아요.

해설

길이 막혀서 꼼짝도 못하고 있는 상황을 불평하자 우회로를 이용해 교통 체증을 벗어날 수 있다는 해결책을 제시해 주는 (c)가 가장 적절하다. 택시를 부르겠다는 (d)는 교통 체증 속에서 상식적으로 맞지 않다.

be stuck in ~에 갇히다 **commute** 통근하다 **jaywalk** 무단 횡단하다 **detour** 우회로 **hail** (택시 · 버스 등을) 부르다

9

M My house was broken into in broad daylight earlier today.

W _____

(a) You should purchase a security system.
(b) Then you need to fix your house.
(c) Nightlights are good for reading before bed.
(d) Your house should have a warranty.

번역

M 오늘 대낮에 집에 도둑이 들었어요.

W _____

(a) 보안 장치를 구입하셔야겠네요.
(b) 그러면 당신 집을 수리해야겠군요.
(c) 취침 전 독서에는 야간등이 좋아요.
(d) 당신 집은 보증서가 있어야 해요.

해설

집에 도둑이 들었으므로 보안 장치를 구입해야 한다는 (a)가 가장 적절한 응답이다. (b)의 fix는 질문의 break가 '고장 나다'는 의미로 쓰일 때 알맞은 응답이 될 수 있다.

break into ~에 침입하다 **security system** 보안 장치 **warranty** 품질 보증서

10

W Remember to empty the trash first thing in the morning.

M _____

(a) It was filled up last night.
(b) I hate inhaling smelly things.
(c) There was a lot of dust in there.
(d) I woke up at noon yesterday.

번역

W 아침에 제일 먼저 쓰레기통을 비우도록 해.

M _____

(a) 그건 어젯밤에 채웠어.
(b) 악취 맡는 거 정말 싫어.
(c) 그 안에 먼지가 많았어.
(d) 어제는 정오에 일어났어.

해설

아침에 가장 먼저 쓰레기통을 비우라는 지시에 악취 때문에 그 일을 하기 싫다고 대답할 수 있으므로 (b)가 가장 자연스럽다. (a)는 여자의 지시와 반대되는 행동이므로 적절하지 않다.

empty 비우다 **fill up** 채우다 **inhale** 숨을 들이마시다 **smelly** 악취 나는

11

M Make sure you don't drive through the red light.

W _____

(a) There's an alternate light around the corner.
(b) I'll wait until it turns into a red light.
(c) We can't get pulled over too many times.

(d) You need to relax. I know what to do.

번역

M 빨간 불을 무시하고 운전하지 않도록 해요.

W _____

(a) 길모퉁이에 번갈아 나오는 신호가 있어요.
(b) 빨간 불로 바뀔 때까지 기다릴게요.
(c) 교통경찰에게 너무 많이 잡히면 안 돼요.
(d) 안심해요. 어떻게 해야 하는지 알고 있어요.

해설

운전할 때 빨간 신호에 정지하라는 남자의 말에 상대를 진정시키며 자신이 교통 법규를 잘 알고 있다고 응답한 (d)가 가장 적절하다. (c)의 get pulled over는 교통경찰에게 잡혀 도로 한편에 차를 세우도록 지시 받을 때 쓰는 표현이다.

alternate 번갈아 나오는 **pull over** 차를 대다

12

W Discussing eating meat or not is like beating a dead horse.

M _____

(a) Hurting animals is a very cruel thing to do.
(b) We need to cut back on the amount of pigs we eat.
(c) I don't want to talk about it at all with you.
(d) Well, I'm committed to staying a vegetarian.

번역

W 육식을 할지 말지 논하는 것은 쓸데없는 일 같아요.

M _____

(a) 동물을 다치게 하는 것은 매우 잔인한 짓이에요.
(b) 우리가 먹는 돼지고기의 양을 줄여야 해요.
(c) 그 얘긴 당신하고 전혀 하고 싶지 않아요.
(d) 어쨌든 전 계속 채식주의자로 남기로 했어요.

해설

육식 찬반에 대해 논의하는 것이 쓸데없는 일이라는 여자의 말에 논의의 결론과는 상관없이 본인은 채식주의자로 남겠다고 응답한 (d)가 흐름상 가장 적절한 응답이다.

beat a dead horse 다 끝난 문제를 논하다; 헛수고하다 **cruel** 잔인한 **cut back** 축소하다 **commit** 전념하다

13

M We have to find some common ground to progress any further.

W _____

(a) Then you need to disclose any information you have.
(b) If you look around, you can see it all around you.
(c) This was an enlightening meeting today.
(d) You're excluding the similarities that we share.

번역

M 일을 더 진전시키려면 공통되는 기반을 찾아야 합니다.

W _____

(a) 그렇다면 당신이 가진 정보를 공개하세요.
(b) 주변을 둘러보면 당신 주위에 얼마든지 볼 수 있어요.
(c) 오늘 회의는 아주 유익했습니다.
(d) 당신은 우리가 공유하는 유사점을 배제하고 있어요.

해설

일의 진전을 위해 공통 기반을 찾아야 한다는 말에 가지고 있는 정보를 공개하라는 해결책을 제시하는 (a)가 가장 적절하다. 남자가 둘이 갖고 있는 유사점을 배제하고 있다면 공통 기반을 찾아야 한다는 말은 하지 않을 것이므로 (d)는 어색하다.

common ground 공통 기반   **disclose** 밝히다   **enlightening** 계몽적인   **exclude** 배제하다

14

W   Tell me your eyewitness account of the house fire.
M   _____

(a) It's a pity what happened to that place.
(b) I would like to be granted amnesty first.
(c) Retracting my account would be best.
(d) It started near the kitchen and spread fast.

번역

W   집에서 난 화재에 대해 목격한 대로 말씀해 주세요.
M   _____

(a) 그곳에서 일어난 일은 참 안됐어요.
(b) 일단 저는 사면을 해주세요.
(c) 제 계좌를 해지하는 것이 가장 좋을 거예요.
(d) 불은 부엌 근처에서 시작해서 빠르게 번졌어요.

해설

화재를 목격한 증인의 진술을 요청하고 있기 때문에 화재가 어디에서 발생하여 어떻게 진행되었는지를 설명하고 있는 (d)가 적절하다.

eyewitness account 목격담   **pity** 유감스러운 일   **grant** 허락하다, 주다   **amnesty** 사면   **retract** 철회하다

15

M   My sister plans to double major in Chemistry and Political Science.
W   _____

(a) Well, pretty soon she might become a general.
(b) She could do many things with those degrees.
(c) Going to school will be a very big challenge for you.
(d) She must be very proud being an alumnus there.

번역

M   여동생이 화학과 정치학을 복수 전공할 계획이에요.
W   _____

(a) 얼마 안 있어 그녀가 장군이 될지도 모르겠네요.
(b) 그 학위로 많은 일을 할 수 있을 거예요.
(c) 학교에 가는 것은 당신에게 아주 큰 도전이 될 거예요.
(d) 학교 동문이 되는 것을 아주 자랑스러워 하겠어요.

해설

여동생이 복수 전공을 할 계획이라는 말에 해당 과목을 공부한다면

유용할 거라는 (b)가 가장 적절한 응답이다. 여동생이 전공할 과목은 장군이 되는 것과 연관성을 찾기 어려우므로 (a)는 어색하고, 특정 학교를 언급하지 않았으므로 (d)는 적절하지 않다.

double major 복수 전공하다   **general** 장군   **degree** 학위   **alumnus** 동문

◼ Part II

16

W   Do you mind if I come in?
M   Not at all. Make yourself at home.
W   I need to ask you a question.
M   _____

(a) You can say that again.
(b) Let's hear what you need to say.
(c) Please show yourself out.
(d) Excuse me for a moment.

번역

W   들어가도 될까요?
M   그럼요. 편히 있어요.
W   물어볼 게 있어요.
M   _____

(a) 제 말이 그 말이에요.
(b) 하실 말씀이 뭔지 들어보죠.
(c) 알아서 나가 주세요.
(d) 잠시만 실례할게요.

해설

여자가 남자를 방문하여 뭔가 물어볼 것이 있다고 말하므로 무슨 말인지 들어보는 (b)가 가장 적절한 응답이다.

make oneself at home 편하게 하다   **you can say that again** 정말 그렇다[전적으로 동의하다]   **show oneself out** 밖으로 나가다

17

M   I need to recharge my batteries.
W   Why? Have you had a hectic week?
M   My boss had me working on an urgent project all week.
W   _____

(a) Your schedule sounded pretty tied up.
(b) You need an outlet to recharge your batteries.
(c) The boss is quite a project to deal with.
(d) If you have plenty of time to finish it.

번역

M   재충전이 필요해.
W   왜? 정신없이 바쁜 한 주를 보냈어?
M   상사가 일주일 내내 급한 프로젝트를 시켰거든.
W   _____

(a) 스케줄이 빡빡했던 것 같구나.
(b) 배터리를 충전하려면 콘센트가 필요해.
(c) 네 상사가 문제구나.
(d) 끝낼 시간이 충분하다면.

해설
상사가 급한 일을 시켜서 바쁜 한 주를 보냈기 때문에 남자가 쉴 시간이 필요하다는 말을 하자 여자가 할 수 있는 응답으로는 스케줄이 빡빡했을 거라는 (a)가 가장 자연스럽다.

recharge one's batteries (원기 회복을 위해) 휴식을 취하다; 재충전하다 **hectic** 정신없이 바쁜 **urgent** 급한 **outlet** 콘센트

18

W My house is infested with rats!
M Have you tried to lure them out?
W Yes, but nothing seems to work.
M _____

(a) It's because they don't like to breed.
(b) You should probably call an exterminator.
(c) Being a predatory animal is why.
(d) They're predisposed to infest houses such as yours.

번역
W 우리 집에 쥐가 우글거려!
M 밖으로 유인해 봤어?
W 응, 근데 전혀 소용이 없는 것 같아.
M _____

(a) 쥐들이 번식하고 싶어하지 않기 때문이야.
(b) 해충 구제업자를 불러야겠다.
(c) 포식 동물인 것이 그 이유야.
(d) 쥐는 너희 집 같은 곳에 몰려들기 십상이야.

해설
여자는 집에 쥐가 많아 이를 해결하기 위해 노력했는데 아무 소용이 없다고 한다. 이에 대한 응답으로 해충 구제업자를 부르라고 해결책을 제시하는 (b)가 적절하다.

infest (쥐·해충 등이) 만연하다 **lure** 유혹하다 **breed** 번식하다 **exterminator** 해충 구제업자 **predatory** 포식성의 **predisposed to** ~성향이 있는

19

M Let's go to the secondhand store to shop.
W I really don't like buying things from there.
M But the stuff there is so inexpensive.
W _____

(a) Too many extravagant items there.
(b) I don't like wearing used clothes.
(c) Nothing is ever on sale there.
(d) All the items are not too luxurious.

번역
M 중고품 가게에 가서 쇼핑하자.
W 거기서 물건 사는 거 진짜 싫은데.
M 하지만 거기 물건이 정말 저렴하잖아.
W _____

(a) 사치스러운 물건이 너무 많아.
(b) 누가 입던 옷 입기 싫단 말이야.
(c) 거기에는 할인하는 물건이 없어.
(d) 모든 물건이 너무 사치스럽진 않아.

해설
중고품 가게에 가서 쇼핑하자는 남자의 제안에 싫다고 하는 여자의 응답으로 가장 적절한 것은 (b)이다. 나머지는 일반적인 중고품 가게와 거리가 멀다.

secondhand store 중고품 가게 **extravagant** 사치스러운 **used** 중고의 **luxurious** 호화로운

20

W I've decided to move out of my parents' house.
M Really? That could be very expensive to do.
W Oh! Do you know how much it is to rent an apartment?
M _____

(a) Cheap if the stock prices are good.
(b) First, you need to move out.
(c) It depends on what you want.
(d) It doesn't cost that much at all.

번역
W 부모님 집에서 나오기로 했어.
M 정말? 그러려면 돈이 아주 많이 들 텐데.
W 아! 아파트 임대료가 얼마 정도 할까?
M _____

(a) 주가가 괜찮다면 저렴하지.
(b) 우선 너는 이사를 나가야 해.
(c) 어떤 아파트를 원하느냐에 따라 다르지.
(d) 그렇게 비용이 많이 들지는 않아.

해설
부모님 집에서 나와 독립하기로 한 여자가 아파트 임대료가 얼마인지 묻고 있으므로 이에 가장 적절한 남자의 응답은 (c)이다. (d)는 남자가 돈이 아주 많이 들 것이라고 앞서 말했기 때문에 어울리지 않는다.

move out 이사하다 **rent** 임대하다 **stock price** 주가

21

M Your work on this paper is very vague.
W I don't understand. This is what you wanted.
M Yes, but there is no detail in what you wrote.
W _____

(a) Maybe I need to pronounce it slower.
(b) Then the narrative will have to be changed.
(c) It was written as unclear as I possibly could.
(d) I'll look for more supporting evidence then.

번역
M 자네가 쓴 논문은 아주 애매모호해.
W 이해가 안 돼요. 이게 교수님이 원하시던 거잖아요.
M 그렇긴 하지만 자네 글에는 세부 정보가 없어.
W _____

(a) 제가 더 천천히 발음해야겠어요.
(b) 그러면 이야기가 변경되어야 할 겁니다.
(c) 가급적 불확실하게 썼어요.
(d) 그러면 뒷받침할 근거를 더 찾아 볼게요.

여자의 논문이 애매모호하고 자세한 설명이 없다는 지적을 받고 있다. 따라서 이 논문의 문제점을 해결하기 위한 방안으로 입증 자료를 더 찾아보겠다고 한 (d)가 가장 적절하다.

vague 애매모호한 **narrative** 이야기 **supporting evidence** 뒷받침하는 근거

22

W The unemployment rate has been rising this whole year.

M I know. My workplace laid off 100 people yesterday.

W What would you do if it happened to you?

M _____

(a) They laid me off already.

(b) Let's call it another economic recession of sorts.

(c) Look for some job openings.

(d) I'm already suffering from unemployment as it is.

번역

W 올 한 해 동안 실업률이 증가하고 있어.

M 그러게. 우리 회사도 어제 100명을 정리 해고했어.

W 너에게 그런 일이 일어나면 어떻게 할 거야?

M _____

(a) 이미 나를 해고했어.

(b) 일종의 또 다른 경제 침체라고 하자.

(c) 다른 취직 자리를 찾아야지.

(d) 지금도 이미 실업자라 힘들어.

해설

증가하고 있는 실업률에 관한 대화이다. 해고를 당하면 어떻게 하겠냐고 묻고 있으므로 새로운 일터를 알아보겠다고 답한 (c)가 가장 자연스럽다.

unemployment rate 실업률 **lay off** 정리 해고하다 **economic recession** 경기 침체 **job opening** 취직 자리

23

M It looks like storm clouds are rolling in.

W Well, in case it rains, remember to bring an umbrella.

M It might not help with all the projected heavy rainfall.

W _____

(a) Make sure you bundle up anyways.

(b) If not, you will definitely get soaked.

(c) All the weather here is making me shiver.

(d) A drizzle of rain is nothing to sneer at.

번역

M 먹구름이 밀려오고 있는 것 같은데.

W 그럼 비가 올 걸 대비해서 우산 잊지 말고 가져가.

M 예상된 폭우라면 도움 안 될 텐데.

W _____

(a) 어쨌든 꼭 든든히 입어.

(b) 안 그러면 분명히 흠뻑 젖을걸.

(c) 이곳 날씨는 추워서 몸이 덜덜 떨려.

(d) 보슬비는 얕볼 게 아니야.

해설

우산을 잊지 말고 챙겨 가라는 여자의 말에 남자는 폭우가 예상된다면 우산도 도움이 안 될 것이라고 말한다. 그래도 폭우인 만큼 우산이 없으면 흠뻑 젖을 거라는 (b)가 가장 자연스럽다.

roll in 밀려오다 **in case** ~에 대비해서 **projected** 예상되는 **bundle up** 따뜻하게 둘러싸다 **soak** 흠뻑 젖다 **shiver** 덜덜 떨다 **drizzle** 보슬비 **sneer at** ~을 비웃다

24

W Joshua, what's wrong with you?

M My son had to go to the emergency room this morning.

W Oh my! What happened?

M _____

(a) Nothing will happen to Joshua in the future.

(b) He came out unscathed from the incident.

(c) The medics came and revived him.

(d) He was hit by a speeding bus while crossing the street.

번역

W 조슈아, 무슨 일이야?

M 아들이 오늘 아침에 응급실에 실려 갔어.

W 어머나! 무슨 일이 있었는데?

M _____

(a) 앞으로 조슈아에게 아무 일 없을 거야.

(b) 그 사건에서는 아무 탈 없었어.

(c) 의사들이 와서 회복시켜 주었어.

(d) 길 건널 때 과속 버스에 치였어.

해설

아들이 응급실에 간 이유를 묻는 말에 과속 버스에 치이는 사고가 있었다고 응답한 (d)가 가장 자연스럽다. (b)는 아들이 무사했다는 의미로 응급실에 간 이유가 될 수 없고, (c)는 응급실에 간 이후의 상황으로 알맞다.

emergency room 응급실 **unscathed** 아무 탈 없는 **medic** 의사 **revive** 회복시키다

25

M That frog has just given birth to some babies.

W Frogs aren't mammals. They can't do that.

M OK, genius. What do they do exactly then?

W _____

(a) They don't have a very long life span.

(b) Actually, they lay eggs instead.

(c) Feed off the offspring for nourishment.

(d) They have a very high metabolism.

번역

M 저 개구리가 방금 새끼를 몇 마리 낳았어.

W 개구리는 포유동물이 아니야. 새끼를 낳지 못해.

M 그래, 천재 씨. 그럼 정확히 개구리가 뭘 하는데?

W _____

(a) 그것들은 수명이 아주 길지는 않아.
(b) **사실 개구리는 대신 알을 낳지.**
(c) 영양분을 위해 새끼를 먹어.
(d) 신진대사가 아주 활발해.

해설

개구리가 새끼를 낳았다는 남자의 말에 개구리는 포유동물이 아니라서 새끼는 낳을 수 없고 알을 낳는다고 하는 (b)가 가장 적절하다.

give birth to ~을 낳다 **mammal** 포유동물 **life span** 수명 **lay** (알을) 낳다 **feed off** ~을 먹다 **offspring** 새끼 **nourishment** 영양분 **metabolism** 신진대사

26

W John is so pessimistic sometimes!
M Is he always feeling down?
W Ever since he received his report card.
M _____

(a) Just tell him he needs to stop having tantrums.
(b) **He probably just lacks confidence.**
(c) Of course, he's happy. He's always pessimistic.
(d) Always being positive isn't really good, either.

번역

W 존은 가끔씩 너무 비관적이야!
W 항상 풀이 죽어 있니?
M 성적표를 받은 이후부터 계속 그래.
W _____

(a) 존한테 짜증 그만 내라고 말해 줘.
(b) **단지 자신감이 부족해서 그럴 거야.**
(c) 물론 존은 행복하지. 항상 비관적이잖아.
(d) 항상 긍정적인 것도 좋진 않아.

해설

여자의 말로 미루어 볼 때, 존이 우울한 이유는 그가 비관적인 사람이라서가 아니라 성적 때문인 것으로 성적에 실망해서 자신감이 부족한 것일 거라는 (b)가 가장 자연스럽다.

pessimistic 비관적인 **feel down** 마음이 울적하다 **tantrum** 짜증

27

M Don't be scared when you're behind the wheel.
W Thanks, but you know I'm prone to getting into accidents.
M Would you prefer that I drive there instead?
W _____

(a) I don't want to hold up traffic.
(b) If you fasten your seat belt, you wouldn't get hurt.
(c) **It's OK. It's only a short distance to go.**
(d) No, I want to avoid any accidents if possible.

번역

M 운전할 때 겁먹지 마.
W 고마워. 하지만 내가 사고 당하기 쉽다는 거 너도 알잖아.
M 내가 대신 거기까지 운전하는 게 낫겠니?
W _____

(a) 교통 흐름에 방해가 되고 싶지 않아.
(b) 안전벨트를 하면 다치지 않을 거야.
(c) **괜찮아. 단지 짧은 거리인걸.**
(d) 아니. 가능하면 사고를 피하고 싶어.

해설

운전이 미숙한 여자에게 남자가 대신 운전을 하겠다는 제안을 하고 있다. 이에 목적지가 가까우니 괜찮다고 한 (c)가 적절하다.

be behind the wheel 운전하다 **be prone to** ~하기 쉬운 **hold up traffic** 교통에 방해가 되다

28

W New York City is very multicultural.
M I agree. Especially when compared to other cities.
W Have you thought about moving there?
M _____

(a) Sure, other cities are more diverse.
(b) Yeah, I like the discrimination there.
(c) No, I migrated there a while ago.
(d) **Yes, the different ethnicities are a plus.**

번역

W 뉴욕 시는 정말 다문화적이야.
M 맞아. 특히 다른 도시들과 비교했을 때 말이야.
W 뉴욕으로 이사 가는 거 생각해 봤어?
M _____

(a) 물론이지. 다른 도시들이 더 다양해.
(b) 응. 난 그곳의 차별 대우가 좋더라.
(c) 아니. 얼마 전에 그곳으로 이주했어.
(d) **응. 다양한 민족성도 좋은 점이야.**

해설

다양한 문화가 혼재되어 있는 뉴욕으로 이사 가는 것을 고려해 봤는지 묻고 있다. 이에 다양한 문화와 더불어 다양한 민족도 뉴욕의 또 하나의 이점으로 이사를 고려해 봤다고 응답한 (d)가 가장 적절하다.

multicultural 다문화의 **diverse** 다양한 **discrimination** 차별 **migrate** 이주하다 **ethnicity** 민족성

29

M People have been obsessed with that new TV show.
W It's because they let viewers participate in the voting.
M What do you think would happen if they didn't?
W _____

(a) **Viewership would drop dramatically.**
(b) I try to vote as much as I can.
(c) Refusing to join in won't help matters.
(d) It's because people watching it really need help.

번역

M 사람들이 새로운 텔레비전 프로그램에 푹 빠져 있어.
W 그건 시청자들이 투표에 참여할 수 있기 때문이야.
M 그렇게 하지 않았다면 어떻게 될까?
W _____

(a) 시청률이 대폭 떨어지겠지.

(b) 나는 가능한 많이 투표하려고 해.

(c) 참여하지 않으려는 것은 문제 해결에 도움이 되지 않을 거야.

(d) 그건 시청자들이 정말 도움이 필요하기 때문이야.

해설

새로운 텔레비전 프로그램의 높은 시청률은 시청자 투표 때문이라고
말하고 있으므로, 이 투표를 하지 않게 되면 시청률이 떨어질 것이다.
따라서 (a)가 적절한 응답이다. 여자의 질문 if they didn't 뒤에 생략
된 말은 let viewers participate in the voting이다.

obsess 사로잡다 **participate** 참여하다 **viewership** 시청률
refuse 거부하다

30

W They really need to change the items in the vending
    machines in the break room.

M I don't see anything wrong with the items they
    have.

W The items are very unhealthy and bad for you.

M _____

(a) They should take out the bottled water.

(b) Vending machines are exceptions in that way.

(c) **No one said you had to use it.**

(d) That's why they changed the items.

번역

W 휴게실 자판기에 있는 상품들은 진짜 바뀌어야 해.

M 거기 있는 상품에는 아무 문제가 없는 것 같은데.

W 그 상품들은 건강에 정말 해롭고 너한테 좋지 않아.

M _____

(a) 생수를 빼야 해.

(b) 이런 경우 자판기는 예외야.

(c) **아무도 너에게 이용해야 한다고 하지 않았잖아.**

(d) 상품을 바꾼 이유가 바로 그거야.

해설

휴게실 자판기에서 판매하는 상품이 건강에 해롭기 때문에 품목을
변경해야 한다고 하자, 그런 생각을 갖고 있다면 사용하지 않으면 된다
고 응답하는 (c)가 가장 적절하다.

vending machine 자동 판매기 **break room** 휴게실 **exception**
예외

◼ Part III

31

M May I help you?

W My laptop is not working properly and I need it
    checked out, please.

M OK. Just give it to me, and I'll be able to make an
    estimate for you shortly.

W Thank you. By the way, how would you like the
    payment in?

M Paying by cash is the best option. My credit card
    machine is not working today.

W That's good to know. I'll just run to the ATM right
    now.

Q. What is the man mainly doing in the conversation?

(a) Fixing a credit card machine

(b) Getting a notebook to a repairman

(c) **Assisting a woman with her computer**

(d) Buying something with paper money

번역

M 무엇을 도와 드릴까요?

W 제 노트북이 제대로 작동되지 않아서 점검을 받아야겠어요.

M 알겠습니다. 잠깐 저에게 주시면 금방 견적을 낼 수 있을 겁니다.

W 감사합니다. 그런데 비용은 어떻게 지불하는 것이 좋으세요?

M 현금 지급이 가장 좋죠. 신용 카드 기계가 오늘 고장 났거든요.

W 알게 되어 다행이네요. 지금 현금 자동 입출금기로 뛰어가야겠어요.

Q. 남자가 주로 하고 있는 일은?

(a) 신용 카드 기계를 고치고 있다.

(b) 수리공에게 노트북을 가져다 주고 있다.

(c) **여자의 컴퓨터 문제를 도와주고 있다.**

(d) 지폐로 뭔가를 사고 있다.

해설

손님인 여자가 고장 난 노트북의 점검을 부탁해서 남자가 응대하고 있
는 상황이므로 정답은 (c)이다.

laptop 휴대용 컴퓨터, 노트북 **properly** 적절히, 제대로 **make an
estimate** 견적을 내다 **payment** 지불 **assist** 도와주다 **paper
money** 지폐

32

W Kendra has gotten such bad press lately.

M Well, she did do something inappropriate out in
    public.

W They don't need to criticize her so harshly though.

M Would you rather they pat her on the back
    instead?

W Absolutely! This must be unbearable for her.

M Being a celebrity doesn't entitle you to behave
    badly.

Q. What are the speakers mainly discussing in the
    conversation?

(a) **Journalists' treatment of someone**

(b) Massage techniques of the media

(c) Appropriate behavior when outside

(d) The pressures of being a celebrity

번역

W 켄드라가 최근 언론에 너무 심한 혹평을 받고 있어.

M 공개적으로 뭔가 부적절한 행동을 했잖아.

W 그렇다고 그렇게 심하게 비난할 필요는 없잖아.

M 그럼 대신 등이라도 토닥거려 줘야 한다는 거야?

W 물론이지! 이러면 켄드라가 참을 수 없을걸.

M 유명인이라고 나쁘게 행동할 자격이 있는 건 아니라고.

Q. 주로 논의하고 있는 것은?

(a) **누군가에 대한 언론의 대우**

(b) 대중 매체의 마사지 기술

(c) 외부에서의 적절한 행동

(d) 유명 인사가 되는 것에 대한 부담감

해설

두 사람은 언론이 켄드라를 지나치게 비난하며 혹평하고 있는 상황에 대해 이야기하고 있으므로 대화의 주된 내용으로 옳은 것은 (a)이다.

bad press 언론의 혹평   **inappropriate** 부적절한   **in public** 공개적으로   **harshly** 가혹하게, 심하게   **pat somebody on the back** ~의 등을 두드려 격려하다   **unbearable** 참을 수 없는   **celebrity** 유명 인사   **entitle** 자격을 주다

33

M The weather center has announced a downpour for today.
W This could finally end the summer drought.
M Correct, but the rain could also cause a flood as well.
W Has a flood warning been issued?
M No, but from the looks of it, I think they might.
W Well, let's just hope for the best.

Q. What are the man and woman mainly discussing?
(a) The abundance of rain this summer season
(b) Wishes the people have for this day
(c) The plight of the farmers in the country
(d) Possible consequences of the coming storm

번역

M 기상청에서 오늘 폭우가 온다고 발표했어.
W 이것으로 여름 가뭄도 끝날 수 있겠네.
M 맞아. 하지만 비 때문에 홍수가 날 수도 있어.
W 홍수 경보가 발령됐니?
M 아니. 그런데 보아하니 그럴 것 같아서.
W 그냥 희망적으로 생각하자.

Q. 남녀의 주된 대화 내용은?
(a) 이번 여름에 많이 내린 비
(b) 사람들의 오늘을 위한 바람
(c) 이 나라의 농민들이 처한 곤경
(d) 다가오는 폭풍으로 일어날 법한 결과

해설

폭우가 내린다는 기상청 예보에 여자는 여름 가뭄이 끝날 것을 기대하는 반면, 남자는 비로 인해 홍수가 일어날 수도 있다고 말하고 있다. 따라서 두 사람이 나누는 대화의 주된 내용으로 옳은 것은 (d)이다.

downpour 폭우   **drought** 가뭄   **warning** 경보   **issue** 발령하다   **from the looks of it** 보아하니   **abundance** 풍부   **consequence** 결과

34

W What's the matter? You look so tired today.
M It's the jet lag from the cross-country flight.
W And your flight was the red-eye, too.
M I'll take some medicine and get some rest.
W Be sure you do. You have to work soon.
M I'll make sure too, thanks.

Q. What is the conversation mainly about?
(a) Remedies to cure a tired body
(b) Upcoming schedule the male has

(c) The cause of the man's low energy
(d) Ways that a couple can scrutinize each other

번역

W 무슨 일이야? 오늘 아주 피곤해 보이네.
M 대륙 횡단 비행 후에 시차 적응 때문에 그래.
W 야간 항공편이었잖아.
M 약 먹고 좀 쉬어야겠어.
W 꼭 그렇게 해. 곧 일해야 하잖아.
M 그것도 명심할게. 고마워.

Q. 대화의 주된 내용으로 옳은 것은?
(a) 지친 몸을 치료할 요법
(b) 곧 있을 남자의 스케줄
(c) 남자가 기력이 약해 보이는 이유
(d) 커플이 서로 세심히 살필 수 있는 방법

해설

여자가 남자에게 피곤해 보이는 이유를 묻자 야간에 대륙 횡단 비행기를 타고 난 후 시차 적응 때문이라고 대답하며 약을 먹고 좀 쉬어야겠다고 한다. 따라서 두 사람이 나누는 대화의 주된 내용으로 옳은 것은 (c)이다.

jet lag 시차로 인한 피로   **cross-country flight** 대륙 횡단 비행   **red-eye** 야간 항공편   **remedy** 치료   **scrutinize** 면밀히 알아보다

35

M Janice, your father has been taken in by the surgeon.
W What! What happened to him?
M He had a heart attack and now he's in surgery.
W Have they found out why he had the attack?
M The doctor's guessing it has to do with his diet.
W I told him that he needed to start eating better.

Q. What is the conversation mainly about?
(a) The source of a medical emergency
(b) Procedure to fix a heart attack
(c) A medical situation of a family member
(d) If eating habits contribute to good health

번역

M 제니스. 의사 선생님이 와서 너희 아버지를 병원으로 싣고 갔어.
W 뭐! 아빠한테 무슨 일 생겼어?
M 심장 마비가 와서 지금 수술 중이셔.
W 원인은 찾은 거야?
M 의사 선생님이 식습관과 관련 있을 거라고 하던데.
W 이제 몸에 좋은 걸 드셔야 한다고 말씀 드렸건만.

Q. 주된 내용으로 옳은 것은?
(a) 응급 의료 상황의 원인
(b) 심장 마비를 고칠 방법들
(c) 가족 한 명의 의료 상황
(d) 식습관이 건강에 기여하는지 여부

해설

남자가 여자의 아빠가 심장 마비로 병원에서 수술 중이라는 소식을 알리고, 심장 마비의 원인을 찾았는지 묻는 여자의 말에 의사에게 들은 내용을 말해준다. 따라서 두 사람이 나누는 대화의 주된 내용으로 옳은 것은 (c)이다.

surgeon 외과 전문의 in surgery 수술 diet 식단 medical emergency 응급 의료 상황 procedure 수술; 방법 contribute to ~에 기여하다

36

W Is there anything else I can get you, sir?
M Yes. I would like a cup of coffee, please.
W Would you like the caffeinated or decaffeinated?
M The decaf please.
W Don't want to get addicted?
M That and it'll keep me awake all night.

Q. What are the speakers mainly talking about?
(a) Preparation of all types of drinks
(b) Effects of the different styles of coffee
(c) After meal beverages one might consume
(d) The pleasures of drinking coffee

번역
W 뭐 더 시킬 것 있으십니까?
M 네. 커피 한 잔 마시고 싶네요.
W 카페인이 있는 걸로 드릴까요 없는 걸로 할까요?
M 없는 걸로 주세요.
W 카페인에 중독되는 게 싫으시군요?
M 그것도 그렇고, 마시면 밤새 잠을 못 잘 거라서요.

Q. 주로 이야기하고 있는 것은?
(a) 모든 종류의 음료 준비
(b) 다른 종류의 커피가 미치는 영향
(c) 누군가 식후에 마실 음료
(d) 커피를 마시는 것의 즐거움

해설
커피를 부탁한 남자에게 여자가 카페인이 있는 것과 없는 것 중 어느 것을 원하는지 묻자, 남자는 카페인이 있는 것을 마시면 밤새도록 잠을 자지 못할 것이라며 카페인이 없는 커피를 부탁한다. 따라서 두 사람이 나누는 대화의 주된 내용으로 옳은 것은 (b)이다.

caffeinated 카페인이 함유된 decaffeinated 카페인이 없는 get addicted 중독되다 keep awake 깨어 있다 preparation 준비 beverage 음료수 consume 마시다

37

M It fell down because of faulty construction.
W I heard they replaced the support beams with faulty parts.
M They also didn't repair the original foundation.
W It'll take a long time to reconstruct that apartment building.
M I just hope the residents have another place to live.
W If not, we'll have a lot of homeless families here in the city.

Q. What is mainly happening in the conversation?
(a) Construction practices that fail
(b) Talk around the water cooler
(c) Reasons for a building collapse

(d) The need for better insulation

번역
M 부실 공사 때문에 무너진 겁니다.
W 지지대를 결함이 있는 부품으로 교체했다던데요.
M 원래 있던 토대도 수리하지 않았어요.
W 아파트를 복구하려면 오래 걸릴 거예요.
M 거주자들에게 다른 살 곳이 있기만을 바랍니다.
W 살 곳이 없다면, 이 도시에 노숙하는 가정이 많이 생길 거예요.

Q. 대화에서 주로 일어나고 있는 일은?
(a) 실패한 건축 실무
(b) 정수기 앞에서 가벼운 이야기 나누기
(c) 건물 붕괴의 이유
(d) 더 좋은 단열 처리의 필요

해설
지지대의 결함과 수리되지 않아 허술한 토대로 건물이 붕괴된 이유를 말하고 있으므로 (c)가 정답이다.

faulty 결함이 있는 support beam 버팀대 resident 거주자 practice 실무 water cooler 정수기 collapse 붕괴 insulation 단열

38

W Doctor. Is there anything you can do to alleviate this back pain?
M I can try. Are you currently taking any medication?
W No. I normally don't take any drugs.
M I see. Well, I can inject you with some antibiotics.
W Oh, no. I am afraid of needles.
M Do you have any problems with taking pills then?

Q. What is correct according to the conversation?
(a) Drugs are the only way to help.
(b) The pain in the man's back is chronic.
(c) An anesthetic will calm the doctor's nerves.
(d) The patient desires an alternative to shots.

번역
W 의사 선생님. 제 요통을 완화시킬 방법이 없나요?
M 시도해 볼게요. 현재 복용하고 계시는 약이 있나요?
W 아니요. 보통 아무 약도 안 먹어요.
M 알겠습니다. 그럼. 항생제 주사를 놓아 드릴 수 있는데요.
W 아, 안 돼요. 저는 바늘이 무서워요.
M 그렇다면 알약을 복용하는 데 문제는 없으신지요?

Q. 대화에 따르면 다음 중 옳은 것은?
(a) 약이 도움을 줄 수 있는 유일한 방법이다.
(b) 남자의 요통은 만성적이다.
(c) 마취제가 의사의 불안을 진정시킬 것이다.
(d) 환자는 주사를 대신할 다른 방도를 원한다.

해설
요통으로 고통 받는 환자와 의사 간의 대화이다. I am afraid of needles에서 여자가 주사를 무서워한다는 것을 알 수 있으므로 답은 (d)이다. 나머지 보기는 대화에서 파악할 수 없다.

alleviate 완화하다 inject 주사하다 antibiotic 항생제 chronic 만성적인 anesthetic 마취제 nerve 불안 alternative 대체물

39

M I need you to look at all the personnel files today.
W OK. Is there a problem with them?
M This week we need to finish the performance evaluations.
W Oh, I see. I'm sure I'll be able to handle it.
M Good. I expect them to be finished by Friday.
W I'll need access to your office so I can get the files.

Q. Which is correct according to the conversation?
(a) The woman volunteered for this assignment.
(b) Handling the job is no easy task.
(c) This week is very slow at the business office.
(d) Finishing the task has been appointed to the woman.

번역
M 당신이 오늘 모든 인사 기록부를 검토했으면 해요.
W 알겠습니다. 기록부가 뭐 잘못됐나요?
M 이번 주에 실적 평가를 마쳐야 하거든요.
W 아, 알겠습니다. 꼭 처리할게요.
M 좋아요. 금요일까지 끝냈으면 합니다.
W 당신 사무실에 가서 파일을 가져와야겠는데요.

Q. 다음 중 옳은 것은?
(a) 여자는 자진해서 이 업무를 맡았다.
(b) 이 일을 처리하는 것은 쉬운 업무가 아니다.
(c) 이번 주는 사무실이 매우 한가하다.
(d) 여자가 이 업무를 끝내도록 지명되었다.

해설
남자가 여자에게 인사 기록부 검토를 금요일까지 마치라고 지시했으므로 여자가 업무를 마치도록 지명되었다는 (d)가 정답이다.

performance evaluation 실적 평가 handle 처리하다 access 접근 assignment 업무 appoint 지명하다

40

W Hey, look at this! It's a raffle at the SuperStop.
M What are the rules?
W Just buy one hundred dollars worth of food and you can enter.
M Are the prizes any good at all?
W There's a cash prize and gift certificate towards the store.
M If they throw in an espresso maker, then I'm in!

Q. Which is correct according to the conversation?
(a) SuperStop is holding a raffle for prizes.
(b) The big prize is a type of coffee maker.
(c) You can win money if you claim the reward.
(d) There are no regulations to enter the raffle.

번역
W 야, 이것 봐! 슈퍼스톱에서 경품 추첨한대.
M 규정이 뭐야?
W 식품 100달러어치만 사면 응모할 수 있다고 하네.
M 뭐 좋은 상품 있어?

W 현금 상품이랑 슈퍼스톱 상품권이 있어.
M 에스프레소 기기를 경품에 넣는다면 응모할래!

Q. 대화에 따르면 다음 중 옳은 것은?
(a) 슈퍼스톱에서 경품 추첨 행사를 하고 있다.
(b) 큰 상품은 커피 메이커의 한 종류다.
(c) 상을 달라고 요구하면 돈을 받을 수 있다.
(d) 경품 추첨에 참가하는 데 규정은 없다.

해설
슈퍼마켓의 경품 추첨에 식품 100달러어치만 사면 응모할 수 있고, 상금과 상품권이 경품으로 걸려 있다는 여자의 말에 남자가 에스프레소 기기를 준다면 응모하겠다고 말하고 있다. 경품으로 상금이 걸려 있다고 했으므로 대화의 내용으로 옳은 것은 (a)이다.

raffle 경품 추첨 **gift certificate** 상품권 **throw in** ~을 덤으로 주다 **regulation** 규정

41

M It's good to see you again, Ms. McLasky. How may I help you today?
W Yes, I would like to renew my lease for the upcoming year.
M OK. I do need to let you know that our rent prices for apartments have increased.
W It means I have to make a bigger deposit for my place, doesn't it?
M Unfortunately, yes. I apologize for this inconvenience.
W I understand. I'm not sure if I'll be able to stay then.

Q. What is correct about the woman according to the conversation?
(a) The current apartment makes her stressed out.
(b) Her new place dwarfs her old place in size.
(c) She might not have enough money for the rise.
(d) Ms. McLasky felt no difficulty in this situation.

번역
M 다시 뵈어 반갑네요, 맥라스키 부인. 오늘은 무엇을 도와 드릴까요?
W 네, 내년 임대차 계약을 연장하고 싶어서요.
M 그러시군요. 저희 아파트 임대료가 인상되었다는 것을 알려 드려야겠네요.
W 그럼 저희 집 보증금이 올라가야 하는 거군요, 그렇죠?
M 안타깝지만 그래요. 불편을 끼쳐 드려서 죄송해요.
W 알겠습니다. 그렇다면 계속 머무를 수 있을지 잘 모르겠네요.

Q. 여자에 관한 내용으로 옳은 것은?
(a) 현재 아파트가 그녀에게 스트레스를 준다.
(b) 새로운 집이 예전 집보다 더 크다.
(c) 인상된 보증금을 낼 돈이 충분하지 않을지도 모른다.
(d) 맥라스키 부인은 이 상황에 전혀 어려움을 못 느꼈다.

해설
임대 재계약을 하러 간 여자가 남자로부터 보증금이 올랐다는 말을 듣고, 마지막에 계속 있을 수 있을지 모르겠다고 말한다. 이를 통해 인상된 보증금을 낼 돈이 충분치 않다고 추측할 수 있으므로 정답은 (c)이다.

renew 연장하다 lease 임대차 계약 rent 임대 deposit 보증금

42

W I've just realized that Jenny is a very talented artist.
M We have raised a good child.
W There are so many people here at her exhibition.
M The curator said that many people here want to buy her work.
W This is a far cry from the little girl drawing with crayons a long time ago.
M Let's just enjoy this night with her.
Q. Which is correct about the man and the woman according to the conversation?
(a) They taught Jenny how to sculpt at an early age.
(b) Both of them are evasive about the work.
(c) **The man and woman are Jenny's guardians.**
(d) They see a scattering of people at the exhibit.

번역
W 방금 제니가 정말 재능 있는 화가라는 걸 알았어요.
M 우리가 아이를 잘 키웠죠.
W 전시회에 사람들이 아주 많이 왔네요.
M 큐레이터 말이 여기 많은 사람들이 제니 작품을 사고 싶어한대요.
W 이건 오래전에 꼬마 숙녀가 크레용으로 그린 것과는 전혀 달라요.
M 제니와 함께 이 밤을 즐깁시다.
Q. 남자와 여자에 관한 내용으로 옳은 것은?
(a) 어릴 때 제니에게 조각하는 방법을 가르쳤다.
(b) 둘 다 작품에 대해 회피하고 있다.
(c) **남자와 여자는 제니의 보호자이다.**
(d) 전시회에 드문드문 있는 사람들을 보고 있다.

해설
제니가 재능이 있는 화가라는 것을 알게 되었다는 여자의 말에 남자가 아이를 잘 키웠다고 대답하며, 많은 사람들이 모인 전시회와 제니의 작품에 관해 이야기하고 있다. 따라서 대화 속 남자와 여자에 관한 내용으로 옳은 것은 (c)이다.

talented 재능 있는 **raise** 키우다 **exhibition** 전시회 **a far cry from** ~와 전혀 다른 경험 **sculpt** 조각하다 **evasive** 회피적인 **a scattering of** 드문드문한

43

M Mom, I tried my best, but I'm just too clumsy.
W John, listen. You just have to challenge yourself.
M It's too physical of a sport and I just sprained my ankle.
W You'll have to tough it out. You'll be OK.
M What if it all goes to naught?
W If you played your best, that's all that matters.
Q. What can be inferred from the conversation?
(a) **He is just not physically skilled at all.**
(b) Competing makes John nauseous.
(c) Just participating is all the mom wants.
(d) The woman has no confidence in her son.

번역
M 엄마, 최선을 다했지만 전 너무 서툴러요.
W 존, 잘 들어. 네 자신을 시험해 봐야 해.
M 몸을 많이 써야 하는 운동인데다가 최근에 발목을 접질렀잖아요.
W 어려움을 참고 견뎌야 해. 괜찮을 거야.
M 실패로 끝나면요?
W 최선을 다해서 임했다면, 그걸로 된 거야.
Q. 대화로부터 유추할 수 있는 것은?
(a) **그는 육체적으로 전혀 숙련되지 않았다.**
(b) 경쟁으로 존이 메스꺼움을 느낀다.
(c) 엄마는 참가 자체만을 원할 뿐이다.
(d) 여자는 아들에 대한 확신이 없다.

해설
남자가 자신은 최선을 다 했는데 너무 몸을 많이 쓰는 운동이라 서투르다는 말을 하는 것을 보아 남자가 육체적으로 숙련되지 않았다는 점을 알 수 있으므로 정답은 (a)이다.

clumsy 서투른 **challenge** 도전하다 **sprain** 접지르다 **tough it out** 어려움을 참고 견디다 **go[come] to naught** 실패로 끝나다 **skilled** 숙련된 **nauseous** 메스꺼운

44

W Sir, you have been accused of committing perjury.
M I did not. I would never do that.
W Did you say that you've never seen that man before?
M That is correct. He is a total stranger to me.
W How can that be true? He works with you.
M As I stated, I've never laid eyes on that man.
Q. What can be inferred from the conversation?
(a) The accused has no job at present.
(b) The man in question is disguised.
(c) **A fib has been told in court.**
(d) The woman is mistaken in her questioning.

번역
W 당신은 허위 증언으로 기소를 당했습니다.
M 그렇지 않습니다. 절대 그런 짓 안 합니다.
W 저 남자를 한 번도 본 적이 없다고 하지 않으셨나요?
M 맞습니다. 전혀 모르는 사람이에요.
W 그게 어떻게 사실입니까? 그는 당신과 함께 일해요.
M 증언했듯이 저 남자를 한 번도 본 적이 없습니다.
Q. 대화에서 유추할 수 있는 것은?
(a) 피고인은 현재 직업이 없다.
(b) 문제의 남자는 변장했다.
(c) **법정에서 거짓말을 했다.**
(d) 여자는 질문하는 데 있어서 실수하고 있다.

해설
남자는 위증죄로 기소를 당했고, 자신과 같이 일하는 남자를 본 적이 없다고 계속 주장을 하고 있다. 따라서 남자가 거짓말을 하고 있다고 유추할 수 있으므로 (c)가 답이 된다.

be accused of ~으로 기소되다 **commit** (죄·과실 등을) 저지르다 **perjury** 위증죄 **state** 진술하다 **lay eyes on** ~을 보다 **in question** 문제의 **disguise** 변장[위장]하다 **fib** 사소한 거짓말 **mistaken** 판단이 잘못된

45

M We have to bring awareness about the pollution in the world.

W I was thinking that we could create a website to address it.

M That's a great idea. Let's brainstorm possible pollution concerns.

W Noise pollution is a big concern in areas of high populations.

M I don't know. To me, groundwater contamination seems more prevalent.

W Are you kidding me? We need to concentrate on problems in the cities.

Q. What can be inferred from the conversation?

(a) No one seems to want to be the leader.

(b) There is a lot of indecision between them.

(c) Acid rain is a possible type they could use.

(d) Many forms of pollution can't be addressed.

번역

M 우리는 세상에 오염에 대한 인식을 불러일으켜야 해.

W 문제 제기를 위한 홈페이지를 만들 수 있다는 생각을 했는데.

M 좋은 생각이야. 발생 가능한 오염 문제를 브레인스토밍해보자.

W 소음 공해는 인구가 많은 지역에서 큰 문제야.

M 난 잘 모르겠어. 나한테는 지하수 오염이 더 일반적인 것 같은데.

W 누구 놀리니? 도시에서 일어나는 문제에 집중해야 한다고.

Q. 대화에서 유추할 수 있는 것은?

(a) 아무도 리더가 되고 싶어하지 않는 것 같다.

(b) 둘은 결정을 내리지 못하고 있다.

(c) 산성비는 그들이 사용할 가능성이 있는 유형이다.

(d) 많은 유형의 오염 문제를 제기할 수 없다.

해설

오염 문제를 제기하는 홈페이지 제작을 위해 오염 문제에 대해 이야기하는데 두 사람이 중요하게 생각하는 오염의 종류가 달라 결정을 못하고 있다. 따라서 결정을 못 내리고 망설이고 있다는 (b)를 유추할 수 있다.

awareness 의식 address 제기하다 concern 문제 contamination 오염 prevalent 널리 퍼진 concentrate 집중하다 indecision 망설임

◢ Part IV

46

In the town of Buñol, Spain, on the last Wednesday in August, is a unique festival. It's called La Tomatina. The people throw tomatoes at each other! The event begins at 10 in the morning with an event called the "greasy pole." It is a greased pole with a ham on top of it. Once someone climbs the pole and knocks over the ham, a sound is heard and the tomato fight begins. After an hour, another sound is rung and the fight ends. With everything covered in tomato juice, fire trucks are needed to clean the streets.

Q. What is this report mainly about?

(a) A contest to get the most tomatoes gathered

(b) How to clean the streets with fire trucks

(c) An event that involves throwing tomatoes

(d) Pole climbing to reach a ham and tomato

번역

8월 마지막 주 수요일에 스페인의 부뇰이라는 마을에는 독특한 축제가 있다. 라 토마티나라고 불리는 이 축제에서 사람들은 서로 토마토를 던진다! 이 행사는 아침 10시에 '기름 바른 장대'라는 행사로 시작한다. 기름 바른 장대란 꼭대기에 햄이 달린 기름칠한 장대이다. 일단 누군가 장대에 올라 햄을 떨어뜨리면 어떤 소리가 들리고 토마토 싸움이 시작된다. 한 시간 후, 또 다른 소리가 울리고 싸움이 끝난다. 온통 토마토 즙으로 덮인 거리를 청소하기 위해서는 소방차가 필요하다.

Q. 보도는 주로 무엇에 관한 내용인가?

(a) 토마토 많이 따기 대회

(b) 소방차로 거리를 청소하는 방법

(c) 토마토 던지기와 관련된 행사

(d) 햄과 토마토를 향해 장대 오르기

해설

장대 오르기와 토마토 싸움이 벌어지는 라 토마티나라는 스페인의 축제를 소개하고 있다. 장대 오르기는 토마토 싸움의 시작을 알리는 축제의 도입부이며 토마토 싸움이 주가 되는 축제이므로 (c)가 정답이다.

unique 독특한 greasy 기름을 바른 pole 장대 knock over 때려 눕히다 gather 채집하다 involve 포함하다

47

When you think about ink, naturally you think about a writing pen. However, ink can be used as a form of protection. Cephalopod ink is used by squids as a defense mechanism. It can be used in two different ways. First, it can be used as a dark, diffusive cloud to obscure a predator's view. The second use is to make a pseudomorph which is ink with more mucus which allows it to hold its shape. Predators mistake it for the creature and attack it, letting the squid escape.

Q. What is the talk mainly about?

(a) How squids defend themselves with ink

(b) Ways to fool marine attackers and escape

(c) The varieties of commercial ink available

(d) The ways humans can use cephalopod ink

번역

먹물에 대해서 생각을 하면 자연스럽게 글을 쓰는 펜을 떠올린다. 그런데 먹물은 보호 수단의 형태로 사용될 수 있다. 오징어는 두족류 먹물을 방어 기제로 사용한다. 이 먹물은 두 가지 방식으로 사용될 수 있다. 첫째, 포식자의 시야를 흐리게 하는 거무스름하고 잘 퍼지는 자욱한 연기로 사용될 수 있다. 두 번째 용도는 형태를 유지할 수 있게 해주는 점액을 더 많이 포함한 먹물인 위형(僞形)을 형성하는 것이다. 포식자들이 이 부정형의 형태를 생물로 착각하고 공격하기 때문에 오징어는 달아날 수 있다.

Q. 주로 무엇에 관한 것인가?

(a) 오징어가 먹물로 자기방어를 하는 방법

(b) 바다의 공격자를 속여서 탈출하는 방법

(c) 이용 가능한 먹물 상품의 다양성
(d) 인간이 두족류 먹물을 사용하는 방법

해설
오징어가 먹물을 이용해 포식자의 공격을 피하는 방법을 설명하고 있으므로 정답은 (a)이다.
cephalopod 두족류 (문어·오징어 등) **defense mechanism** 방어 체계 **diffusive** 잘 퍼지는 **obscure** 흐리게 하다 **predator** 포식자 **pseudomorph** 위형 (a deceptive form) **mucus** 점액

48

Joanne? Hi, this is Shawn. I just wanted to call and let you know that there has been a change in plans for our date tonight. The movie we were going to see tonight is sold out, so I was thinking that we could do something else instead. I want to make it a surprise because I know you have been wanted to do this for a while now and a little surprise every now and again helps keep relationships fresh and exciting. The only thing I need for you to do is to bring your passport. See you soon!

Q. What is the main purpose of the telephone message according to the speaker?
(a) To explain that another movie was reserved
(b) To arrange for a trip
(c) To state that the relationship is boring
(d) To discuss the date plans

번역
조앤? 안녕. 나 숀이야. 오늘 밤 우리 데이트 계획이 변경되어서 알려주려고 전화했어. 오늘 밤 보러 가기로 했던 영화표가 매진이라 대신 다른 일이 없을까 생각했어. 깜짝 놀라게 해주려고 하는데. 자기가 가끔 하고 싶어 했던 일이란 걸 알거든. 그리고 가끔 조금 놀라게 하는 게 새롭고 설레는 관계를 유지하는 데 도움이 되잖아. 자기가 할 일은 그냥 여권을 가져오는 거야. 곧 봐!

Q. 전화 메시지의 주된 목적은?
(a) 다른 영화가 예매되었다는 것을 말하기 위해
(b) 여행을 준비하기 위해
(c) 관계가 따분하다는 것을 설명하기 위해
(d) 데이트 계획을 의논하기 위해

해설
함께 보러 가기로 했던 영화표가 매진되어 남자친구가 여자친구에게 계획이 변경되었음을 알리는 전화 메시지이다. 마지막 부분에 여권을 가져오라는 것으로 볼 때 외국으로 여행을 가려는 남자의 의도를 알 수 있으므로 정답은 (b)이다.
be sold out 매진되다 **every now and again** 가끔 **reserve** 예약해 두다

49

The Scottish have many traditional sports not played a lot outside of Scotland. One of them is caber toss. The caber toss is normally played at the Scottish Highland Games. It involves tossing a large wooden pole called a caber not as far as you can but have it land directly away from you. That means you want the top and bottom end of the caber to point exactly away from you. Think of it like a clock. The perfect throw would look like 12 o'clock.

Q. What is the talk mainly about?
(a) What a perfect throw looks like
(b) A long-established cultural sport
(c) The Scottish Highland Games
(d) The time the caber toss starts

번역
스코틀랜드에는 스코틀랜드 밖에서는 많이 하지는 않는 전통적인 스포츠가 많다. 그 중 하나가 장대 던지기이다. 장대 던지기는 보통 스코틀랜드 하일랜드 게임에서 한다. 이는 캐버라고 부르는 거대한 나무 장대를 최대한 멀리 던지는 것이 아니라, 자신으로부터 똑바로 땅에 떨어지게 던지는 것이다. 즉, 장대의 양끝이 자신과 일직선을 가리키도록 되어야 한다. 시계와 같다고 생각해 보라. 완벽하게 던지면 시계의 12시처럼 보이는 것이다.

Q. 무엇에 관한 것인가?
(a) 완벽하게 던졌을 때의 모습
(b) 오랫동안 행해진 문화적 스포츠
(c) 스코틀랜드의 하일랜드 게임
(d) 장대 던지기를 시작한 시대

해설
스코틀랜드의 하일랜드 게임 중에 진행하는 장대 던지기를 하는 방법에 관해 설명한 것이므로 이야기의 주된 내용으로 옳은 것은 (b)이다.
Scottish 스코틀랜드의 **caber** 장대 **toss** 던지기 **wooden pole** 나무 막대 **long-established** 옛날부터 존재한

50

Police pepper sprayed student demonstrators on the campus of Northern University today. The students were protesting an increase of tuition by a record 15% yesterday. 20 people, 10 of them students, were arrested for their part in today's activities. The police said it was an unruly crowd intent on being aggressive. Only one of the policemen was injured when he was hit by a glass bottle thrown at him. He was treated for his injuries at the hospital and then released.

Q. What is the report mainly about?
(a) A clash between students and police over school costs
(b) The higher price of college attendance in recent years
(c) The number of wounded during a campus incident
(d) The wild behavior of the student demonstrators

번역
오늘 경찰이 노던 대학교 캠퍼스에서 학생 시위대에게 최루탄을 뿌렸습니다. 시위대는 어제 등록금을 기록적인 15%를 인상한 것에 대해서 항의 시위를 하고 있었습니다. 오늘 시위에 참가했다는 이유로 학생 10명을 포함한 20명이 체포되었습니다. 경찰은 공격적인 의도를 가진 통제하기 힘든 시위대였다고 말했습니다. 경찰 한 명만이 시위대가

던진 유리병에 맞아 부상을 입었습니다. 그는 병원에서 치료를 받고 퇴원했습니다.

Q. 보도는 주로 무엇에 관한 것인가?
(a) 등록금 인상에 대한 학생과 경찰의 충돌
(b) 최근 더 인상된 대학 등록금
(c) 캠퍼스에서 일어난 사건의 부상자 수
(d) 시위 참가 학생들의 거친 행동

해설

등록금 인상에 대항해 시위를 벌이던 대학생들을 경찰이 진압했다는 내용이므로 정답은 (a)이다.

pepper spray 최루탄을 뿌리다 **demonstrators** 시위대 **protest** 항의하다 **tuition** 등록금 **arrest** 체포하다 **unruly** 통제하기 어려운 **intent on -ing** ~할 의도를 가진 (대개 타인에게 해를 입히는 행동) **aggressive** 공격적인 **release** 퇴원하다

51

The Paris Syndrome is a transient psychological disorder that could happen when visiting Paris. The Japanese are particularly susceptible with about 20 Japanese being affected every year. It is characterized by dizziness, hallucinations and anxiety. Some of the catalysts that start this disorder are the language barrier, cultural difference, idealized image of Paris (in the Japanese popular imagination) and sheer exhaustion from travel.

Q. What is the talk mainly about?
(a) Types of triggers that set the Japanese off
(b) The extent of Paris Syndrome cases per year
(c) Symptoms that could make a traveler lose their minds
(d) A mental condition relating to touring other countries

번역

파리 증후군이란 사람들이 파리를 방문할 때 생기는 일시적인 심리 장애이다. 일본인들은 특히 민감해서 매년 20명 정도가 이 증상을 보인다. 파리 증후군의 특징은 현기증, 환각, 불안감이다. 이런 장애를 불러 일으키는 기폭제로는 언어 장벽, 문화적 차이, 파리에 대한 이상화된 이미지 (일본인들이 파리에 대해서 일반적으로 가지는 이미지), 여행으로 인한 완전 탈진이다.

Q. 주로 무엇에 관해서 말하고 있는가?
(a) 일본인들이 여행을 떠나게 하는 계기의 유형
(b) 연간 파리 증후군 사례의 범위
(c) 여행자를 미치게 할 수 있는 증상
(d) 해외 여행과 관련된 정신 상태

해설

일본인을 예로 들어서 프랑스 파리를 방문했을 때 여행자가 겪을 수 있는 증후군을 설명하고 있으므로 정답은 (d)이다.

syndrome 증후군 **transient** 일시적인 **disorder** 장애 **susceptible** 민감한 **hallucination** 환각 **anxiety** 불안 **catalyst** 기폭제 **idealized** 이상화된 **sheer** 순전한 **exhaustion** 탈진 **trigger** 계기 **set off** 여행을 떠나다 **extent** 범위 **symptom** 증상

52

If you are going to London, England, do not forget to see Shakespeare's Globe. A near perfect replica of the original Globe Theatre during the years of Shakespeare's life, it is a marvelous place to see a performance. The building itself is a wooden O and there is no roof, so the performances are outdoors. There are benches for patrons who wish to sit, but the best fun is to be part of the "groundlings." They stand in front of the stage and are given to shout and heckle.

Q. What is the lecture mainly about?
(a) A carbon copy of a historical landmark
(b) The function of the "groundlings" during a play
(c) The structure of the theater and its surroundings
(d) Life in the time of Shakespeare

번역

영국 런던에 가면 잊지 말고 셰익스피어 글로브에 가 보세요. 셰익스피어가 살았던 시대의 본래 글로브 극장을 가장 완벽하게 재현한 모형인 셰익스피어 글로브는 공연을 감상하기에 근사한 장소입니다. 건물 자체는 목재로 지어진 동그란 형태이고 지붕이 없기 때문에 공연을 야외에서 하지요. 앉고 싶어하는 관객들을 위한 벤치가 있지만, 가장 재미난 것은 '1층 바닥 관람객'이 되어 보는 것입니다. 이곳에 앉은 이들은 무대 앞에 서서 소리지르고 야유를 퍼붓지요.

Q. 주로 무엇에 관한 것인가?
(a) 역사적인 건물과 꼭 닮은 판박이
(b) 연극에서 '1층 바닥 관람객'의 기능
(c) 극장의 구조 및 주위 환경
(d) 셰익스피어 시대의 생활

해설

셰익스피어 시대의 글로브 극장의 모습을 거의 완벽하게 재현한 셰익스피어 글로브를 소개하는 내용이다. 따라서 정답은 (a)이다.

replica 모형 **wooden O** 영국 글로브 극장의 동그란 모양 때문에 붙은 별명 **patron** 고객 **groundling** 1층 바닥의 관람객 **heckle** 야유하다 **carbon copy** 판박이

53

In 2003, Aron Ralston was hiking in Blue John Canyon in Utah of the United States when a boulder came loose and crushed his forearm, pinning it against a canyon wall. For five days he was trapped and could only drink sips of water to keep hydrated. After the five days, he forcibly broke his ulna and radius and severed the arm just under the elbow. He then had to rappel down a 65 foot sheer wall. Eventually a family found him and alerted authorities. He says his story is not how he lost his hand, but how he got his life back.

Q. Which is correct about Aron Ralston according to the speaker?
(a) A large rock dislodged and fell on his arm.
(b) The breaking of his arm bones was accidental.

(c) He said this story is about losing a limb.
(d) Drinking lots of water helped sustain him.

번역

2003년 미국 유타 주 블루 존 캐니언에서 바위가 흔들리더니 그의 팔뚝을 으스러뜨리며 협곡 벽에 끼어 꼼짝 못하게 할 때 애론 랠스턴이 하이킹을 하고 있었다. 닷새 동안 그는 꼼짝없이 갇혀 체내 수분을 유지하기 위해 겨우 물 몇 모금만 마실 수 있었다. 닷새 후에 그는 강제로 척골과 요골을 부러뜨려 팔꿈치 아랫팔을 절단했다. 그러고 나서 그는 65피트의 가파른 벽을 현수 하강해야만 했다. 결국 한 가족이 그를 발견하고 당국에 알렸다. 애론은 자신의 이야기는 어떻게 팔을 잃었느냐가 아니라 어떻게 생명을 되찾았는지에 대한 것이라고 말한다.

Q. 애론 랠스턴에 대해 일치하는 것은?
(a) 큰 바위가 원래 자리에서 벗어나 그의 팔에 떨어졌다.
(b) 팔뼈가 부러진 건 우연이었다.
(c) 이 이야기가 팔을 잃어버린 것에 관한 것이라고 했다.
(d) 물을 많이 마셔서 살 수 있었다.

해설

애론 랠스턴이 하이킹 중에 죽을 뻔하다가 스스로 팔뚝을 부러뜨리고 살아난 이야기를 하고 있다. 바위가 떨어져 팔뚝을 으스러뜨려서 움직일 수 없었다고 했으므로 정답은 (a)이다.

canyon 협곡 boulder 바위 crush 으스러뜨리다 forearm 팔뚝 pin 꼼짝 못하게 하다 sip 한 모금 hydrated 수분을 함유한 forcibly 강제로 ulna 척골 (팔의 아랫마디 안쪽 뼈) radius 요골 (아래팔 바깥쪽에 있는 뼈, 위팔과 손목을 연결) sever 절단하다 rappel 현수 하강하다 sheer 가파른 alert 알리다 authority 당국 dislodge 제자리를 벗어나다 limb 팔다리 sustain 살아가게 하다

54

Storm chasing can be one of the most exciting professions as well as one of the most dangerous. In order to perform their jobs at a safe level, special equipment is needed. One of the most basic items any storm chaser needs is an NOAA weather radio. Using this radio will give users current sky conditions, dew conditions, temperature, wind speed and direction. Also, if there is a possibility for hazardous weather within the next seven days, users will also be notified.

Q. Which is correct according to the talk?
(a) Current climate reports can be heard with any ordinary radio.
(b) There is relatively little danger in pursuing storm conditions.
(c) An NOAA weather radio is an inexpensive item for weather chasers.
(d) Specialized items are needed to accomplish what storm chasers do.

번역

폭풍 추적은 가장 위험한 직업 중 하나일 뿐만 아니라 가장 흥미로운 직업일 수 있다. 폭풍 추적자들이 안전한 수준에서 일을 하기 위해서는 특수 장비가 필요하다. 어떤 폭풍 추적자에게라도 필요한 가장 기본적인 물품 하나는 미 해양대기청 날씨 라디오이다. 라디오는 사용자에게 현재 하늘의 상태, 이슬 상태, 온도, 풍속, 풍향 등을 알려준다. 또한 앞으로 7일 이내에 날씨가 위험할 가능성이 있으면 라디오 사용자에게 알려준다.

Q. 담화의 내용과 일치하는 것은?
(a) 일반 라디오로도 현재 날씨 보도를 들을 수 있다.
(b) 폭풍을 추적할 때 안전에 대해서는 상대적으로 걱정할 필요가 거의 없다.
(c) 미 해양대기청 날씨 라디오는 추적자에게 필요한 저렴한 물품이다.
(d) 폭풍 추적자들이 일을 완수하기 위해서는 전문 물품이 필요하다.

해설

폭풍 추적이라는 직업에는 특별한 장비가 필요하다고 했으므로 (d)가 정답이다. 필요한 장비 중 가장 기본적인 것이 미 해양대기청 날씨 라디오이나 그 라디오의 가격에 대한 언급은 없으므로 (c)는 담화와 일치하지 않는다.

profession 직업 equipment 장비 dew 이슬 hazardous 위험한 notify 통지하다 pursue 추적[추격]하다

55

What does every poker player dream of? A perfect poker face. Unfortunately for some, they actually have it. Moebius Syndrome is a rare neurological disorder that results in facial paralysis and being unable to move one's eyes from side to side. Most people with this syndrome lead normal lives but people without this syndrome might think them emotionless incorrectly because of the lack of facial movement. There is no cure for Moebius, but physical and speech therapy can help them lead a more normal life.

Q. Which is correct according to the talk?
(a) Nothing can help Moebius sufferers to lead a normal life.
(b) Moebius Syndrome is characterized by an inability to move your face.
(c) Poker players envy people with Moebius Syndrome.
(d) Moebius Syndrome symptoms can be negligible in daily life.

번역

모든 포커 플레이어가 꿈꾸는 것은 무엇인가? 완벽하게 무표정한 얼굴이다. 하지만 어떤 이들은 불행히도 실제 무표정한 얼굴을 가졌다. 뫼비우스 증후군은 얼굴의 마비를 유발하고 눈을 옆으로 움직일 수 없는 희한한 신경 장애이다. 이 증후군이 있는 사람들 대부분은 평범한 삶을 살지만, 증후군이 없는 사람들은 그들이 얼굴에 움직임이 없기 때문에 감정이 없다고 잘못 알지도 모른다. 뫼비우스 신드롬의 치료법은 없지만 물리 치료와 언어 치료가 그들이 좀 더 정상적인 삶을 사는 데 도움이 될 수 있다.

Q. 담화의 내용과 일치하는 것은?
(a) 어떤 것도 뫼비우스 증후군을 앓고 있는 사람들이 평범한 삶을 살도록 할 수 없다.
(b) 뫼비우스 증후군은 얼굴을 움직일 수 없는 것이 특징이다.
(c) 포커 플레이어는 뫼비우스 증후군을 가진 사람들을 부러워한다.
(d) 일상 생활에서 뫼비우스 증후군 증상은 무시해도 될 정도이다.

해설
담화에 따르면 뫼비우스 증후군은 얼굴의 마비를 유발하고 눈을 옆으로 움직일 수 없도록 한다고 했으므로 정답은 (b)이다. 뫼비우스 증후군을 앓고 있는 사람들이 감정이 없다고 오해할 수도 있다고 했으므로 (a)는 옳지 않다.

poker face 무표정한 얼굴 syndrome 증후군 neurological 신경의 disorder 신체의 장애 paralysis 마비 negligible 무시해도 될 정도의 characterize 특징짓다 emotionless 감정이 없는

56

In Indian society, arranged marriages still account for a majority of the marriages in the country. The process starts out with recognizing that an individual is the right age or just ready to get married. Once the person has an interest, a matchmaker tries to make it happen. Criteria for a good match can include values, age, diet, education, financial status, astrological sign and family status. Next, the person looks at photos of prospective spouses. If one is agreeable, they can then meet. If the couple wants to take it further, they will then get engaged and finally married.

Q. Which is correct about arranged marriages in Indian society?
(a) Not many people use this way to tie the knot in India.
(b) It gets under way when someone is ready and willing.
(c) Money is not deemed important when arranging a marriage.
(d) It is usually friends who take care of everything.

번역
인도 사회에서 중매결혼은 여전히 결혼의 대다수를 차지한다. 중매결혼의 과정은 어떤 개인이 적령이거나 결혼할 준비가 되었다는 것을 인식하면서 시작된다. 일단 그 사람이 관심이 있으면 중매자가 일을 성사시키려 노력한다. 좋은 배우자의 기준에는 가치관, 나이, 식습관, 교육, 재정 상태, 별자리, 가족의 지위 등을 포함시키기도 한다. 그 다음 구혼자들의 사진을 본다. 한 쪽이 선뜻 동의를 하면 그들은 그 후에 만날 수 있다. 커플이 좀 더 진도를 나아가고자 한다면 그때 약혼을 하고 결국 결혼을 할 것이다.

Q. 인도 사회에서 중매결혼의 내용과 일치하는 것은?
(a) 인도에서 많은 사람들이 결혼하기 위해 이 방법을 쓰지는 않는다.
(b) 누군가 결혼할 준비가 되어 하고자 할 때 이 과정이 시작된다.
(c) 결혼에서 돈은 중요하게 간주되지 않는다.
(d) 모든 것을 주관하는 사람은 보통 친구들이다.

해설
담화에 따르면 중매결혼은 아직도 인도에서 결혼 방식의 대부분을 차지하고 누군가 결혼할 준비가 되면 그 과정이 시작된다고 하니 정답은 (b)이다.

arranged marriage 중매결혼 account for ~을 차지하다 majority 대다수 individual 개인 matchmaker 결혼 중매인 criteria 기준 financial 금전적인 status 상태; 지위, 신분 astrological sign 별자리 prospective spouse 구혼자 get engaged 약혼하다 tie the knot 결혼하다 deem 간주하다

57

I would like to speak to your article last week about our poor school systems here. On behalf of the teachers here, you seem to be misinformed of the progress we have made as a school. Our students' national test scores have steadily risen over the past 5 years and our "No Student Left Behind" initiative has kept our worst students from dropping out of school. So in the future, if you are to write commentary again about us, please get your facts straight.

Q. What is correct according to the talk?
(a) The teachers at the school are not doing their job well.
(b) The students have gotten better very quickly.
(c) In 5 years, no student will be forgotten at the school.
(d) The editor wrote something unflattering about the school.

번역
본교의 열악한 시스템에 대한 지난주 귀하의 기사에 응답하고자 합니다. 본교 교사를 대표해 귀하는 저희가 학교로서 이룬 발전에 대해 잘못 알고 계시는 것 같습니다. 저희 학생들의 국가고시 점수는 지난 5년간 꾸준히 올랐고 '한 사람의 학생도 뒤처지지 않는다'는 계획은 최하위권 학생들이 학교를 도중에 그만두는 것을 막았습니다. 따라서 앞으로 본교에 대해 평가하는 글을 또 쓰신다면, 사실을 있는 그대로 쓰시기 바랍니다.

Q. 담화의 내용과 일치하는 것은?
(a) 학교 선생님들이 소임을 다하지 못하고 있다.
(b) 학생들의 성적이 매우 빠르게 좋아졌다.
(c) 5년 후 학교에서 잊혀지는 학생은 없을 것이다.
(d) 담당 기자는 학교에 대해 호의적이지 않은 글을 썼다.

해설
자신이 교사로 있는 학교에 대한 기사를 읽고 내용이 사실과 다르다며 반박하는 내용이므로 기사의 내용이 호의적이지 않았음을 알 수 있다. 따라서 정답은 (d)이다.

on behalf of ~을 대표하여 misinformed 잘못된 정보를 주다 left behind 뒤처지다 initiative 계획 drop out 중퇴하다 commentary 논평, 비평 get ... straight ~을 분명히 밝히다 unflattering 호의적이지 않은

58

When deciding on buying an MP3 player for yourself, some essential steps are necessary to do. First, you need to determine what features you need in that product. Next, you need to go online and do some comparative research to see which products are out there and what features they come with. After finishing the research, you can then make an informed decision on which product is the best for you. So, who wants to go out and buy a new MP3 player?

Q. What can be inferred about the speaker's opinion on MP3 players?
(a) The speaker would recommend everyone get one.
(b) People have to know how the players work before buying them.
(c) MP3 players vary little in their capabilities and functions.
(d) Online research is an efficient way to compare MP3 players.

번역

혼자서 MP3 플레이어 구입 결정을 할 때 몇 가지 필수적인 단계를 밟을 필요가 있다. 우선 제품에서 어떤 특징이 필요한지 알아내야만 한다. 그 다음 온라인 상에서 몇 가지 비교 조사를 해서 어떤 제품들이 나왔고 어떤 특징을 가지고 있는지 파악해야 한다. 조사를 마쳤다면, 이제 정보를 기반으로 어떤 제품이 자신에게 가장 좋은지 결정을 내릴 수 있다. 자, 그럼 새 MP3 플레이어 사고 싶은 사람?

Q. MP3 플레이어에 대한 화자의 의견으로 유추할 수 있는 것은?
(a) 화자는 모두 하나씩 사라고 추천할 것이다.
(b) MP3 플레이어를 사기 전에 어떻게 작동하는지 알아야 한다.
(c) MP3 플레이어는 성능과 기능 면에서 다양하지 않다.
(d) MP3 플레이어를 비교할 때에는 온라인 조사가 효과적이다.

해설

MP3 플레이어를 구입하기 전에 어떤 특징을 가진 제품이 나와있는지를 온라인을 통해서 비교 조사한 다음 그 정보를 기반으로 자신에게 맞는 제품에 구매 여부를 결정하라는 내용이다. 이렇게 온라인을 이용한 조사가 MP3 플레이어를 사는 데 효과적임을 추론할 수 있으므로 정답은 (d)이다.

essential 필수적인 **determine** 알아내다 **feature** 특징 **comparative research** 비교 조사 **vary** 다양하게 하다 **capability** 성능

59

In 1997, Larry Walters did something very unusual and crazy. Walters filled 45 weather balloons with helium and attached them to an ordinary lawn chair. He then strapped himself in with a bottle of cola, milk jugs full of water for ballast, CB radio, pellet gun and camera. He then proceeded to take off and eventually went as high as 16,000 feet in the air. After three hours, he shot the balloons to bring him back to the ground. It was sheer dumb luck that he didn't die.

Q. What can be inferred from the talk?
(a) Walters could have been hurt doing the stunt.
(b) The speaker would like to try the experiment also.
(c) The balloons were a safe way for an amateur to fly.
(d) Walters receives fame and glory for his bravery.

번역

1997년 래리 월터즈는 정말 특이하고 제정신이 아닌 일을 했다. 그는 45개의 기상관측용 기구를 헬륨으로 채워 일반 접이식 의자 하나에 부착했다. 그리고 그는 콜라병과 중심을 잡기 위한 물이 가득 든 우유 주전자와 시민 밴드 라디오, 공기총, 사진기를 몸에 끈으로 묶었다. 그런 다음 그는 이륙했고, 결국 16,000피트 상공까지 올라갔다. 3시간이 지나서야 그는 기구를 공기총으로 쏴서 공기를 빼고 다시 지상으로 돌아왔다. 그가 죽지 않은 것이 순전히 행운이었다.

Q. 다음 중 유추할 수 있는 것은?
(a) 월터즈는 위험한 행동을 하다가 다칠 수도 있었다.
(b) 화자도 그 실험을 해보고 싶어한다.
(c) 기구는 아마추어가 하늘을 날 수 있는 안전한 방법이었다.
(d) 월터즈는 용감함으로 명성과 영광을 얻는다.

해설

래리 월터즈는 무모한 방법으로 기구를 타고 16,000피트 상공까지 올라갔다 지상으로 돌아왔다. 그런 위험한 행동을 하고도 죽지 않은 게 행운이라고 하는 것을 보아 (a)를 유추할 수 있다.

weather balloon 기상 관측용 기구 **lawn chair** 접이식 의자 **strap** 끈으로 묶다 **ballast** 밸러스트, 바닥짐 (배의 안정을 위해 바닥에 싣는 돌·모래 등) **proceed** 계속 진행하다 **dumb luck** 놀랄만한 행운 **stunt** 위험한 행동

60

Being a hockey defenseman requires special skating skills that hockey forwards don't need to pay as much importance to. That is to be able to skate backwards and to be able to move laterally as well. The reason for this ability is that as a defenseman, you need to keep the opposing players in front of you so you can properly help the goalie stop the attack. In order to do this, you need to skate backwards and laterally to be able to see the attackers and move from the left to right quickly.

Q. What can be inferred from the talk?
(a) Side to side movement is important.
(b) The goalie is not as athletic as defensemen.
(c) The defensemen never skate forwards.
(d) Forwards are good at skating backwards.

번역

하키 수비수가 되려면 하키 포워드는 그다지 중요성을 부여하지 않는 특별한 스케이트 기술이 필요하다. 그건 바로 스케이트를 타고 뒤로 갈 수 있고, 옆으로도 갈 수 있는 기술이다. 이 능력이 필요한 이유는 수비수가 상대편 선수들을 계속 자기 앞에 두어야 골키퍼가 상대의 공격을 막도록 도울 수 있기 때문이다. 이렇게 하기 위해 수비수는 상대편 공격수를 보고 빠르게 왼쪽에서 오른쪽으로 이동할 수 있도록 뒤로 그리고 옆으로 스케이트를 타야 할 필요가 있다.

Q. 다음 중 유추할 수 있는 것은?
(a) 좌우로 움직이는 것이 중요하다.
(b) 골키퍼는 수비수만큼 강건하지 않다.
(c) 수비수는 절대 앞 방향으로 스케이트를 타지 않는다.
(d) 포워드는 뒤로 능숙하게 스케이트를 탄다.

해설

수비수는 뒤로는 물론 옆으로도 스케이트를 탈 수 있어야 상대편 공격수를 앞에 두고 골키퍼를 도울 수 있다는 내용이므로 정답은 (a)이다.

defenseman 수비수 **require** 필요로 하다 **laterally** 옆으로 **opposing** 상대방의 **side to side** 좌우의 **athletic** 강건한

Actual Test 05

Part I

⇨ 본책 P 84

1 (c)	2 (b)	3 (d)	4 (d)	5 (d)
6 (c)	7 (d)	8 (a)	9 (c)	10 (a)
11 (c)	12 (c)	13 (c)	14 (b)	15 (b)

Part II

16 (c)	17 (b)	18 (a)	19 (c)	20 (c)
21 (b)	22 (d)	23 (a)	24 (a)	25 (b)
26 (b)	27 (a)	28 (c)	29 (d)	30 (c)

Part III

31 (b)	32 (a)	33 (d)	34 (d)	35 (d)
36 (a)	37 (b)	38 (d)	39 (b)	40 (b)
41 (d)	42 (d)	43 (c)	44 (d)	45 (c)

Part IV

46 (d)	47 (c)	48 (b)	49 (b)	50 (c)
51 (d)	52 (d)	53 (d)	54 (a)	55 (c)
56 (a)	57 (a)	58 (b)	59 (a)	60 (b)

Part I

1

M This birthday party was so fun!
W _____

(a) I'm glad you liked my jokes.
(b) My party was nothing to laugh at.
(c) I appreciate you making an appearance.
(d) There are refreshments on the table.

번역

M 이번 생일 파티는 정말 재미있었어!
W _____

(a) 내 농담이 좋았다니 다행이네.
(b) 내 파티가 비웃을 만 한 건 아니었지.
(c) 와 줘서 정말 고마워.
(d) 테이블 위에 다과가 있어.

해설

농담 때문에 파티가 즐거웠다는 언급은 없었으므로 (a)는 적절하지 않고, 파티는 이미 끝났으므로 (d)는 자연스럽지 않다. 파티가 재미있었다는 여자에게 참석해 줘서 고맙다는 (c)가 가장 적절하다.

appreciate 고마워하다 **make an appearance** 모습을 보이다. 참석하다 **refreshment** 다과

2

W I try to exercise on a daily basis.

M _____

(a) I just finished a 5km run myself.
(b) A healthy body should be the aim.
(c) Couldn't we just meet every other day?
(d) The advent of good shoes should help.

번역

W 매일 운동하려고 해요.

M _____

(a) 이제 막 5킬로미터 마라톤을 뛰었어요.
(b) 건강한 몸을 목표로 하는군요.
(c) 우리 그냥 이틀에 한 번 만나면 안 될까요?
(d) 좋은 신발이 출시되면 도움이 될 거예요.

해설

매일 운동을 하려고 한다는 여자의 말을 듣고 할 수 있는 가장 자연스러운 응답은 (b)이다. (a)는 여자의 말에 대한 응답이라기보다는 자신이 막 운동을 마친 것을 말하고 있으므로 적절하지 않다.

on a daily basis 날마다, 매일 규칙적으로 **every other day** 격일로 **advent** 출현

3

M What did your son do before he went to bed?

W _____

(a) He woke up and ate breakfast.
(b) I'll tuck him in now.
(c) He was going to take a bath.
(d) He washed his face and brushed his teeth.

번역

M 당신 아들은 자기 전에 뭘 했나요?

W _____

(a) 일어나서 아침 먹었어요.
(b) 이제 그에게 가서 이불을 덮어 줄 거예요.
(c) 그는 목욕을 하려고 했어요.
(d) 그는 세수를 하고 이를 닦았어요.

해설

자기 전에 아이들이 무엇을 했는지를 묻는 질문에 아이들이 한 행동을 말하는 것이 적절한 응답이다. 그러므로 세수를 하고 이를 닦았다고 하는 (d)가 가장 자연스럽다. (b)는 여자 자신이 할 행동이고 (c)는 아이들이 하려고 했던 것이지 한 것은 아니다.

tuck ... in ~에게 이불을 잘 덮어 주다

4

W I would like to redecorate my bathroom.

M _____

(a) I love how you worked a miracle.
(b) Let's move it downstairs.
(c) You must have spent a ton of money doing so.
(d) That sounds like a good idea.

번역

W 욕실을 다시 꾸미고 싶어요.

M _____

(a) 당신이 일궈 낸 기적을 보니 좋네요.
(b) 아래층에 옮겨 놓읍시다.
(c) 그렇게 하는 데 돈이 아주 많이 들었겠어요.
(d) 좋은 생각인 것 같네요.

해설

여자의 희망 사항에 동의하거나 반대하는 내용이 응답으로 올 수 있으므로 화장실을 다시 장식하고 싶다는 말에 좋은 생각인 것 같다고 동의하는 (d)가 가장 적절한 응답이다. (c)는 시제의 함정으로 화장실을 이미 새로 꾸몄을 때 할 수 있는 응답이다.

redecorate 실내 장식을 새로 하다 **miracle** 기적

5

M You don't look so well. You should go see a physician.

W _____

(a) Physics was my favorite subject in school.
(b) You can find them in hospitals.
(c) The office is next to the library.
(d) I think you're right. I might have the flu.

번역

M 안색이 안 좋아 보여. 의사한테 가봐.

W _____

(a) 물리학은 학창 시절에 가장 좋아하는 과목이었어.
(b) 병원에서 그들을 찾을 수 있어.
(c) 사무실은 도서관 옆에 있어.
(d) 네 말이 옳은 것 같아. 독감에 걸렸을지도 몰라.

해설

아파 보이니 병원에 가보라고 하는 남자의 말에 동의하며 독감에 걸렸을 수도 있다고 하는 (d)가 가장 적절하다. (a)는 physician과 physics의 발음을 이용한 함정이다.

physician 내과 의사 **physics** 물리학 **flu** 독감

6

W Kevin, where's all the personnel for this project?

M _____

(a) Sorry, I didn't mean to listen in.
(b) It's upstairs next to the closet.
(c) They are waiting in the next room.
(d) The project has been finished for days.

번역

W 케빈, 이 프로젝트 담당 직원들 모두 어디 있죠?

M _____

(a) 죄송해요, 엿들으려고 한 건 아니었어요.
(b) 그건 위층 옷장 옆에 있어요.
(c) 옆방에서 대기하고 있습니다.
(d) 프로젝트는 며칠 전에 끝났습니다.

해설
여자는 프로젝트 수행을 위한 사람들이 어디에 있는지 장소를 묻고 있으므로 next room이라는 정확한 장소를 알려주는 (c)가 가장 적절하다. (b)도 장소를 언급하고 있지만 사람들을 it이라고 지칭하는 것은 옳지 않으므로 적절한 응답이 될 수 없다.

personnel 인원, 직원   **listen in** 엿듣다

7

M The last straw came when she forgot our anniversary.

W _____

(a) She should have went out and bought some more.
(b) If I were you, I would remember the anniversary.
(c) I never noticed that she drinks with a straw.
(d) Just let off a little steam and you'll be OK.

번역
M 그녀가 우리 기념일을 잊었을 때 제 인내심의 한계가 왔어요.

W _____

(a) 그녀가 나가서 좀 더 사왔어야 했는데 말이죠.
(b) 제가 당신이라면 기념일을 기억할 텐데요.
(c) 그녀가 빨대로 마시는지 몰랐어요.
(d) 화를 좀 풀면 괜찮아질 거예요.

해설
last straw란 '더 이상 견딜 수 없는 한계'를 의미한다. 남자는 부인이 기념일을 잊어서 화가 났고, 여기에 화를 풀면 괜찮아질 거라는 위로의 응답인 (d)가 가장 적절하다.

last straw 인내의 한계를 넘게 하는 것   **anniversary** 기념일   **let off steam** 화를 풀다

8

W You decided to resign from your position today?
M _____

(a) It's time for me to try something new.
(b) I wanted to stay longer at the job.
(c) Nobody wants to stay here any longer.
(d) The new position was created yesterday.

번역
W 오늘 자리에서 물러나기로 하셨나요?
M _____

(a) 뭔가 새로운 일을 시도할 때예요.
(b) 그 자리에서 더 오래 일하고 싶었어요.
(c) 아무도 더 이상 여기에서 일하고 싶어하지 않아요.
(d) 어제 새 자리가 마련됐어요.

해설
일을 그만두기로 결정했느냐고 묻는 질문에 이제 새로운 일을 할 예정이라고 사임을 긍정한 (a)가 가장 적절하다.

resign 사임하다   **position** 직책

9

M We are expecting a heavy rainstorm to hit by

nightfall.
W _____

(a) I opened the drawer and took out a flashlight.
(b) As weak as the storm is, I'm not really concerned.
(c) It will likely damage many parts of town.
(d) It soaked me from head to toe.

번역
M 해 질 녘쯤 심한 폭풍우가 올 거야.
W _____

(a) 서랍을 열어 손전등을 꺼냈어.
(b) 폭풍이 약해서 별로 걱정하지 않아.
(c) 도시 대부분에 피해를 입힐 것 같아.
(d) 머리끝부터 발끝까지 흠뻑 젖었어.

해설
거센 폭풍우가 있을 것이라는 예상에 도시 곳곳에 피해가 있을 것 같다고 응답한 (c)가 적절하다. (d)는 과거의 일이므로 시제상 맞지 않고, (b)의 weak은 남자의 말 heavy와 상반되므로 적절하지 않다.

rainstorm 폭풍우   **nightfall** 해 질 녘   **drawer** 서랍   **soak** 흠뻑 적시다   **from head to toe** 머리끝부터 발끝까지

10

W Please watch where you breathe. I don't want you to catch a cold.
M _____

(a) Don't worry. I'm not susceptible to getting sick.
(b) I'm looking but it's very hard to see it.
(c) Giving a cough was to catch your attention.
(d) It appears to have been caught years ago.

번역
W 어디서 숨을 쉬는지 신경 좀 써. 감기에 걸리지 말라고.
M _____

(a) 걱정 마. 그렇게 쉽게 아프지 않아.
(b) 보고 있는데 쉽지는 않네.
(c) 당신 주의를 끌려고 헛기침한 거야.
(d) 몇 년 전에 잡힌 것 같은데.

해설
숨을 쉴 때 감기에 걸리지 않도록 주의하라는 남자의 말에 자신은 웬만해서는 감기에 잘 걸리지 않으니 걱정하지 말라는 (a)의 응답이 가장 적절하다.

breathe 숨 쉬다   **susceptible to -ing** ~하는데 민감한   **give a cough** (작게) 헛기침을 하다

11

M Look at this! The expiration date on this milk has passed.
W _____

(a) We could afford to buy a new one.
(b) Maybe it is a defective carton.
(c) Let's just exchange it for a newer one.
(d) It's probably because it's overpriced.

M 이것 좀 봐요! 우유가 유통 기한이 지났어요.

W _____

(a) 새 우유를 살 여유는 있어요.
(b) 우유갑이 불량일지도 몰라요.
(c) 그냥 유통 기한이 늦은 우유로 교환합시다.
(d) 가격이 너무 비싸기 때문일 거예요.

해설

유통 기한이 지난 우유를 구입했으므로 좀 더 근래에 제조한 우유로 교환하자는 (c)가 가장 자연스럽다. (b)는 우유가 상했을 때 할 수 있는 응답이고, (d)의 비싼 가격은 유통 기한과 관련이 없다.

defective 결함이 있는 **overpriced** 너무 비싼

12

W Does Scott have a lot of housework to do today?

M _____

(a) Yeah. He has a very big test next week.
(b) I'm going to finish the rest of it tomorrow.
(c) He should have started it three days ago.
(d) It was a lot of cleaning up to do.

번역

W 스캇이 오늘 해야 할 집안일이 많나요?

M _____

(a) 네. 그는 다음 주에 아주 중요한 시험이 있어요.
(b) 내일 남은 일 마저 끝낼게요.
(c) 그는 그 일을 3일 전부터 해야 했어요.
(d) 청소할 게 많았죠.

해설

스캇이 오늘 해야 할 집안일이 많은지 묻고 있다. 3일 전에 했어야 하는데 하지 않았다는 말은 오늘 해야 하는 일이 많다는 긍정의 응답으로 (c)가 가장 자연스럽다.

housework 집안일 **rest** 나머지 **clean up** 청소하다

13

M That new restaurant's popularity has spread by word of mouth.

W _____

(a) They are misinformed on the location of the restaurant.
(b) I crack up every time someone tells me that.
(c) Pretty soon, it will attract critical acclaim.
(d) If you do that, you could become popular, too.

번역

M 새 레스토랑의 인기는 입소문을 타고 퍼졌어요.

W _____

(a) 사람들은 레스토랑의 위치를 잘못 알고 있어요.
(b) 누군가 그 얘기를 할 때마다 저는 박장대소를 해요.
(c) 곧 비평가들이 찬사를 보내올 거예요.
(d) 그렇게 한다면 당신도 인기가 많아질 겁니다.

해설

새로운 레스토랑의 인기가 입소문을 통해 사람들 사이에서 알려지기 시작했다고 하니, 곧 비평가들이 관심을 보이며 격찬을 해 올 것이라는 (c)가 가장 적절한 응답이다.

popularity 인기 **by word of mouth** 입에서 입으로 **crack up** 박장대소하다 **critical** 비평가의 **acclaim** 찬사

14

W I heard you want to study philosophy in college?

M _____

(a) No, I received my acceptance letter a week ago.
(b) And religious study is a second option of mine.
(c) College is something that I haven't thought about.
(d) That's not a subject you can really study.

번역

W 대학에서 철학을 공부하고 싶다면서?

M _____

(a) 아니, 일주일 전에 합격 통지서를 받았어.
(b) 그리고 종교학이 차선책이야.
(c) 대학은 생각해 보지도 않은 거야.
(d) 그건 네가 실제로 공부할 수 있는 과목이 아니야.

해설

대학에서 무엇을 전공할 것인가에 대한 대화이다. 여자가 철학을 공부할 것이냐고 묻자 첫 번째 선택 과목이 철학이라는 의미를 내포하며 두 번째 선택 과목은 종교학이라는 (b)가 가장 자연스러운 응답이다.

philosophy 철학 **religious** 종교의 **second option** 차선책

15

M As a matter of fact, we have enough money saved for a company party.

W _____

(a) Maybe we should cut down on spending in the future.
(b) Hopefully this year the boss will allow us to have one.
(c) We could have spent more money on the party.
(d) Make sure that we get reimbursed for the money we saved.

번역

M 사실 회사 파티를 할 돈은 충분히 모아 놨어요.

W _____

(a) 앞으로 지출을 줄여야 할 거예요.
(b) 올해는 파티를 열 수 있도록 사장님이 허락했으면 좋겠어요.
(c) 파티에 돈을 더 썼을 수도 있어요.
(d) 우리가 모은 돈은 꼭 배상 받도록 해요.

해설

파티를 열기 위해 돈을 충분히 모았으므로 사장님의 허락만 있으면 파티를 하겠다는 (b)가 가장 적절하다. 여기서 one은 여자가 말한 a company party를 말한다. 파티가 아직 열리기 전이므로 (c)는 시제상 맞지 않고, 돈은 충분하다고 하였으므로 지출을 줄이라는 (a)도 어색하다.

as a matter of fact 사실 cut down 줄이다 spending 지출 reimburse 배상하다

Part II

16

W When is the thesis due?
M Next week. Why?
W I don't think I'll be able to turn it in.
M _____

(a) The professor will approve it.
(b) Next week is not good for me.
(c) You might lose your scholarship.
(d) Don't spoil all the fun for me.

번역
W 논문 마감일이 언제지?
M 다음 주. 왜?
W 제출 못할 것 같아.
M _____

(a) 교수님께서 승인해 주실 거야.
(b) 난 다음 주는 안 돼.
(c) 장학금을 놓칠 수도 있어.
(d) 나 때문에 흥을 다 깨지 마.

해설
논문 마감일 때까지 제출하지 못하면 성적이 나오지 않아 장학금을 못
받을 수 있으므로 남자의 답변으로 (c)가 가장 적절하다.

thesis 논문 due 기한 turn in ~을 제출하다 approve 승인하다
scholarship 장학금 spoil the fun 흥을 깨다

17

M May I help you?
W Yes, I would like to book a flight to Seoul.
M OK. Will you have any carry-on luggage?
W _____

(a) As long as I don't miss my flight.
(b) Just a small laptop case
(c) It's in the baggage claim area.
(d) I found it in the lost and found office.

번역
M 무엇을 도와 드릴까요?
W 네, 서울행 비행기를 예약하고 싶은데요.
M 알겠습니다. 기내에서 휴대할 수하물이 있나요?
W _____

(a) 비행기를 놓치지만 않으면요.
(b) 작은 노트북 케이스만 있어요.
(c) 수하물 찾는 곳에 있어요.
(d) 분실물 보관소에서 찾았어요.

해설
carry-on luggage는 기내에 반입이 가능한 가방을 말한다. 질문은
기내에 가지고 들어갈 짐이 있는지를 묻고 있으므로 작은 노트북 가방
만 가져갈 것이라고 답한 (b)가 적절하다.

book 예약하다 baggage claim 수하물 찾는 곳 lost and found
분실물 보관소

18

W I'm here to apply for the job opening.
M Do you have an appointment?
W No, I wasn't told that I needed one.
M _____

(a) I could schedule you for an appointment.
(b) Sorry, there are no job openings available.
(c) Everybody here needs a job.
(d) The job opening is downstairs.

번역
W 구인하는 자리에 지원하려고 왔습니다.
M 약속을 하셨나요?
W 아니요, 약속해야 한다는 얘기는 못 들었는데요.
M _____

(a) 약속 일정을 잡아드릴 수 있어요.
(b) 죄송합니다. 지원 가능한 결원이 없어요.
(c) 여기 있는 누구나 일자리가 필요하죠.
(d) 채용은 아래층에서 해요.

해설
구인 광고를 보고 일자리를 찾으러 온 여자에게 남자가 약속을 했는지
묻자 여자가 그래야 하는 줄 몰랐다고 대답하므로 약속을 잡아주겠다
는 (a)가 가장 적절하다.

apply for ~에 지원하다 job opening 빈 자리 appointment 약속

19

M I just noticed that the sink has sprung a leak.
W Really? That is so inconvenient right now.
M I know. What should we do?
W _____

(a) He misplaced my tools somewhere.
(b) We'll have to renovate it.
(c) Just have to call the plumber.
(d) Let's just assemble it again.

번역
M 방금 싱크대에 물이 새는 것을 발견했어.
W 정말? 지금 그러면 정말 불편한데.
M 맞아. 어떻게 해야 하지?
W _____

(a) 그가 내 공구들을 어디 다른 곳에 놨어.
(b) 개조를 해야 할 거야.
(c) 배관공에게 전화해야 해.
(d) 그냥 다시 조립하자.

해설
싱크대에 물이 새는 것을 발견했다며 어떻게 해야 할지 묻는 남자의
말에 지금 당장 불편하니 배관공을 불러서 수리를 하자는 (c)가 가장
적절하다.

notice 발견하다 spring a leak (물 등이) 새다 renovate 개조하다
plumber 배관공 assemble 조립하다

20

W Sweetheart, you forgot to make the bed.
M Sorry, I was tidying up downstairs.
W Well, make sure to turn off the oven as well.
M _____

(a) Let me dwell on the matter first.
(b) The roast was burnt to a crisp.
(c) As soon as the clothes are dried I will.
(d) It's too late to cook anything.

번역

W 여보, 당신 침대 정리 안 했네.
M 미안, 아래층 치우고 있었거든.
W 오븐도 잊지 말고 꼭 꺼야 해.
M _____

(a) 먼저 문제를 자세히 설명해 볼게.
(b) 구이가 타서 바삭바삭하게 됐어.
(c) 옷이 마르면 바로 할게.
(d) 뭐든 요리하기에 너무 늦었어.

해설

여자가 남자에게 침대 정리를 안 했다고 알려주며 오븐도 잊지 말고 끄라고 말하는 것으로 미루어 남자가 집안 청소를 하는 중이라는 것을 알 수 있다. 따라서 옷을 말리고 바로 하겠다는 (c)가 가장 적절하다. (b)와 (d)는 여자의 마지막 말 oven에서 혼동될 수 있는 함정이다.

make the bed 잠자리를 정돈하다 **tidy up** 정돈하다 **dwell on** ~을 자세히 설명하다 **burn to a crisp** 바싹 태우다

21

M Good morning, this is your 7 AM wake-up call.
W Thanks. Is breakfast being served yet?
M Yes, ma'am. Would you like to place an order?
W _____

(a) No thanks. I'm still full from last night.
(b) I'll just go down to the banquet hall.
(c) I meant a breakfast served in the hotel.
(d) I enjoyed it a lot. it was top-notch.

번역

M 좋은 아침입니다. 아침 7시 모닝콜입니다.
W 고마워요. 아침은 먹을 수 있나요?
M 네, 손님. 주문하시겠습니까?
W _____

(a) 괜찮아요. 어제 먹은 게 아직도 배불러요.
(b) 제가 연회장으로 내려갈게요.
(c) 호텔에서 제공되는 조식을 말한 거였어요.
(d) 아주 즐거웠어요. 최고였어요.

해설

호텔 직원과 투숙객의 대화이다. 모닝콜을 받고 아침을 먹고자 하는 여자가 주문을 하겠냐는 남자의 물음에 대답할 내용으로 가장 적절한 것은 (b)이다.

place an order 주문하다 **banquet hall** 연회장 **top-notch** 최고의

22

W My dream is to be my own boss.
M Then you should establish a business.
W I'm afraid that I'll fail if I try.
M _____

(a) I opened one three months ago.
(b) I reminded you not to open one.
(c) There's no indication that you'll succeed.
(d) You need to boost your morale.

번역

W 내 꿈은 독립하는 거야.
M 그러면 사업을 차려야겠네.
W 시도했다가 실패할까 두려워.
M _____

(a) 나는 3개월 전에 개업했어.
(b) 내가 개업하지 말라고 일깨워 줬잖아.
(c) 네가 성공할 조짐이 보이지 않아.
(d) 넌 사기를 북돋울 필요가 있어.

해설

여자는 본인의 사업을 차리고 싶지만 실패할까 봐 겁내고 있다. 이에 여자에게 용기를 줄 수 있는 응답인 (d)가 가장 적절하다. (b)는 앞서 한 말과 상반되는 말이므로 적절하지 않다.

indication 조짐 **boost** 북돋우다 **morale** 사기

23

M Let's go to the flea market tomorrow.
W OK. I just hope they have better merchandise this time.
M It's a "pay in cash" place. What do you expect?
W _____

(a) A wide range of selections to choose from.
(b) I expect a place a little less expensive.
(c) Obviously not to get a good deal.
(d) To be billed for a shipping charge.

번역

M 내일 벼룩시장에 가자.
W 좋아. 이번에는 좀 더 괜찮은 물건이 있으면 좋겠다.
M 현찰로 지불해야 하는 곳이잖아. 뭘 기대하는데?
W _____

(a) 아주 다양하게 선택할 수 있는 물건들이지.
(b) 조금 덜 비싼 곳을 생각했지.
(c) 분명히 괜찮은 거래는 아니지.
(d) 배송료가 청구되는 것 말이야.

해설

남자의 질문 전에 여자는 더 나은 상품이 있으면 좋겠다고 했으므로 선택의 폭이 넓었으면 좋겠다고 한 (a)가 가장 적절하다. (b)는 벼룩시장이 이미 저렴한 곳이므로 적절하지 않다.

flea market 벼룩시장 **merchandise** 물품 **pay in cash** 현찰로 지불하다 **bill** ~에게 청구서를 보내다 **shipping charge** 배송료

24

W I have to go out and start making a living.
M An easy way is to find temporary work.
W That's not something I would like.
M _____

(a) **It's a good way to adjust to working.**
(b) Just don't settle for anything.
(c) The department store has all the equipment.
(d) The temp agency is looking for people.

번역

W 나가서 생활비를 벌기 시작해야 해.
M 쉬운 방법은 임시직을 찾는 거야.
W 그건 내가 하고 싶은 게 아니야.
M _____

(a) 일하는 것에 적응하는 데 도움이 되는 방법이야.
(b) 어떤 것에도 안주해서는 안 돼.
(c) 백화점에는 모든 용품이 있어.
(d) 임시직 알선 업체에서 사람을 구하고 있어.

해설

남자는 처음 돈을 벌기 좋은 방법으로 임시직을 추천했지만 여자는 원하지 않는다. 따라서 여자를 설득할 임시직의 장점이 와야 하므로 일에 적응하는 데 도움이 될 거라는 (a)가 적절하다.

make a living 생활비를 벌다 **temporary** 임시의 **adjust** 적응하다
settle for ~에 만족하다

25

M John Lennon's death sent shock waves around the world.
W My mother was a huge fan of his during the Beatle years.
M I really didn't understand a lot of their music though.
W _____

(a) You should consider listening to their music.
(b) **They were masterful songwriters.**
(c) My mother was a great songwriter and charismatic performer.
(d) Evidently, neither did a lot of other folks.

번역

M 존 레논의 죽음은 전 세계에 충격을 안겨줬어.
W 우리 엄마는 비틀즈 시대에 열렬한 팬이셨어.
M 그런데 난 사실 그들의 많은 음악은 잘 이해가 안 되던데.
W _____

(a) 넌 그들의 음악 듣는 것을 생각해 봐야 해.
(b) 그들은 거장다운 작사 작곡가들이었어.
(c) 우리 엄마는 훌륭한 작사 작곡가이시자 카리스마 있는 연주자셨어.
(d) 확실히 다른 많은 사람들은 그러지 않았지.

해설

비틀즈의 멤버였던 존 레논의 죽음이 전 세계에 충격을 주었고 여자의 엄마는 그의 열렬한 팬이었지만, 남자는 그들의 음악을 잘 이해하지 못하겠다고 하므로 가장 적절한 응답은 비틀즈는 거장이었다는 내용의

(b)이다.

shock wave 충격파 **masterful** 거장다운 **songwriter** 작사 작곡가
evidently 분명히

26

W People really should volunteer to help more.
M I just started volunteering at a local soup kitchen.
W That's a great idea. Do you have any more information?
M _____

(a) I'll need more information from you.
(b) **Let me get back to you.**
(c) The kitchen will be closed for a time.
(d) We need more volunteers, not more information.

번역

W 더 도움이 되기 위해 사람들은 자원봉사를 정말 해야 해.
M 나는 지역 무료 급식소에서 자원봉사를 이제 막 시작했어.
W 좋은 생각이네. 정보가 더 있어?
M _____

(a) 나한테 정보를 더 줘야 할 거야.
(b) 나중에 얘기해줄게.
(c) 무료 급식소는 잠시 폐쇄될 거야.
(d) 정보가 아니라. 자원봉사자가 더 필요해.

해설

자원봉사에 관한 정보가 더 있는지 묻고 있다. get back to는 나중에 다시 연락한다는 의미로 자원봉사에 관한 정보를 더 알아보는 등 시간을 갖고 나중에 알려주겠다고 답한 (b)가 가장 자연스럽다.

volunteer 자원 봉사자 **soup kitchen** 무료 급식소

27

M Hey, I've just come across a virus on my computer.
W Copy the file and send me an attachment.
M What are you going to do with it?
W _____

(a) **Concentrate on finding a way to stop it.**
(b) Generate another virus on your computer.
(c) Probably find some medication to help.
(d) Attach it to someone else as an experiment.

번역

M 야. 방금 내 컴퓨터에서 바이러스를 발견했어.
W 그 파일 복사해서 나한테 첨부 파일로 보내.
M 그걸로 뭘 어쩌려고?
W _____

(a) 막을 방법을 찾는 데 집중해 보려고.
(b) 네 컴퓨터에 또 다른 바이러스를 만들려고.
(c) 도움이 될 몇 가지 약을 찾을까 하고.
(d) 실험용으로 누군가에게 첨부하려고.

해설

남자가 컴퓨터에 바이러스를 발견했다는 말에 여자가 파일을 복사해 첨부해서 보내라고 한다. 그 이유로 바이러스를 막을 방법을 연구해 보

겠다는 (a)가 가장 적절하다.

come across 발견하다　**attachment** 첨부 파일　**generate** 발생시키다　**medication** 약

28

W There's a flu epidemic going around all the schools in the area.
M I heard. I decided to pull my kids out of school until it goes away.
W Did the school take any steps against this epidemic?
M _____

(a) They will when they hear about any flu epidemic.
(b) Vaccines to immunize the students would be good.
(c) They still haven't set any official policy on it.
(d) I will diagnose the school situation tomorrow.

번역
W 이 지역 모든 학교에 유행성 독감이 돌고 있어요.
M 들었어요. 독감이 사라질 때까지 아이들을 학교에 보내지 않을 거예요.
W 학교에서는 유행성 독감에 대해 조치를 취했나요?
M _____

(a) 유행성 독감에 대해 들으면 조치를 취하겠죠.
(b) 학생들이 면역력을 갖게 해 줄 백신이 좋을 겁니다.
(c) 아직 공식적인 정책을 내놓고 있지 않아요.
(d) 제가 내일 학교 상황을 진단할 거예요.

해설
남자가 독감이 유행하고 있어 아이들을 학교에 보내지 않겠다고 하자 여자가 학교는 조치를 취했는지 묻고 있다. 이에 아직 공식적인 조치를 취하지 않았다는 (c)가 가장 적절하다. 앞서 여자가 지역의 모든 학교에 독감이 유행한다고 말했으므로 (a)는 맞지 않다.

flu epidemic 유행성 독감　**go away** 가시다　**immunize** 면역력을 갖게 하다　**diagnose** 진단하다

29

M I can't believe Seth cracked a joke during the lecture!
W Relax. I thought it was a good way to lighten the mood.
M Well, not with the seriousness of the topic.
W _____

(a) You were just taken by surprise, that's all.
(b) He was being very malicious with his intent.
(c) It's a good way to make people serious.
(d) In my opinion, it was really hilarious.

번역
M 세스가 강의 중에 농담을 하다니 말도 안 돼!
W 진정해. 분위기를 밝게 하는 좋은 방법이라고 생각했는데.
M 주제에 대해 진지함이 없었잖아.
W _____

(a) 네가 그저 깜짝 놀랐던 것 뿐이잖아.
(b) 그는 의도가 아주 악의적이었어.
(c) 사람들을 심각하게 할 좋은 방법이잖아.
(d) 난 정말 재미있었는데.

해설
남자는 세스가 강의 중에 농담한 사실에 대해 있을 수 없는 일이라고 말하는 반면 여자는 분위기를 밝게 하는 좋은 방법이었다고 두둔하고 있다. 농담의 주제에 진지함이 없었다고 하는 남자의 말에 계속 재미있었다고 하는 (d)가 가장 적절하다.

crack a joke 농담하다　**lighten** 밝게 하다　**take somebody by surprise** ~를 깜짝 놀라게 하다　**malicious** 악의적인　**intent** 의도　**hilarious** 아주 재미있는

30

W This new computer will change how we view technology.
M Does it have any customization features?
W No, but it has an updated computer security system.
M _____

(a) I bought a trendy gadget last year.
(b) That's the kind of customization feature you need.
(c) All I want is good firewall protection.
(d) Then it does manufacture advanced technology.

번역
W 이 컴퓨터가 과학 기술에 대한 우리의 견해를 바꿔줄 거야.
M 어떤 맞춤화된 특징이라도 있는 거야?
W 아니, 하지만 업데이트된 컴퓨터 보안 시스템이 있어.
M _____

(a) 작년에 최신 유행 장치를 샀어.
(b) 그건 네가 원하는 맞춤화된 특징이잖아.
(c) 내가 원하는 것은 좋은 방화벽뿐이야.
(d) 그럼 그 회사는 첨단 기계를 제조하는군.

해설
여자가 자신의 새로운 컴퓨터에 관해 이야기하며 맞춤화된 특징은 없지만 업데이트된 보안 시스템이 있다고 말한다. 여기에 이어질 남자의 응답으로 가장 적절한 것은 보안 시스템의 일종인 방화벽만 좋은 것을 원한다는 (c)이다.

customization 맞춤화, 주문 제작　**feature** 특징　**gadget** 장치　**firewall** 방화벽　**protection** 보호

▨ Part III

31

M Hi. I would like to check my flight schedule.
W OK, sir. I see you have a connecting flight in Dallas.
M Yes, I was wondering how long the layover will be?
W I believe it will be about 3 hours.
M If an earlier flight is available, I'll take that instead.
W Give me a few seconds here, and I'll check for

you.

Q. What is the man doing in the conversation?
(a) Trying to kill some time
(b) Going over his flight itinerary
(c) Looking to cancel his flight
(d) Searching for hotels in Dallas

번역

M 안녕하세요? 비행 스케줄을 확인하고 싶은데요.

W 네, 손님. 댈러스에서 환승하시는 것으로 확인되네요.

M 맞아요, 경유 시간이 얼마나 걸릴까요?

W 3시간 정도 걸릴 겁니다.

M 더 빠른 비행 편이 있으면, 대신 그걸 탈게요.

W 잠시만 기다리시면 확인해 드릴게요.

Q. 남자의 주된 행동은 무엇인가?
(a) 시간을 때우려고 한다.
(b) 비행 일정을 확인한다.
(c) 비행을 취소할지 생각하고 있다.
(d) 댈러스에 있는 호텔을 찾는다.

해설

남자는 비행 스케줄과 경유 시간을 확인하며 더 빠른 비행 편이 있다면 그것을 타고 싶다고 말하고 있다. 따라서 남자가 하고 있는 행동으로 옳은 것은 (b)이다.

connecting flight 연결 항공 **layover** 경유 **kill time** 시간을 때우다 **go over** ~을 검토하다 **flight itinerary** 비행 일정표

32

W Hi, how may I help you today?

M Yes, I would like to withdraw some funds out of my account.

W How much would you like to take out?

M One hundred dollars sounds good.

W OK, then. You'll see this transaction on your next month's statement.

M I appreciate your helpful service.

Q. What are the man and woman mainly discussing?
(a) Pulling out some cash from his balance
(b) Discussing the statement he will receive soon
(c) Consolidating all of his accounts
(d) Figuring out the tally of this transaction

번역

W 안녕하세요. 무엇을 도와 드릴까요?

M 네, 계좌에서 돈을 좀 인출하고 싶어요.

W 얼마를 인출하시겠습니까?

M 100불이면 됩니다.

W 네. 이 거래는 다음 달 입출금 내역서에서 확인하실 수 있습니다.

M 알겠습니다. 도와주셔서 고맙습니다.

Q. 주로 이야기하고 있는 것은?
(a) 남자의 잔고에서 현금을 인출하는 것
(b) 남자가 곧 받을 내역서에 대해 의논하는 것
(c) 남자의 모든 계좌를 통합하는 것
(d) 이 거래의 입출금 기록을 파악하는 것

해설

은행에서 일어나는 대화로 남자가 자신의 은행 계좌에서 100불을 인출하기를 원해 은행 직원인 여자는 이를 처리하고 있으므로 (a)가 정답이다. 대화에서 withdraw, take out, pull out은 모두 '인출하다'는 같은 의미로 쓰였다.

withdraw 인출하다 **fund** 자금 **transaction** 거래 **statement** 입출금 내역서 **balance** 잔고 **consolidate** 통합하다 **tally** 입출금 기록

33

M Johnson hit the roof when he saw the news today.

W I know. He blew up at me earlier this morning.

M Everyone in the office has tried to assuage him.

W Any luck calming him down?

M No. We're just trying to stay out of his way.

W Look out! He's coming this way!

Q. What is the main topic of the conversation?
(a) The aloofness of Johnson this morning
(b) An exuberant report on the news
(c) How office employees cope with stress
(d) A temperamental person at work

번역

M 존슨이 오늘 뉴스를 보고 펄펄 뛰더라.

W 알아. 아침 일찍 나한테 화냈어.

M 사무실 사람들 모두 그를 달래려 애썼잖아.

W 진정시키는 데 성과가 있었어?

M 아니. 그냥 피해 다니려고 할 뿐이야.

W 조심해! 존슨이 이쪽으로 오고 있어!

Q. 대화의 주된 화제는?
(a) 오늘 아침 존슨의 무관심
(b) 활기 넘치는 뉴스 보도
(c) 사무실 직원들이 스트레스에 대처하는 방법
(d) 직장 내에 신경질적인 한 사람

해설

남자가 존슨이 오늘 뉴스를 보고 펄펄 뛰었다는 이야기를 하며 직장 동료들 모두 그를 달래기 위해 애쓰며 피해 다니고 있다고 말한다. 따라서 주된 화제로 옳은 것은 (d)이다.

hit the roof 펄펄 뛰다 **blow up at** ~에게 화를 내다 **assuage** 달래다 **stay out of somebody's way** ~를 피하다 **aloofness** 무관심 **exuberant** 활기 넘치는 **cope with** ~에 대처하다 **temperamental** 신경질적인

34

W *Terror of Darkness* is the newest sensation on film.

M I've read rave reviews of the performances.

W And the first night had a great turnout.

M So when are we going to see it?

W Oh, I'm not going to see it. I hate horror films.

M Then I guess I'll have to see it alone.

Q. What is the main topic of the conversation?
(a) Everyone's hatred of scary films

(b) An assessment of a new film
(c) Weekend box office numbers
(d) The beginning of a movie run

번역
W 〈어둠의 공포〉는 최근 새롭게 각광받는 영화예요.
M 연기를 극찬하는 기사를 읽었어요.
W 그리고 첫날 많은 사람들이 관람하러 왔어요.
M 그러면 우리는 언제 보러 갈 건가요?
W 어, 안 볼 건데요. 공포 영화를 싫어해요.
M 그렇다면 저 혼자 봐야겠네요.

Q. 대화의 주제는?
(a) 무서운 영화에 대한 모든 이의 혐오
(b) 새로 나온 영화에 대한 평가
(c) 주말 박스 오피스 흥행 순위
(d) 어떤 영화의 개봉

해설
평론가 사이에서 극찬을 받고 첫날부터 많은 관객을 끌어 모은 새로운 공포 영화에 대해 이야기하고 있으므로 정답은 (d)이다. 좋은 기사가 있었다는 언급은 나오지만 영화에 대한 어떤 한 가지 평가에 대해 중점적으로 이야기하고 있는 것은 아니므로 (b)는 적절하지 않다.

rave 격찬하는 **performance** 연기 **turnout** 참가자의 수 **hatred** 혐오 **assessment** 평가 **run** (연극 · 영화의) 상영

35

M Mom has been so moody lately.
W We just have to keep reassuring her, that's all.
M But you know she's so sensitive to advice.
W I'll be relieved when all of this is over.
M I hear you. I can't take her sudden outbursts.
W All right, let's try it again.

Q. What are the man and woman mainly discussing?
(a) Tantrums the elderly usually have
(b) Relief when the situation will pass
(c) Wishing to take someone's place
(d) The mental health of their mother

번역
M 엄마가 요즘에 너무 침울해 하셔.
W 우리는 엄마를 계속 안심시키기만 하면 돼.
M 그렇지만 엄마가 충고에 너무 예민한 거 알잖아.
W 이 모든 게 끝나면 후련할 것 같아.
M 네 마음은 알겠어. 엄마가 갑작스럽게 울음이 터질 때는 참을 수 없더라.
W 좋아, 다시 한 번 노력해 보자.

Q. 남자와 여자가 주로 이야기하고 있는 것은?
(a) 노인들이 보통 내는 짜증
(b) 상황이 지나갈 때의 안도감
(c) 다른 사람을 대신하고 싶은 바람
(d) 어머니의 정신 건강

해설
어머니가 최근 침울하고 예민해 있으므로 안심시켜 드리자는 내용의 대화이다. 어머니의 기분과 정신 상태에 대해 이야기하고 있으므로 (d)가 정답이다. (b)는 단지 언급만 되었기 때문에 답은 될 수 없다.

moody 침울한 **reassure** 안심시키다 **sensitive** 예민한 **relieve** 안도하게 하다 **outburst** (눈물 등의) 쏟아져 나옴 **tantrum** 짜증 **mental health** 정신 건강

36

W There's a group of people mingling over there.
M I see them. What did you have in mind?
W Let's go over there and make some small talk with them.
M You go ahead. Big groups make me nervous.
W You have to be adventurous. Come on, let's go.
M Oh, I don't know. My hands are already getting sweaty.

Q. What is the woman mainly doing in the conversation?
(a) Persuading a friend to take a chance
(b) Trying to get away from here
(c) Recollecting good times from the past
(d) Relying on her friend to make the introductions

번역
W 저기서 사람들이 같이 어울리고 있네.
M 보여. 어떻게 할 생각이야?
W 저쪽으로 가서 저들과 얘기 나누자.
M 먼저 가. 난 사람들이 많으면 긴장돼.
W 너는 모험심을 가져야 해. 자, 가자.
M 아, 잘 모르겠어. 벌써 손에서 땀이 나.

Q. 여자는 주로 무엇을 하고 있는가?
(a) 부딪쳐 보라고 친구를 설득하고 있다.
(b) 여기에서 벗어나려고 하고 있다.
(c) 과거의 즐거웠던 시간을 회상하고 있다.
(d) 소개를 하기 위해 친구에게 의지하고 있다.

해설
남자가 많은 사람들과 어울리지 못한다고 하자, 여자는 남자에게 대담한 마음을 갖고 일단 가서 부딪쳐 보라고 설득하고 있으므로 (a)가 정답이다.

mingle 어울리다 **small talk** 잡담 **adventurous** 모험적인, 대담한 **take a chance** 위험을 무릅쓰다 **recollect** 기억해 내다 **rely on** 의지하다

37

M We're going to commemorate the opening of the new school today.
W What do you have planned?
M A speech will be given and then a plaque hung on the wall.
W That sounds like a great idea. When does the event start?
M This evening at 7 in front of the school.
W I'll be a little late, but I'll stop by.

Q. What is the man mainly doing in the conversation?
(a) Conforming to societal norms
(b) Detailing the schedule for tonight

(c) Practicing his speech for later
(d) Designing a plaque to hang at the school

번역

M 오늘 신설 학교의 개교식을 할 겁니다.
W 어떤 계획을 세웠어요?
M 연설이 있을 거고 벽에 기념판을 걸 거예요.
W 좋은 생각인 것 같네요. 행사는 언제 시작하죠?
M 학교 앞에서 오늘 저녁 7시입니다.
W 전 좀 늦을 거예요. 그래도 들를게요.

Q. 남자는 주로 무엇을 하고 있는가?
(a) 사회적 규범을 따르고 있다.
(b) **오늘 저녁 일정을 상세히 알려주고 있다.**
(c) 나중을 위해 연설을 연습하고 있다.
(d) 학교에 걸 액자를 디자인하고 있다.

해설

남자는 개교를 기념한 오늘 행사에 대해 식순, 시간, 장소 등을 여자에게 자세히 말하고 있으므로 정답은 (b)가 된다.

commemorate 기념하다 **plaque** 기념판 **conform to** ∼에 따르다 **societal** 사회의 **norm** 규범 **detail** 상세히 알리다

38

W Doctor. My son here has come down with something.
M Has he lost a lot of bodily fluids?
W No, but he seems to be exhausted all the time.
M OK, I'll run some tests on him then.
W What if something is wrong with the results?
M Just come this way and we can start the tests.

Q. Which is correct according to the conversation?
(a) Results from the test come back negative.
(b) The son has become addicted to something.
(c) Bodily fluids are nothing to worry about.
(d) **A patient has been feeling really lethargic.**

번역

W 의사 선생님. 여기 제 아들이 어디 아픈 것 같아요.
M 땀을 많이 흘렸나요?
W 아니요. 그런데 늘 기진맥진해 보여요.
M 알겠습니다. 몇 가지 검사를 해봐야겠네요.
W 검사 결과가 안 좋으면 어떡하죠?
M 일단 이쪽으로 오셔서 검사를 시작하죠.

Q. 다음 중 옳은 것은?
(a) 검사 결과가 나쁘게 나온다.
(b) 아들이 뭔가에 중독되었다.
(c) 체액은 걱정할 일이 아니다.
(d) **환자는 심한 무기력함을 느껴왔다.**

해설

여자가 의사인 남자에게 늘 기진맥진해 있는 아들의 상태를 이야기하자 남자가 몇 가지 검사를 해봐야겠다고 한다. 따라서 대화의 내용으로 가장 적절한 것은 환자인 아들이 기운이 없어서 무기력하다는 (d)이다.

come down with (심각하지 않은 병에) 들다 **bodily fluid** 체액 **exhausted** 기진맥진한 **addicted to** ∼에 중독된 **lethargic** 무기력한

39

M I'm looking to change careers.
W Lucky for you, my company is hiring right now.
M Is that right? How are the benefits?
W One of the best in the nation. The incentives are good as well.
M Can I stop by later today and possibly interview?
W Yeah, just tell the receptionist that you're here to see me.

Q. Which is correct according to the conversation?
(a) She was too busy to meet with him earlier.
(b) **Many enticements are offered at her job.**
(c) Receptionists interview possible employees.
(d) Other places have better benefits.

번역

M 직업을 바꾸려고 생각 중이야.
W 잘됐네. 지금 우리 회사에서 사람 뽑고 있거든.
M 정말? 혜택이 어떤데?
W 국내 최고 중 하나지. 상여금도 잘 나오고.
M 이따 들러서 면접 볼 수 있을까?
W 그래. 접수원에게 날 만나러 왔다고 이야기하면 돼.

Q. 다음 중 옳은 것은?
(a) 여자는 너무 바빠서 남자를 일찍 만날 겨를이 없었다.
(b) **여자의 직장에서는 많은 유인책이 제공된다.**
(c) 접수원이 구직자의 면접을 본다.
(d) 다른 회사가 혜택이 더 좋다.

해설

직업을 바꾸려고 생각 중이라는 남자의 말에 여자는 자신의 회사에서 사람을 뽑고 있다며 회사의 좋은 점을 말해 주고 있다. 따라서 대화의 내용으로 옳은 것은 (b)이다.

look to ∼을 생각하다 **benefit** 혜택; 수당 **incentive** 상여금 **enticement** 유혹

40

W I'm having a hard time coping with my mother's passing.
M You just lost somebody important to you. It's a devastating thing.
W What do you recommend I should do?
M You should talk to a professional about this.
W John, thanks for the advice.
M Of course. I'll give you my therapist's number.

Q. What does the woman ask about?
(a) Overcoming neglect by a loved one
(b) **Advice on how to get by**
(c) The life of her mother
(d) Investigating the meaning of life

번역

W 엄마가 돌아가시고 힘든 나날을 보내고 있어.
M 너에게 중요한 사람을 잃었으니까. 정말 충격적인 일이잖아.
W 어떻게 하면 좋을까?

M 이런 문제는 전문가에게 이야기해야 해.

W 조언 고마워, 존.

M 뭘 그런 거 가지고. 내 치료 전문가 연락처를 알려줄게.

Q. 여자는 무엇에 관해 묻고 있나?

(a) 사랑하는 이의 소홀함 극복

(b) 살아나갈 방법에 관한 조언

(c) 엄마의 인생

(d) 삶의 의미에 관한 연구

해설

어머니께서 돌아가신 후, 힘든 나날을 보내고 있다며 어떻게 하면 좋을 지를 묻는 여자의 말에 남자는 전문가에게 상담해 볼 것을 권하고 있으므로 여자가 묻고 있는 내용으로 옳은 것은 (b)이다.

passing 죽음 **devastating** 엄청나게 충격적인 **therapist** 치료 전문가 **overcome** 극복하다 **neglect** 소홀 **get by** (곤란 등을 이겨 내고) 살아가다 **investigate** 조사하다

41

M Your conclusion seems very flimsy.

W What are you talking about? Have you examined my findings?

M Yes, I have. I believe the problem is with the hypothesis.

W I don't believe so.

M Trust me. I've been doing this for a long time.

W I don't agree. Look at the numbers again.

Q. Which is correct according to the conversation?

(a) The woman mistrusts the hypothesis.

(b) The man is presenting his findings.

(c) The woman partially agrees with the man.

(d) The man questioned the woman's findings.

번역

M 당신의 결론은 너무 설득력이 없어요.

W 무슨 말씀이세요? 제 연구 결과를 검토해 보셨나요?

M 네, 했어요. 가설에 문제가 있는 것 같아요.

W 그렇게 생각하지 않는데요.

M 확실해요. 이 일을 오랫동안 하고 있다고요.

W 수긍 못 하겠어요. 수치를 다시 한 번 보세요.

Q. 다음 중 옳은 것은?

(a) 여자는 가설을 불신한다.

(b) 남자가 자신의 연구 결과를 발표하고 있다.

(c) 여자는 일부분만 남자와 동의한다.

(d) 남자는 여자의 연구 결과에 의문을 제기하고 있다.

해설

남자는 여자의 연구 결론이 설득력이 없는 이유를 그녀가 세운 가설에 돌리며 여자의 연구 결과가 문제가 있다고 말하고 있으므로 답은 (d)이다.

flimsy 얄팍한, 믿기지 않는 **examine** 검토하다 **findings** 연구 결과 **hypothesis** 가설

42

W I plan on launching a new clothing line next year.

M Do you have any potential buyers for the line?

W Yeah, I talked with some the other week but I don't know.

M I'll help you since I have some experience in the trade.

W Oh great! I was meaning to place an ad for an experienced assistant.

M I could help you with your work and also continue to establish myself in the field.

Q. Which is correct about the woman according to the conversation?

(a) The woman is well renowned in fashion.

(b) The new line will be successful.

(c) People bought her clothes last week.

(d) She will accept his offer of aid.

번역

W 내년에 신규 의류 사업을 시작할 생각이야.

M 그 의류 사업에 잠재 구매자는 있어?

W 응, 전 주에 몇 사람과 얘기했는데 잘 모르겠어.

M 내가 장사에 경험이 있으니 도와줄게.

W 좋지! 경력직으로 조수 구인 광고를 내려고 하고 있었는데.

M 네 일도 돕고, 난 이 분야에서 쭉 자리 잡을 수 있을 거야.

Q. 여자에 관해 다음 중 옳은 것은?

(a) 여자는 패션계에서 유명하다.

(b) 새 의류 사업은 성공할 것이다.

(c) 사람들이 지난주에 그녀의 옷을 샀다.

(d) 도움을 주겠다는 남자의 제안을 받아들일 것이다.

해설

여자가 신규 사업을 시작할 계획이라고 하자 남자는 필요하다면 도와 주겠다고 한다. 마침 구인 광고를 내려던 여자는 남자의 제안을 기꺼이 받아들일 것이므로 답은 (d)가 된다.

launch (사업·계획 등을) 시작하다 **potential** 잠재적인 **establish oneself** 자리잡다 **renowned** 유명한 **aid** 지원

43

M I've been thinking about going to graduate school.

W That's a big challenge. Do you think you're up for it?

M Sure. It can't be that much harder than undergrad, can it?

W Well, you can't be absent, have to write a thesis and have outstanding grades.

M Oh. Is there anything else I should know about?

W Yeah, plenty more. I could go on for days.

Q. What can be inferred from the conversation?

(a) A thesis is an important part of undergrad.

(b) The man has decided to go get his Master's degree.

(c) A lot is expected of you at graduate school.

(d) The woman believes the man is prepared to go.

번역

M 대학원에 갈까 생각하고 있어.

W 그건 큰 도전인데. 그럴 준비가 되었다고 생각해?
M 그럼. 학부 과정보다 훨씬 더 힘들지는 않겠지, 안 그래?
W 결석하면 안 되고, 논문도 써야 하고, 성적도 잘 받아야 해.
M 내가 알아야 할 게 또 있니?
W 그럼. 더 많지. 며칠이고 말할 정도로 많아.

Q. 대화로부터 유추할 수 있는 것은?
(a) 논문은 학부 과정에서 중요한 부분이다.
(b) 남자는 석사 학위를 따기로 결심했다.
(c) **대학원에서 요구하는 일이 많다.**
(d) 여자는 남자가 갈 준비가 되었다고 믿고 있다.

해설

대학원에 가려고 생각하고 있다는 남자의 말에 여자는 준비가 되어 있는지 물으며 대학원에서 해야 할 일들을 말해주고 있다. 더 알아야 할 게 있냐는 남자의 말에 여자가 며칠 동안 말해 줄 수 있다고 말하는 것으로 볼 때 유추할 수 있는 내용으로 옳은 것은 (c)이다.

graduate school 대학원 **undergrad** 학부 과정 **thesis** (석사) 논문 **outstanding** 우수한 **Master's degree** 석사 학위

44

W Jane has been real snobbish lately.
M Oh, really? She hasn't treated me any differently.
W I think something might have gone on at home.
M Her parents have recently separated.
W Stuff like that just usually doesn't happen in prominent families.
M Sure. They want to avoid scandal and there's a lot of money at stake.

Q. What can be inferred about Jane from the conversation?
(a) The scandal will shake up the entire community.
(b) She is well received in this town.
(c) There is some chemistry between her and the man.
(d) Her family is considered privileged.

번역

W 요새 제인이 정말 속물처럼 굴고 있어.
M 어, 정말? 요즘 내게는 전혀 다르게 굴지 않던데.
W 집에 무슨 일이 생긴 건지도 모른다는 생각이 들어.
M 요즘 부모님이 별거하시나 봐.
W 그런 일이 유명한 가문에 자주 일어나지는 않지.
M 그렇지. 스캔들도 피하고 싶고 돈 문제도 관련 있으니까.

Q. 제인에 대해 유추할 수 있는 것은?
(a) 스캔들이 전 지역 사회를 뒤흔들 것이다.
(b) 이 도시에서 환영 받는다.
(c) 제인과 남자 사이에 강한 끌림이 있다.
(d) **그녀의 가족은 특권이 있는 것으로 여겨진다.**

해설

제인의 부모님이 별거 중이라고 이야기하며, 유명한 가문에는 그런 일이 스캔들과 돈 문제 때문에 잘 일어나지 않는 일이라고 하는 것을 보아 제인의 집안이 유명하다는 것을 유추할 수 있으므로 답은 (d)이다.

snobbish 속물적인 **separate** 별거하다 **prominent** 유명한

at stake 위태로운 **chemistry** 남녀 간의 강한 끌림 **privileged** 특권을 가진

45

M Don't we need more of those recycling bags?
W Can't we just throw out the trash in any old bag?
M Well, the biodegradable bags are environmentally friendly.
W How is that going to help at all?
M The bags will breakdown in the soil instead of staying as plastic.
W Alright. I guess if that's what the city wants, we better get them.

Q. What can be inferred from the conversation?
(a) Recycling trash is only done by a few people.
(b) The store has a huge selection of bags available.
(c) **Helping the environment is important to the man.**
(d) It's going to take the man a long time to recycle.

번역

M 저 재활용 봉투 더 필요하지 않아?
W 그냥 옛날 봉투에다가 넣어서 버리면 안 될까?
M 글쎄, 자연 분해되는 봉투가 환경친화적이잖아.
W 그런 봉투가 어떻게 도움이 되는데?
M 비닐로 남는 대신 토양에서 분해될 거야.
W 좋아. 시에서 원하는 바가 그렇다면, 그 봉투를 쓰는 게 낫겠어.

Q. 유추할 수 있는 것은?
(a) 몇몇 사람들만이 쓰레기를 재활용한다.
(b) 가게에는 선택할 수 있는 봉투가 많다.
(c) **환경 보호는 남자에게 중요한 일이다.**
(d) 남자가 재활용하는 데 시간이 오래 걸릴 것이다.

해설

재활용 봉투가 필요한 두 사람이 남자가 먼저 자연 분해되는 봉투가 환경친화적이라는 설명을 하자 여자가 그런 봉투가 필요하다는 것을 인정하는 것으로 보아 두 사람의 대화로부터 유추할 수 있는 내용으로 옳은 것은 (c)이다.

biodegradable 자연 분해되는 **breakdown** 분해되다 **soil** 토양

◢ Part IV

46

Next time you're in France, don't forget to stop in Paris to visit the Louvre Museum. One of the world's largest and most visited museums in the world, the Louvre holds nearly 35,000 objects for the public to see, including the famous *Mona Lisa* which is encased in glass. Although the Louvre has always been a favorite among the museum-going crowd, it has enjoyed a recent boost in fame. With the popularity of the book *The Da Vinci Code*, an increase of visitors have flocked to the Louvre to get a real life look at the hallowed galleries that figure so prominently in the book.

Q. What is the talk mainly about?
(a) The works of art you can see in the Louvre
(b) How *The Da Vinci Code* popularized museums
(c) Cultural works that feature the Louvre museum
(d) The Louvre as an attraction in Paris

번역

다음에 프랑스에 가게 되면 잊지 말고 파리에 잠시 들러서 루브르 박물관을 방문하세요. 세계에서 가장 크고 방문객이 가장 많이 찾는 박물관 중 하나인 루브르는 유리로 둘러싸인 유명한 〈모나리자〉를 포함해서 일반인이 볼 수 있는 35,000점에 달하는 전시물을 보유하고 있습니다. 루브르는 박물관을 찾는 이들에게 항상 인기 있는 곳이지만, 최근 더 큰 명성을 누리고 있습니다. 〈다빈치 코드〉라는 책의 인기와 더불어 급증한 방문객들이 책에서 비중 있게 등장하여 중요한 역할을 하는 화랑을 실물로 보기 위해 루브르에 몰려오고 있습니다.

Q. 무엇에 관한 것인가?
(a) 루브르 박물관에서 볼 수 있는 예술 작품
(b) 〈다빈치 코드〉가 어떻게 박물관의 방문객 수를 증가시켰는가
(c) 루브르 박물관을 특징으로 하는 문화 사업
(d) 파리의 관광 명소인 루브르 박물관

해설

파리의 명소 중 하나인 루브르 박물관이 최근 〈다빈치 코드〉라는 책의 인기에 힘입어, 더 많은 방문객들이 찾아 와서 관람한다는 내용이므로 정답은 (d)이다.

encase 둘러싸다 **boost** 증가 **flock** 무리로 오다 **hallowed** 신성한 **figure** 중요하다 **prominently** 두드러지게 **popularize** 대중화하다

47

Hello, this is Andrea Smart from HiTech Industries. I'm calling to remind you of your interview tomorrow morning at 8AM Please remember to be on time for this interview. Also, dress appropriately because if you don't dress professionally, you won't be taken seriously. We only accept the best and brightest at our company, so show us why we should select you to be a part of the HiTech team. We are looking forward to meeting you tomorrow.

Q. What is the phone call mainly about?
(a) The types of employees HiTech is seeking to add
(b) The appropriate attire needed tomorrow
(c) What to do and expect at the interview
(d) Advice on employment interviews in general

번역

안녕하세요? 저는 하이테크 인더스트리즈의 앤드리아 스마트입니다. 내일 아침 8시에 있을 면접에 대해 다시 한 번 알려 드리기 위해 전화 드립니다. 잊지 마시고 면접 시간에 맞추어 나와주세요. 또 옷을 직업에 맞게 입지 않으면 전문직 종사자로서 진지하게 받아들여지지 않을 테니 적절한 옷차림을 하십시오. 당사는 가장 똑똑한 최고의 인재만을 고용하니 왜 당신을 하이테크 팀의 일원으로 선발해야 하는지를 보여주어야 합니다. 그럼 내일 뵙겠습니다.

Q. 전화는 주로 무엇에 관한 것인가?
(a) 하이테크가 충원하고자 하는 직원의 유형
(b) 내일 필요한 적절한 복장

(c) 면접에서 해야 하는 것과 예상해야 하는 것
(d) 일반적인 면접에 대한 조언

해설

하이테크의 담당 직원이 자사의 입사 지원자에게 면접 시간과 필요한 옷차림, 선발되기 위해서 지원자가 면접에서 보여주어야 하는 것에 대해서 전화로 알려주고 있다. 따라서 정답은 (c)이다.

appropriately 적절하게 **select** 선발하다 **look forward to** ~을 기대하다 **attire** 복장

48

In August 1853 at a restaurant in Saratoga Springs, New York, there was a customer complaining that his fried potatoes that he ordered were too soggy and thick. The chef, George Crum, was so fed up that he decided to slice potatoes as thin as he could. He then fried them up in oil and added a fair amount of salt to the potatoes. When the customer tried the new potatoes, the customer proclaimed them a success. They soon became a regular item on the menu known as "Saratoga Chips." We know them as potato chips.

Q. What is this report mainly about?
(a) How potato chips got their present name
(b) The historical origin of the potato chip
(c) Why a potato was sliced extremely thin
(d) The frustration of a chef over potatoes

번역

1853년 8월 뉴욕 주 사라토가 스프링스의 한 레스토랑에 자신이 주문한 감자튀김이 너무 눅눅하고 두껍다고 불평하는 한 손님이 있었다. 주방장인 조지 크럼은 너무 지긋지긋한 나머지 감자를 최대한 얇게 썰기로 결심했다. 그리고 그것을 기름에 튀기고 감자에 적당량의 소금을 쳤다. 그 손님은 새로운 감자를 먹어보고 성공적이라고 칭찬했다. 곧 그것은 '사라토가 칩스'라고 알려져 정식 메뉴가 되었다. 이것이 우리가 아는 포테이토칩이다.

Q. 보도는 주로 무엇에 관한 내용인가?
(a) 포테이토칩이 어떻게 현재의 이름을 갖게 되었는가
(b) 포테이토칩의 역사적 기원
(c) 왜 감자가 극히 얇게 잘렸는가
(d) 감자에 대한 어느 주방장의 좌절

해설

현재 우리가 알고 있는 감자튀김이 어떻게 유래했는지 그 기원을 설명하고 있으므로 (b)가 정답이다.

soggy 눅눅한 **fed up** 지긋지긋한 **fair** 적당한 **proclaim** 칭찬하다 **frustration** 좌절

49

For all you history buffs, don't forget to stop in Normandy, France to see the Normandy American Cemetery and Memorial. This place honors American soldiers that died in Europe in World War II. The cemetery itself holds the remains of 9,387 American military dead. Another feature to this place is the time capsule buried under a pink granite slab. The time capsule contains sealed news reports of the June 6, 1944 Normandy landings. Although one cannot literally open the capsule at the moment, it is a sober reminder to us all of the historic importance of this particular place and time.

Q. What is the talk mainly about?
(a) The American sacrifice in the European world war
(b) **A place of momentous military and historical interest**
(c) The number of casualties on a famous battlefield
(d) The contents of a time capsule dedicated to veterans

번역

역사 여행 애호가 여러분, 잊지 말고 프랑스의 노르망디에 잠시 들러서 노르망디 미국 묘지 · 기념비를 둘러보십시오. 이 장소는 제2차 세계대전 중 유럽에서 전사한 미군을 기리는 곳입니다. 묘지에는 미군 전사자 9,387명의 유해가 안장되어 있습니다. 장소의 또 다른 특징은 분홍색 화강암 판 아래 묻힌 타임 캡슐입니다. 타임 캡슐에는 1944년 6월 6일의 노르망디 상륙 작전에 대한 뉴스 보도가 밀봉된 상태로 들어 있습니다. 지금은 이 캡슐을 말 그대로 열 수는 없지만 이 특별한 장소와 시대의 역사적 중요성을 상기시켜 주는 엄숙한 물건입니다.

Q. 무엇에 관한 것인가?
(a) 유럽 세계 전쟁에서의 미국의 희생
(b) 군사적, 역사적으로 중요한 흥미로운 장소
(c) 유명한 전쟁터에서의 사망자 수
(d) 참전 용사에게 헌정된 타임 캡슐의 내용물

해설

역사 여행을 좋아하는 사람들에게 노르망디 상륙 작전이 전개된 역사적인 장소인 프랑스 노르망디의 미국 묘지 · 기념비를 소개하면서 둘러 보라고 권유하는 내용이다. 따라서 정답은 (b)이다.

buff 애호가 **cemetery** 묘지 **memorial** 기념비 **honor** 기리다 **remains** 유해 **granite** 화강암 **slab** 석판 **seal** 밀봉하다 **literally** 말 그대로 **sober** 엄숙한 **sacrifice** 희생 **momentous** 중대한 **casualty** 사망자

50

What if every letter and number you saw had a color attached to it? Well, if you have the condition called synesthesia, that's what life would be like. Two percent of the world's population can see colors in numbers and letters. Others can taste numbers and letters. Neuroscientists believe this is because those people have extra wiring between the senses which usually goes away after about 4 months after birth. But in these people, they stay connected. It's as if they still carry with them into adulthood a little part of that miraculous world of infants.

Q. What is the talk mainly about?
(a) The flavors and colors babies love
(b) The reasons synesthesia happens
(c) **The phenomenon of synesthesia**
(d) How people can recreate synesthesia

번역

여러분이 보는 모든 문자와 숫자에 부여된 색상이 있다면 어떨까요? 여러분에게 공감각이라는 컨디션이 주어진다면, 삶이 그러할 것입니다. 전 세계 인구의 2%가 숫자와 문자에서 색을 볼 수 있습니다. 다른 사람들은 숫자와 문자의 맛을 볼 수 있습니다. 신경 과학자들은 이 사람들이 감각들 간의 존재하는 별도의 배선 장치를 가지고 있기 때문에 이런 능력을 가지고 있다고 생각합니다. 보통 사람들은 출생 약 4개월 후에 이 배선 장치가 사라지는데, 이 사람들의 경우 감각들이 연결된 채로 남아 있는 것입니다. 이들은 유아의 기적과 같은 세계의 작은 부분을 어른이 되어서도 여전히 갖고 있는 것입니다.

Q. 주로 무엇에 관한 것인가?
(a) 아기들이 좋아하는 풍미와 색깔
(b) 공감각이 발생하는 이유
(c) **공감각 현상**
(d) 공감각을 다시 만들 수 있는 방법

해설

보통 사람은 출생 후 4개월 정도가 지나면 감각 간의 연결이 끊어지지만 공감각을 가진 사람들은 이러한 감각이 연결된 채로 남아있어 숫자와 문자에서 색을 보거나 맛을 볼 수 있다는 내용이므로 정답은 (c)이다. (b)는 공감각 현상에 대한 설명의 일부분이다.

attach to ~에 부여하다 **condition** 건강 상태, 컨디션 **synesthesia** 공감각 (하나의 감각이 다른 감각에 작용하는 일) **neuroscientist** 신경 과학자 **wiring** 배선 (장치) **adulthood** 성인임 **miraculous** 기적적인 **infant** 유아 **phenomenon** 현상

51

For tonight's lecture, I want to talk about the importance of wearing your seat belt every time you step into a car. A car safety belt, when worn, reduces the chance of injury by helping to limit the movement of your body when there is a collision. Fifty-five percent of all car fatalities affect drivers who do not wear belts. Also remember, they do save about 11,000 lives each year. So buckle up. It may one day save your life as well as the ones you love.

Q. What is the talk mainly about?
(a) The design of seat belts in a car
(b) The number of lives saved each year by seat belts
(c) The consequences of not putting on seat belts
(d) **The value of using a safety belt in a car**

번역

오늘 밤 강의에서는 승차 시 항상 안전벨트를 매야 하는 중요성에 대해서 말하고자 합니다. 안전벨트를 매면 충돌 시 몸의 움직임을 제한해서 부상 가능성을 낮춥니다. 모든 교통 사망 사고 중 55%가 안전벨트를 매지 않은 운전자에게 악영향을 미칩니다. 또한 안전벨트가 매년 약 11,000명의 생명을 구한다는 것을 기억하십시오. 그러니 안전벨트를 매세요. 그러면 언젠가 여러분이 사랑하는 사람들뿐 아니라 여러분도 구할 수 있습니다.

Q. 담화는 주로 무엇에 관한 것인가?
(a) 자동차 안전벨트의 디자인
(b) 매년 안전벨트로 생명을 구하는 사람 수
(c) 안전벨트를 착용하지 않은 결과
(d) **자동차에서 안전벨트를 매는 중요성**

해설
강연자는 구체적인 통계치를 들며 운전 중 안전벨트를 착용해야 하는 이유를 들고 있으므로 정답은 (d)이다.

reduce 줄어들다 **collision** 충돌 **fatality** 참사; 사망자 (수) **buckle up** 안전벨트를 매다; 버클을 채우다 **consequence** 결과

52

A poetry slam is a form of competition in which poets read original works to an audience who then in turn judge them on a numerical scale. This type of competition has spurred an interest in poetry by teenagers because it gives them a form of self-expression. However, not all poets are fond of this type of poetry event. Famous literary critic Harold Bloom called it the death of art. Also, a group of people have created the Anti-slam wherein whoever performs will be given a perfect score.

Q. What is the talk on poetry slam mainly about?
(a) How to get a perfect score in poetry slams
(b) Why poetry slams are popular with teens
(c) The definition and purpose of a poetry slam
(d) Why people like or dislike poetry slams

번역
시 낭독 대회는 시인들이 관객들에게 창작물을 낭독하면 이번에는 관객들이 점수를 매겨 평가하는 경연 대회이다. 이런 유형의 경연 대회는 자기표현을 할 수 있도록 하기 때문에 십대들의 시에 대한 관심을 높이는 원동력이 되었다. 하지만 시인 모두가 이 행사를 좋아하는 것은 아니다. 유명한 문학 평론가인 해럴드 블룸은 이를 가리켜 예술의 종말이라고 주장했다. 또한 한 무리의 사람들은 참가자 누구에게나 만점을 주는 식으로 이 행사의 반대 운동을 일으키기도 했다.

Q. 시 낭독 대회에 관한 주된 내용은 무엇인가?
(a) 대회에서 만점을 받는 방법
(b) 십대들 사이에서 인기 있는 이유
(c) 대회의 정의와 목적
(d) 사람들이 대회를 좋아하거나 싫어하는 이유

해설
시 낭독 경연 대회를 소개하며 이 대회가 기여하는 바와 함께 시인들 모두가 대회에 호의적인 것은 아니며 대회를 거부하는 이들의 주장과 행동을 제시하고 있으므로, 시 낭독 대회에 관한 주된 내용으로 옳은 것은 (d)이다.

numerical 숫자로 나타낸 **spur** 원동력이 되다 **be fond of** ~을 좋아하다 **literary critic** 문학 평론가 **wherein** 거기서 **definition** 정의

53

Dia de los Muertos or the Day of the Dead is a holiday celebrated in Mexico on November 4. During this day, families gather and pray for and to remember friends and family who have died. Families build altars honoring the dead using sugar skulls and marigolds, which are called the flower of the dead. They also place the favorite food and drink of the deceased in honor of them as well. Many believe that Halloween is thought to be similar, but the two holidays are celebrated very differently.

Q. Which is correct about the Day of the Dead according to the speaker?
(a) Halloween and the Day of the Dead are very alike.
(b) It is for only honoring family members who have passed away.
(c) The Day of the Dead happens in late November.
(d) People use the favored foods of the dead to pay homage.

번역
디아 데 로스 무에르토스 또는 망자의 날은 11월 4일 멕시코에서 지내는 명절이다. 이날은 가족들이 모여 죽은 친구와 가족을 위해 기도하고 추억한다. 가족들은 설탕으로 만든 해골과 죽음의 꽃이라 불리는 천수국으로 고인들에게 경의를 표하는 제단을 세운다. 또한 고인들을 기리며 고인이 가장 좋아했던 음식이나 음료를 놓기도 한다. 많은 이들이 할로윈이 이와 비슷하다고 생각하는데, 이 둘은 매우 다르게 기념된다.

Q. 망자의 날에 대해 담화의 내용과 일치하는 것은?
(a) 할로윈과 망자의 날은 매우 비슷하다.
(b) 이날은 오직 죽은 가족을 기리기 위한 것이다.
(c) 망자의 날은 11월 말에 있다.
(d) 사람들은 경의를 표하기 위해 고인들이 좋아했던 음식과 음료를 사용한다.

해설
후반부에서 고인들에게 경의를 표하기 위해 그들이 가장 좋아했던 음식과 음료를 놓기도 한다고 하므로 정답은 (d)이다.

altar 제단 **honor** 예우하다 **marigold** 천수국 **the deceased** 고인 **pass away** 사망하다 **favor** 편애하다 **homage** 경의

54

We are addressing all of you today in protest to the Prime Minister not resigning his office yesterday. The corruption that had permeated throughout his cabinet has caused tensions not only within our own country but has spread to other countries as well. The prime minister seeks to gain absolute power over the government to try to control the people of this great nation. I, along with my other group members, will rally at every political gathering until he does step down. If he does not, our country will spiral into further turmoil.

Q. Which is correct according to the talk?
(a) Other countries have been affected by the corruption in the country.
(b) The speaker is in favor of the Prime Minister not leaving office.
(c) Opposition will do nothing to quicken the ousting.
(d) The country is doing very well right now globally.

번역
어제 사임하지 않은 수상에 대한 항의를 제기합니다. 수상의 내각에 만연한 부패는 국내에 긴장 상태를 초래했을 뿐만 아니라 다른 나라에까지 퍼졌습니다. 수상은 이 위대한 나라의 국민을 통제하기 위해 정부에

대한 절대 권력을 가지려고 합니다. 저는 그룹의 다른 일원들과 함께 그가 사임할 때까지 모든 정치적 집회에서 단결할 것입니다. 만약 그가 사임하지 않는다면 우리나라는 더 깊은 혼란에 빠질 것입니다.

Q. 담화의 내용과 일치하는 것은?
(a) **타국가들은 이 국가의 부패에 영향을 받았다.**
(b) 화자는 수상이 사임하지 않는 것에 찬성한다.
(c) 상대측에서는 수상의 축출을 앞당기는 데 아무것도 하지 않을 것이다.
(d) 국가는 현재 국제적으로 매우 잘하고 있다.

해설
담화는 수상의 절대 권력에 대한 욕심으로 현 내각에 퍼진 부패가 국내에 긴장을 유발하고 다른 나라에까지 퍼졌다고 했으므로 (a)가 정답이다.

in protest 항의하여 **prime minister** 수상 **resign** 사임하다 **corruption** 부패 **permeate** 스며들다 **cabinet** 내각 **absolute** 절대적인 **rally** 단결하다 **spiral** 소용돌이꼴로 나아가다 **turmoil** 혼란 **in favor of** ~에 찬성하여 **quicken** 빠르게 하다 **oust** 내쫓다

55

If you were able to go to old Giants Stadium in New Jersey, you then probably heard of the urban legend of Jimmy Hoffa. He was an American labor union leader for many years. In July of 1975, he was to meet two men for a meeting and subsequently disappeared. Legend has it that when the stadium was being built, mafia henchmen put Hoffa's dead body in the concrete mix and was then built on top of by the stadium. Unfortunately, we'll never know the truth because after 34 years, Giants Stadium was demolished.

Q. Which is correct according to the talk?
(a) Giants Stadium was torn down in 1975 because of Hoffa.
(b) There is definitive proof Hoffa visited the stadium.
(c) **Hoffa is supposedly buried underneath the stadium.**
(d) Labor unions were opposed to Hoffa's policies.

번역
당신이 뉴저지 주 자이언츠 스타디움에 갈 수 있었다면 아마 지미 호파의 도시 전설에 대해 들어봤을 것이다. 호파는 오랫동안 미국 노동조합의 지도자였다. 1975년 7월 그는 어떤 모임을 위해 두 남자를 만나기로 했는데 그 후에 실종되었다. 전설에 의하면 자이언츠 스타디움이 건설되고 있을 때 마피아의 심복 부하들이 호파의 시체를 콘크리트 배합에 넣었고 그 위에 경기장이 세워졌다고 한다. 불행히도 34년 후에 자이언츠 스타디움은 철거되어서 우리는 진실을 알 길이 없다.

Q. 담화의 내용과 일치하는 것은?
(a) 자이언츠 스타디움은 호파 때문에 1975년에 철거되었다.
(b) 호파가 경기장을 방문했다는 명백한 증거가 있다.
(c) **호파는 경기장 아래에 묻힌 것으로 추정된다.**
(d) 노동조합은 호파의 정책에 반대했다.

해설
노동조합의 지도자였던 호파가 누군가를 만나기 위해 외출한 후 실종

되었는데, 마침 건설 중이던 자이언트 스타디움의 콘크리트에 그의 시체가 섞여 경기장이 지어졌다는 전설이 있지만 현재 경기장이 철거되어 사실 여부를 알 수 없다고 하므로 (c)가 정답이다.

labor union 노동조합 **subsequently** 그 후 **henchman** 심복 부하 **demolish** 철거하다 **supposedly** 추정상

56

Halley's Comet is the most recognized of the short-period comets. Halley's Comet becomes visible to the Earth every 75 or 76 years. Composed of water, carbon dioxide, ammonia and dust, it was first observed by astronomers in 240 BC. Other comets are more visible but usually appear every thousand years or so. The last time the comet came to the Earth was in 1986, so expect a return engagement around the year 2061. Maybe we'll be able to get some more information on this wonderful object the next time it comes.

Q. What is correct about Halley's Comet according to the talk?
(a) **It is a famous and relatively often seen comet.**
(b) It was first noticed by astronomers in 240 AD.
(c) The comet approaches Earth every thousand years.
(d) It is made of rock, ice and other such metals.

번역
핼리 혜성은 단주기 혜성 중 가장 잘 알려져 있다. 핼리 혜성은 매 75년 또는 76년마다 지구에서 관측된다. 물, 이산화탄소, 암모니아와 먼지로 구성되어 있는 핼리 혜성은 기원전 240년에 천문학자들에 의해 처음 관측되었다. 다른 혜성이 좀 더 잘 보이지만 보통 몇 천년 만에 한 번씩 나타난다. 핼리 혜성이 지구에 마지막 온 것이 1986년이었으니 2061년경에 다시 돌아올 것을 기대하라. 아마 다음에 핼리 혜성이 올 때에는 이 불가사의한 물체에 대한 더 많은 정보를 얻을 수 있을 것이다.

Q. 핼리 혜성의 내용과 일치하는 것은?
(a) **핼리 혜성은 비교적 자주 보이고 잘 알려진 행성이다.**
(b) 서기 240년에 천문학자들에 의해 처음 발견되었다.
(c) 그 혜성은 1,000년마다 지구에 접근한다.
(d) 바위, 얼음, 그 밖의 금속으로 만들어졌다.

해설
담화 초반의 the most recognized는 '가장 잘 알려진'이라는 의미이며, 다른 혜성은 보통 몇 천년 만에 한번씩 나타나지만 핼리 혜성은 visible to the Earth every 75 or 76 years이라고 하였으므로 (a)가 담화의 내용과 일치한다.

comet 혜성 **visible** 눈에 보이는 **composed of** ~로 구성된 **carbon dioxide** 이산화탄소 **observe** 관측하다 **astronomer** 천문학자 **engagement** 약속 **approach** 다가가다

57

As a policeman, one faces the possibility of injury or death on a daily basis. So, in order to lessen those odds, policemen use equipment such as bullet resistant vests to help protect themselves.

Bullet resistant vests are made from many layers of laminated or woven fibers meshed together to help stop small-caliber handguns, shotguns, or even shrapnel from grenades. If the vest is hit, the fibers actually catch the bullet and spread the power or force of it over a wide area, lessening the damage potential to the wearer.

Q. What is correct according to the conversation?
(a) The impacted fibers weaken the force of the bullet.
(b) High caliber handguns have no effect on the vest.
(c) The many layers are made of cloth and plastic.
(d) The vests can do little to prevent a bullet passing through.

번역

경찰관으로서 매일 같이 부상과 죽음의 가능성에 직면한다. 따라서 그런 가능성을 줄이기 위해 경찰관들은 스스로를 보호하는 데 도움이 되는 방탄조끼 같은 장비를 사용한다. 방탄조끼는 작은 구경의 권총, 엽총, 심지어 수류탄의 파편을 막는 데 도움이 되도록 여러 겹의 얇은 층으로 되어있거나 함께 짜여서 맞물린 섬유 조직으로 제작된다. 조끼에 총알이 명중하면, 섬유 조직이 실제로 총알을 붙잡아 총알의 힘과 에너지를 넓은 영역으로 분산시켜 착용한 사람의 잠재적인 피해를 줄여 준다.

Q. 담화의 내용과 일치하는 것은?
(a) 충격을 받은 섬유는 총알의 힘을 약화시킨다.
(b) 큰 구경의 권총은 조끼에 아무런 영향을 미치지 않는다.
(c) 여러 겹이 직물과 플라스틱으로 만들어졌다.
(d) 방탄조끼는 뚫고 지나가는 총알을 막는 데 역부족이다.

해설

마지막 부분에서 방탄조끼가 총알을 맞으면 섬유 조직이 총알을 잡아 그 힘을 분산시켜 피해를 줄인다고 한다. 이 말은 방탄조끼에 부딪혀 충격을 받은 총알의 힘이 약해진다는 의미이므로 정답은 (a)이다.

face 직면하다 **lesson** 줄이다 **odds** 가능성 **equipment** 장비 **bullet resistant vest** 방탄조끼 **laminated** 얇은 층으로 된 **weave** 짜다 **fiber** 섬유 조직 **mesh** 맞물리다 **caliber** 구경 **shrapnel** 파편 **grenade** 수류탄 **spread** 분산하다 **potential** 잠재적인

58

Mr. Adams? Hello, this is Bryan from Video Land. I just wanted to inform you that your copy of *Rain From Heaven* is currently three weeks overdue. We have made repeated efforts to get in touch with you with no success. If you are not able to return the movie that you rented from us by midnight tonight, we will be forced to charge you the full price of the movie. So, we urge you to bring back the copy of the movie to avoid that situation. Thank you and have a good day.

Q. What can be inferred from the recorded message?
(a) Adams will buy the movie, *Rain From Heaven*.
(b) Video Land wants the movie returned that day.
(c) *Rain From Heaven* is very popular as a movie.
(d) Adams has lost the movie somewhere.

번역

아담 씨죠? 안녕하세요, 비디오 랜드의 브라이언입니다. 가지고 계신 〈레인 프롬 헤븐〉 비디오가 현재 3주 동안 연체된 것을 알려 드리려고요. 몇 차례 연락하려고 했는데 연결이 안 되더군요. 오늘 밤 자정까지 대여하신 영화를 반납할 수 없으시다면, 저희로서는 영화 비디오 비용 전액을 청구할 수밖에 없습니다. 그러니 이런 상황을 피할 수 있도록 영화 비디오를 반납해 주시기를 강력하게 촉구합니다. 감사합니다. 좋은 하루 보내세요.

Q. 녹음된 메시지에서 유추할 수 있는 내용은?
(a) 아담스는 영화 〈레인 프롬 헤븐〉을 구입할 것이다.
(b) 비디오 랜드는 그날 비디오를 반납해 주기를 원한다.
(c) 〈레인 프롬 헤븐〉은 영화로서 인기가 아주 많다.
(d) 아담스는 영화 복사본을 어딘가에서 잃어버렸다.

해설

대여 기간이 3주가 지난 영화 비디오를 반납해 줄 것을 요구하는 음성 메시지이다. 오늘 밤 자정까지 반납하지 못하며 연체료로 영화 비용 전액을 청구한다고 했으므로 유추할 수 있는 내용으로 옳은 것은 (b)이다.

overdue 연체한 **get in touch with** ~와 연락을 취하다 **charge** (요금을) 청구하다 **urge** 촉구하다

59

In 1946, Percy Spencer was working on a magnetron. It's a device that releases microwave radiation. Afterwards, he noticed that the candy bar in his pocket melted. Spencer theorized that the radiation from the magnetron was responsible. He then took an egg near the machine and the egg exploded. From this, Spencer and some colleagues worked together to create a device to trap these waves for home use. A year later, the first microwave oven was born.

Q. What can be inferred from this talk?
(a) The idea of microwaves was gotten by accident.
(b) Eggs should not be near a magnetron.
(c) You should not have food in your pocket.
(d) Microwave radiation can be very dangerous.

번역

1946년 퍼시 스펜서는 전자관에 공을 들여 작업하고 있었다. 전자관은 마이크로파 방사선을 방출하는 장치이다. 나중에 스펜서는 자기 주머니에 넣어 두었던 초콜릿 캔디가 녹은 것을 알게 되었고 이것은 전자관에서 나오는 방사선이 원인이라는 이론을 세웠다. 스펜서가 달걀을 기계 가까이에 놓자 달걀은 터졌다. 이것으로 스펜서와 동료 몇 명이 모여 가정용으로 쓰기 위해 이런 전자파를 끌어 모으는 장비를 만드는 데 협력했다. 그리고 1년 후에 최초의 전자레인지가 탄생했다.

Q. 담화에서 유추할 수 있는 것은?
(a) 전자레인지 아이디어는 우연에 의한 것이었다.
(b) 전자관 근처에 달걀을 두어서는 안 된다.
(c) 주머니에 먹을 것을 넣지 말아야 한다.
(d) 마이크로파 방사선은 매우 위험할 수 있다.

해설

퍼시 스펜서가 주머니에 넣어 두었던 초콜릿 캔디가 전자관 작업 도중 녹은 것을 발견하고, 이 원리를 이용한 달걀 실험을 거쳐서 전자레인지를 개발했다는 내용이다. 처음에는 의도된 행동이 아니었으므로 정답은 (a)이다.

magnetron 전자관   device 장치   radiation 방사선   theorize 이론을 세우다   responsible 원인이 되는   trap 잡아두다

60

The most important thing to help a race car driver win is not just the car, but the pit crew team that works with the driver. The pit crew and crew chief are responsible for the maintenance and performance of the race car. Some duties of the crew are to change the tires, clean the windshield, fill the car with gas and make any other minor structural changes needed. The crew chief coordinates and trains the pit crew to make sure they work together as a team.

Q. What can be inferred from the talk?
(a) Pit crews do most of the hard work.
(b) A race car driver needs a good team.
(c) Menial jobs are done by the crew.
(d) The crew chief is the driver's boss.

[번역]

자동차 경주 선수의 승리를 도울 수 있는 가장 중요한 것은 자동차만이 아니라 선수와 함께 일하는 피트 크루 팀입니다. 피트 크루와 크루 치프는 경주용 자동차의 정비와 성능을 책임집니다. 크루의 몇 가지 의무는 타이어를 교체하고, 앞 유리를 깨끗이 닦으며, 자동차에 가스를 채우고, 기타 필요한 사소한 구조적 변경을 하는 것입니다. 크루 치프는 피트 크루를 편성하고 훈련시켜서 확실하게 한 팀으로 함께 일할 수 있도록 합니다.

Q. 뉴스 보도에서 추론할 수 있는 것은?
(a) 피트 크루들은 대부분의 힘든 일을 한다.
(b) 자동차 경주 선수는 좋은 팀을 필요로 한다.
(c) 크루들은 하찮은 일을 한다.
(d) 크루 치프는 자동차 경주 선수의 상사이다.

[해설]

피트 크루 팀은 경주용 자동차의 성능 발휘에 필요한 정비를 책임짐으로써 자동차 경주 선수의 승리를 돕는다는 내용이다. 따라서 정답은 (b)이다.

maintenance 정비   windshield 자동차 앞 유리   coordinate 편성하다   menial 하찮은